Ralf Brandau (BG Verkehr) | Norbert Eskofier
Michael Jung | Reiner Rosenfeld

Beschleunigte Grundqualifikation

Spezialwissen LKW

W0020765

EU-Berufskraftfahrer

Ralf Brandau (BG Verkehr) | Norbert Eskofier
Michael Jung | Reiner Rosenfeld

Beschleunigte Grundqualifikation
Spezialwissen Lkw

ARBEITS- UND LEHRBUCH

Name des Teilnehmers

Name der Ausbildungsstätte

Datum der beschleunigten Grundqualifikation
von ____ . ____ . _____ bis ____ . ____ . _____

Voraussichtliches Prüfungsdatum
____ . ____ . _____

VERLAG HEINRICH VOGEL

© 2009 Verlag Heinrich Vogel, in der Springer Fachmedien München GmbH, Aschauer Straße 30, 81549 München

8. Auflage 2019
Stand 11/2019

Autoren Ralf Brandau (BG Verkehr) (Kapitel 1), Norbert Eskofier (Kapitel 1,2), Michael Jung (Kapitel 4), Reiner Rosenfeld (Kapitel 3, Aus der Praxis – für die Praxis)
Beratung Reinhold Abel, Ulrich Birkenstock (BG Verkehr), Petra Drünkler (BG Verkehr), Michael Fülleborn (BG Verkehr), Michael Garz (BG Verkehr), Rüdiger Mating (BG Verkehr), Herbert Saxowsky (BG Verkehr), Peter Setzensack, Dagobert Steinbüchel
Bildnachweis BG Verkehr, DAF Trucks, Daimler AG, Daimler Fleetboard GmbH, dapd, Deutsche Post AG, Dolezych Dortmund, Norbert Eskofier, Fotolia, GRIESHABER Logistik AG, GSV, Günter Heider (BG Verkehr), Harald Heinritz/abfallbild.de, Hupac, Michael Jung/www.fahrermangel.de, Kombiverkehr, Linde Material Handling, MBB PALFINGER, PALFINGER, Frank Rex, Reiner Rosenfeld, Rudolf Sander, SBB-Cargo, Shutterstock, Sonnia Menke Chart & Design, SpanSet, TT-Line, UNILUX AG Salmtal, UPS, Volvo Truck Center Alphen ad Rijn, Archiv Verlag Heinrich Vogel
Illustrationen Jörg Thamer
Layout und Satz Uhl + Massopust, Aalen
Titelbild: © IVECO Bilddatenbank
Lektorat Julia Drichel, Thorsten Weißenberger
Druck Gebr. Geiselberger GmbH, 84503 Altötting

Zur Zeit der Drucklegung war der EU-Austritt Großbritanniens noch unklar, daher wird in diesem Werk Großbritannien noch weiterhin als EU-Mitglied geführt.

Aus Gründen der Lesbarkeit wurde im Folgenden die männliche Form (z. B. Fahrer) verwendet. Alle personenbezogenen Aussagen gelten jedoch stets für Männer und Frauen gleichermaßen.

Die Berufsgenossenschaft für Transport und Verkehrswirtschaft (BG Verkehr) ist Rechtsnachfolger der Berufsgenossenschaft für Fahrzeughaltungen (BGF).

ISBN 978-3-574-24767-5

Inhalt

Vorwort

Am 01. Oktober 2006 ist das Berufskraftfahrer-Qualifikationsgesetz (BKrFQG) in Kraft getreten. Es basiert auf der EG-Richtlinie 2003/59 und regelt die Aus- und Weiterbildung von Berufskraftfahrern.

Das BKrFQG bedeutet für alle gewerblich tätigen Berufskraftfahrer grundlegende Veränderungen in der Ausbildung. Jeder, der seine Führerscheinprüfung der Klassen C1, C1E, C und CE am 10. September 2009 oder später ablegt, benötigt zur gewerblichen Nutzung seines Führerscheins eine Grundqualifikation. Diese kann durch die Teilnahme an einem 140-stündigen Unterricht (inklusive 10 praktischen Stunden) mit anschließender 90-minütiger theoretischer Prüfung erworben werden (beschleunigte Grundqualifikation), durch 7,5-stündige praktische und theoretische Prüfung ohne vorherige Teilnahme an einem Unterricht oder durch die Berufsausbildung zum/zur Berufskraftfahrer/in.

Der vorliegende Band soll zusammen mit dem Band „Basiswissen Lkw/Bus" den Unterricht für die beschleunigte Grundqualifikation begleiten. Er eignet sich jedoch ebenfalls für die Vorbereitung auf die 7,5-stündige Prüfung zur Grundqualifikation im Selbststudium.

Die Ziele für die Grundqualifikation werden in der Anlage 1 der Berufskraftfahrer-Qualifikationsverordnung (BKrFQV) definiert und bilden die Rahmenvorgaben für den Unterricht und die Prüfung.

Der Verlag Heinrich Vogel setzt die Inhalte der Anlage 1 in diesem Arbeits- und Lehrbuch um. Dabei wurden die Inhalte, in denen die Verordnung nicht zwischen Personen- und Güterverkehr differenziert, in einem Band zusammengefasst, mit Ausnahme des Punktes 3.6 (Verhalten, das zu einem positiven Image des Unternehmens beiträgt), der aufgrund der unterschiedlichen Bedeutung des Themas für die beiden Gruppen separat behandelt wird. Das Spezialwissen für die Lkw-Fahrer wird in dem vorliegenden Band behandelt.

Auf Anregungen und Kritik freuen wir uns. Wir wünschen allen, die mit diesem Buch arbeiten, eine spannende und erfolgreiche Grundqualifikation!

Ihr Verlag Heinrich Vogel

Symbolerläuterung

 Ziel

 Warnhinweis

 Medienverweis

 Aufgabe

 Praxistipp

 Medienverweis →

Arbeits- und Lehrbuch
Beschleunigte Grundqualifikation
Basiswissen Lkw/Bus
Artikelnummer: 24765

Prüfungstest
Beschleunigte Grundqualifikation
Lkw/Bus
Artikelnummer: 24763

FAHREN LERNEN
Lehrbuch Klasse C
Artikelnummer: 27270

Für die Weiterbildung gem. BKrFQG bietet der Verlag Heinrich Vogel fünf Module à 7 Stunden an.

Fragen Sie Ihren Ausbilder nach einem Zugang zur Online-Prüfungsvorbereitung Vogelcheck Grundquali!

MOBIL TRAINIEREN MIT DER
VOGEL-BKF APP

Ganz egal ob für den Führerschein, die Beschleunigte Grundqualifikation oder die Weiterbildung – mit der neuen Vogel-BKF App lernen Sie mobil auf Ihrem Smartphone!

NEU!
Die App für Berufskraftfahrer

- Trainieren Sie mit **Fahren-Lernen** für den Lkw -oder Busführerschein
- Bereiten Sie sich mit **VogelCheck** auf die IHK-Prüfung vor
- Erweitern Sie Ihre Qualifikationen als Fahrer mit Hilfe von **Online-Trainings**
- Regelmäßig die neuesten **News** aus der Berufskraftfahrerbranche

WER PROFIS AUSBILDET, BRAUCHT **PROFI WISSEN.**

Verlag Heinrich Vogel | Springer Fachmedien München GmbH | Aschauer Straße 30 | 81549 München | (089) 20 30 43 – 1800
vertrieb-fahrschule@springer.com | © 2017 Verlag Heinrich Vogel | Springer Fachmedien ist Teil der Unternehmensgruppe
Springer Nature. www.springerfachmedien-muenchen.de/agb.

Einführung

> **Sie sollen einen Überblick über den Ablauf der Grundqualifikation bekommen.**

Ziele des Bandes Beschleunigte Grundqualifikation Spezialwissen Lkw

Die Ziele dieses Bandes basieren auf der Anlage 1 der BKrFQV und beinhalten folgende Schwerpunkte:

- Kapitel 1 – Ladungssicherung
  - Dieses Kapitel behandelt Nr. 1.4 der Anlage 1 der BKrFQV (Fähigkeit zur Gewährleistung der Sicherheit der Ladung unter Anwendung der Sicherheitsvorschriften und durch richtige Benutzung des Kraftfahrzeugs)
- Kapitel 2 – Vorschriften für den Güterkraftverkehr
  - Dieses Kapitel behandelt Nr. 2.2 der Anlage 1 der BKrFQV (Kenntnis Vorschriften für den Güterkraftverkehr).
- Kapitel 3 – Verhalten, das zu einem positiven Bild des Unternehmens in der Öffentlichkeit beiträgt
  - Dieses Kapitel behandelt Nr. 3.6 der Anlage 1 der BKrFQV (Fähigkeit zu einem Verhalten, das zu einem positiven Bild des Unternehmens in der Öffentlichkeit beiträgt).
- Kapitel 4 – Wirtschaftliches Umfeld des Güterkraftverkehrs und der Marktordnung
  - Dieses Kapitel behandelt Nr. 3.7 der Anlage 1 der BKrFQV (Kenntnis des wirtschaftlichen Umfelds des Güterkraftverkehrs und der Marktordnung).

1 Ladungssicherung

Nr. 1.4 Anlage 1
BKrFQV

1.1 Einführung – Mangelnde Sicherung der Ladung und ihre Folgen

▶ **Ihnen soll bewusst werden, dass mangelhafte Ladungssicherung zu schwerwiegenden Unfällen führen kann.**

1.1.1 Die Folgen und häufige Ausreden

Häufige Rechtfertigungen

- „Das wäre nicht passiert, wenn der Andere mich nicht zu einer Notbremsung gezwungen hätte."
- „Die Ladung ist so schwer, die kann gar nicht verrutschen."
- „Um dieses Teil zu verladen, mussten wir den stärksten Gabelstapler einsetzen. Nur mit so einem Gerät kommt das wieder herunter – und von selbst schon gar nicht."
- „Lächerlich! Versuchen Sie doch einmal, die Kiste auch nur einen Millimeter zu verschieben!"
- „Ich bin mit dieser Ladung durch ganz Deutschland gefahren und sie steht immer noch wie nach der Beladung. Wieso sollte ich zusätzlich sichern?"

© Norbert Eskofier

Abbildung 1:
Folge von mangelnder Ladungssicherung

Die Zahlen jedoch sprechen eine andere Sprache!

Im ersten Halbjahr 2010 wurden allein für die Autobahnen in Bayern 3000 Meldungen wegen verlorener Ladung auf der Fahrbahn im Verkehrsfunk durchgegeben. 300 davon entfielen auf verlorene Spanngurte!

Der Berufsgenossenschaft für Transport und Verkehrswirtschaft (BG Verkehr) als Träger der gesetzlichen Unfallversicherung für das Verkehrsgewerbe werden jährlich zwischen 2.500 und 3.000 meldepflichtige Arbeitsunfälle[1] beim Be- und Entladen gemeldet. Diese Unfälle sind zu einem maßgeblichen Teil auf umstürzende, wegrollende oder herabfallende Ladung zurückzuführen.

Abbildung 2:
Unfälle bei Tätigkeiten rund um den Lkw, zu denen auch Ladungssicherung gehört

© BG Verkehr

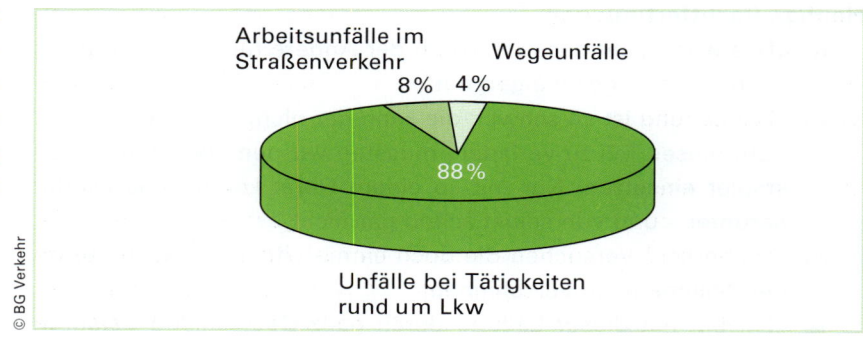

Fazit

Ein maßgeblicher Teil der meldepflichtigen Unfälle ist auf eine mangelhafte Ladungssicherung zurückzuführen. Deshalb ist jede Art von Ladung zu sichern.

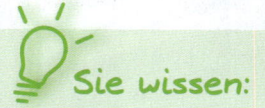 **Sie wissen:**

- ✔ Mangelhafte Ladungssicherung kann schwerwiegende Folgen haben.
- ✔ Häufig gebrauchte Ausreden entbehren jeglicher Grundlage.
- ✔ Ein maßgeblicher Teil meldepflichtiger Unfälle ist auf mangelhafte Ladungssicherung zurückzuführen.

[1] Meldepflichtige Arbeitsunfälle sind Unfälle, bei denen der Verunfallte mehr als drei Tage arbeitsunfähig ist.

1.2 Verantwortlichkeiten

▶ **Sie sollen einen Überblick über die gesetzlichen Grundlagen bekommen und sich der möglichen Sanktionen bei Verstößen bewusst sein.**

1.2.1 Rechtliche Grundlagen

Die rechtliche Grundlage für die Ladungssicherung in Deutschland bilden eine Reihe von Gesetzen und Rechtsverordnungen, welche die Verantwortungsbereiche für die Sicherung der beförderten Güter festlegen. Zudem regeln sie bei Verstößen gegen die Ladungssicherungsvorschriften im Schadensfall die Haftungsfrage und mögliche Sanktionen.

Eine der wichtigsten Verordnungen für den Fahrzeugführer ist die **Straßenverkehrsordnung (StVO)**.

§ 22 StVO „Ladung"

(1) Die Ladung einschließlich Geräte zur Ladungssicherung sowie Ladeeinrichtungen sind so zu verstauen und zu sichern, dass sie selbst bei einer Vollbremsung oder einem plötzlichen Ausweichmanöver nicht verrutschen, umfallen, hin- und herrollen, herabfallen oder vermeidbaren Lärm erzeugen können. Dabei sind die anerkannten Regeln der Technik zu beachten.

Erläuterung zu § 22 StVO

Der § 22 legt eindeutig fest, dass die Ladung gesichert werden muss. Diese Sicherung kann auf verschiedene Arten erfolgen. Es muss garantiert sein, dass die Ladung den Einwirkungen des Straßenverkehrs standhält.

Dazu gehören folgende Fahrsituationen:

- Vollbremsung
- Ausweichmanöver
- Durchfahren einer schlechten Wegstrecke oder
- die Kombination aus diesen genannten Fahrsituationen

§ 23 StVO „Sonstige Pflichten des Fahrzeugführers"

(1) Der Fahrzeugführer ist dafür verantwortlich, dass seine Sicht und das Gehör nicht durch die Besetzung, Tiere, die Ladung, Geräte oder den Zustand des Fahrzeugs beeinträchtigt werden. Er muss dafür sorgen,

dass das Fahrzeug, der Zug, das Gespann sowie die Ladung und Besetzung vorschriftsmäßig sind und dass die Verkehrssicherheit des Fahrzeugs durch die Ladung oder die Besetzung nicht leidet [...].

Erläuterung zu § 23 StVO (1)

Der § 23 verpflichtet den Fahrzeugführer den verkehrssicheren Zustand seines Fahrzeugs zu kontrollieren, auch in Verbindung mit der sicheren Verstauung der Ladung. Stellt der Fahrzeugführer einen Mangel fest, darf er die Fahrt nicht antreten, wenn dieser die Verkehrssicherheit seines Fahrzeugs beeinträchtigt. Für bestimmte Ladungen, bei denen sich erfahrungsgemäß die ursprüngliche Sicherung während der Fahrt lockert, muss der Fahrer in angemessenen Zeitabständen die Ladungssicherung überprüfen und z.B. nachzurren. Bei staubförmigen oder körnigen Gütern in Big Bags oder Säcken z.B. ist immer damit zu rechnen, dass dies geschieht. Wird der Mangel erst unterwegs festgestellt, so sagt der Absatz 2 des § 23:

(2) Der Fahrzeugführer muss das Fahrzeug, den Zug oder das Gespann auf dem kürzesten Weg aus dem Verkehr ziehen, falls unterwegs auftretende Mängel, welche die Verkehrssicherheit wesentlich beeinträchtigen, nicht alsbald beseitigt werden.

Erläuterung zu § 23 StVO (2)

Als kürzester Weg, auf dem ein Fahrzeug aus dem Verkehr zu ziehen ist, gilt die nächste Möglichkeit, an dem das Fahrzeug ohne Behinderung oder Gefährdung des Verkehrs abgestellt und gegebenenfalls instandgesetzt werden kann. Die Entscheidung, ob und in welchem Umfang ein Mangel die Verkehrssicherheit beeinträchtigt, liegt jedoch beim Fahrzeugführer. Ergibt sich durch verrutschte Ladung eine unzulässige Lastverteilung, die das Fahrverhalten des Lkw negativ beeinflusst, ist der verkehrssichere Zustand des Fahrzeugs nicht mehr gewährleistet. Daraus ergibt sich **für den Fahrer** die Pflicht,

- Ladung und Lastverteilung vor Fahrtantritt zu kontrollieren,
- mögliche Einflüsse der Ladung auf das Fahrverhalten des Fahrzeugs zu berücksichtigen,
- die Ladungssicherung während des Transports zu kontrollieren und gegebenenfalls nachzusichern.

Eine weitere Vorschrift im Rahmen der straßenverkehrsrechtlichen Bestimmungen richtet sich an den Fahrzeughalter: Im § 31 der Straßenverkehrszulassungsordnung (StVZO) wird die Verantwortung für den Betrieb der Fahrzeuge geregelt.

§ 31 StVZO „Verantwortung für den Betrieb der Fahrzeuge"
(2) Der Halter darf die Inbetriebnahme nicht anordnen oder zulassen, wenn ihm bekannt ist oder bekannt sein muss, dass der Fahrzeugführer nicht zur selbstständigen Leitung geeignet ist oder das Fahrzeug, der Zug, das Gespann, die Ladung oder die Besetzung nicht vorschriftsmäßig ist oder dass die Verkehrssicherheit des Fahrzeugs durch die Ladung oder die Besetzung leidet.

Erläuterung zu § 31 StVZO (2)

Der Fahrzeughalter hat dafür zu sorgen, dass für den jeweiligen Transport ein geeignetes Fahrzeug zur Verfügung gestellt wird und der Fahrer in der Lage ist, diesen Transport ordnungsgemäß durchzuführen. Hierbei spielt es keine Rolle, ob der Fahrzeughalter die Aufsichtspflicht über die ihm unterstellten Fahrer hat, oder als selbstfahrender Unternehmer auch Fahrzeugführer ist.

Dem Fahrzeughalter wird die Verantwortung für den vorschriftsmäßigen Zustand auch durch eine amtliche Überprüfung nicht abgenommen. Der Halter ist verpflichtet, selbst oder durch geeignetes Überwachungspersonal Kontrollen durchzuführen.

Des Weiteren heißt es in der Dienstanweisung zum § 31 StVZO (2):
Bei unvorschriftsmäßigem Zustand eines Fahrzeugs oder einer Ladung sind stets Ermittlungen anzustellen, ob neben dem Fahrer auch den Halter ein Verschulden trifft. Ist ein solches nicht nachzuweisen, so ist bei mehrfach festgestellten Mängeln dem Halter aufzugeben, in Zukunft für Abhilfe zu sorgen (durch Einrichtung einer geeigneten Aufsicht, durch Fahrerwechsel oder dergleichen).

Daraus ergeben sich **für den Fahrzeughalter** folgende Pflichten:

- Bereitstellen eines geeigneten Fahrzeugs
- Den Fahrer materiell in die Lage versetzen (Zurrmittel, sonstige Hilfsmittel), die Ladung ordnungsgemäß zu sichern
- Dem Fahrer die Fähigkeiten vermitteln, Ladungssicherung nach den Regeln der Technik durchführen zu können (Schulung und Unterweisung)

Eine weitere wichtige Verordnung ist die **Gefahrgutverordnung Straße, Eisenbahn und Binnenschifffahrt (GGVSEB)**

§ 19 GGVSEB – Pflichten des Beförderers
(2) Der Beförderer im Straßenverkehr hat...

15. dem Fahrzeugführer die erforderliche Ausrüstung zur Durchführung der Ladungssicherung zu übergeben;

§ 22 GGVSEB – Pflichten des Verpackers
(1) Der Verpacker im Straßen- und Eisenbahnverkehr sowie in der Binnenschifffahrt hat
6. Versandstücke in den Umverpackungen zu sichern.

§ 29 GGVSEB – Pflichten mehrerer Beteiligter im Straßenverkehr
(1) Der Verlader und der Fahrzeugführer im Straßenverkehr haben die Vorschriften über das Ausrichten von Versandstücken und Umverpackungen nach Abschnitt 3.4.8 Buchstabe c und die Vorschriften über die Beladung und die Handhabung nach ... den Abschnitten 7.5.2, 7.5.5, *7.5.7,* 7.5.8 und 7.5.11 ADR zu beachten.

7.5.7 ADR – Handhabung und Verstauung
7.5.7.1 Die Fahrzeuge oder Container müssen gegebenenfalls mit Einrichtungen für die Sicherung und Handhabung der gefährlichen Güter ausgerüstet sein. Versandstücke, die gefährliche Güter enthalten, und unverpackte gefährliche Gegenstände müssen durch geeignete Mittel gesichert werden, die in der Lage sind, die Güter im Fahrzeug oder Container so zurückzuhalten (z.B. Befestigungsgurte, Schiebewände, verstellbare Halterungen), dass eine Bewegung während der Beförderung, durch die die Ausrichtung der Versandstücke verändert wird oder die zu einer Beschädigung der Versandstücke führt, verhindert wird. Wenn gefährliche Güter zusammen mit anderen Gütern (z.B. schwere Maschinen oder Kisten) befördert werden, müssen alle Güter in den Fahrzeugen oder Containern so gesichert oder verpackt werden, dass das Austreten gefährlicher Güter verhindert wird. Die Bewegung der Versandstücke kann auch durch das Auffüllen von Hohlräumen mit Hilfe von Stauhölzern oder durch Blockieren und Verspannen verhindert werden. Wenn Verspannungen wie Bänder oder Gurte verwendet werden, dürfen diese nicht überspannt werden, so dass es zu einer Beschädigung oder Verformung des Versandstücks kommt.
Die Vorschriften dieses Unterabschnitts gelten als erfüllt, wenn die Ladung gemäß der Norm EN 12195-1:2010 gesichert ist.

Erläuterung zu GGVSEB und ADR
Sobald Gefahrgut im Sinne des ADR befördert wird, gelten die Vorschriften zur Ladungssicherung nach Gefahrgutrecht. Dabei spielt es

keine Rolle, ob die sogenannte 1000-Punkte-Regelung greift oder nicht. Es spielt auch keine Rolle, ob Gefahrgut als LQ verpackt ist. Beim Gefahrguttransport sind immer sämtliche Ladungsteile zu sichern, nicht nur das Gefahrgut selbst, da durch ungesichertes anderes Transportgut Gefahrgutgebinde beschädigt werden könnten. Durch den 2013 angefügten letzten Satz gilt in dem Fall nicht die VDI 2700 sondern die EN 12195-1:2010.

Die Verantwortlichkeiten sind in den §§ 19, 22 und 29 GGVSEB geregelt. Erwähnenswert ist, dass auch der Verpacker als Verantwortlicher genannt ist, wenn er die Versandstücke in einer blickdichten Umverpackung nicht sichert. Unter einer solchen Umverpackung versteht man zum Beispiel schwarze Schrumpf- oder Wickelfolien zur Palettierung oder auch Stülpkartons, die den gleichen Zweck erfüllen sollen.
Für Gasflaschen und Container gibt es im ADR noch besondere Vorschriften zur Ladungssicherung.

§ 412 Handelsgesetzbuch (HGB):
Soweit sich aus den Umständen oder der Verkehrssitte nicht etwas anderes ergibt, hat der Absender das Gut beförderungssicher zu laden, zu stauen und zu befestigen (verladen) sowie zu entladen.
Der Frachtführer hat für die betriebssichere Verladung zu sorgen.

Merke:
Der Fahrzeugführer ist immer für die Sicherung der Ladung verantwortlich! Dies gilt auch, wenn er nicht selbst beladen hat. Er muss sich bei vorgeladenem Fahrzeug davon überzeugen, dass der Absender/Verlader seiner Sicherungspflicht nachgekommen ist.
Zusammen mit dem Fahrer hat auch der Verlader für die ordnungsgemäße Ladungssicherung zu sorgen, selbst wenn er dem Fahrer die Ladung zum Verladen nur übergibt.
Und für das richtige Fahrzeug sowie die erforderlichen Hilfsmittel zur Ladungssicherung muss der Fahrzeughalter sorgen.

1.2.2 Unfallverhütungsvorschriften (UVV)

Neben den Regelungen des Straßenverkehrsrechts gibt es noch weitere Bestimmungen in den Unfallverhütungsvorschriften (UVV) der gesetzlichen Unfallversicherungsträger, die bei der Ausübung gewerblicher Tätigkeiten zu berücksichtigen sind. Diese werden ebenso wie die Regelungen der StVO bei Nichteinhaltung mit Bußgeldern geahndet.

UVV „Fahrzeuge"

Insbesondere sind hier § 37 „Be- und Entladen" sowie § 44 „Fahr- und Arbeitsweise" der UVV „Fahrzeuge" (BGV D29, bisherige VBG 12) zu nennen. Ein Verstoß gegen diese Paragrafen kann mit einer Geldbuße bis zu 10.000 € geahndet werden.

Hintergründe für diese zusätzlichen Regelungen sind zum einen eine Konkretisierung und somit auch Hilfestellung bei der Erfüllung der verkehrsrechtlichen Bestimmungen wie der StVO, zum anderen aber auch das Schließen eines sonst „rechtsfreien Raumes".

Das Straßenverkehrsrecht gilt im Gegensatz zu einer UVV vom Grundsatz her nicht auf dem Betriebsgelände. Dabei soll nicht vergessen werden, dass die Unfallverhütungsvorschriften die Sicherheit der unmittelbar Betroffenen, also des Fahr- und Ladepersonals, im Blick haben. Hingegen schützt das Straßenverkehrsrecht primär die Teilnehmer am öffentlichen Straßenverkehr.

Die Unfallverhütungsvorschriften ergänzen die Verkehrsvorschriften StVO und StVZO und fordern für eine verkehrssichere Beladung von Fahrzeugen die Einhaltung der zulässigen Werte für das Gesamtgewicht, die Achslasten, der Mindestachslast für die gelenkte Achse, der Sattellast und der Stützlast. Darüber hinaus werden eine ordnungsgemäße Lastverteilung und die erforderliche Ladungssicherung unter Einhaltung der einschlägigen Richtlinien und Normen gefordert.

1.2.3 Technische Regelwerke

Normen

Der Absatz 1 des § 22 StVO verweist in seinem letzten Satz auf „anerkannte Regeln der Technik". Dazu gehören „Technische Regelwerke", die eine Verbindung zwischen den Vorgaben des Gesetzgebers hinsicht-

lich der Verantwortlichkeiten und den erforderlichen Maßnahmen zur Ladungssicherung darstellen. Sie präzisieren die sprachlich allgemein gehaltenen Verpflichtungen, die sich aus den Gesetzen ergeben.
Zu den Regeln der Technik zählen in erster Linie Normen. Die deutschen Normen werden dabei immer mehr von europäischen Regelwerken (EN bzw. DIN EN) beeinflusst bzw. ersetzt.

VDI-Richtlinien 2700

Eine weitere wichtige Rolle im Rahmen der „Technischen Regelwerke" spielen die Richtlinien des Vereins Deutscher Ingenieure (VDI). Die VDI-Richtlinien 2700 ff. geben dem Anwender die Möglichkeit, die Vorgaben des Gesetzgebers mithilfe z. B. der nach DIN oder DIN EN gefertigten Hilfsmittel zur Ladungssicherung in die Praxis umzusetzen. Sie bilden unter anderem die Grundlage für Berechnungen, indem sie Beschleunigungswerte festlegen, die bei „normalen Fahrzuständen" auf die Ladung einwirken können. Sie zeigen auf, welche Kräfte man Ladungsbewegungen entgegensetzen muss.

Abbildung 3:
Kombinierter
Verkehr

Regeln beim Transport mit anderen Verkehrsträgern

Für die Sicherung der Ladung auf unterschiedlichen Verkehrsträgern gelten verschiedene Regeln: Im deutschen Straßenverkehr ist dies im Wesentlichen die VDI-Richtlinie 2700 ff. „Ladungssicherung auf Straßenfahrzeugen", bei der Bahn ist es im weitesten Sinne die UIC-Vorschrift „Regolamento Internationale Veicholi" (RIV) und im weltweiten kombinierten Verkehr ist es der „CTU-Code".

Abbildung 4:
Kombinierter
Verkehr

© SSB-Cargo

Bahntransport

Für einen betriebssicheren Eisenbahntransport sind u.a. die Verladerichtlinien gemäß Anlage II zum „Übereinkommen über die gegenseitige Benutzung der Güterwagen im internationalen Verkehr" (RIV) zu beachten. Erfolgt also der Transport der Ware als „Kombinierter Verkehr" (KV) in Form von Großcontainern, Wechselbehältern, Sattelanhängern und Lkw auf speziellen Güterwagen, sind neben der VDI 2700 ff. auch die Verladerichtlinien der Bahn zu beachten. In vielen Fällen bietet diese Informationsmaterial oder – wie z. B. die Railion Deutschland AG – die Kontaktaufnahme zu einem Verladeberatungsservice in den jeweiligen Cargo-Zentren an.

© GSV

PRAXIS-TIPP

Für die Praxis bedeutet das, dass die VDI-Richtlinie 2700 ff. als Regel der Technik maßgeblich bleibt, solange sich der Lkw auf der Straße bewegt. In dem Moment, in dem das Fahrzeug oder sein Wechselbehälter ("Wechselbrücke", "Wechselkoffer") auf den Güterwagen verladen wird, greifen zusätzlich die Regeln der Bahn.

CTU-Code

Die „Verhaltensregeln der IMO/ILO/UNECE für das Packen von Güterbeförderungseinheiten – CTU-Code" lösen die „CTU-Packrichtlinien" vom 17.02.1999 ab und gelten bei der internationalen Beförderung von CTUs, treten aber nicht in Konkurrenz mit den bestehenden nationalen Richtlinien zur Ladungssicherung. Der CTU-Code wurde im Verkehrsblatt 2015, Seite 422 veröffentlicht und ist als Sonderdruck vom Verkehrsblatt-Verlag zu beziehen. Eine vollständige Ablösung der CTU-Packrichtlinien durch den CTU-Code in allen anderen IMO-Mitgliedsstaaten ist für 2018 angedacht.

Der CTU-Code gilt insbesondere für die Ladungssicherung in Beförderungseinheiten (CTUs), die international mit verschiedenen Verkehrsträgern befördert werden, sofern nicht für den jeweiligen Verkehrsträger anderslautende und zumindest gleichwertige Richtlinien gelten. Unter einer solchen Beförderungseinheit versteht man

- einen Frachtcontainer,
- einen Wechselbehälter (z. B. eine „Wechselbrücke"),
- ein Fahrzeug,
- einen Eisenbahnwaggon oder
- eine sonstige Beförderungseinheit ähnlicher Art.

Ausgenommen sind das Befüllen oder Entleeren von Tankcontainern, von ortsbeweglichen Tanks oder von Straßentankfahrzeugen und die Beförderung von unverpacktem Schüttgut.

Da diese Richtlinien bereits vorhandene Bestimmungen zur Beförderung von Ladung in CTUs nicht ersetzen oder aufheben, müssen beim kombinierten Transport alle mitgeltenden Regelungen berücksichtigt werden. D.h., solange sich z. B. ein Lkw auf der Straße bewegt, ist u.a. die VDI-Richtlinie 2700 ff. maßgeblich. Geht das Fahrzeug anschließend auf das Schiff, ist der CTU-Code zu berücksichtigen.

> **PRAXIS-TIPP**
>
> Um gegebenenfalls ein Nachsichern der Ladung zu vermeiden, sollten vor Fahrtantritt sinnvollerweise die jeweils „härteren" Einzelbestimmungen beider Regeln berücksichtigt werden.

Abbildung 5:
Fährtransport

© TT-Line

1.2.4 Sanktionen

Bußgelder

Eine nicht oder nicht ordnungsgemäß durchgeführte Ladungssicherung ist sowohl ein Verstoß gegen den § 22 als auch gegen den § 23 der Straßenverkehrsordnung (StVO) und somit eine Ordnungswidrigkeit im Sinne des Straßenverkehrsgesetzes.

Ordnungswidrigkeiten werden mit Verwarnungsgeld oder mit einem Bußgeld geahndet. Bei einem Bußgeld ab 40 € erfolgt zusätzlich ein Eintrag im Verkehrszentralregister beim Kraftfahrtbundesamt.

Ein Bußgeldverfahren inklusive Punkten kann jeden treffen, der eigenverantwortlich mit der Beladung zu tun hat.

Bußgelder bei mangelnder Ladungssicherung von Gefahrgut:
- für den Fahrer 300,– €
- für den Verlader 500,– €
- für den Halter 800,– €
- für den Verpacker 500,– €

Auch bei Gefahrgutverstößen erhalten Fahrer, Verlader und Halter je einen Punkt im FAER.

Strafrechtliche Konsequenzen

Neben einem Bußgeld wegen eines Verstoßes gegen die StVO können auf die Beteiligten noch strafrechtliche Konsequenzen zukommen.

Bei Unfällen durch mangelnde Ladungssicherung kommen folgende Straftatbestände des Strafgesetzbuches (StGB) in Betracht:
- § 222 StGB „Fahrlässige Tötung"
- § 229 StGB „Fahrlässige Körperverletzung"
- § 315b StGB „Gefährlicher Eingriff in den Straßenverkehr",
- § 328 StGB „Unerlaubter Umgang mit radioaktiven Stoffen und anderen gefährlichen Stoffen und Gütern"
- § 330 StGB „Besonders schwerer Fall einer Umweltstraftat"

Wenn ein Tatvorsatz nachweisbar ist, kommen zudem in Betracht:
- § 223 StGB „Körperverletzung"
- § 224 StGB „Gefährliche Körperverletzung"
- § 226 StGB „Schwere Körperverletzung"
- § 227 StGB „Körperverletzung mit Todesfolge"

Das StGB sieht **Freiheitsstrafen bis zu zehn Jahren** oder **Geldstrafen** vor. Bei Verurteilung nach StGB erfolgt ein Eintrag im Bundeszentralregister in Bonn als „Vorstrafe".

Schadensersatz

Die Haftung für Schäden gegenüber Dritten wird durch das Bürgerliche Gesetzbuch (BGB) geregelt.

§ 823 BGB „Haftung aus unerlaubter Handlung"

(1) Wer vorsätzlich oder fahrlässig das Leben, den Körper, die Gesundheit, die Freiheit, das Eigentum oder ein sonstiges Recht eines anderen widerrechtlich verletzt, ist dem anderen zum Ersatz des daraus entstehenden Schadens verpflichtet.

Erläuterung zu § 823 BGB

Der Schaden muss widerrechtlich vorwerfbar entstanden sein. Außerdem setzt ein Schadenersatz ein schuldhaftes vorsätzliches oder fahrlässiges Handeln voraus (Verschuldenshaftung).

Eine Höchstgrenze in der Haftung gibt es nach dem § 823 grundsätzlich nicht (vgl. § 249 BGB).

Ist der Schadenverursacher als Verrichtungsgehilfe seines Arbeitgebers tätig, dann geht die Haftung auf den Arbeitgeber über.

§ 831 BGB „Haftung für den Verrichtungsgehilfen"

(1) Wer einen anderen zu einer Verrichtung bestellt, ist zum Ersatz des daraus entstehenden Schadens verpflichtet, den der andere in Ausführung der Verrichtung einem Dritten widerrechtlich zufügt.

Erläuterung zu § 831 BGB

Von der Ersatzpflicht kann sich der Unternehmer nur befreien, wenn er nachweist, dass er die erforderliche Sorgfalt beachtet hat, oder der Schaden auch bei Beachtung dieser Sorgfalt entstanden wäre [...].

Merke:

Das Netz an Strafen und Regelungen zum Schadenersatz, das sich um den Verursacher herumzieht, ist sehr engmaschig. Daher ist die Sorglosigkeit, mit der Einige dem Thema Ladungssicherung begegnen, nicht nachvollziehbar.

Sie wissen:

- ✔ Verantwortlich für die Ladungssicherung sind: Verlader, Fahrzeugführer, Fahrzeughalter, Verpacker von Gefahrgut.
- ✔ Für die Ladungssicherung gibt es Vorschriften in der StVO und in der StVZO.
- ✔ Für den Gefahrguttransport gibt es besondere Vorschriften zur Ladungssicherung, die auch von einem Fahrer ohne ADR-Schein zu beachten sind.
- ✔ Die Unfallverhütungsvorschriften ergänzen die allgemeinen Verkehrsvorschriften.
- ✔ Technische Regelwerke konkretisieren die Vorschriften.

1.3 Physikalische Grundlagen

▶ **Sie sollen die physikalischen Grundlagen verstehen, die eine Sicherung der Ladung erforderlich machen.**

1.3.1 Beschleunigung und Massenkraft

Im Zusammenhang mit der Ladungssicherung ist immer wieder von „Kräften" die Rede. Ihnen kommt bei der Auswahl geeigneter Maßnahmen eine Schlüsselstellung zu.

- Doch was sind Kräfte?
- Wie entstehen sie?
- Und welche Kräfte beeinflussen die Ladung beim Transport?

Kräfte werden in der Einheit „Newton" (N) angegeben. Der englische Physiker Isaac Newton (1642–1727) erkannte, dass ein Körper das Bestreben hat, seinen momentanen Bewegungszustand beizubehalten. Jeder Körper setzt der Änderung seiner Geschwindigkeit oder seiner Bewegungsrichtung eine Art von Widerstand entgegen. Dieses Verhalten wird als Massenträgheit umschrieben und im Bereich der Ladungssicherung als Massenkraft ‚F' bezeichnet.

Die Gewichtskraft (F_G) eines Körpers wird durch die Erdanziehungskraft (Erdbeschleunigung „g") erzeugt. Die Erdbeschleunigung beträgt 9,81 m/s^2 und wird für Berechnungen zur Ladungssicherung auf 10 m/s^2 aufgerundet. Damit errechnet sich die Gewichtskraft eines Körpers mit 100 kg Masse wie folgt:

$F_G = 100 \text{ kg} \cdot 10 \text{ m/s}^2 = 1.000 \text{ N} = 100 \text{ daN}$

Beispiel
Bremst der Fahrer sein Fahrzeug ab, verschiebt sich das Ladegut mit der vorherigen Geschwindigkeit und Bewegungsrichtung nach vorn, wenn es nicht gesichert ist und die Reibungskraft überschritten wird.

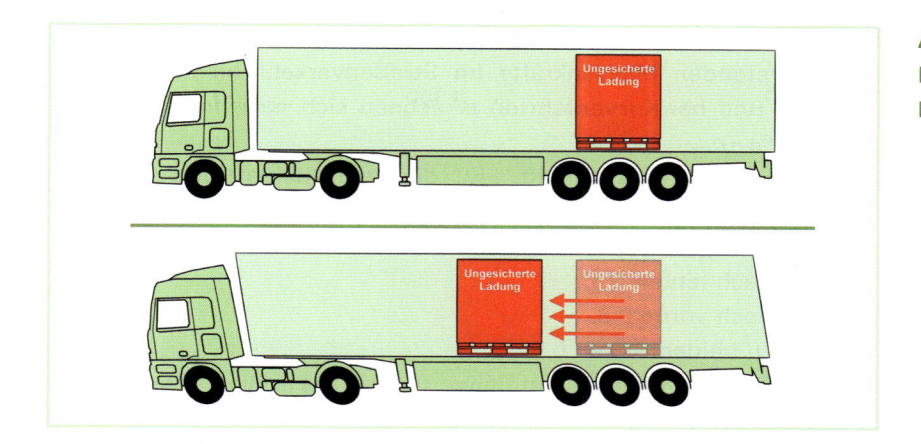

Es ist egal, ob ein Ladungsteil 1000 kg oder 10.000 kg wiegt. Steht beides auf der gleichen Holzpalette, kommt beides bei einer Vollbremsung gleichzeitig zum Rutschen.

Soll das Ladegut unter allen Fahrbedingungen an seinem Platz bleiben, müssen entsprechende „Gegenkräfte" vorhanden sein. Diese können nur durch eine vorschriftsmäßige und geeignete Sicherung gewährleistet werden. Es ist auch Aufgabe des Fahrzeugführers, dafür Sorge zu tragen, dass die Ladung gesichert ist. Dabei muss der Fahrer den Ernstfall berücksichtigen, wie z.B. eine Vollbremsung oder falsches Verhalten anderer Verkehrsteilnehmer.

1.3.2 Auftretende Kräfte im Straßenverkehr

Die maximal auf die Ladung einwirkenden Beschleunigungen sind in der VDI-Richtlinie 2700 für den Straßenverkehr festgelegt. Diese und auch abweichende Werte (z. B. beim Verladen eines Lkw auf Schiff oder Bahn) sind der DIN EN 12195-1 **„Ladungssicherungseinrichtungen auf Straßenfahrzeugen – Sicherheit – Teil 1: Berechnung von Sicherungskräften"** (Stand 2004 und 2011) zu entnehmen oder beim jeweiligen Verkehrsträger (Baulastträger für Verkehrsinfrastrukturen oder Betreiber von Verkehrsmitteln) zu erfragen.
Neueste Erkenntnisse in Bezug auf das Fahrverhalten von Transportern bis zu einer zulässigen Gesamtmasse (zGM) von 7,5 t haben ergeben, dass im normalen Fahrbetrieb höhere Beschleunigungen erreicht werden können. Bei der Berechnung notwendiger Kräfte zur Ladungssicherung sind diese zu berücksichtigen (siehe VDI-Richtlinienwerk).

Massenkräfte der Ladung im Straßenverkehr

Die auftretenden Massenkräfte im Straßenverkehr beim Anfahren, Bremsen und bei Kurvenfahrten errechnen sich nach folgender Formel: $F = F_G \cdot c_{x,y}$

Dabei ist „F" die Massenkraft, „F_G" die Gewichtskraft und „$c_{x,y}$" der Beschleunigungsbeiwert in die jeweilige horizontale Kraftrichtung. Es sind daher folgende Beiwerte einzusetzen:

- c_x nach hinten 0,5,
- c_x nach vorne 0,8,
- c_y zu beiden Seiten 0,5.

Die VDI 2700 legt die gleichen Beiwerte fest und in Blatt 2 werden als Formelzeichen f_l für die Längsbeschleunigung nach hinten und vorne sowie f_q für die Beschleunigung zu den Seiten benutzt.

Entgegen der Fahrtrichtung treten Massenkräfte der Ladung bis zu F_G x 0,5 auf. Dies entspricht 50% der Gewichtskraft der Ladung. Heutige Motorleistungen erlauben keine Beschleunigungswerte von 5 m/s^2. Jedoch sollte man das Abrutschen vom Kupplungspedal beim Anfahren am Berg oder die Stoßbelastungen beim Bremsen aus der Rückwärtsfahrt mit einkalkulieren.

Bei Bremsvorgängen wirken Massenkräfte bis zu $F_G \cdot 0,8$ **nach vorn** (80% der Gewichtskraft der Ladung), bei leichteren Fahrzeugen auch mehr. Bremsverzögerungen von 8 m/s^2 sind bedingt durch Scheibenbremsen, Bremsassistenten, Fahrstabilitätsprogramme und neue Reifenentwicklungen längst Realität geworden.

Bei Kurvenfahrten wirken seitliche Massenkräfte bis zu $F_G \cdot 0,5$ (50% der Gewichtskraft der Ladung). **Kippgefährdete Ladegüter** sind mit $F_G \cdot 0,7$ zu berücksichtigen (gem. DIN EN 12195-1:2011 ist bei Kippgefahr nicht der Beschleunigungswert 0,7, sondern nur 0,6 anzusetzen). Höhere Werte sind gegebenenfalls auch bei Lkw bis 3,5 t zu berücksichtigen (s. VDI 2700 Blatt 16 „Ladungssicherung auf Straßenfahrzeugen – Ladungssicherung bei Transportern bis 7,5 t zGM").

Wie nachfolgend unter „Reibung" erklärt, kommt hier die Reibung als unsichtbarer Helfer ins Spiel. Je höher der Reibbeiwert und somit die Reibungskraft, desto geringer wird die erforderliche Sicherungskraft F_S, die gegen Ladungsbewegungen aufgebracht werden muss.

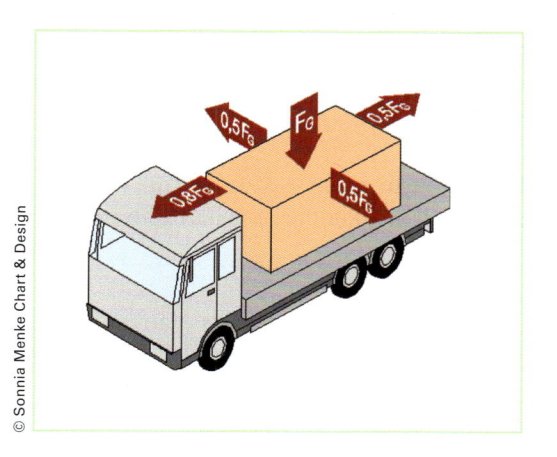

© Sonnia Menke Chart & Design

Abbildung 7:

Massenkräfte
im Straßen-
verkehr nach
DIN EN 12195-1
und VDI 2700
bei Fahrzeugen
> 3,5 t zGM

AUFGABE

„Erster Transportfall – leicht"

Auf einem Lkw ist eine flache Kiste mit einer Gewichtskraft F_G von 1.000 daN (ca. 1.000 kg Masse) zu befördern.

Aufgabe: Wie hoch sind die Massenkräfte gemäß den anerkannten Regeln der Technik?

a) In Fahrtrichtung?

b) Zu den Seiten und nach hinten?

Schwerere Gegenstände lassen sich aufgrund der höheren Reibungskräfte auch nur schwerer bewegen oder verschieben (vgl. Abschnitt „Reibung").

AUFGABE

„Erster Transportfall – schwer"

Auf einem Lkw ist eine Maschine in einer Holzkiste mit einer Gewichtskraft F_G von 10.000 daN (ca. 10.000 kg Masse) zu befördern.

Aufgabe: Wie hoch sind die Massenkräfte gemäß den anerkannten Regeln der Technik?

a) In Fahrtrichtung?

b) Zu den Seiten und nach hinten?

Stellt man beide Rechnungen „Erster Transportfall – leicht" und „Erster Transportfall – schwer" tabellarisch gegenüber, sind die unterschiedlichen Ergebnisse leichter zu erkennen:

Kraft/Wert	„leicht"	„schwer"
F_G	1.000 daN	10.000 daN
F_v	800 daN	8.000 daN
F_q bzw. F_h	500 daN	5.000 daN

Mit der Verzehnfachung der Ladungsgewichtskraft von 1.000 daN auf 10.000 daN hat sich auch die Massenkraft verzehnfacht (von 800 daN auf 8.000 daN). Im Ergebnis heißt das:

1. Ob sich eine Ladung in Bewegung setzt oder nicht, ist unabhängig von ihrer Masse und

2. schwere Ladung bewirkt höhere Massenkräfte als leichte.

Deshalb: Ladung immer sichern, egal ob sie leicht oder schwer ist!

1.3.3 Reibung hilft, Ladung zu sichern

Eine Ladung, die nicht durch Formschluss oder zusätzliche Sicherungsmittel festgesetzt ist, wird nur durch die Reibung an ihrem Platz gehalten. Die durch die Reibung erzeugte Sicherungskraft wird auch als Reibungskraft F_R bezeichnet. Ihre Größe hängt von einem Faktor ab, dem sogenannten Reibbeiwert μ. Der Reibbeiwert ist abhängig von den Materialien, die aufeinander reiben.

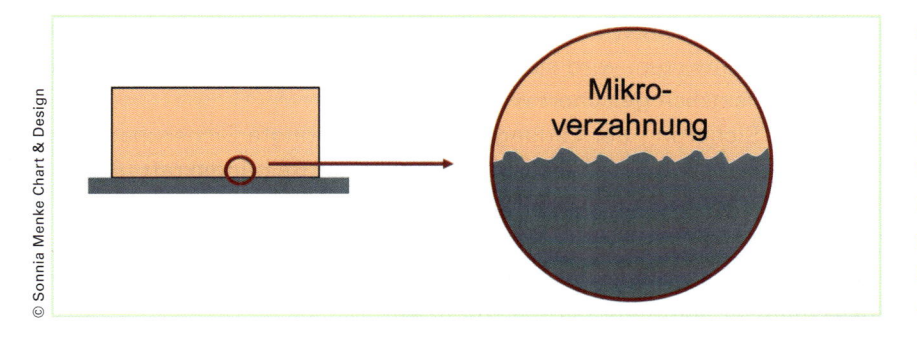

© Sonnia Menke Chart & Design

Abbildung 8: Reibung ist die Gesamtheit der Kräfte an der Grenzfläche zweier Körper, die ihre gegenseitige Bewegung hemmen oder verhindern.

Unterschied zwischen Haft- und Gleitreibung

Grundsätzlich wird zwischen zwei Reibungsarten unterschieden, der Haft- und der Gleitreibung.
Möchte man eine Ladung über eine Fläche ziehen, wird eine große Kraft benötigt, um die Ladung in Bewegung zu setzen. Diese Widerstandskraft, die es zu überwinden gilt, ist die **Haftreibung.**

Befindet sich die Ladung bereits in Bewegung, braucht man eine wesentlich geringere Kraft, um die Ladung in Bewegung zu halten. Bei dieser Widerstandskraft handelt es sich um die **Gleitreibung.**

Da Ladungen durch die Fahrzeugschwingungen in eine Art „Schwebezustand" geraten und damit die Haftreibung außer Kraft setzen können, berücksichtigen sowohl die VDI 2700 als auch die DIN EN 12195-1:2004 für die Berechnung der erforderlichen Sicherungskräfte (F_T oder F_R) nur die Gleitreibung. Der zugehörige Gleitreibbeiwert wird mit „μ_D" bezeichnet. Die neue EN 12195-1:2010 (DIN EN 12195-1:2011) trifft jedoch diese Unterscheidung zwischen Haft- und Gleitreibung nicht mehr. Der Reibbeiwert wird nur noch mit „μ" bezeichnet.

Berechungs-Beispiel
Wird für eine Palette mit 1000 kg[4] Masse (F_G = 1000 daN) auf einer Ladefläche mit Siebdruckboden ein Gleitreibbeiwert von μ_D = 0,2 angesetzt, so bedeutet das: $F_R = F_G \cdot \mu_D$ = 1000 daN $\cdot$ 0,2 daN = 200 daN

Die Massenkraft F bei einer Vollbremsung errechnet sich wie folgt:
$F = F_G \cdot 0{,}8$ = 1.000 daN $\cdot$ 0,8 = 800 daN.

Da bei einer Vollbremsung die 1000 kg schwere Palette eine Massenkraft F = 800 daN entwickelt, über die Reibungskraft F_R jedoch nur 200 daN entgegenwirken, wird sich die Palette in Bewegung setzen, wenn sie nicht zusätzlich gesichert wird.
Diese zur Sicherung der Ladung zusätzlich benötigte Sicherungskraft (F_S) ergibt sich aus der Massenkraft (F) und der Reibungskraft (F_R).
Es gilt: $F_S = F - F_R$ = 800 daN − 200 daN = 600 daN

Setzt man bei dieser Berechnung die Werte der neuen DIN EN 12195-1:2011 ein, so lautet die Formel wie folgt:
$F_F = F_G \cdot \mu \cdot f_\mu$ = 1000 daN $\cdot$ 0,45 $\cdot$ 0,75 = 337,5 daN.

Laut Anhang B dieser Norm ist für die Materialpaarung Holz auf Schichtholz/Sperrholz ein Reibbeiwert von 0,45 einzusetzen. Um aber die dynamischen Gegebenheiten während der Fahrt zu berücksichtigen, ist in die Formel der Umrechnungsfaktor f_μ analog der Vorgaben zur Direktsicherung in die Formel einzubringen.[5] f_μ wird mit dem Wert 0,75 zum Ansatz gebracht.

---

[4] Eine Masse von 1000 kg entspricht einer Gewichtskraft 'F_G' von ca. 1000 daN.
[5] Die DIN EN 12195-1:2011 schreibt allerdings den Faktor f_μ nur für die Direktsicherung vor.

Die DIN EN 12195-1:2011 wurde aber in Deutschland nur unter Vorbehalt bekannt gemacht. Die deutschen Überwachungsbehörden sind angewiesen, nach der VDI 2700 sowie der DIN EN 12195-1:2004 bei Ladungskontrollen zu verfahren. Es ist aber zu erwarten, dass diese Haltung der Überwachungsbehörden über kurz oder lang aufgegeben wird, nachdem in Unterabschnitt 7.5.7.1 ADR bei der Ladungssicherung von Gefahrgut direkt Bezug auf die EN 12195-1:2010 genommen wird.

Reibpaarung		Empfohlene Gleitreibungszahl μ_D*
Ladefläche	Ladungsträger/Ladegut	
Sperrholz, melaminharzbeschichtet, glatte Oberfläche	Europaletten (Holz)	0,20
	Gitterboxpaletten (Stahl)	0,25
	Kunststoffpaletten (PP)	0,20
Sperrholz, melaminharzbeschichtet, Siebstruktur	Europaletten (Holz)	0,25
	Gitterboxpaletten (Stahl)	0,25
	Kunststoffpaletten (PP)	0,25
Aluminiumträger in der Ladefläche – Lochschienen	Europaletten (Holz)	0,25
	Kunststoffpaletten (PP)	0,25
	Gitterboxpaletten (Stahl)	0,35

* Empfehlungen aus dem BGF-Forschungsprojekt „Bestimmung der Reibungszahl µ an Ladegütern"

Ausgewählte Reibbeiwerte nach Anhang B der Norm [6]

Horizontale Materialpaarung	Reibbeiwert μ gemäß DIN EN 12195-1:2011[7]
Schnittholz – Schichtholz/Sperrholz	0,45
Schnittholz – geriffeltes Aluminium	0,4

[6] Wiedergegeben mit Erlaubnis des DIN Deutsches Institut für Normung e.V. Maßgebend für das Anwenden der DIN-Norm ist deren Fassung mit dem neuesten Ausgabedatum, die bei der Beuth Verlag GmbH, Burggrafenstr. 6, 10787 Berlin, erhältlich ist.

[7] Ist die Ladefläche nicht besenrein oder nicht frei von Frost, Schnee oder Eis, so darf als Reibbeiwert höchstens 0,2 eingesetzt werden.

Schnittholz – Schrumpffolie	0,3
Schnittholz – Stahlblech	0,3
Hobelholz – Schichtholz/Sperrholz	0,3
Hobelholz – geriffeltes Aluminium	0,25
Hobelholz – Stahlblech	0,2
Kunststoffpalette – Schichtholz/Sperrholz	0,2
Kunststoffpalette – geriffeltes Aluminium	0,15
Kunststoffpalette – Stahlblech	0,15
Stahlkiste – Schichtholz/Sperrholz	0,45
Stahlkiste – geriffeltes Aluminium	0,3
Stahlkiste – Stahlblech	0,2
Rauer Beton – Schnittholzlatten	0,7
Glatter Beton – Schnittholzlatten	0,55
Gummi	0,6
Andere Werkstoffe	Herstellerangaben

Antirutschmatten als Hilfsmaßnahme

Durch rutschhemmende Materialien („RHM"), sogenannte „Antirutsch-matten", lassen sich unter bestimmten Umständen deutlich bessere Reibwerte erzielen. Man setzt die Matten zwischen Ladung und Lade-fläche sowie auch zwischen den Ladungsteilen ein.

Abbildung 9:
Rutschhemmendes
Material (RHM)

Abbildung 10:
Verwendungsmög-
lichkeiten von RHM

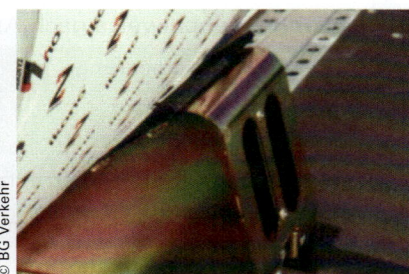

© SpanSet

© BG Verkehr

Die Matten werden je nach Einsatzzweck in verschiedenen Stärken (Dicken) angeboten. In der Praxis haben sich für den universellen Einsatz die 8-mm-Matten bewährt. Für spezielle Ladegüter wie z.B. Papierrollen oder im Schwertransportbereich sind abweichende Stärken sinnvoll bzw. erforderlich. Grundsätzlich gilt, dass RHM bei hohen Druckbeanspruchungen verdichtet werden und zur „Seifigkeit" neigen. Beachten Sie daher unbedingt die Herstellerangaben!

> ⚠️ Antirutschmatten können nur ihren Zweck erfüllen, wenn die Ladefläche **besenrein** ist. Deshalb gehört ein Besen zur Standardausrüstung eines jeden Fahrzeugs!

Wird eine Palette mit einer Gewichtskraft 1.000 daN (1.000 kg) auf eine normale Ladefläche gestellt, so errechnet sich bei einem Gleitreibbeiwert $\mu_D = 0{,}2$ eine Reibungskraft von 200 daN ($F_R = F_G \cdot \mu_D$). Setzt man aber rutschhemmende Matten mit einem Gleitreibbeiwert $\mu_D = 0{,}6$ ein, so ergibt sich eine Reibungskraft von 600 daN. Verzehnfacht man das Ladungsgewicht, so erhält man eine zehnfach höhere Reibungskraft, aber auch eine zehnfach höhere Massenkraft (siehe auch Beispiele „Transportfall – leicht" und „Transportfall – schwer" unter 1.3.2)!

Der Anteil der Massenkraft, der nicht durch die Reibungskraft in Position gehalten wird, muss mit zusätzlichen Mitteln gesichert werden. Die hierfür aufzuwendende Kraft nennt man Sicherungskraft „F_S". Formel: $F_S = F - F_R$

Beispiel:
Berechnung der erforderlichen Sicherungskraft in Fahrtrichtung bei einer Palette mit 1.000 kg ($F_G = 1.000$ daN), einmal ohne und einmal mit Einsatz von rutschhemmenden Matten (RHM).

Massenkraft in Fahrtrichtung
$F = F_G \cdot c_x = 1.000 \text{ daN} \cdot 0{,}8 = 800 \text{ daN}$

Reibungskraft und Sicherungskraft ohne RHM
$F_R = F_G \cdot \mu_D = 1.000 \text{ daN} \cdot 0{,}2 = 200 \text{ daN}$
$F_{Sv} = F - F_R = 800 \text{ daN} - 200 \text{ daN} = 600 \text{ daN}$

Reibungskraft und Sicherungskraft mit RHM
$F_R = F_G \cdot \mu_D = 1.000$ daN $\cdot$ 0,6 = 600 daN
$F_{Sv} = F - F_R = 800$ daN – 600 daN = 200 daN

Man kann die Berechnung der erforderlichen Sicherungskraft mit dieser Formel vereinfachen: $F_{Sv} = F_G \cdot (c_{x,y} - \mu_D)$

Verzehnfacht man das Ladungsgewicht, so ergeben sich unter Anwendung der vereinfachten Formel für die beiden Anwendungsfälle folgende Werte:

- $F_S = 10.000$ daN $\cdot$ (0,8 – 0,2) = 10.000 daN $\cdot$ 0,6 = 6.000 daN
- $F_S = 10.000$ daN $\cdot$ (0,8 – 0,6) = 10.000 daN $\cdot$ 0,2 = 2.000 daN

Merke:

Rutschhemmende Matten erhöhen die Reibungskraft. Sie verringern den erforderlichen Aufwand zur Ladungssicherung erheblich.

Setzt man rutschhemmende Matten ein, so ist die Reibungskraft um 10% höher als die Massenkräfte zu den Seiten und nach hinten. Aber man muss trotzdem noch Hilfsmittel zur Ladungssicherung einsetzen, weil Vibrationen und Fahrzeugverwindungen während der Fahrt den Reibbeiwert verringern oder weil die Ladung wegen des hohen Schwerpunkts kippgefährdet ist.

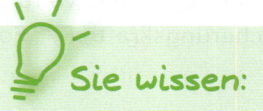

Sie wissen:

- ✔ Die Einheit für Kräfte ist Newton (N) und in der Ladungssicherung rechnet man mit Dekanewton (daN).
- ✔ 1 daN entspricht der Kraft von ca. 1 kg Masse.
- ✔ Reibung entsteht zwischen verschiedenen Materialien und ist von der Materialpaarung abhängig.
- ✔ Ein hoher Reibbeiwert, z.B. durch Verwendung von rutschhemmenden Matten, hilft Ladung zu sichern.
- ✔ Die Massenkräfte im Straßenverkehr betragen
  - ✔ $F_G \cdot 0,8$ (80% der Gewichtskraft) nach vorne,
  - ✔ $F_G \cdot 0,5$ (50% der Gewichtskraft) zu den Seiten,
  - ✔ $F_G \cdot 0,5$ (50% der Gewichtskraft) nach hinten.

1.4 Lastverteilung und Nutzvolumen

▶ **Sie sollen Einflüsse durch die Ladung auf die Fahrstabilität kennen und zudem das Nutzvolumen des Fahrzeugs ermitteln können.**

1.4.1 Lastverteilung

Straßenverkehrsrecht und Unfallverhütungsvorschriften verlangen, dass der Fahrzeugführer in der Lage sein muss, negative Einflüsse auf das Fahrverhalten seines Fahrzeugs, wie z.B. Aufschaukeln, Veränderungen im Bremsverhalten oder stark eingeschränkte Lenkfähigkeit, rechtzeitig zu erkennen und die erforderlichen Maßnahmen zu treffen. Dies bedeutet, dass folgende Werte eingehalten werden müssen: zulässiges Gesamtgewicht, zulässige Achslasten (Mindest- u. Maximallast), zulässige statische Stützlast (bei Starrdeichselanhängern), zulässige Sattellast. Ebenso ist eine einseitige Beladung zu vermeiden!

Doch wo liegt das Problem?

Es ist bekannt, dass die den Fahrzeugpapieren zu entnehmende zulässige Nutzlast die maximal mögliche Last ist, mit der ein Fahrzeug beladen werden darf. Sie ergibt sich rein rechnerisch aus der im Zulassungsmitgliedstaat zulässigen Gesamtmasse des Fahrzeugs in kg (Feld ‚F.2' in der Zulassungsbescheinigung Teil 1, im früheren Fahrzeugbrief unter Schlüsselnummer 14) abzüglich der Masse des in Betrieb befindlichen Fahrzeugs in kg, d.h. der sogenannten „Leermasse" (Feld ‚G' in der Zulassungsbescheinigung Teil 1, im früheren Fahrzeugbrief unter Schlüsselnummer 15).
Also kurz: zulässige Nutzlast = zul. Gesamtmasse minus Leermasse

Abbildungen 11a und 11b:
Zulassungsbescheinigung Teil 1 für Sattelzugmaschine und Anhänger

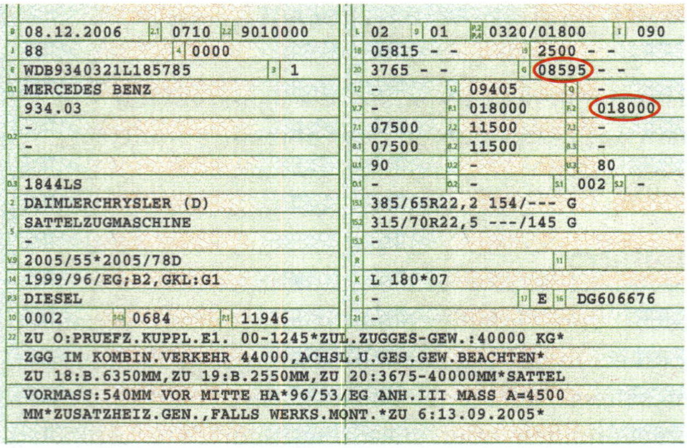

```
08.12.2006    0710   9010000     02   01  0320/01800        090
88          0000                 05815 - -         2500 - -
WDB9340321L185785       1        3765 - -          08595 - -
MERCEDES BENZ                           09405
934.03                    -             018000     018000
-                                07500  11500
-                                07500  11500
                                 90     -           80
1844LS                                             002    -
DAIMLERCHRYSLER (D)              385/65R22,2 154/--- G
SATTELZUGMASCHINE               315/70R22,5 ---/145 G
-
2005/55*2005/78D
1999/96/EG;B2,GKL:G1            L 180*07
DIESEL                                        E    DG606676
0002        0684       11946
ZU O:PRUEFZ.KUPPL.E1. 00-1245*ZUL.ZUGGES-GEW.:40000 KG*
ZGG IM KOMBIN.VERKEHR 44000,ACHSL.U.GES.GEW.BEACHTEN*
ZU 18:B.6350MM,ZU 19:B.2550MM,ZU 20:3675-40000MM*SATTEL
VORMASS:540MM VOR MITTE HA*96/53/EG ANH.III MASS A=4500
MM*ZUSATZHEIZ.GEN.,FALLS WERKS.MONT.*ZU 6:13.09.2005*
```

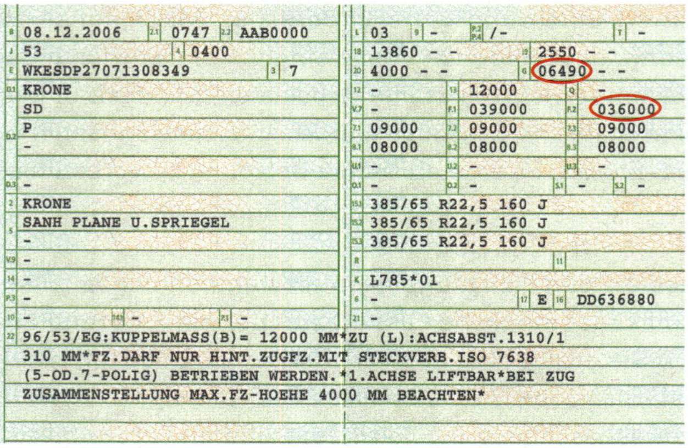

```
08.12.2006    0747   AAB0000     03   -   /-              -
53          0400                 13860 - -         2550 - -
WKESDP27071308349      7         4000 - -          06490 - -
KRONE                                   12000
SD                        -             039000     036000
P                                09000  09000      09000
-                                08000  08000      08000
-
KRONE                           385/65 R22,5 160 J
SANH PLANE U.SPRIEGEL           385/65 R22,5 160 J
                                385/65 R22,5 160 J
-
-                              L785*01
-                                             E    DD636880
96/53/EG:KUPPELMASS(B)= 12000 MM*ZU (L):ACHSABST.1310/1
310 MM*FZ.DARF NUR HINT.ZUGFZ.MIT STECKVERB.ISO 7638
(5-OD.7-POLIG) BETRIEBEN WERDEN.*1.ACHSE LIFTBAR*BEI ZUG
ZUSAMMENSTELLUNG MAX.FZ-HOEHE 4000 MM BEACHTEN*
```

Die zGM eines Zuges errechnet sich aus der Summe der zGM des Zugfahrzeugs und des Anhängers.

Die zGM eines Zuges mit Starrdeichselanhänger errechnet sich aus der Summe der zGM von Zugfahrzeug und Anhänger, abzüglich des höheren Wertes der zulässigen Stützlast von Zugfahrzeug und Anhänger (Bei gleichen Werten einmal dieser Wert).

Die zGM eines Sattelzuges errechnet sich aus der Summe der zGM der Sattelzugmaschine und des Sattelanhängers, abzüglich des höheren Wertes der zulässigen Sattellast der Zugmaschine oder der zulässigen Aufliegelast des Sattelanhängers (Bei gleichen Werten einmal dieser Wert).

Die höchsten zulässigen Gesamtmassen, auch wenn die Eintragungen in den Zulassungsbescheinigungen höhere Werte zulassen würden, für die gebräuchlichsten Züge betragen:

Achsen	Höchste zGM
weniger als 4 Achsen	28 t
mit je zwei Achsen für Zugfahrzeug und Anhänger	36 t
Sattelzug mit zwei Achsen für Zugfahrzeug und Sattelanhänger bei Achsabstand des Anhängers von mehr als 1,3 m	36 t
Sattelzug mit zwei Achsen für Zugfahrzeug und Sattelanhänger bei Achsabstand des Anhängers von mehr als 1,8 m, wenn die Antriebsachse des Zugfahrzeugs mit Doppelbereifung und Luftfederung ausgestattet ist	38 t
Fahrzeugkombinationen mit mehr als 4 Achsen	40 t
Fahrzeugkombinationen mit Sattelzugmaschine mit drei Achsen und Sattelanhänger mit zwei oder drei Achsen, die im kombinierten Verkehr zwischen Mitgliedsstaaten einen ISO-Container von 40 Fuß befördern	44 t

Die Leermasse von Fahrzeugkombinationen errechnet sich aus der Summe der Leermassen beider Fahrzeuge.

Weniger bekannt ist jedoch oder es wird nicht berücksichtigt, dass

a) durch Anbauten wie z.B. Palettenstaukästen etc. das tatsächliche Gewicht des leeren Fahrzeuges höher als das Leergewicht aus der Zulassungsbescheinigung wird, sich dadurch die zur Verfügung stehende Nutzlast reduziert und – jetzt kommt das Entscheidende –

b) die zulässige Nutzlast nur aufgebracht werden darf, wenn der Schwerpunkt[8] der Ladung in einem bestimmten Bereich der Ladefläche liegt.

---

[8] Der Schwerpunkt ist der Punkt, an dem man einen Körper unterstützen muss, wenn er z.B. beim Balancieren im Gleichgewicht bleiben soll.

Leider ist es in der Praxis meist nicht möglich, den Ladungsschwerpunkt auf die Mitte der Ladefläche oder in den Bereich zu legen, in dem das Fahrzeug seine maximal zulässige Nutzlast hat. Der Ladungsschwerpunkt kann je nach Art des Transportguts mehr über dem vorderen oder hinteren Bereich der Ladefläche liegen. In beiden Fällen wird die zur Verfügung stehende Nutzlast geringer als die rechnerisch ermittelte, maximal zulässige Nutzlast. Das hängt damit zusammen, dass die zulässigen Achslasten nach oben wie nach unten die Grenzen setzen. Denn sowohl Achslastüberschreitungen (Schäden an Reifen, Achsen und Beeinträchtigung des Fahr- und Bremsverhaltens) als auch Achslastunterschreitungen (Beeinträchtigung der Lenkfähigkeit) können zu Unfällen führen.

Abbildung 12:
Zulässige Teilbeladung von 17 Europaletten mit je ca. 470 kg, ermittelt über ein EDV-Programm

Abbildung 13:
Unzulässige Teilbeladung von 17 Europaletten mit je ca. 470 kg, ermittelt über ein EDV-Programm

Solange sich die Über- oder Unterschreitungen der Achslasten in gewissen Grenzen halten, sind sie leider mit bloßem Auge nicht erkennbar. Mitunter können es Kleinigkeiten sein, die über ‚Zulässig' (Grün) oder ‚Unzulässig' (Rot) entscheiden:

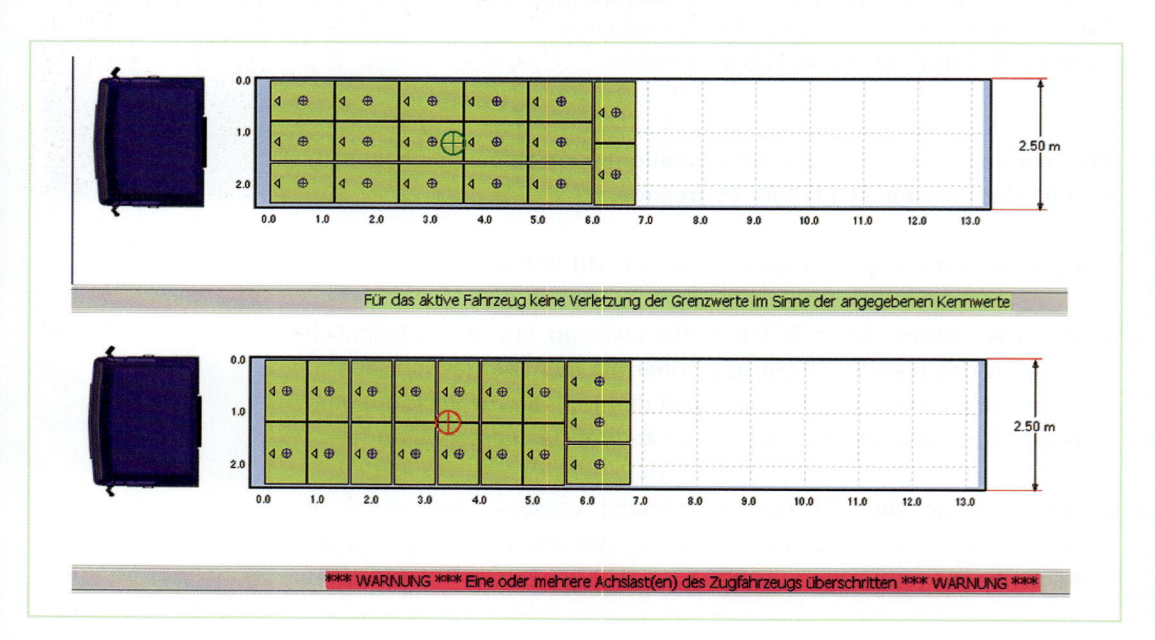

Die Ladeweise in Abbildung 13 führt zu einer überhöhten Antriebsachsbelastung der Sattelzugmaschine. Bei unterschiedlich schweren Paletten würde sich alternativ anbieten, die leichteren nach vorne an die Stirnwand zu setzen.

© DAF Trucks

In extremeren Fällen können höhere Reifen-einfederungen oder ein ungewöhnliches Fahrverhalten auf die Überladung hindeuten (das Fahrzeug kommt z.B. nach dem Durchfahren von Bodenwellen schlecht „mit dem Hintern wieder hoch", die Seitenneigung beim Durchfahren von Kurven ist deutlich größer als üblich). Diese Rückschlüsse sind aber wenig exakt. Genauer sind da schon die für einige Fahrzeuge erhältlichen Manometer, die über den Druck in den Luftfederbälgen informieren, oder kalibrierte Anzeigen im Display des Lkw-Armaturenbretts.

© DAF Trucks

Diese Achslastinfo in Abbildung 16 ist mittlerweile bei vielen Fahrzeugen mit Luftfederung technisch möglich. Die Angaben für eine blattgefederte Vorderachse sind jedoch in der Regel umgerechnet und deshalb nicht so exakt wie die bei der luftgefederten Ausführung. Sofern die Anhänger und „Auflieger" mit einer Achslastüberwachung ausgestattet sind, sind auch deren Achslasten abrufbar.

Abbildung 14:
Manometer zur Anzeige der Achsdrücke

Abbildung 15:
Achslastinfo im Display eines DAF

Abbildung 16:
Achslastinfo zum Anhänger im Display des DAF ‚XF 105' [Ausschnitt aus DAF-Betriebsanleitung[9]]

[9] Die Buchstaben in der DAF-Betriebsanleitung haben folgende Bedeutung:
- A: Tatsächliche Achslasten
- B: Vorhandene Ladungsmasse (ist ein Umrechnungswert aus den Achslasten bei leerem Fahrzeug und kann deshalb nur korrekt angezeigt werden, wenn sie bei leerem Fahrzeug auf ‚Null' gesetzt wurde)
- C: Pfeil zum Menü für die Zugmaschine

Mögliche Folgen von Überladung sind, dass der Bremsweg länger wird, das Fahrzeug zum Untersteuern neigt, sich die mögliche Geschwindigkeit an Steigungen reduziert, der Kraftstoffverbrauch steigt und die Belastung von Straßen und Brücken steigt.

Daher stellen Überladungen nicht nur eine Ordnungswidrigkeit dar, sondern führen auch zu einer Fahrtuntersagung.

Abbildung 17:
Beispiel eines LVP für einen „3-Achser"

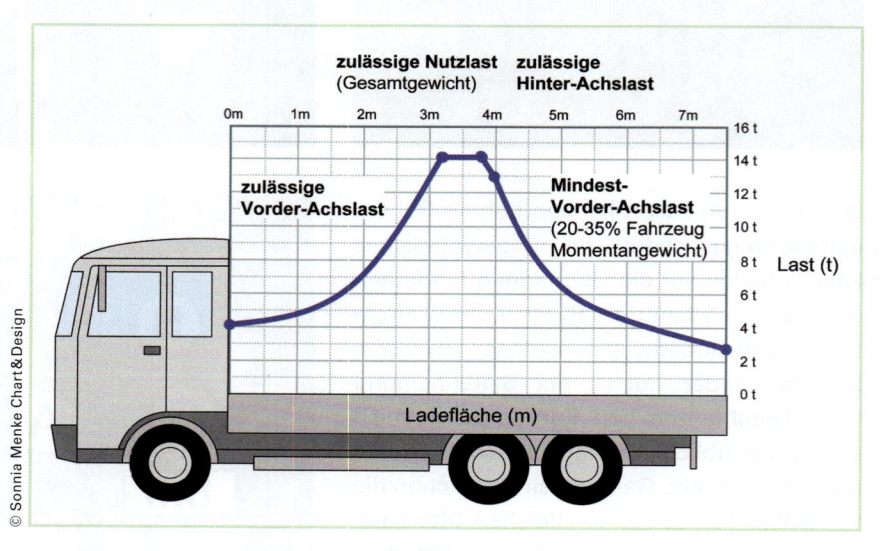

Lastverteilungsplan

Solange diese Hilfsmittel aber nicht durchgängig bei allen Fahrzeugen bzw. bei allen Federungsarten zur Verfügung stehen, oder um sich im Nachhinein ein zeitaufwendiges Umladen zu ersparen, müssen im Vorfeld der Beladung die zu erwartenden Belastungen der Achsen ermittelt werden. Dazu errechnet man in Abhängigkeit von den jeweils erforderlichen bzw. zulässigen Achslasten an vielen Stellen der Ladefläche die mögliche Nutzlast. Diese Werte werden als Punkte in eine Zeichnung übertragen und miteinander verbunden. Diese so entstandene grafische Kurve – der sogenannte „Lastverteilungsplan" (LVP) – stellt die Zuordnung der möglichen Nutzlasten zum jeweiligen Abstand von der vorderen Laderaumbegrenzung (Stirnwand) zum Ladungsschwerpunkt dar. Dabei sind im Normalfall waagerecht die Schwerpunktabstände in Metern und senkrecht die Nutzlasten in Kilogramm oder Tonnen angegeben (siehe auch VDI 2700 Blatt 4 „Ladungssicherung auf Straßenfahrzeugen – Lastverteilungsplan").

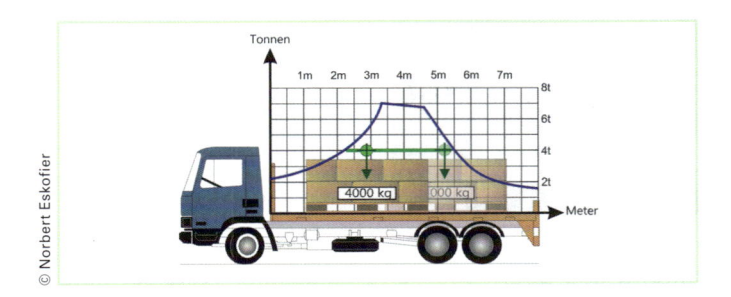

Abbildung 18:
Der Schwerpunkt der Ladung befindet sich innerhalb der Lastverteilungskurve – die Ladung ist richtig platziert.

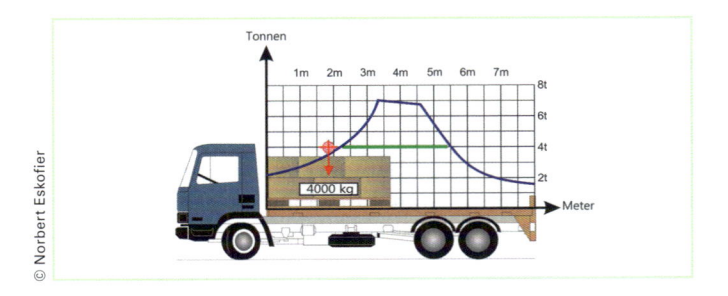

Abbildung 19:
Der Schwerpunkt der Ladung befindet sich außerhalb der Lastverteilungskurve – die Vorderachse ist überladen!

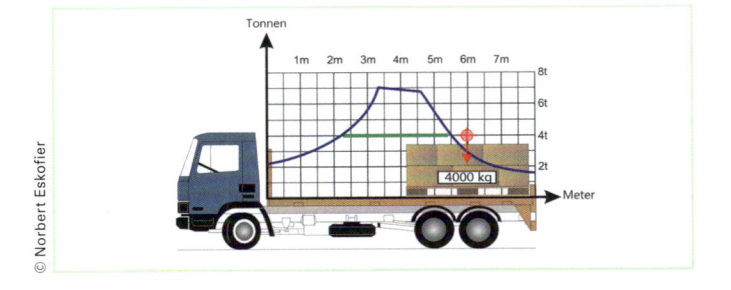

Abbildung 20:
Der Schwerpunkt der Ladung befindet sich außerhalb der Lastverteilungskurve – die Hinterachse ist überladen!

Wie aus dem beispielhaften Lastverteilungsplan für einen dreiachsigen Lkw (Abbildung 17) zu erkennen ist, kann die zulässige Nutzlast (Masse) von 14 t nur dann genutzt werden, wenn der Ladungsschwerpunkt in dem verhältnismäßig kleinen Bereich von 0,6 m der Ladeflächenlänge platziert wird. Also in einem Abstand von 3,2 bis 3,8 m zur vorderen Ladeflächenbegrenzung.

Wenn der Fahrer eine Ladung von „nur" 10 t transportiert, muss der Schwerpunkt zwischen 2,6 und 4,3 m liegen.

Bei konsequenter und richtiger Beachtung des Lastverteilungsplanes hat man Gewähr, dass weder die zulässigen Höchst- noch die zulässigen Mindestachslasten überschritten sind. Aber Achtung, auch

wenn die Berechnung aus Leermasse und zulässiger Nutzlast eine höhere Gesamtmasse als 40 t ergibt, außer beim Kombiverkehr ist dies die absolute Höchstgrenze für die zGM. Andernfalls benötigt man Genehmigungen nach StVO und StVZO oder riskiert ein Bußgeld.

In manchen Betrieben bietet man dem Fahrer leichter handhabbare Alternativen zum Lastverteilungsplan. Man markiert seitlich am Fahrzeug den Bereich, in dem der Schwerpunkt der Last liegen muss (Abbildung 21).

Doch wie bestimmt man einen Ladungsschwerpunkt?

Bestimmung des Schwerpunkts bei Einzelladung

Das Erkennen der ungefähren Lage des Ladungsschwerpunkts ist bei symmetrischen Körpern wie z.B. palettierter Sackware meist unproblematisch. Selbst bei einer schweren Maschine ist es relativ einfach, wenn diese oder ihre Verpackung mit dem Schwerpunktsymbol versehen ist.

In der Praxis ist dies jedoch nicht immer der Fall. Dennoch ist die Ermittlung des Schwerpunkts für eine korrekte Beladung gerade auch von mehrteiliger Ladung von entscheidender Bedeutung. Gegebenenfalls ist hier Rücksprache mit dem Absender zu halten.

AUFGABE

„Zweiter Transportfall"

Eine Maschine mit einer Gewichtskraft von 8000 daN und einer Gesamtlänge von 6 m soll befördert werden. Der Schwerpunkt liegt bei 1,9 m vom „hohen Ende" entfernt (siehe Abbildung 23).

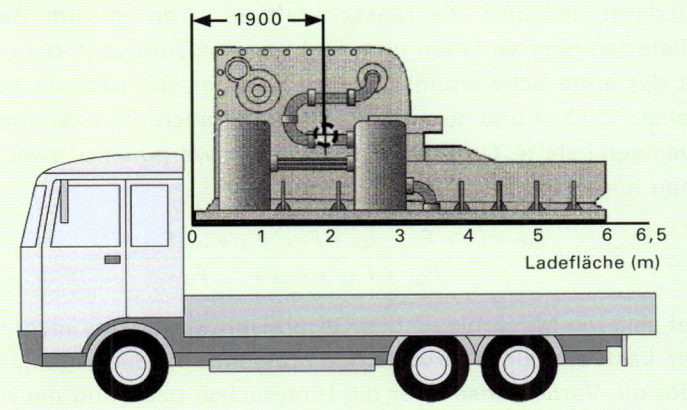

Abbildung 23:
Zweiter
Transportfall

Zum Transport steht ein abgelasteter 3-Achser mit folgenden Daten bereit.

Darf die Maschine, wie in Abbildung 24 dargestellt, transportiert werden?

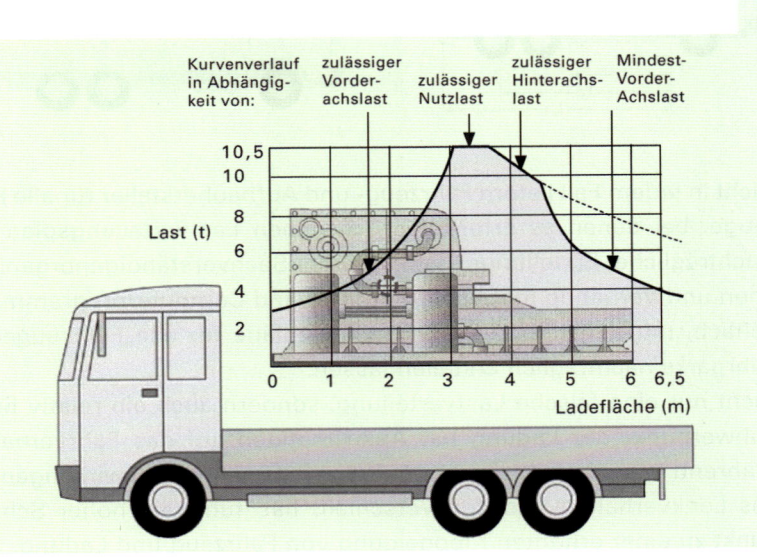

Abbildung 24:
Beispiel für einen
abgelasteten
3-Achser

© BG Verkehr

Bestimmung des Schwerpunkts bei mehrteiliger Ladung

Mehr Probleme bereitet der Transport von Ladung, die aus mehreren Teilen verschiedenster Dimensionen oder Gewichte besteht. Hier ist der Gesamtschwerpunkt ‚S_{Ges}' zu ermitteln.

Bei einer palettierten Ladung ist in aller Regel davon auszugehen, dass der Schwerpunkt in der Mitte der Palette liegt. Dort greift sowohl die Gewichtskraft als auch die Massenkraft an. Werden zum Beispiel EURO-Paletten quer verladen und direkt an der Stirnwand begonnen, so liegt der erste Schwerpunkt 0,40 m dahinter, der nächste 1,20 m, der nächste 2,00 m und so weiter. Dort wirkt auch die Gewichtskraft der jeweiligen Palette. Um nun den Gesamtschwerpunkt zu errechnen, setzt man folgende Formel an:

$$S_{ges} = \frac{F_{G1} \cdot L_1 + F_{G2} \cdot L_2 + F_{G3} \cdot L_3 + \ldots F_{G11} \cdot L_{11}}{F_{G1} + F_{G2} + F_{G3} + \ldots F_{G11}}$$

Befindet sich die Massenkraft des Gesamtschwerpunktes nicht innerhalb der Lastverteilungskurve (s. nachfolgende Abbildungen), so ist entweder die Vorderachse oder die Hinterachse bzw. sind die Hinterachsen überladen.

Abbildungen 25 und 26: Vorgehensweise zur Berechnung des Gesamtschwerpunktes bei mehreren Einzelladungen

© Sonnia Menke Chart & Design

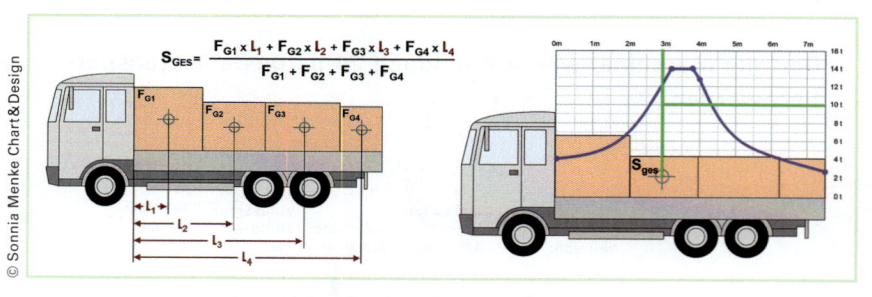

Nicht in jedem Fall liefern Fahrzeug- und Aufbauhersteller für alle Fahrzeuge, bei denen es erforderlich ist, einen Lastverteilungsplan mit. Nachträgliche Erstellungen sind durch Sachverständigenorganisationen und Verbände möglich. Alternativ sind Computerprogramme erhältlich, mit denen sich Lastverteilungspläne für alle Fahrzeuge des Fuhrparks nachträglich erstellen lassen.

Nicht nur eine falsche Lastverteilung, sondern auch ein relativ hoher Schwerpunkt der Ladung hat Auswirkungen auf das Fahrverhalten. Während eine falsche Lastverteilung ungünstige Auswirkungen auf das Lenkverhalten und den Verschleiß hat, führt ein hoher Schwerpunkt zu einer erhöhten Kippneigung von Fahrzeug und Ladung.

Fazit

Ladungsgewichte müssen so auf der Ladefläche verteilt werden, dass die zulässigen Achslasten nicht überschritten werden.

1.4.2 Nutzvolumen

Rechteckiger Aufbau

Das Volumen ‚V' steht für den räumlichen Inhalt eines Körpers.
Am einfachsten ist das Volumen zu errechnen, wenn die Abmessungen des Körpers bekannt sind und miteinander multipliziert werden (siehe Formel).

Formel	Größen
$V = L \cdot B \cdot H$	■ L = Länge ■ B = Breite ■ H = Höhe

Abbildung 27:
Kofferaufbau

Zylindrischer oder halbrunder Aufbau

Beim zylindrischen oder halbrunden Aufbau ist die Rechnung etwas aufwendiger. Zur Ermittlung des Volumens bei zylindrischem Aufbau werden folgende Werte benötigt:

Formel:	Größen
$V = L \cdot \frac{1}{4} \cdot D^2 \cdot \pi$	■ Länge (L) ■ Durchmesser (D) und ■ π = Gerundete Kreiskonstante 3,14

Da das Gewicht von Flüssigkeiten häufig mit dem spezifischen Gewicht angegeben wird, ist das Volumen in Liter umzurechnen und mit dem spezifischen Gewicht als Kilogrammangabe zu multiplizieren. So erhält man das Gewicht der Ladung.

Abbildung 28:
Tankaufbau

Abbildung 29:
Typenschild eines
Siloaufbaus mit
Angabe des
Gesamtinhaltes
(Nutzvolumen)

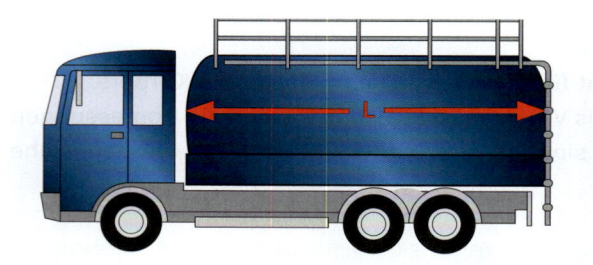
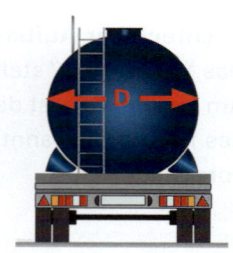

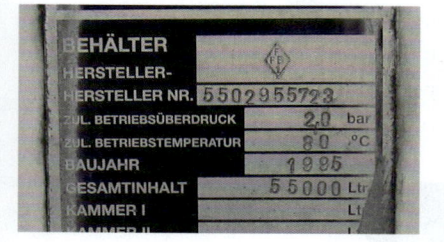

Fazit

Diese Berechnungen sind aber mehr theoretischer Natur, da sie in den meisten Fällen durch die minimalen bzw. maximalen Achslasten des Fahrzeugs eingeschränkt sind. Das tatsächliche Nutzvolumen kann in der Regel nur aus den Unterlagen des Herstellers bzw. dem Typenschild am Fahrzeug entnommen werden.

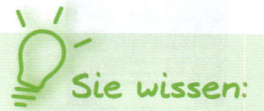

Sie wissen:

✔ Falsche Lastverteilung wirkt sich auf das Fahrverhalten des Fahrzeugs aus.

✔ Wie man den Gesamtschwerpunktes einer Ladung berechnet, die sich aus mehreren Ladungsteilen zusammensetzt.

✔ Ein hoher Ladungsschwerpunkt begünstigt das Kippverhalten von Ladung und Fahrzeug.

✔ Wie die zulässige Gesamtmasse und Nutzlast von Fahrzeugkombinationen sowie das Nutzvolumen eines Lkw mit Planen- oder Kofferaufbau sowie eines Tankfahrzeuges mit zylindrischem Tank berechnet werden.

1.5 Arten von Ladegütern

▶ **Sie sollen für die Problematik transportsicherer Verpackungen und das Zusammenspiel der Beteiligten sensibilisiert werden. Zudem sollen Sie Kenntnisse über die wichtigsten Gütergruppen erlangen.**

1.5.1 Verpackungen und Ladeeinheiten

In vielen Fällen steht der Fahrer vor dem Problem: Verpackungen lassen sich aufgrund mangelnder Festigkeit nicht verzurren oder sind unzureichend zu Ladeeinheiten zusammengefasst.

Leider besteht vor Ort nur selten die Möglichkeit, diese vorgefundenen Mängel in einem vertretbaren Zeitrahmen zu beheben. Daher müssen die Weichen für eine ordnungsgemäße Ladungssicherung bereits im Vorfeld des Transports gestellt werden. Die Verantwortlichen müssen bei der Wahl der geeigneten Transportverpackung und der Bildung von Ladeeinheiten alle Kräfte berücksichtigen, die auf die Ladegüter wirken:

- Horizontal wirkende Flieh- und Beschleunigungskräfte durch Bremsen, Anfahren und Kurvenfahrten
- Vertikal wirkende Kräfte durch Fahrbahnunebenheiten
- Zug- und Druckkräfte, die durch die Ladungssicherung selber entstehen
- Der Stapeldruck bei gestapelter Ladung

Verantwortlich für die Wahl einer geeigneten Transportverpackung ist der Absender (§ 411 HGB).

Die Erfordernisse des Transports und der vorgeschriebenen Ladungssicherung müssen bereits vonseiten des Absenders und des Verladers bedacht werden. Sonst hat der „Mann an der Rampe" in der zur Verfügung stehenden Zeit kaum eine Chance, für das komplexe Problem der richtigen Sicherung eine Lösung zu finden.

Damit es nicht so weit kommt, müssen die Abläufe zwischen Absender bzw. Verlader, Frachtführer und Fahrer abgestimmt werden.

Abbildung 30:
Beispiel für Kräfte-
verteilung bei
gestapelter und
niedergezurrter
Ladung

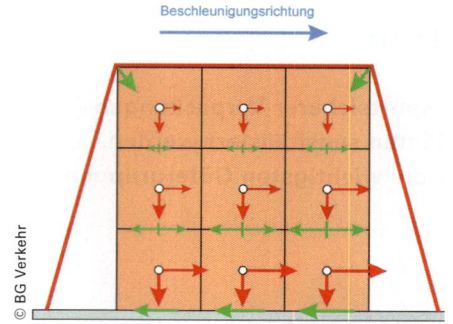

Dies setzt voraus, dass

- Bewusstsein für die Erfordernisse einer sicheren und wirtschaftlich durchführbaren Ladungssicherung vorhanden ist,
- alle Beteiligten sich ihrer Rechte und Pflichten in der Transportkette bewusst sind und nicht versuchen, ihren Anteil auf den
  jeweils anderen zu verlagern,
- der Informationsaustausch zwischen den Beteiligten sicherge-
  stellt ist. Das heißt:
  - Der Absender weiß, wie seine Sendung verladen wird.
  - Der Verlader hat im Vorfeld die entsprechenden Informatio-
    nen über die Art der Ladegüter.
  - Der Beförderer (sprich Fahrzeugführer) weiß, was ihn an der
    Rampe erwartet.

Kennzeichnung

Wenn es die vertragsgemäße Behandlung erfordert, ist der Absender
eines Gutes nach § 411 Handelsgesetzbuch (HGB) verpflichtet, dieses
zur Vermeidung von Beschädigungen zu kennzeichnen. Die gängigsten Kennzeichnungen sollten jedem, der damit Umgang hat, bekannt
sein.

Abbildung 31:
Markierung von
Packstücken nach
DIN 55402 und
ISO R 780 Norm

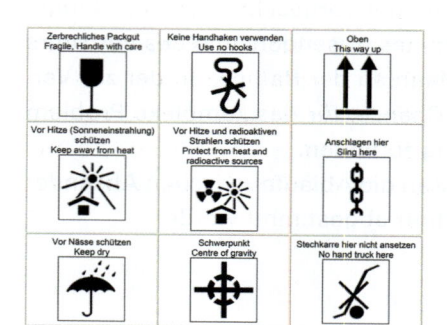
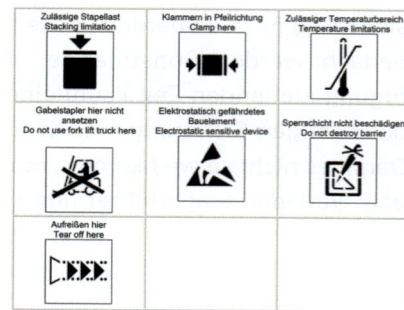

AUFGABE

Was ist gemäß den Markierungen bei diesem Packschild zu beachten?

© Norbert Eskofier

1.5.2 Paletten und Gitterboxen

Zur Herstellung von Ladeeinheiten und zum leichteren Güterumschlag werden in der Regel Paletten oder Gitterboxen verwendet. Am gebräuchlichsten sind EURO-Paletten mit den Maßen 120 cm x 80 cm. Doch es gibt eine Vielzahl von Palettenarten mit unterschiedlichen Maßen, unterschiedlichen Gewichten und aus unterschiedlichen Werkstoffen. Diese Eigenschaften sind auch von großer Bedeutung für die Ladungssicherung. Die Maße sind wichtig für die Ladungssicherung durch Formschluss. Die Materialien entscheiden über die Haltbarkeit, das Gewicht und den Reibbeiwert – eine Kunststoffpalette hat unter Umständen einen geringeren Reibbeiwert als eine Holzpalette. Und das Gewicht der Palette spielt eine Rolle bei der Mitführung von Leer- bzw. Tauschpaletten oder bei der Berechnung des zulässigen Gesamtgewichts. Zu beachten ist hierbei die Holzfeuchte, die sich zusätzlich auf das Gewicht auswirkt. So kann z. B. eine feuchte EURO-Palette bis zu 25 kg wiegen.

Ladungsträger	Maße in cm	Gewicht in kg
Europalette	80 x 120	ca. 20
Palette CP 1	100 x 120	ca. 32
Palette CP 2	80 x 120	ca. 32
Palette CP 3/CP 8/CP 9	114 x 114	ca. 32/40/38
Palette CP 4	111 x 130	ca. 33
Palette CP 5	760 x 114	ca. 24
Palette CP 6	120 x 100	ca. 35
Palette CP 7	130 x 110	ca. 40
EURO Gitterbox (L x B x H)	124 x 80 x 83,5	ca. 85

Schadhafte Ladungsträger

Paletten und Stapelbehälter („Gitterboxen"), auch als Lagergeräte bezeichnet, unterliegen im täglichen Betrieb hohen Belastungen. Eine Sicherung mit Hilfe des Niederzurrverfahrens kann das Übrige dazu tun, vor allem, wenn die Vorspannkräfte sehr hoch werden. Deshalb müssen solche Lagergeräte regelmäßig, insbesondere bei Wiederverwendung, auf ihren sicheren Zustand geprüft werden. Stellt man dabei Schäden bzw. Mängel fest, sind sie, soweit dies zur Arbeitsaufgabe gehört und die notwendige Befähigung dazu vorhanden ist, unverzüglich zu beseitigen. Andernfalls dürfen die schadhaften Lagergeräte nicht benutzt werden. Der jeweilige Vorgesetzte ist darüber umgehend zu informieren.

Doch wann gelten Paletten oder Gitterboxen als schadhaft? Die BG-Regel „Lagereinrichtungen und -geräte" (BGR 234) enthält dazu zwei Beispiele der gängigsten „Vertreter":

NICHT GEBRAUCHSFÄHIG („ablegereif") sind **Flachpaletten**, wenn
1. ein Brett fehlt, schräg oder quer gebrochen ist,
2. mehr als **zwei** Bodenrand-, Deckrandbretter oder ein Querbrett so abgesplittert sind, dass je Brett mehr als **ein** Nagel- oder Schraubenschaft sichtbar ist,
3. ein Klotz fehlt, so zerbrochen oder abgesplittert ist, dass mehr als ein Nagel- oder Schraubenschaft sichtbar ist,

4. die wesentlichen Kennzeichen fehlen oder unleserlich sind,
5. offensichtlich unzulässige Bauteile zur Reparatur verwendet worden sind (zu dünne, zu schmale, zu kurze Bretter oder Klötze) oder
6. der Allgemeinzustand so schlecht ist, dass die Tragfähigkeit nicht mehr gewährleistet ist (morsche, faule oder mehrere abgesplitterte Bretter oder Klötze).

NICHT GEBRAUCHSFÄHIG („ablegereif") sind **Boxpaletten**, wenn
1. der Stellwinkelaufsatz oder Ecksäulen verformt sind,
2. die Vorderwandklappen unbeweglich oder so verformt sind, dass sie nicht mehr geschlossen werden können, bzw., wenn Klappverschlüsse nicht mehr funktionsfähig sind,
3. der Bodenrahmen oder die Füße so verbogen sind, dass die Boxpalette nicht mehr gleichmäßig auf den vier Füßen steht oder nicht mehr ohne Gefahr gestapelt werden kann,
4. die Rundstahlgitter gerissen sind, so dass die Drahtenden nach innen oder nach außen ragen (eine Masche pro Wand darf fehlen),
5. ein Brett fehlt oder gebrochen ist oder
6. die wesentlichen Kennzeichen fehlen oder unleserlich sind.

1.5.3 Gütergruppen

Die Vielfalt der Ladungen und die damit verbundenen verschiedenartigen Anforderungen an die Sicherung sind nur schwer überschaubar. Dabei bereiten Güter wie Papierrollen oder Stahlcoils oft weniger Probleme, da für diese Ladung besonders ausgestattete Fahrzeuge und standardisierte Transportlösungen eingesetzt werden.
In der Praxis sind also die verschiedensten Varianten verpackter und unverpackter Ladegüter auf den Lkw unterwegs. Manche lassen sich gut sichern, andere weniger. Trotzdem gilt ausnahmslos: Jedes Gut ist zu sichern. Das „Wie" ist aber in vielen Fällen das Problem. Für spezielle Gütergruppen wie z.B. Holz, Langstahl oder Bleche gibt es aber mittlerweile eine Fülle an Fachliteratur oder häufig auch Verladeanweisungen der Betriebe selbst, mit deren Hilfe man sich auch als Fahrer „schlau machen" kann.

Eine Verladeanweisung für **Rundholz** wurde zum Beispiel vom Bundes-verband Güterkraftverkehr Logistik und Entsorgung (BGL) e.V. heraus-gegeben, nachdem es aufgrund von quer verladenem Rundholz zu Ladungsverlusten und gefährlichen Verkehrssituationen gekommen war. Die Polizei wird dies auch beanstanden und die Weiterfahrt unter-sagen. Nach der Verladeanweisung ist Rundholz bis zu einer Länge von 2,50 m längs zu verladen. Querverladung von solchem Rundholz ist verboten. Die Auflager für die Rundhölzer müssen als Keil- oder Zahn-leiste ausgeführt sein und die seitlichen Rungen müssen die Holzla-dung um mindestens 20 cm überragen. Jeder Stapel ist mit mindes-tens zwei Zurrmitteln (Gurte, Seile oder Ketten) niederzuzurren.

Stehend beförderte **Papierrollen** müssen eine Unterlage aus rutsch-hemmendem Material haben. Auf der Oberseite sind spezielle Kanten-schoner aufzubringen und jede Rolle ist mit einem ausreichend dimen-sionierten Gurt niederzuzurren.

Weichverpackungen, wie flexible Großpackmittel **(Big Bags)** oder **Sä-cke** sind besonders kritisch zu betrachten, da je nach Inhalt bloßes Niederzurren nicht ausreicht. Ein Nachzurren schon nach kurzer Fahrt-strecke und mehrmalige Kontrolle der Gurtspannung während der Fahrt kann hier notwendig sein.

Abbildung 32:
Ladung, die sich relativ schnell und einfach sichern lässt

Abbildung 33:
Ladung, die sich nur aufwendig sichern lässt

© BG Verkehr

© BG Verkehr

Spezielle Fahrzeuge für mehr Sicherheit
Bei Ladungen, bei denen eine Sicherung mithilfe von Zurrmitteln nicht oder nur sehr schlecht möglich ist, kommt der richtigen Auswahl des Fahrzeugs eine besondere Bedeutung zu. Denn viele Güter lassen sich nur auf speziellen Fahrzeugen ausreichend sichern.

Abbildung 34:
„Schräglader"

Abbildung 35:
Spezialfahrzeug für
Stahltransporte

Solche Fahrzeuge schaffen oft erst die Möglichkeit, unter wirtschaftlich vertretbaren Rahmenbedingungen die Ladung zu sichern.
In vielen Fällen existieren auch vor Ort entsprechende Verladeanweisungen, welche die richtige Vorgehensweise bei der Sicherung des jeweiligen Ladeguts beschreiben.

Problem: Sammelladung

Ganz anders sieht es bei Sammelladungen aus. Häufige Probleme, die dabei auftreten, sind:

- Aufwändig zu sichernde, schwere Ladungsteile treffen auf empfindliche Ware.
- Eine vom Ablauf her viellcht günstige Be- und Entladereihenfolge nach Abfolge der Ladestellen kollidiert mit den Erfordernissen aus dem Lastverteilungsplan (vgl. Kapitel 1.4, „Lastverteilung und Nutzvolumen").
- Häufiges Nachsichern bei Sammel- und Verteilerverkehren trägt zusätzlich dazu bei, dass standardisierte Lösungen oder Anweisungen nicht weiterhelfen und der Fahrer als kreativer „LaSi-Künstler" gefragt ist.

Daraus lassen sich ein paar grundsätzliche Dinge ableiten:

1. Güter nach LVP laden und entladen, nicht nach Be- und Entladereihefolge
2. Zur Sicherung der Ladung bzw. Ladungsteile möglichst den Fahrzeugaufbau oder formschlüssige Einrichtungen des Fahrzeugs wie z. B Sperrstangen oder Sperrbalken nutzen
3. Verladeweisen, die die Gefährdung vor allem im Falle eines Unfalls erhöhen – dazu gehören z. B. scharfkantige schwere Teile hinter Gefahrgut – vermeiden

Die einzelnen Teile einer Ladung sind auch dann zu sichern, wenn sie in einem Fahrzeug mit einem geschlossenen Aufbau (Kofferaufbau) befördert werden. Ungesicherte Ladung könnte auch in einem solchen Fahrzeug den Fahrer, andere Verkehrsteilnehmer oder Gefahrgut auf der Ladefläche gefährden. Dies gilt umso mehr, wenn es sich um besonders schwere Güter handelt.

Fazit

Eine gute Ausbildung, viel Erfahrung und genügend zeitlicher Puffer sind nötig, um verschiedenartige Ladungen ausreichend sichern zu können. Eine mindestens eintägige Schulung zur Ladungssicherung sollte jeder Fahrer besucht haben.

Schüttgüter: ein unterschätzter Bereich

Wenn vom Transport von Schüttgütern gesprochen wird, glaubt man zunächst, dass bei diesem „simplen" Ladegut keine Maßnahmen zur Ladungssicherung erforderlich sind. Doch dann fallen uns schnell die „Kiesbomber" ein. Wer hat nicht schon das prasselnde Geräusch auf der Windschutzscheibe seines Fahrzeugs mit Ärger und Argwohn vernommen, wenn er hinter einem mit Sand oder Kies beladenen Lkw herfahren musste? Sehr feinkörnige Schnittgüter mit Staubentwicklung können dem nachfolgenden Verkehr die Sicht vernebeln.

Unter den Sammelbegriff „Schüttgut" fallen

- lose Güter in schüttbarer Form mit regelmäßiger Korngröße wie
  - Sand
  - Kies
  - Schotter
  - Erde
  - Getreide
- lose Güter in schüttbarer Form mit unregelmäßiger Korngröße wie
  - Erze
  - gebrochene Steine
  - Bauschutt und Schrott
- „sonstige Schüttgüter" wie lose Reststoffe aus Papier oder Kunststoffen aus der Abfallsammlung

Die üblichen Transportfahrzeuge sind Kippfahrzeuge mit Kasten- oder Muldenaufbau. Vielfach werden austauschbare Ladungsträger, wie

Absetzkippmulden oder Abroll-/Abgleitbehälter (-container) einge-setzt. Hinsichtlich der Ladungssicherung von Schüttgütern soll an die-ser Stelle nur auf die Hauptgefahr eingegangen werden, das Herabfal-len von Ladungsteilen.

Bei Schüttgütern darf nur so viel Material aufgeladen werden, dass nach dem Einplanieren des Schüttkegels kein Schüttgut über die Laderaum-begrenzungen herabfällt. Da die völlige Begradigung der Ladungsober-fläche meistens zu aufwendig ist, sollte der Verlader mit dem Lastauf-nahmemittel des Ladegeräts so auf den Schüttkegel drücken oder hin- und her schwenken, dass dieser so weit wie möglich abgeflacht ist. Befinden sich zwischen dem Schüttgut größere Teile (z. B. Betonbro-cken), so muss durch entsprechende Beladung ein Herabfallen vermie-den werden.

Bei leichtem Schüttgut (feiner Sand, Papierreste, Sägespäne, Getreide etc.) oder Material, bei dem der Wind eine gute Angriffsfläche hat (wie z. B. größere Pappen oder Holzreste), besteht die Gefahr, dass das Schüttgut weggeweht wird.

Bei kurzen Strecken kann ein Besprühen des Ladeguts mit Wasser aus-reichend sein, in den meisten Fällen ist jedoch das Abdecken der La-dung durch Deckel, Planen oder Netze erforderlich.

© Frank Rex

Abbildung 36:
Absicherung des Schüttguts durch eine Plane

Um als Fahrer Absturz-Unfälle mit Planen oder Netzen zu vermeiden, sind sie möglichst vom Boden aus auf- bzw. abzunehmen. Ansonsten muss eine Leiter benutzt werden, bei der auf einen sicheren Stand zu achten ist.

Viele Fahrzeuge, die für den Schüttguttransport eingesetzt werden, verfügen über Abdeckvorrichtungen wie Schiebeverdecke oder Rollplanen. Dies ist die sicherste Lösung!

Schwere Güter und Baumaschinen

Bei schweren Gütern, hierzu zählen insbesondere Baumaschinen (Bagger, Raupen, etc.) ist das übliche Niederzurren nicht die geeignete Sicherungsmethode. Hier kommen leistungsfähige Zurrketten zum Einsatz, die diagonal verspannt werden, um so die Maschine während der Fahrt in Position zu halten.

1.5.4 Beförderung gefährlicher Güter

Gefährliche Güter sind Stoffe und Gegenstände, von denen aufgrund ihrer Natur, ihrer Eigenschaften oder ihres Zustandes im Zusammenhang mit der Beförderung Gefahren für das Leben und die Gesundheit von Menschen und Tieren sowie für die Allgemeinheit und wichtige Gemeingüter ausgehen können.

Die Beförderung gefährlicher Güter unterliegt der *Verordnung über die innerstaatliche und grenzüberschreitende Beförderung gefährlicher Güter auf der Straße, mit Eisenbahnen und auf Binnengewässern (Gefahrgutverordnung Straße, Eisenbahn und Binnenschifffahrt – GGVSEB).*

In der GGVSEB sind grundsätzliche Regelungen, wie zum Beispiel die Verantwortlichkeiten der einzelnen Transportbeteiligten (Absender, Beförderer, Verlader, Fahrzeugführer etc.) enthalten. Die eigentlichen Vorschriften zum Gefahrguttransport ergeben sich aus dem ADR, das mit der GGVSEB sowohl für den innerstaatlichen als auch für den grenzüberschreitenden Verkehr für anwendbar erklärt wird. Im ADR ist auch die Liste der gefährlichen Stoffe und Gegenstände enthalten, die unter diese Rechtsvorschriften fallen. Es gilt auch der Grundsatz, dass Gefahrgut entsprechend zu kennzeichnen ist, damit jeder, der damit zu tun hat, dies auch als Gefahrgut erkennt. Wird solches

Gut übergeben, so hat der Fahrer besondere Vorsicht beim Transport und auch bei der Ladungssicherung walten zu lassen.

Bei der Beförderung von Stückgütern benötigt der Fahrer nicht zwingend eine ADR-Bescheinigung. Erst wenn bestimmte Mengengrenzen überschritten sind, muss man die ADR-Schulung nachweisen. Deshalb Vorsicht bei derart gekennzeichneten Versandstücken!

Die Kennzeichnung eines Gefahrgutes erfolgt
- zum Einen über einen oder mehrere Gefahrzettel, aus denen die Art der jeweiligen Gefahr hervorgeht,
- zum Anderen über die vierstellige UN-Nummer, die weltweit und unabhängig von der jeweiligen Landessprache und eventuellen Handelsnamen das gefährliche Gut benennt und beschreibt.

Abbildung 37: Paket mit Gefahrzettel: „Entzündbarer, flüssiger Stoff" und UN-Nummer

Übergibt man Ihnen eine solche Ware zum Transport, ohne dass Sie im Besitz der gültigen ADR-Bescheinigung sind, wenden Sie sich im Zweifelsfall zuerst an den Verlader bzw. Absender. Dessen Verpflichtung ist es, dem Fahrer mit dem Gefahrgut auch die relevanten gefahrgutrechtlichen Informationen zu übermitteln. Das ADR enthält nämlich einige Freistellungen, zu denen auch Erleichterungen bei der Beförderung begrenzter Mengen gehören. Die höchstzulässige Gesamtmenge ist vom Gefährdungspotential der einzelnen Güter abhängig und muss deshalb individuell ermittelt werden. Weiterhin ist zu bedenken, dass diese Freistellungen für viele, jedoch nicht für alle Anforderungen des ADR gelten. Insbesondere ist die Mitführung des Beförderungspapiers und die Ausrüstung des Fahrzeugs mit einem Feuerlöscher (Brandklassen A, B und C; 2 kg Pulver) erforderlich. In den meisten Unternehmen, die Gefahrgut versenden, gibt es einen Gefahrgutbeauftragten, der ein kompetenter Ansprechpartner ist. Seine Aufgabe besteht darin, die Gefahrgutbeförderung zu koordinieren und zu überwachen. Gegebenenfalls müssen Sie die Übernahme des Transportes ablehnen.

Abbildung 38: LQ-Kennzeichnung (limited quantity/ begrenzte Menge)

Generell gilt:

Der Fahrzeugführer kann nicht die Eignung einer Verpackung für den Transport prüfen. Grundsätzlich immer abzulehnen sind jedoch Verpackungen, die:

- Beschädigungen aufweisen
- Undicht sind
- An den Außenseiten mit Gefahrgut verschmutzt sind
- Nicht fest verschlossen sind
- Mangelhafte oder fehlende Kennzeichnungen aufweisen, wie z.B. durchgestrichene oder halb abgerissene Gefahrzettel

PRAXIS-TIPP

Die Beförderung gefährlicher Güter und deren Sicherung ist ein eigenes umfassendes Sachgebiet, das Anforderungen an die Verpackung, Beschaffenheit der Fahrzeuge und die Ausbildung der Fahrzeugführer enthält. Deshalb wird auf das jährlich im Vogel-Verlag erscheinende Bordbuch „Gefahrgutfahrer unterwegs" verwiesen.

Bestell-Nr.
26033

Ladungssicherung von gefährlichen Gütern

Die Ladungssicherung wird im Abschnitt 7.5.7 des ADR gefordert und beschrieben, ohne dass konkrete Anleitungen gegeben werden. Die einschlägigen Rechtsvorschriften sind unter 1.2.1 erläutert.

Die nachfolgenden Sätze aus 7.5.7.1 ADR haben aber bei Zusammenladung von Gefahrgut mit anderen Gütern besondere Bedeutung:
Wenn gefährliche Güter zusammen mit anderen Gütern (z.B. schwere Maschinen oder Kisten) befördert werden, müssen alle Güter in den Fahrzeugen oder Containern so gesichert oder verpackt werden, dass das Austreten gefährlicher Güter verhindert wird. Die Bewegung der

Versandstücke kann auch durch das Auffüllen von Hohlräumen mit Hilfe von Stauhölzern oder durch Blockieren und Verspannen verhindert werden. Wenn Verspannungen wie Bänder oder Gurte verwendet werden, dürfen diese nicht überspannt werden, so dass es zu einer Beschädigung oder Verformung des Versandstücks kommt.
Die Vorschriften dieses Unterabschnitts gelten als erfüllt, wenn die Ladung gemäß der Norm EN 12195-1:2010 gesichert ist.

Der Satz, der sich mit der gemischten Ladung befasst, besagt, dass alle Ladungsteile zu sichern sind. Denn die übrige Ladung könnte das Gefahrgut beschädigen und dieses würde freigesetzt werden.

Besonderes Augenmerk legen die Gefahrgutvorschriften darauf, dass
- beim Verzurren darauf zu achten ist, dass sich die Versandstücke nicht verformen oder beschädigt werden,
- die Stapelverträglichkeit der einzelnen Versandstücke bei der Verladung beachtet wird und
- beim Be- und Entladen keine Beschädigung „durch Ziehen der Versandstücke über den Boden oder durch falsche Behandlung" auftreten darf.

Abbildung 39:
Maximale Stapellast

Zwei besonders häufig transportierte „Umschließungen" für Gefahrgut sind die IBC und die Druckgasflaschen.

Abbildung 40:
Nicht stapeln!

Intermediate Bulk Container (IBC)
Als Verpackungen auch für gefährliche Güter werden häufig Intermediate Bulk Container (IBC – im Deutschen auch als Großpackmittel bezeichnet) eingesetzt. In der Regel können sie die beim Niederzurren entstehenden Kräfte jedoch nicht aufnehmen, so dass eine formschlüssige Ladungssicherung zur Stirnwand sowie zu den Seitenwänden und zur Rückwand erforderlich ist. Der Einsatz von rutschhemmenden Matten ist hier unabdingbar. Beim erforderlichen Niederzurren ist eine oben auf einen solchen IBC zu legen, damit der Metallrahmen nicht verbogen wird.

Abbildung 41:
IBC

Transport von Druckgasflaschen
Druckgasflaschen z.B. für Sauerstoff oder Schutzgas lassen sich in den meisten Fällen nur in dafür vorgesehenen Transportgestellen befördern, die ihrerseits auf der Ladefläche gesichert werden müssen.

Zur Ladungssicherung gibt es
- automatisierte Systeme, bei denen Greifer in entsprechende Einschubtaschen der Transportgestelle geführt werden und so eine formschlüssige Sicherung herstellen,
- die Möglichkeit über Zurrmittel, wenn geeignete Zurrpunkte in ausreichender Zahl vorhanden sind.

In geschlossenen Fahrzeugen (z. B. Kastenwagen) können Druckgasflaschen nur unter besonderen Voraussetzungen transportiert werden! Die wichtigsten dieser Voraussetzungen sind:
- Die Trennwand schließt den Laderaum zur Kabine hin dicht ab (weder Spalte zwischen Trennwand und Karosserie noch Lüftungsschlitze).
- Lüftungsöffnungen in Boden- und Deckennähe mit freiem Querschnitt von jeweils mindestens 100 cm² sind vorhanden und voll wirksam (geöffnet), solange sich Druckgasflaschen im Laderaum befinden. Ist dies nicht der Fall, ist folgende Beschriftung außen an der Laderaumtür erforderlich:

Abbildung 42:
Vorgeschriebene
Türbeschriftung
beim Gastransport
in Kastenaufbau
ohne Belüftung

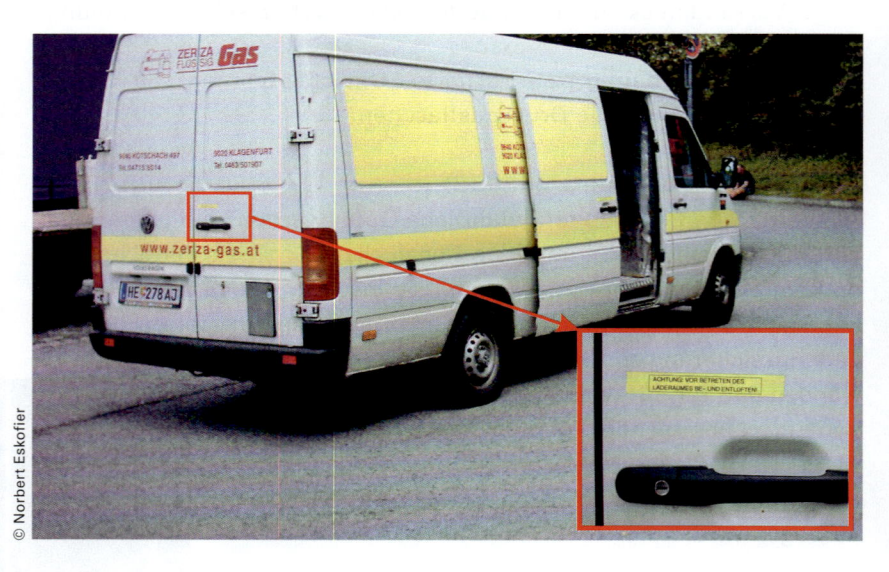

© Norbert Eskofier

Für Gasflaschen, die nicht in speziellen Gestellen transportiert werden, gelten besondere Regelungen nach ADR.
Die Versandstücke dürfen nicht geworfen oder Stößen ausgesetzt werden. Die Gefäße sind in den Fahrzeugen so zu verladen, dass sie nicht umkippen oder herabfallen können.

Die Flaschen müssen parallel oder quer zur Längsachse des Fahrzeugs gelegt werden; in der Nähe der Stirnwände müssen sie jedoch quer zur Längsachse verladen werden.

Kurze Flaschen mit großem Durchmesser (etwa 30 cm und mehr) dürfen auch längs gelagert werden, wobei die Schutzeinrichtungen der Ventile zur Fahrzeugmitte zeigen müssen. Flaschen, die ausreichend standfest sind oder die in geeigneten Einrichtungen, die sie gegen Umfallen schützen, befördert werden, dürfen aufrecht verladen werden. **Liegende** Flaschen müssen in sicherer und geeigneter Weise so verkeilt, festgebunden oder festgelegt sein, dass sie sich nicht verschieben können.

Die Flaschen müssen immer in der Lage verladen werden, für die sie gebaut sind, und sie müssen gegen jede mögliche Beschädigung durch andere Versandstücke geschützt sein.

© Frank Rex

Abbildung 43:
Sicherung der Transportgestelle mit Zurrgurten

Sie wissen:

- ✔ Was die Kennzeichnungen auf Versandstücken bedeuten und wie solche Ladung zu behandeln ist.
- ✔ Welche Maße Paletten und Standard-Gitterboxen haben und wie schwer diese sind.
- ✔ Wann eine beschädigte Palette oder Gitterbox nicht mehr verwendet werden darf.
- ✔ Dass es für bestimmte Güter spezielle Fahrzeuge und spezielle Arten der Ladungssicherung gibt.
- ✔ Wie Gefahrgut bei der Verladung zu erkennen ist.

1.6 Sicherungsarten

> **Sie sollen die grundsätzlichen Sicherungsarten kennen und wissen, welche Methode bei welcher Ladung anzuwenden ist.**

1.6.1 Formschluss durch Nutzung von Aufbauteilen

Formschluss besteht, wenn zwei Gegenstände zur Kräfteübertragung aneinander stehen, wie z.B. Zahnräder, Kettenglieder oder eine Klauenkupplung. Das Abstützen der Ladung untereinander sowie an Aufbauteilen wie Stirn- und Bordwänden (siehe Abbildung 44) oder an Keilen, Sperrbalken oder Festlegehölzern (siehe Abbildung 45) wird als formschlüssige Sicherung bezeichnet.

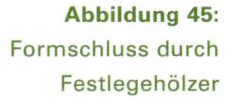

Abbildung 44: Sicherung der Ladung durch Formschluss (Aufbau)

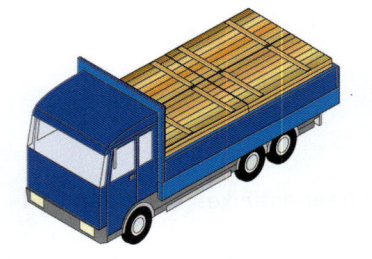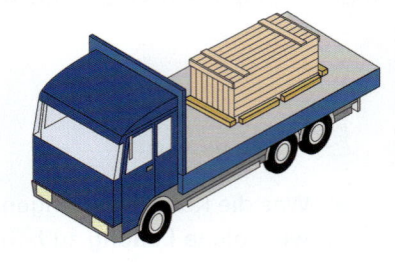

Abbildung 45: Formschluss durch Festlegehölzer

Vorteile
- Leichte Bestimmung der erforderlichen Sicherungskräfte
- Wirtschaftliche Methode (Aufwand und Zeit)

Voraussetzung: Die Abmessungen der Ladegüter und Aufbauten passen zueinander. Anderenfalls müssen die Lücken z.B. durch Paletten oder Staupolster aufgefüllt werden. Gegebenenfalls müssen noch Maßnahmen gegen Kippen getroffen werden.

Standardaufbauten nach Code L (DIN EN 12642)
Für Fahrzeuge über 3,5 t zGM mit Standardaufbauten nach DIN EN 12642 (Code L) gelten nachfolgend dargestellte Prüfanforderungen.
Die Prüfkräfte werden flächig auf die jeweiligen Laderaumbegrenzungen aufgebracht.
Inwieweit die Laderaumbegrenzungen tatsächlich zur Ladungssicherung herangezogen werden können, muss beim Hersteller erfragt werden. In den Gardinenzug von Standard-Curtainsidern eingearbeitete Gurtbänder erhöhen nicht die normgemäße Stabilität des Aufbaus.

Abbildung 46:
Belastbarkeit
Kofferaufbau nach
DIN EN 12642:2006
Code L

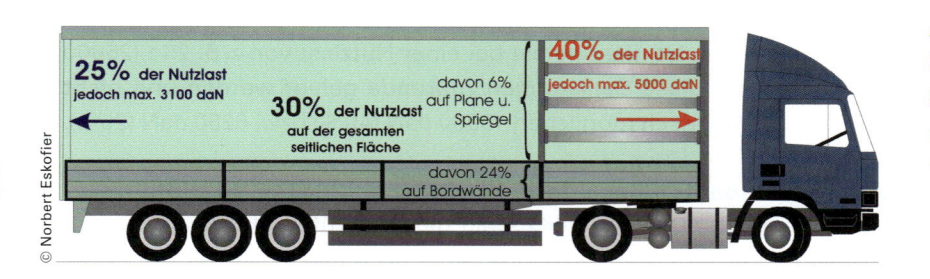

Abbildung 47:
Belastbarkeit
Hamburger Verdeck
nach DIN EN
12642:2006 Code L

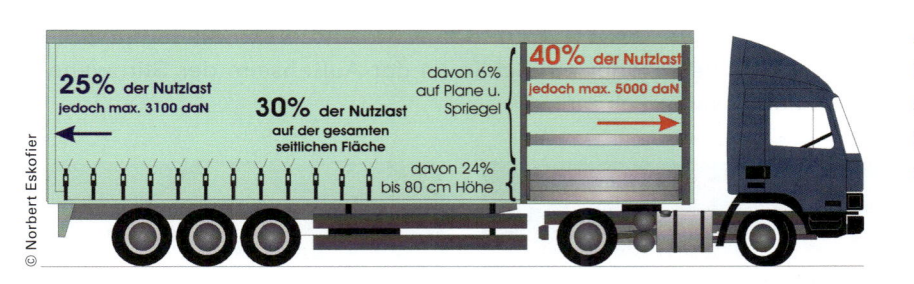

Abbildung 48:
Belastbarkeit
Curtainsider nach
DIN EN 12642:2006
Code L *

Standardaufbauten nach DIN EN 12642 (Code L)

Nach DIN EN 12642 (Code L) werden

- Stirnwände von Aufbauten mit dem 0,4-fachen,
- die Rückwände mit dem 0,25-fachen,
- die Seitenwände mit dem 0,3-fachen

der Nutzlast geprüft.

Im Falle eines Plane-Spriegel-Aufbaus verteilt sich die Prüfkraft auf die Bordwand (0,24-fach) und den Spriegelbereich (0,06-fach). Bei Fahr-

---

* Die oben angegebenen Werte für Curtainsider gelten nur für normgerechte Fahrzeuge. In der Praxis sind die Vorgaben der Norm aber bei diesen Fahrzeugen in den seltensten Fällen erfüllt und eine seitliche Stabilität ist nicht gegeben. In der Abbildung sind Einsteckbretter aus Aluminium mit Nut-Feder-Profil und Verbindung zur Ladefläche dargestellt.

zeugen mit festen Seitenwänden, seitlichen Schiebeplanen oder Pritschen mit Bordwänden müssen die seitlichen Laderaumbegrenzungen der Belastung standhalten können.

Zwei Dinge sind dabei zu beachten:

1. Diese Belastungen gelten für flächige, aber nicht für punktuelle Belastungen.
2. Bei Aufbauten nach Code L sind die Prüfkräfte auf die Stirn- und Rückwände auf 5000 daN bzw. 3100 daN nach oben begrenzt. Dies bedeutet, dass selbst bei einer Nutzlast von z.B. 25 t (25000 daN) nur diese Belastungen zugrunde gelegt werden und **nicht** die rechnerisch möglichen 10000 daN (40%) bzw. 6250 daN (25%).

Standardaufbauten nach Code XL (DIN EN 12642)

Der Code XL der DIN EN 12642 stellt bei der Prüfung höhere Anforderungen an Stirn- und Seitenwände. Aber auch hier muss der Hersteller angeben, welche Ladungssicherungskräfte eingeleitet werden können. Fahrzeuge gemäß DIN EN 12642 Code XL sind durch einen entsprechenden Aufkleber oder ein Schild an der Außenseite der Stirnwand als solche gekennzeichnet.

Abbildungen 49 und 50:
Code XL
Kennzeichnungen

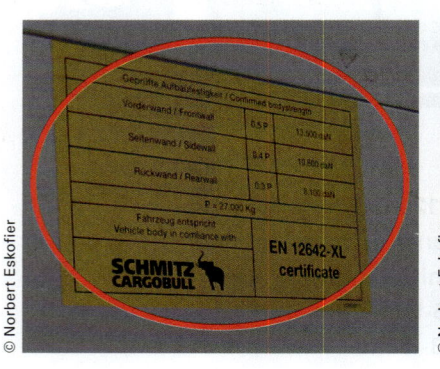 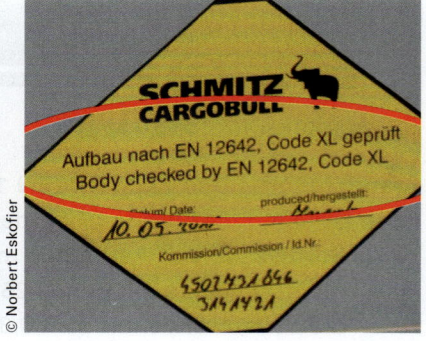

© Norbert Eskofier

Zusammen mit einem solchen Fahrzeug liefert der Hersteller ein Zertifikat, aus dem die Vorgaben zur Ladungssicherung hervorgehen. Beispielsweise wird darin festgelegt, wie groß der Abstand zwischen Ladungsteilen sein darf, damit in solchen Fahrzeugen Formschluss als Ladungssicherung anerkannt wird – es handelt sich dabei meist um nur wenige Zentimeter.

Welche Kräfte von einem XL-Aufbau aufgenommen werden können, ist aus nachfolgender Grafik ersichtlich.

© Norbert Eskofier

30% der Nutzlast   40% der Nutzlast auf
3/4 der seitlichen Aufbauhöhe

50% der Nutzlast

Abbildung 51:
Belastbarkeit
Curtainsider nach
DIN EN 12642:2006
Code XL

Sind die Festigkeiten bekannt und für das Ladegut ausreichend, gilt:
Erst wenn ein aufbauseitiger Formschluss nicht möglich oder nicht
ausreichend ist, muss auf weitere Sicherungsmaßnahmen (z. B. Verzurren) zurückgegriffen werden. Meist ist nach hinten auf der Ladefläche
noch Platz, so dass dort gesichert werden muss.

1.6.2 Direktzurren (Schräg- und Diagonalzurren)

Es gibt grundsätzlich zwei Zurrarten zur Ladungssicherung – das Direktzurren und das Niederzurren.
Schräg- und Diagonalzurren sind Unterarten des Direktzurrens. Sie
werden zu den formschlüssigen Sicherungsverfahren gezählt, wenn
auch anteilige Niederzurrkräfte durch den Verlauf der Zurrmittel von
der Ladung in Richtung Ladefläche nicht zu leugnen sind.

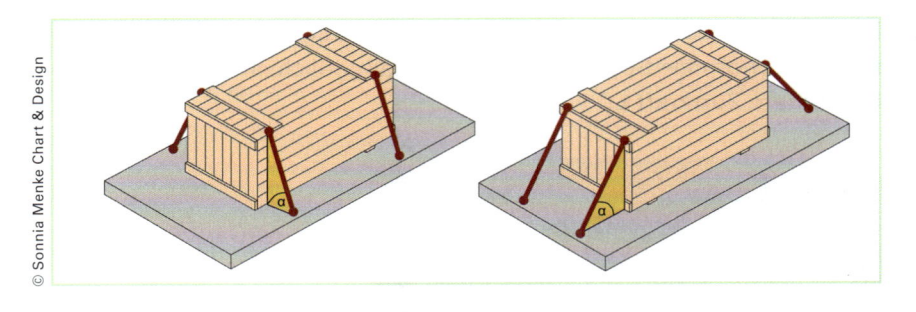

© Sonnia Menke Chart & Design

Abbildung 52:
Prinzipskizzen für
Direktzurren →
Schrägzurren

Vorteile
- Verhältnismäßig leichte Bestimmung der erforderlichen Siche-
  rungskräfte
- Geringerer Aufwand als beim Niederzurren

Voraussetzung: An der Ladung und am Fahrzeug sind an den erforderlichen Stellen Zurrpunkte vorhanden.

Abbildung 53:
Prinzipskizzen für
Direktzurren ➜
Diagonalzurren

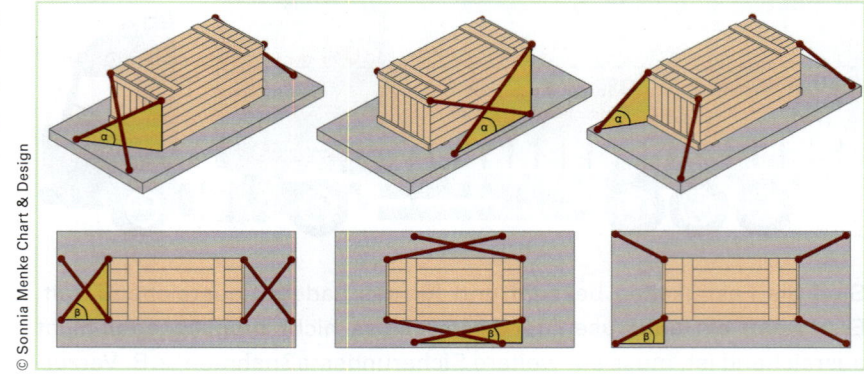

Unterschied zwischen Schräg- bzw. Diagonalzurren und Niederzurren

Schräg- und Diagonalzurren unterscheiden sich nur gering in ihrer Qualität, sind aber im Verhältnis von Aufwand zu Nutzen wesentlich wirkungsvoller als das Niederzurren (siehe nächster Abschnitt „Niederzurren"). Beide Verfahren gibt es sowohl als einzelne Maßnahme als auch in Kombination mit anderen Sicherungsverfahren.

Rückhaltezurren ist eine Sonderform des Diagonalzurrens. Ich sichere nur in eine Richtung, muss aber den Horizontalwinkel ß mit betrachten.

Im Gegensatz zum Niederzurren ist beim Schräg- und Diagonalzurren nicht die „normale Spannkraft (S_{TF})[10]" maßgeblich, sondern die deutlich höhere Zurrkraft LC[11].

Abbildung 54:
Kombinierte
Sicherung aus
Bündelung und
Diagonalzurren
in Längsrichtung
mit Hilfe von
Kopfschlingen

[10] Verbleibende Kraft nach dem Loslassen des Handgriffs der Spannvorrichtung, z. B. der Ratsche bei einem Zurrgurt.
[11] Die Zurrkraft LC ist die maximale Kraft in direktem Zug, der ein Zurrmittel im Gebrauch standhalten muss.

Vergleichbar zum Niederzurren ist die Berücksichtigung des Vertikalwinkels ‚α' („Höhenwinkel"). Hinzu kommt der Horizontalwinkel ‚ß'. Dies ist der Winkel zwischen Zurrmittel und Längsachse (x-Achse) des Transportmittels in der Ebene der Ladefläche.

Zurrmittel werden beim Schräg- und Diagonalzurren nur leicht vorgespannt, in der Praxis häufig auch als „handwarm" bezeichnet.

Beim Schräg- und Diagonalzurren gibt es ebenso Berechnungshilfen wie beim Niederzurren.

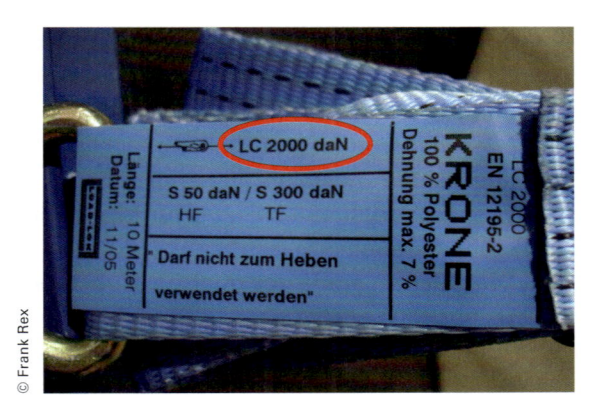

Abbildung 55:
LC-Angabe auf einem Zurrgurt-Etikett

© Frank Rex

Berechnung Diagonalzurren

Die erforderlichen Haltekräfte S können über folgende Formeln ermittelt werden:

	VDI 2700-2:2014 bzw. DIN EN 12195-1:2004	EN 12195-1:2010 bzw. DIN EN 12195-1:2011
Längs-rich-tung	$S_l = \dfrac{F_G}{2} \cdot \dfrac{f_l - \mu_D}{\mu_D \cdot \sin\alpha + \cos\alpha \cdot \cos\beta}$	$LC \geq \dfrac{F_G \cdot (c_x - \mu \cdot f_\mu)}{2 \cdot (\cos\alpha \cdot \cos\beta_x + \mu \cdot f_\mu \cdot \sin\alpha)}$ Anmerkung: für μ ist der Reibwert aus Anhang B der Norm und für f_μ ist 0,75 einzusetzen
Quer-rich-tung	$S_q = \dfrac{F_G}{2} \cdot \dfrac{f_q - \mu_D}{\mu_D \cdot \sin\alpha + \cos\alpha \cdot \sin\beta}$	$LC \geq \dfrac{F_G \cdot (c_y - \mu \cdot f_\mu)}{2 \cdot (\cos\alpha \cdot \cos\beta_y + \mu \cdot f_\mu \cdot \sin\alpha)}$ Anmerkung: für μ ist der Reibwert aus Anhang B der Norm und für f_μ ist 0,75 einzusetzen

Dabei sind:

S_l die erforderliche Sicherungskraft [daN] pro Zurrmittel im geraden Zug, hier: längs

S_q die erforderliche Sicherungskraft [daN] pro Zurrmittel im geraden Zug, hier: quer

μ_D der Gleitreibbeiwert [ohne Einheit]

α der vertikale Winkel [Grad]

β der horizontale Winkel [Grad]

β_x der horizontale Winkel [Grad] in Längsrichtung

β_y der horizontale Winkel [Grad] in Querrichtung

F_G die Gewichtskraft [daN]

f_l der Sicherungsfaktor in Längsrichtung = 0,8 [ohne Einheit]

c_x der Sicherungsfaktor in Längsrichtung = 0,8 [ohne Einheit]

f_q der Sicherungsfaktor quer für kippstabile Ladung = 0,5 [ohne Einheit]

c_y der Sicherungsfaktor quer für kippstabile Ladung = 0,5 [ohne Einheit]

n die Anzahl der Zurrmittelpaare (normalerweise 2)

Der jeweils höhere Wert S_l oder S_q ist maßgeblich.

Anwendungsbeispiel „Diagonalzurren":

Angenommene Werte:

- Gewichtskraft der Ladung F_G = 4000 daN (ca. 4000 kg)
- Gleitreibbeiwert μ_D = 0,2
- Vertikalwinkel α = 45°
- Horizontalwinkel ß = 45°
- Anzahl Zurrmittelpaare n = 2 (entspricht 4 Zurrmitteln insgesamt)

Berechnung der Sicherungskraft in Längsrichtung S_l nach VDI2700:

$$S_l = \frac{4000 \text{ daN}}{2} \cdot \frac{0,8 - 0,2}{0,2 \cdot \sin 45° + \cos 45° \cdot \cos 45°}$$

$$S_l = 1870,85 \text{ daN} \approx 1871 \text{ daN}$$

Berechnung der Sicherungskraft in Querrichtung S_q:

$$S_q = \frac{4000 \text{ daN}}{2} \cdot \frac{0,5 - 0,2}{0,2 \cdot \sin45° + \cos45° \cdot \sin45°}$$

$S_q = 935,42 \text{ daN} \approx 936 \text{ daN}$

Erforderliche Zurrmittel

Bei 4000 daN Ladungsgewicht, $\mu_D = 0,2$ sowie $\alpha = 45°$ und $ß = 45°$ werden 4 Zurrmittel mit einer *LC* von jeweils mindestens 1871 daN benötigt. Üblicherweise würde man dafür 4 Zurrmittel mit einer *LC* von 2000 daN einsetzen.

Merke: Der höhere Wert der errechneten Haltekräfte S_l oder S_q ist für die Auswahl der *LC* zugrunde zu legen!

Für manche einfacher zu handhaben ist eine Ermittlung der Kräfte über ein Diagramm.

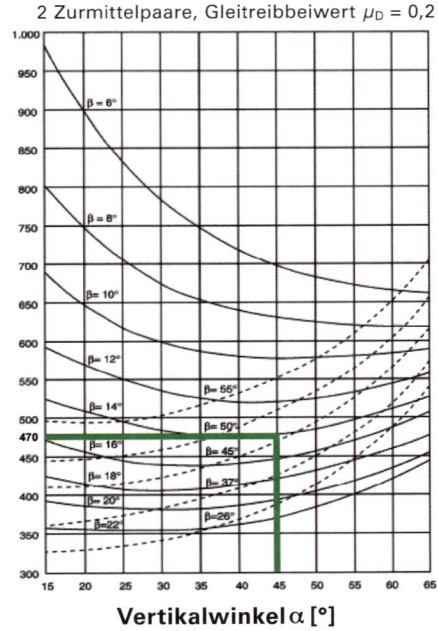

Diagonalzurren 0,8 F_G

2 Zurrmittelpaare, Gleitreibbeiwert $\mu_D = 0,2$

Erforderliche Sicherungskraft S [daN]

bezogen auf 1000 daN Gewichtskraft (ca. 1000 kg Masse) der Ladung

Vertikalwinkel α [°]

Abbildung 56: Diagramm für Diagonalzurren (gem. Vorgaben nach VDI 2700 bzw. DIN EN 12195-1:2004)

Bezogen auf die im Berechnungsbeispiel angenommenen Werte

F_G = 4000 daN

α = 45°

ß = 45°

μ_D = 0,2

ergibt sich eine Sicherungskraft von 470 daN pro 1000 daN Ladungsgewicht. Da die Gewichtskraft der F_G = 4000 daN beträgt, muss der Wert 470 daN mit 4 multipliziert werden. Somit ergibt sich eine Sicherungskraft von:

4 · 470 daN ≈ 1880 daN (pro Zurrmittel)

Dieser Wert ist durch die Ungenauigkeit beim Ablesen etwas höher als der rechnerische und liegt damit auf der „sicheren Seite".

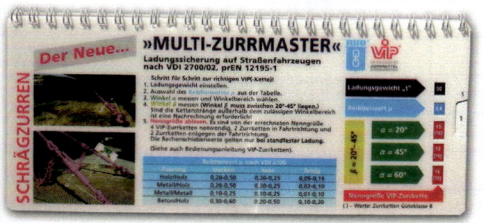

Hilfen zur Berechnung

Diese beiden Arten der Ermittlung der erforderlichen Haltekräfte lassen sich jedoch häufig nur schlecht am Lkw einsetzen. Deshalb gibt es neben elektronischen Möglichkeiten wie z.B. einem Taschenrechner auch Rechenhilfsmittel in Form von Diagrammscheiben oder ähnlichen Varianten. Diese sind in vielen Fällen zwar etwas ungenauer als die Rechnung „von Hand" oder die elektronischen Hilfsmittel, aber schneller und meist auch praktikabler in der Anwendung.

Abbildung 57
und 58:
Rechenhilfsmittel

Sonderformen des Diagonalzurrens

Sonderformen des Direktzurrens sind das Umreifungs- und das Kopfschlingenzurren.

Beide Zurrmethoden findet man vorwiegend in Kombination mit dem Niederzurren oder mit Formschluss durch den Fahrzeugaufbau.

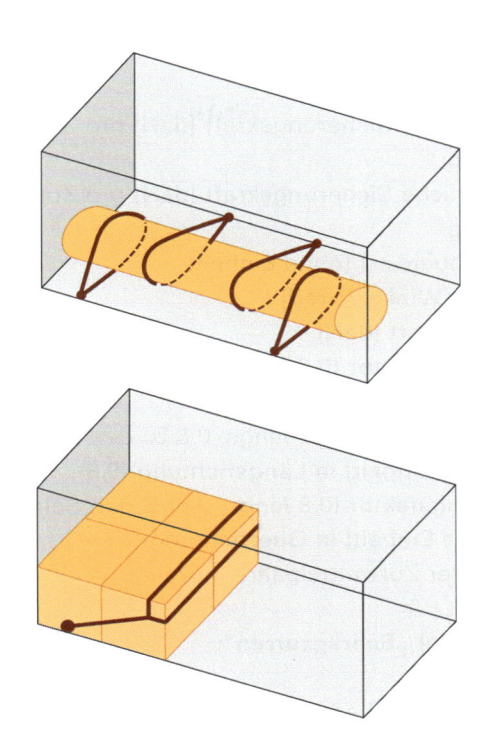

Abbildung 59:
Prinzip einer seitlichen Sicherung der Ladung durch „Umreifungszurren"

Abbildung 60:
Prinzip einer rück-wärtigen Sicherung der Ladung durch „Kopfschlingen zurren" (Rückhalte-zurren)

Berechnung Schrägzurren

Die gleichen Formeln können auch für das so genannte „Schrägzur-ren" eingesetzt werden.

Die Unterschiede zum Diagonalzurren liegen im Wesentlichen nur da-rin, dass

1. in der Regel mehr Zurrmittel zum Einsatz kommen,
2. die Formeln ähnlich sind, der ß-Winkel jedoch entfällt,
3. die Kräfte in Fahrtrichtung sowie quer und nach hinten separat ermittelt werden müssen (oder man wählt von vornherein den ungünstigsten Wert)

VDI 2700-2:2014 bzw. DIN EN 12195-1:2004	EN 12195-1:2010 bzw. DIN EN 12195-1:2011
$$S_I = \frac{F_G}{2} \cdot \frac{f - \mu_D}{\mu_D \cdot \sin\alpha + \cos\alpha}$$	$$LC \geq \frac{F_G \cdot (c_x - \mu \cdot f_\mu)}{2 \cdot (\cos\alpha + \mu \cdot f_\mu \cdot \sin\alpha)}$$
	Anmerkung: Für μ ist der Reibwert aus An-hang B der Norm und für f_μ ist 0,75 einzusetzen.

Dabei sind:

S_l die erforderliche Sicherungskraft [daN] pro Zurrmittel im geraden Zug

LC die erforderliche Sicherungskraft [daN] pro Zurrmittel im geraden Zug

μ_D der Gleitreibbeiwert [ohne Einheit]

α der vertikale Winkel [Grad]

F_G die Gewichtskraft [daN]

f der Sicherungsfaktor (0,8 längs, 0,5 zu den Seiten/nach hinten) [ohne Einheit]

c_x der Sicherungsfaktor (0,8 längs, 0,5 zu den Seiten/nach hinten) [ohne Einheit] in Längsrichtung (0,8)

c_y der Sicherungsfaktor (0,8 längs, 0,5 zu den Seiten/nach hinten) [ohne Einheit] in Querrichtung (0,5)

n die Anzahl der Zurrmittelpaare (normalerweise 2)

Anwendungsbeispiel „Schrägzurren":

Angenommene Werte:

- Gewichtskraft der Ladung F_G = 4000 daN (ca. 4000 kg)
- Gleitreibbeiwert μ_D = 0,2
- Vertikalwinkel α = 45°
- Anzahl Zurrmittelpaare n = 2 (entspricht 4 Zurrmitteln insgesamt)

Berechnung der Sicherungskraft in Längsrichtung S_l (nach vorn) gem. VDI 2700:

$$S_l = \frac{4000 \text{ daN}}{2} \cdot \frac{0{,}8 - 0{,}2}{0{,}2 \cdot \sin 45° + \cos 45°}$$

S_l = 1414,21 daN $\approx$ 1415 daN

Berechnung der Sicherungskraft seitlich und nach hinten $S_{q/h}$:

$$S_{q/h} = \frac{4000 \text{ daN}}{2} \cdot \frac{0{,}5 - 0{,}2}{0{,}2 \cdot \sin 45° + \cos 45°}$$

$S_{q/h}$ = 707,11 daN $\approx$ 708 daN

Erforderliche Zurrmittel

Bei 4000 daN Ladungsgewicht, $\mu_D = 0{,}2$ sowie $\alpha = 45°$ werden 2 Zurrmittel mit einer *LC* von jeweils mindestens 1415 daN zur Sicherung der Ladung in Fahrtrichtung benötigt, zur Sicherung zu den Seiten und nach hinten insgesamt sechs (je zwei an den beiden Längsseiten und an der Stirnseite der Ladung) mit einer *LC* von je mindestens 708 daN. Um sich unter anderem den Aufwand einer Bevorratung mit unterschiedlichen Zurrmitteln zu sparen, werden in einer solchen Situation häufig gleiche Zurrmittel mit einer *LC* von jeweils 2000 daN oder 2500 daN eingesetzt.

Alternativ auch hier die Möglichkeit zur Ermittlung mit Hilfe des Diagramms:

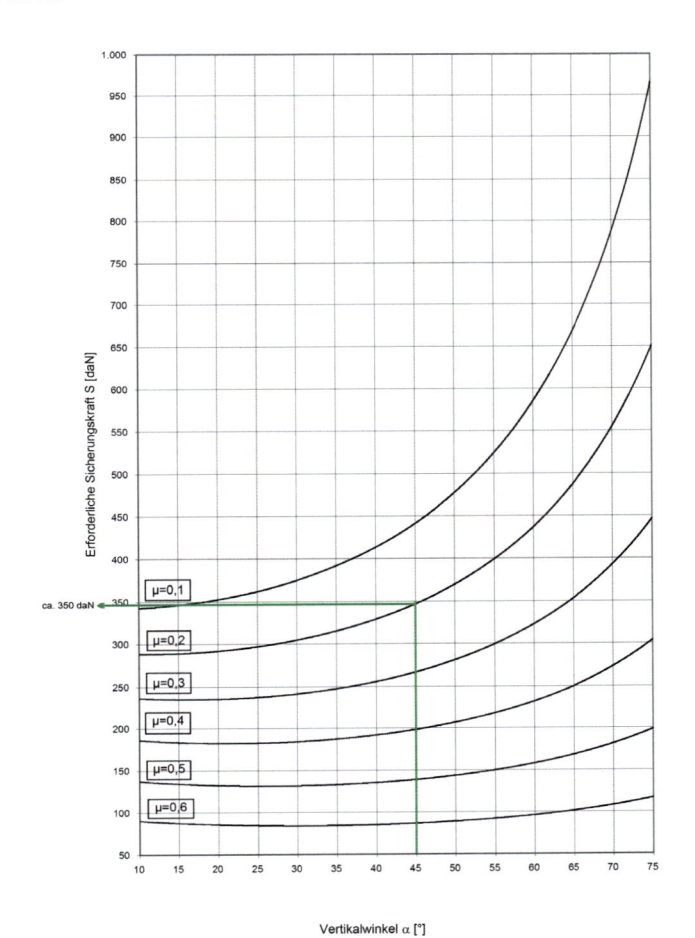

Abbildung 61: Diagramm für das Schrägzurren „nach vorn": Erforderliche Sicherungskraft pro Zurrmittel bezogen auf 1000 daN Gewichtskraft der Ladung (gem. Vorgaben nach VDI 2700 bzw. DIN EN 12195-1:2004)

Bezogen auf die im Berechnungsbeispiel angenommenen Werte

F_G = 4000 daN

α = 45°

μ_D = 0,2

ergibt sich eine Sicherungskraft von ca. 350 daN pro 1000 daN Ladungsgewicht. Da die Gewichtskraft der F_G = 4000 daN beträgt, muss der Wert 350 daN mit 4 multipliziert werden. Somit ergibt sich eine Gesamt-Sicherungskraft von:

4 · 350 daN ≈ 1400 daN (pro Zurrmittel)

Dieser Wert ist durch die Ungenauigkeit beim Ablesen etwas niedriger als der rechnerische.

Abbildung 62:
Diagramm für das Schrägzurren „zu den Seiten" bzw. „nach hinten" bei kippstabiler Ladung (gem. Vorgaben nach VDI 2700 bzw. DIN EN 12195-1:2004)

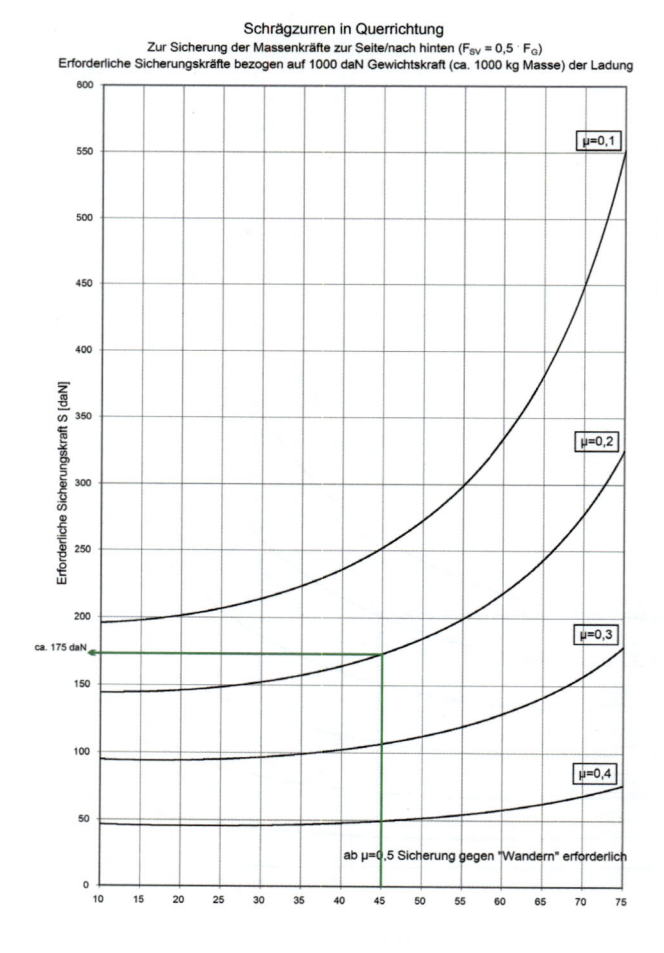

Schrägzurren in Querrichtung
Zur Sicherung der Massenkräfte zur Seite/nach hinten (F_{SV} = 0,5 · F_G)
Erforderliche Sicherungskräfte bezogen auf 1000 daN Gewichtskraft (ca. 1000 kg Masse) der Ladung

Erforderliche Sicherungskraft S [daN]

ab µ=0,5 Sicherung gegen "Wandern" erforderlich

Vertikalwinkel α [°]

Bezogen auf die im Berechnungsbeispiel angenommenen Werte ergibt sich eine Sicherungskraft von ca. 175 daN pro 1000 daN Ladungsgewicht und Seite der Ladung. Da die Gewichtskraft der F_G = 4000 daN beträgt, muss wiederum der Wert 175 daN mit 4 multipliziert werden.

Somit ergibt sich eine Gesamt-Sicherungskraft pro Ladungsseite und nach hinten von:
4 · 175 daN ≈ 700 daN (pro Zurrmittel)

Dieser Wert ist auch hier durch die Ungenauigkeit beim Ablesen etwas niedriger als der rechnerische.

Auch bei diesem Sicherungsverfahren gibt es neben elektronischen Möglichkeiten wie z.B. einem Taschenrechner auch Rechenhilfsmittel in Form von Diagrammscheiben oder Ähnlichem.

1.6.3 Niederzurren

Die verbreitetste Art der Ladungssicherung ist das Niederzurren. Solange leichte Ladegüter gesichert werden müssen, liegt der Vorteil dieser Ladungssicherungsmethode im einfachen Handling.
Bei schweren Gütern oder ungünstigen Formen (z.B. hohe Maschinen) ist der Aufwand aus wirtschaftlicher Sicht und aufgrund möglicher Gefährdungen beim Anlegen der Zurrmittel nicht mehr vertretbar.

Beim Niederzurren wird die erforderliche Sicherungskraft allein durch Erhöhung der Reibungskraft erreicht. Dazu wird die Ladung (Eigengewicht F_G) zusätzlich mithilfe von Zurrmitteln (z.B. durch Zurrgurte) auf die Ladefläche „gepresst" (F_{Nz}). Der Vertikalwinkel α spielt dabei eine wesentliche Rolle, wie später zu sehen sein wird. Man nennt dies deshalb kraftschlüssige Ladungssicherung. Kraftschluss besteht z.B. zwischen Reifen und Fahrbahn, zwischen Bremsklotz und Bremsscheibe oder zwischen Keilriemen und Riemenrad.

Meistens wird die Sicherungskraft mit Hilfe eines Taschenrechners oder Computerprogramms ermittelt.

Abbildung 63:
Einfluss des Vertikalwinkels α auf die erreichbare Vorspannkraft

Abbildungen 64 und 65:
Niederzurren einer standfesten Ladung

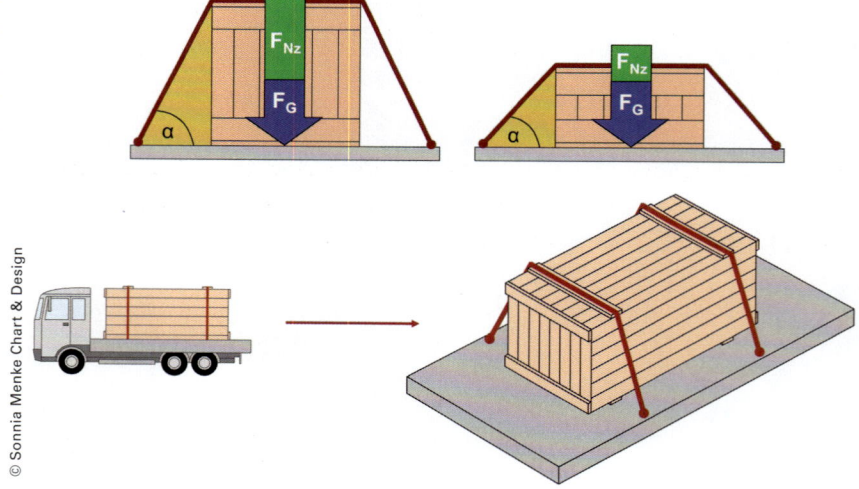

© Sonnia Menke Chart & Design

Verschiedene Zurrmittel-Hersteller bieten auch „Rechenschieber" an, mit denen ein schneller Überblick über die erforderlichen Sicherungs- oder Vorspannkräfte bzw. die Anzahl benötigter Zurrmittel möglich ist. Für die Berechnung der erforderlichen Anzahl von Zurrmitteln ist dafür die Angabe von S_{TF} (und nicht LC) auf dem Gurtetikett von Bedeutung.

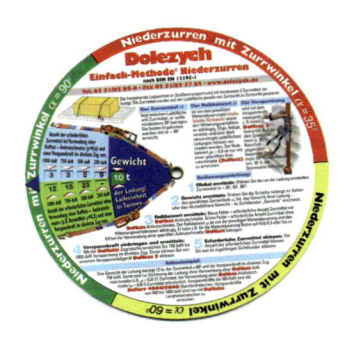

Abbildung 66:
Drehscheibe für die Ermittlung der Sicherungskraft

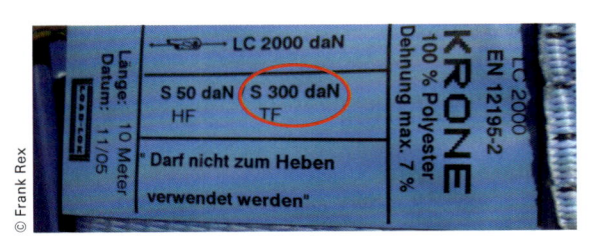

© Frank Rex

Abbildung 67:
S_{TF}-Angabe auf Zurrgurt-Etikett

Berechnung Niederzurren

In den meisten Fällen stellt sich beim Niederzurren eher die Frage nach der Zahl der erforderlichen Zurrmittel als nach der Höhe der Gesamt- vorspannkraft. Die Formel zur Berechnung lautet:

DIN EN 12195-1:2004 bzw. VDI2700-2: 2014	EN 12195-1:2010 bzw. DIN EN 12195-1: 2011
$$n \geq \frac{F_G}{k} \cdot \frac{(f - \mu_D)}{\mu_D} \cdot \frac{1}{\sin\alpha} \cdot \frac{1}{S_{TF}}$$	$$n \geq \frac{F_G \cdot (c_{x,y} - \mu_D)}{2 \cdot (\mu \cdot \sin\alpha \cdot S_{TF})} \cdot f_s$$
alternative Formel: $$n \geq \frac{F_G \cdot (f - \mu_D)}{k \, (\mu \cdot \sin\alpha \cdot S_{TF})}$$	Anmerkung: Für μ ist der Reibwert gem. Anhang B der Norm und für f_s ist nach vorne 1,25 und in die anderen Richtungen betrachtet 1,1 einzusetzen.

Dabei sind:

n Anzahl der erforderlichen Zurrmittel

F_G die Gewichtskraft [daN]

f der Beschleunigungsfaktor:

c_x in Längsrichtung = 0,8

c_y quer für kippstabile Ladung nach vorne bzw. nach hinten = 0,5 [jeweils ohne Einheit]

k der Übertragungsbeiwert für die Kraftübertragung beim Niederzurren: 1,5 oder im praxisfremden Idealfall 2,0 [jeweils ohne Einheit]

In der Regel gilt:

a) k = 1,5 bei Verwendung (nur) einer Spannvorrichtung für das einzelne Zurrmittel

b) $k \leq 2,0$ bei Verwendung eines Zurrmittels mit zwei Spannvorrichtungen je Zurrmittel, oder wenn der Wert durch einen Vorspannungsanzeiger auf der der Spannvorrichtung gegenüberliegenden Seite bestätigt wird

c) k = 1,8 gemäß VDI 2700-2:2014

bei Verwendung von (nur) einer Spannvorrichtung für das einzelne Zurrmittel

μ_D der Gleitreibbeiwert [ohne Einheit]

μ der Reibbeiwert (DIN EN 12195-1:2011)

α der vertikale Winkel [Grad]

S_{TF} Normale Spannkraft des verwendeten Zurrmittels [daN], aufgebracht durch die „Normale Handkraft" von 50 daN.

Angenommene Werte für die Berechnung nach DIN EN 12195-1:2004:

- Gewichtskraft der Ladung F_G = 4000 daN (ca. 4000 kg)
- Beschleunigungsfaktor (hier in Fahrtrichtung) f = 0,8
- Gleitreibbeiwert μ_D = 0,2
- Übertragungsbeiwert k = 1,5 (nur ein Spannelement in jedem Zurrmittel)
- Vertikalwinkel α = 45°
- Normale Spannkraft des verwendeten Zurrmittels S_{TF} = 350 daN

$$n \geq \frac{4000}{1,5} \cdot \frac{(0,8 - 0,2)}{0,2} \cdot \frac{1}{\sin 45°} \cdot \frac{1}{350 \text{ daN}}$$

$n \geq 33$ (Zurrmittel)

Erforderliche Zurrmittel

Bei 4000 daN Ladungsgewicht, $\mu = 0{,}2$ sowie $\alpha = 45°$, einem k-Wert von 1,5 und einer S_{TF} pro Zurrmittel von 350 daN werden 33 (!) Zurrmittel benötigt. Wie unschwer zu erkennen ist, ist dieser Wert in der Praxis kaum umsetzbar. Standard-Sattelanhänger mit Nutzlasten im Bereich zwischen 25 t und 28 t besitzen in der Regel nur 12 oder 13 Zurrpunkt-Paare. Außerdem wäre der Zeitaufwand zum Anbringen der 33 Zurr-mittel wirtschaftlich kaum sinnvoll. Die hohe Zahl von 33 Zurrmitteln ergibt sich beim Niederzurren deshalb, weil durch die Zurrkraft S_{TF} von 350 daN x 1,5 = 525 daN und bei einem Wert μ von 0,2 lediglich 105 daN Reibungskraft erreicht werden – der Wirkungsgrad beim Niederzurren ist nämlich nur so hoch wie der Wert μ. Bei dem Winkel des Zurrmittels von 45° muss die oben genannte Reibungskraft von 105 daN sogar noch mit dem Wert „sin 45°" ($\sim 0{,}71$) multipliziert werden, um die im geschilderten Fall erreichbare zusätzliche Reibungskraft je Zurrgurt durch Niederzurren zu ermitteln. Gängige Maßnahmen, um von dieser hohen Zahl von Zurrmitteln wegzukommen, sind:

- Der Einsatz von Zurrmitteln mit einer höheren S_{TF} (Achtung: Be-lastbarkeit/Festigkeit der Ladegüter beachten, damit sie nicht durch die hohe Vorspannung beschädigt werden!),
- Kombinierte Ladungssicherungsmethoden wie z.B. das Anlegen von Kopfschlingen (vgl. Abschnitt Diagonalzurren),
- Der Einsatz von Anti-Rutsch-Matten (RHM) zur Reibwerterhö-hung (allein der Einsatz einer RHM mit einem Gleitreibbeiwert von beispielsweise $\mu_D = 0{,}6$ würde die erforderliche Zahl der Zurrmittel aus dem obigen Beispiel auf nur noch 4 (!) reduzie-ren!)

Wie beim Diagonal- oder Schrägzurren ist auch beim Niederzurren der Einsatz von Diagrammen möglich.

Abbildung 68:

Diagramm für Niederzurren (gem. DIN EN 12195-1:2004)

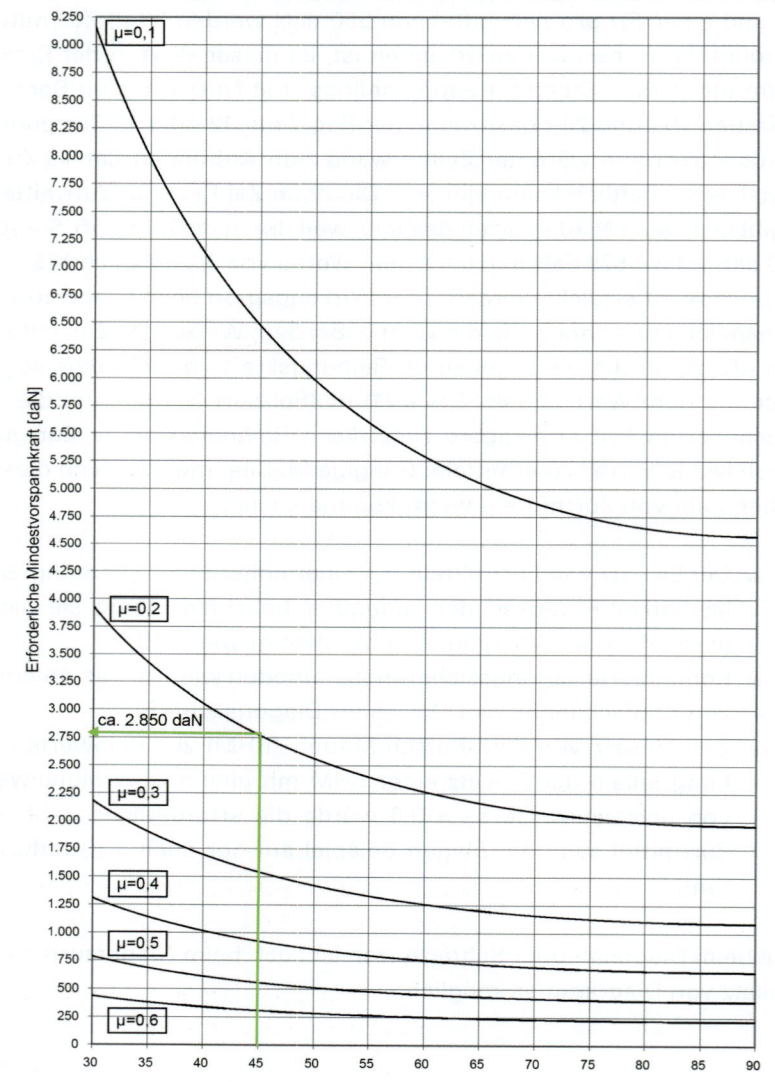

Niederzurren

Zur Sicherung der Massenkräfte nach vorne ($F_{SV} = 0,8 \cdot F_G$) bei k = 1,5

Erforderliche Mindestvorspannkräfte bezogen auf 1000 daN Gewichtskraft (ca. 1000 kg Masse) der Ladung

Bezogen auf die im Berechnungsbeispiel angenommenen Werte

F_G = 4000 daN

α = 45°

μ_D = 0,2

k = 1,5

ergibt sich eine erforderliche Mindestvorspannkraft von ca. 2850 daN pro 1000 daN Ladungsgewicht. Da jedoch die Gewichtskraft der Ladung F_G = 4000 daN beträgt – also viermal so hoch ist – muss der Wert 2850 daN mit 4 multipliziert werden. Somit ergibt sich eine erforderliche Mindestvorspannkraft für 4000 daN Ladungsgewicht von:

4 · 2850 daN = 11400 daN (Gesamt-Mindestvorspannkraft)

Diese Gesamt-Mindestvorspannkraft muss jetzt noch durch den S_{TF}-Wert für die verwendeten Zurrmittel geteilt (dividiert) werden, um auf die erforderliche Zahl von Zurrmitteln zu kommen. Somit ergibt sich:

$$n \geq \frac{Gesamt\text{-}Mindestvorspannkraft}{S_{TF}} = \frac{1140 \text{ daN}}{350 \text{ daN}} = 32,57$$

$n \geq 33$ *(Zurrmittel)*

Beim Niederzurren ist Folgendes zu beachten:

- Freistehende Ladegüter müssen mit mindestens zwei Zurrmitteln gesichert werden.
- Die Zurrkraft LC[12] ist *nicht* maßgeblich, sondern die „normale Spannkraft" S_{TF}[13].
- Je steiler der Vertikalwinkel α[14], desto besser das Ergebnis, da die Niederzurrkraft F_{NZ}[15] bei steilem Winkel größer und somit wirkungsvoller ist.
- Das Niederzurren eignet sich aufgrund seines geringen Wirkungsgrads oft nur bei gleichzeitigem Einsatz von reibwerterhöhenden Materialien (RHM) oder als zusätzliche Maßnahme, falls vorangegangene Sicherungsarten nicht ausreichen.

[12] Die Zurrkraft LC ist die maximale Kraft in direktem Zug, der ein Zurrmittel im Gebrauch standhalten muss.

[13] S_{TF} bezeichnet die verbleibende Kraft nach dem Loslassen des Handgriffs der Spannvorrichtung wie z.B. der Ratsche bei einem Zurrgurt (im Anschluss an das Vorspannen mit 50 daN Handkraft).

[14] α beschreibt den Winkel zwischen Zurrmittel und Ladefläche.

[15] F_{NZ} ist die Kraft, die durch die Vorspannung des Zurrmittels auf die Ladung drückt.

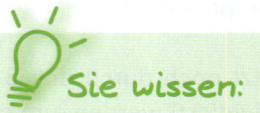

© Rudolf Sander

Hinweis zum Vertikalwinkel α: Bei „überbreiter" Ladung ist der jeweils kleinste Vertikalwinkel α für die Ermittlung der Vorspannkräfte maßgeblich.

Sie wissen:

✔ Dass es zwei Arten der Ladungssicherung gibt – Formschluss und Kraftschluss (Niederzurren).

✔ Worin der Unterschied eines Fahrzeugs nach Code L und Code XL besteht.

✔ Dass die Direktsicherung (Schräg- und Diagonalzurren) eine Unterart des Formschlusses ist.

✔ Wie die erforderliche *LC* von Zurrmitteln bei der Direktsicherung berechnet wird.

✔ Wie die Anzahl der Zurrmittel beim Niederzurren berechnet wird.

✔ Sie kennen die Berechnungsunterschiede zwischen VDI 2700/DIN EN 12195-1:2004 und EN 12195-1:2010/DIN EN 12195-1:2011.

✔ Dass es zur Zurrkraftberechnung Hilfsmittel gibt.

1.7 Verwendung von Zurrmitteln und Zurrpunkten

▶ **Sie sollen Kenntnisse über die Eigenschaften von Zurrgurten, Zurrketten und Zurrdrahtseilen erlangen.**

1.7.1 Haltevorrichtungen im Sinne der BKrFQV

Unter Haltevorrichtungen im Sinne der BKrFQV werden hier die verschiedenen Arten von Hilfsmitteln zur Ladungssicherung zusammengefasst. Hierzu zählen Einrichtungen und Hilfsmittel zur Ladungssicherung wie z. B. Zurrgurte, Zurrketten und Zurrdrahtseile.

Abbildung 70: Einteiliger Zurrgurt mit Verbindungselementen

Abbildung 71: Zweiteiliger Zurrgurt

1.7.2 Zurrgurte

Zurrgurte gelten als das Standard-Zurrmittel, da sie wesentlich häufiger eingesetzt werden als Zurrketten und Zurrdrahtseile.

Man unterscheidet insbesondere bei den Zurrgurten zwei Grundbauformen:

1. Einteiliger Zurrgurt, der nur aus dem gewebten textilen Gurtband und einem Spannelement mit oder ohne Verbindungselementen ("Haken") besteht.

2. Zweiteiliger Zurrgurt, bestehend aus zwei gewebten textilen Gurtbändern (Fest- und Losende), das Festende mit einem Spannelement, beide Enden jeweils mit einem Verbindungselement ("Haken").

Für das Gurtband von Zurrgurten wird in den meisten Fällen Polyester (PES) verwendet. Erkennbar ist dies am blauen Etikett mit dem zusätzlichen Aufdruck PES.

Seltener kommen Polyamid (grünes Etikett) und Polypropylen (braunes Etikett) zum Einsatz. Jedes Material hat, bezogen auf die Umgebungseinflüsse, seine Stärken und Schwächen, die in der nachfolgenden Tabelle erkennbar sind.

Abbildung 72:
Beständigkeiten der Gurtbandmaterialien gegen verschiedene Einflüsse;
PA = Polyamid,
PES = Polyester,
PP = Polypropylen

Beständigkeit	PA	PES	PP
Hitze	o	+	o
Säuren	-	+	+
Laugen	+	-	+
Benzindämpfe, Öle	+	+	+
Verrottung	+	+	+

+ = gute Beständigkeit   o = mittlere Beständigkeit   - = schlechte Beständigkeit

Kennzeichnung

Gemäß DIN EN12195-2 muss jede komplette Zurrgurt-Einheit (und -Untereinheit wie z. B. bei einem zweiteiligen System) mit folgenden Angaben auf dem Etikett versehen sein:

- Zurrkraft (*LC*) in daN, das ist die Höchstkraft zur Verwendung im geraden Zug, für die ein Zurrgurt im Gebrauch ausgelegt ist
- Länge L_G beim einteiligen Zurrgurt bzw. L_{GF} (Festende) und L_{GL} (Losende) beim zweiteiligen Zurrgurt jeweils in m
- Normale Handkraft S_{HF} (50 daN)
- S_{TF} (daN) ist die verbleibende Vorspannkraft im Zurrsystem, die über das Spannelement (z. B. Ratsche) mit einer Handkraft von 50 daN aufgebracht wurde
- Warnhinweis „Darf nicht zum Heben verwendet werden!"
- Werkstoff des Gurtbandes (z. B. ‚PES' für Polyester)
- Name oder Symbol des Herstellers oder Lieferers
- Rückverfolgbarkeitscode des Herstellers
- Nummer und Teil dieser Europäischen Norm, d. h. EN 12195-2
- Herstellungsjahr
- Dehnung des Gurtbandes in % bei *LC*

> ⚠️ Weitere *LC*-Angaben auf den „Beschlagteilen" (z. B. Ratschen, Haken, Verkürzungselemente etc.) dienen nur dazu, die Einzelteile besser zuordnen zu können. Es kommt vor, dass eine Ratsche oder ein Haken mit einer *LC*-Angabe von z. B. 2500 daN in einem Zurrgurt vernäht ist, der auf seinem Etikett eine *LC* von „nur" 2000 daN angegeben hat. Maßgeblich für die Zurrkraft *LC* bleibt in jedem Fall das Etikett, denn die Festigkeit eines Zurrmittels hängt vom schwächsten Bestandteil ab. Das kann zum Beispiel das Gurtband selber oder die Vernähung sein.

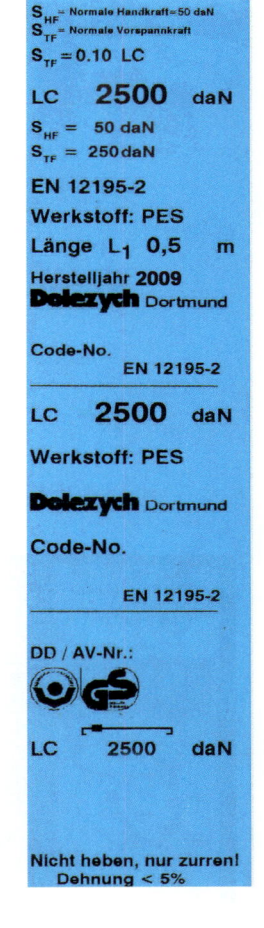

S_{HF} = Normale Handkraft = 50 daN
S_{TF} = Normale Vorspannkraft
S_{TF} = 0.10 LC

LC **2500** daN

S_{HF} = 50 daN
S_{TF} = 250 daN

EN 12195-2

Werkstoff: PES

Länge L_1 0,5 m

Herstelljahr **2009**
Dolezych Dortmund

Code-No.
EN 12195-2

LC **2500** daN

Werkstoff: PES

Dolezych Dortmund

Code-No.
EN 12195-2

DD / AV-Nr.:

LC 2500 daN

Nicht heben, nur zurren!
Dehnung < 5%

Abbildung 73:
Zurrgurt-Etikett

© Dolezych

© Norbert Eskofier

Abbildung 74:
LC-Angabe auf einem Ratschengriff

Abbildung 75:
LC-Angabe und Herstellerkürzel auf einem Haken

Auf dem Zurrmittelmarkt gibt es leider nicht nur qualitativ hochwertige Artikel, sondern auch **Plagiate,** die nur einen Bruchteil der Leistungsfähigkeit aufweisen, die man aufgrund der Angaben auf dem Etikett erwarten würde. Solche Fälschungen sind meist leicht zu erkennen, wenn man nur genauer hinsieht. Indizien für ein Plagiat sind:

- Angaben auf dem Etikett, die nicht schlüssig sind oder nicht der Norm entsprechen
- Fehlende Leistungsdaten auf dem Spannelement (Ratsche)
- Fehlende Angaben auf dem Verbindungselement (Haken)
- Schlecht vernähte Gurtenden
- Minderwertiges Gurtband, dessen Dicke augenscheinlich nicht zu den Angaben auf dem Etikett passt

Wer einen solchen Gurt in die Hände bekommt, sollte tunlichst vermeiden, diesen zur Ladungssicherung zu verwenden.

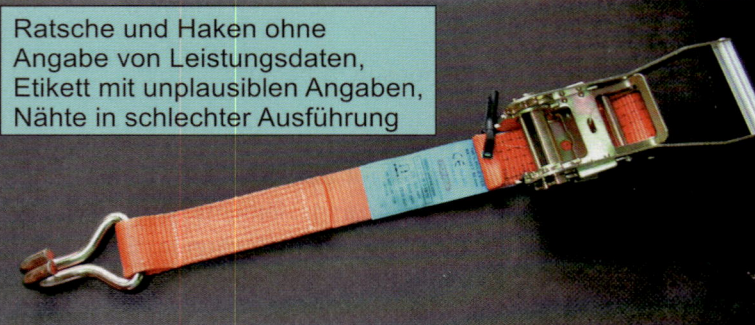

Ratsche und Haken ohne Angabe von Leistungsdaten, Etikett mit unplausiblen Angaben, Nähte in schlechter Ausführung

Der S_{TF}-Wert ist deutlich zu hoch - normal sind 250 - 320 daN bei einer Standardratsche

© Norbert Eskofier

Abbildungen 76 und 77: Beispiele für gefälschte Zurrgurte

Handhabung und Verwendung

Bei der Handhabung von Zurrgurten mit sogenannten Standard-Druckratschen gibt es zwischen den Herstellern kaum Unterschiede.

Spannen des Gurtbandes

1. Sperrschieber/Funktionsschieber (A) ziehen und Ratschengriff (B) hochschwenken
2. Gurtende des einteiligen Gurtes bzw. das Losende einfädeln (C) und bis auf die gewünschte Länge durchziehen (D)

3. Spannen des Gurtbandes durch Schwenken des Ratschengriffes (B); bei Zurrgurten aus Polyester (PES) in der Regel mindestens 2, nicht aber mehr als 3 Wicklungen

4. Nach dem Zurren den Sperrschieber/Funktionsschieber (A) ziehen und den Ratschenhebel so weit in Schließstellung schwenken, bis der Schieber in die Sicherungsaussparung einrasten kann. Die jetzt geschlossene und festgestellte Ratsche wird auch bei starken Erschütterungen im Fahrbetrieb nicht aufspringen

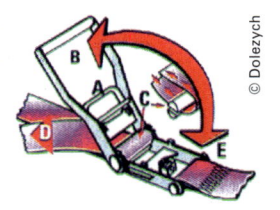

Abbildung 78:
Spannen des Gurtbandes

Lösen des Gurtbandes

ACHTUNG, vor Durchführung von Schritt 1 erst nachfolgenden Warnhinweis beachten(!):

1. Sperrschieber (A) ziehen und Ratschengriff (B) um annähernd 180° schwenken

2. Gurtband herausziehen (D)

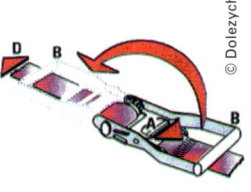

Abbildung 79:
Lösen des Gurtbandes

⚠ Vorsicht beim Lösen der Verzurrung von kippgefährdeten Gütern, wenn Ratschen als Spannelement von Zurrgurten benutzt werden!

Beim Entriegeln der Ratsche wird der Ratschenhebel aus der Ruhestellung (Transportstellung) um annähernd 180° herumgeschwenkt. Dadurch wird der Sperrschieber, der die Ratschenwickelwelle in gespanntem Zustand blockiert, außer Eingriff gebracht. Damit kann sich die Wickelwelle drehen (sie befindet sich in Freilaufstellung), und das auf ihr aufgewickelte Gurtband spult sich schlagartig ab.

Die Möglichkeit, wieder mit der Ratsche nachzuspannen, sobald bemerkt wird, dass die entsicherte Ladung zu kippen beginnt, ist so gut wie ausgeschlossen. Man müsste den Ratschengriff erst wieder um 180° zurückschwenken und dann mit dem Spannvorgang beginnen. Dies ist nur möglich, wenn das eingefädelte Gurtende nicht schon aus dem Schlitz der Wickelwelle herausgeschnellt ist.

Darum gilt: Zum Verzurren von kippgefährdeten Gütern sollte der Einsatz von Zurrgurten mit Ratschen in der herkömmlichen Wirkungsweise vermieden werden. Andere Spannelemente, die sich kontrolliert öffnen lassen, sind geeigneter, z. B. Spezialratschen mit stufenweiser Entriegelung, zugelassene Spannwinden, Spindelspanner oder Mehrzweck-Kettenzüge. Werden diese Elemente gelöst, würde man durch den nicht nachlassenden Spanndruck bemerken, dass die Ladung zu kippen beginnt. Ein gefahrloses erneutes Anspannen wäre möglich, um entsprechende Sicherheitsmaßnahmen einzuleiten.

Abbildung 80:
Spezialratsche mit stufenweiser Entriegelung

Abbildung 81:
Spezialratsche mit automatischer Vorentspannung des Gurtbandes

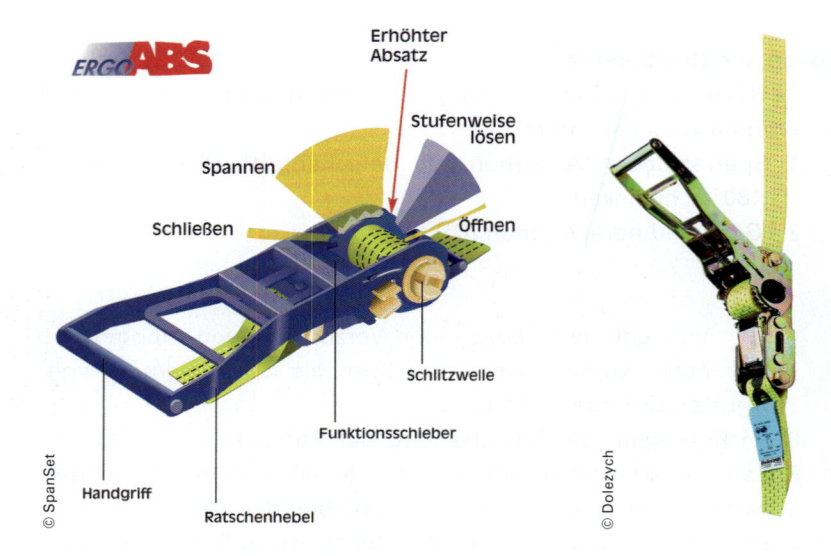

Bei diesen Ratschentypen sind möglicherweise andere Vorgehensweisen beim Spannen und Lösen erforderlich. Deshalb ist hier besonders auf die Bedienungsanleitungen der jeweiligen Hersteller zu achten.

Zurrgurte auf keinen Fall zusammenknoten!
Strikt verboten ist das Zusammenknoten von Zurrgurten z. B. zur Verlängerung oder als Reparaturmaßnahme nach einem Gurtbandriss.

Bei zusammengeknoteten Zurrgurten geht die Festigkeit des Gurtbands unter Belastung bis zu 70 % zurück. Außerdem verlängert sich der Zurrgurt durch das Zusammenziehen um mehr als die nach Norm erlaubten 7 %, sodass selbst die Restfestigkeit von 30 % kaum noch ihre Wirkung entfalten kann.
Konsequenz: „Die Ladung kommt schon, bevor der Gurt überhaupt etwas merkt".

Weitere klassische Fehler

„Klassische" Fehler, die zu Schäden an Ratschen und/oder den Haken führen, sind:

- Das Vorspannen der Ratsche über eine Verlängerung. Dies hat schon zu schweren Verletzungen durch Absturz von der Ladefläche nach Ratschenbrüchen oder durch wegfliegende Ratschenteile geführt.
- Der Einsatz ungeeigneter Haken

© Frank Rex

© BG Verkehr

PRAXIS-TIPP

- Zusätzliche Herstellerangaben beachten!
- Kantenschoner/Kantengleiter einsetzen.
- Mindestens 2 Wicklungen Gurt auf die Ratsche aufbringen.
- Gurte nach kurzer Fahrt nachsichern (besonders beim Niederzurren).
- Gurthaken ohne Sicherung („Karabinerverschluss") von innen in Zurrpunkte einhängen.
- Zurrwinkel beim Niederzurren möglichst groß wählen (ideal 90°).
- Zurrgurte sauber und trocken aufbewahren.
- Vor Sonnenlicht und Wärmeeinwirkung schützen.
- Mit kaltem Wasser ohne Reinigungsmittel reinigen und an der Luft trocknen.
- Bewegliche Teile der Ratsche leicht ölen.

Abbildung 82:
Unzulässiger Einsatz einer Hebelverlängerung

Abbildung 83:
Unsachgemäß belasteter Haken

1.7.3 Zurrketten

Zurrketten nach DIN EN 12195-3 bestehen im Allgemeinen aus der Rundstahlkette, dem Spindelspanner, Haken und Kettenverkürzungselement zur Groblängeneinstellung der Zurrkette.

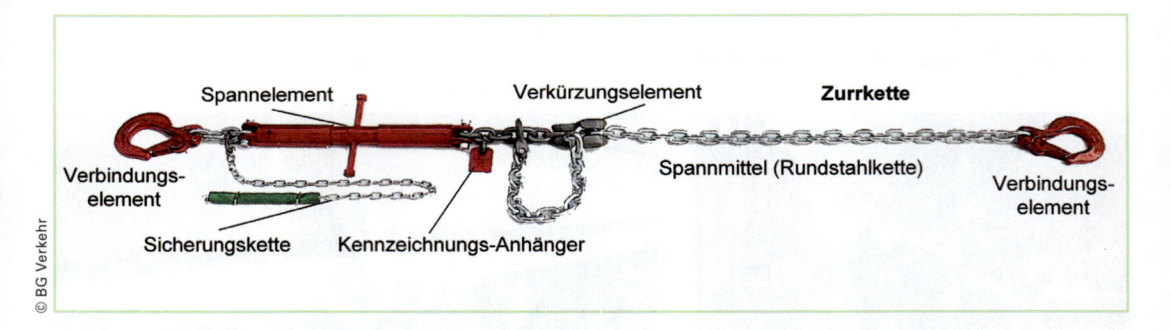

Spannelement — Verkürzungselement — **Zurrkette**

Verbindungselement — Spannmittel (Rundstahlkette) — Verbindungselement

Sicherungskette — Kennzeichnungs-Anhänger

© BG Verkehr

Abbildung 84:
Die einzelnen
Bauteile einer
Zurrkette

Kennzeichnung

Rundstahlketten müssen mindestens der Güteklasse 8 nach DIN EN 818-2 entsprechen. Folgende Angaben auf dem Kennzeichnungsanhänger (siehe Abbildungen 78 und 79) sind erforderlich:

- Die „normale" Spannkraft S_{TF} (wenn das System zum Niederzurren geeignet ist)
- Rückverfolgbarkeitscode des Herstellers und Name oder Kennzeichen des Herstellers oder Lieferers
- Zurrkraft (*LC*)
- Nummer und Teil der Europäischen Norm DIN EN 12195-3
- „Darf nicht zum Heben verwendet werden"

Abbildung 85:
Kennzeichnung
Zurrkettenanhänger
(Vorderseite)

Abbildung 86:
Kennzeichnung
Zurrkettenanhänger
(Rückseite)

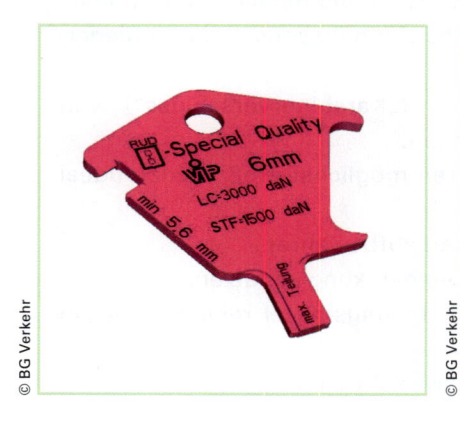

© BG Verkehr

© BG Verkehr

Verwendung

Zurrketten sind als Hilfsmittel zur Ladungssicherung bei Schwertransporten nicht mehr wegzudenken. Auch in anderen Bereichen, in denen schwere Ladegüter zu befördern sind, wie beim Transport von Betonteilen oder Holzstämmen, sollten Zurrketten bevorzugt werden.

© Dolezych

Abbildung 87: Einsatz von Zurrspannketten bei schwerem Ladegut

> ⚠️ Haken, die zur Kettenverkürzung eingesetzt werden, müssen eine Auflagefläche für die Kettenglieder besitzen. Dadurch wird gewährleistet, dass, wie auch bei den Kettenverkürzungsklauen, die einzelnen Kettenglieder nicht auf Biegung beansprucht werden. Haken ohne Auflagefläche schwächen die Kettenfestigkeit um mehr als 20%.

1.7.4 Zurrdrahtseile

Zurrdrahtseile werden überwiegend in Verbindung mit am Fahrzeug festmontierten Zurrwinden eingesetzt.

Als Spannelement werden fast ausschließlich Spannwinden oder Mehrzweck-Kettenzüge verwendet.

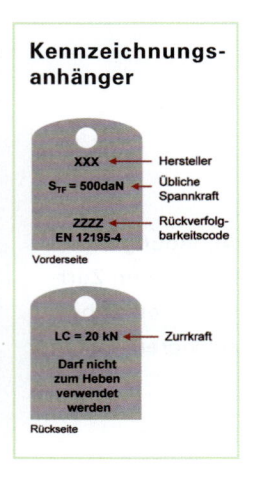

Kennzeichnungs-anhänger

Vorderseite

Rückseite

Kennzeichnung

Nach DIN EN 12195-4 sind auf den Kennzeichnungsanhängern folgende Angaben vorgeschrieben:

- Zurrkraft *(LC)*
- übliche Spannkraft in Dekanewton (daN) oder Windenkraft, für die die Ausrüstung, die zum Niederzurren ausgelegt ist, typgeprüft wurde
- bei Mehrzweck-Seilzügen und Seilwinden: Angabe der maximalen Handkraft zur Erreichung der Zurrkraft *LC*
- Warnhinweis „Darf nicht zum Heben verwendet werden"
- Rückverfolgbarkeits-Code und Name oder Kennzeichen des Herstellers oder Lieferers
- Nummer und Teil dieser Europäischen Norm: EN 12195-4

Abbildung 88:
Kennzeichnung
auf dem Zurrdraht-
seilanhänger

 Die Benutzung von Seilklemmen zur Herstellung von Endverbindungen ist unzulässig.

1.7.5 Zurrpunkte

Seit 1993 müssen gewerblich genutzte Neufahrzeuge mit Zurrpunkten ausgestattet sein. Zurrpunkte sind erforderlich an Lkw, Anhängern, Sattelanhängern mit Pritschenaufbau und Tiefladern. Sie leiten die Zurrkräfte in tragende Teile des Fahrzeugs.

Bei einer Ladeflächenlänge von weniger als 2,2 m müssen mindestens 4 Zurrpunkte (zwei an jeder Seite) vorhanden sein. Ist die Ladefläche länger, müssen mindestens 6 Zurrpunkte (drei an jeder Seite) vorhanden sein.

Die ersten und letzten Zurrpunkte nach der Stirnwand bzw. vor der Rückwand dürfen zu diesen einen Abstand von höchstens 500 mm haben. Die übrigen Abstände zwischen ihnen dürfen maximal 1200 mm, im Achsbereich einmal höchstens 1500 mm betragen.

Die Zurrpunkte müssen folgenden Belastungen standhalten:

zGM des Fahrzeugs	Festigkeit des Zurrpunktes in daN
> 12 t	2000
> 7,5 t bis < 12 t	1000
> 3,5 t bis < 7,5 t	800
< 3,5 t	400

Sie sind folgendermaßen gekennzeichnet:

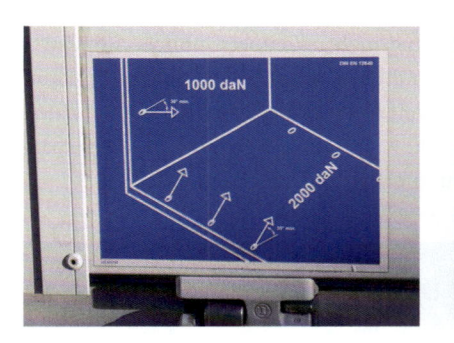 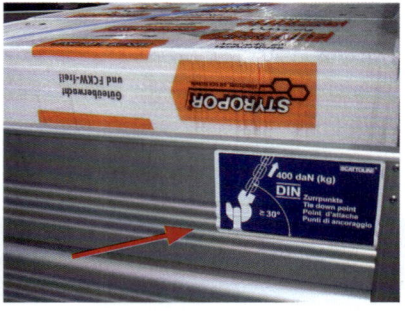

Abbildung 89:
Zurrpunktfestigkeiten nach DIN EN 12640 bei einem Fahrzeug mit mehr als 12 t Nutzlast

Abbildung 90:
Zurrpunktfestigkeit nach DIN 75410-1

Auf den Schildern ist nicht nur die Leistungsfähigkeit der Zurrpunkte angegeben, sondern auch, welcher Winkel zwischen Ladefläche und Zurrmittel nicht unterschritten werden darf. Im Regelfall ist dies ein Winkel von mindestens 30°, da ansonsten Scherkräfte an den Zurrpunkten auftreten, für deren Aufnahme sie nicht geeignet sind.

 **Sie wissen:**

✔ Welche verschiedenen Arten von Zurrmitteln es gibt und wie diese zu verwenden sind.
✔ Welche Angaben auf den Zurrmitteln vorhanden sein müssen.
✔ Wie sich bei Zurrgurten Plagiate von Qualitätsprodukten unterscheiden.
✔ Wie Zurrpunkte auf Fahrzeugen gekennzeichnet sind und welche Kräfte sie in Abhängigkeit von der zulässigen Gesamtmasse des Fahrzeugs aufnehmen müssen.

Aus der Praxis – für die Praxis

Spaß an der Ladungssicherung

Ladungssicherung kann Spaß machen. Auf jeden Fall dann, wenn Sie mit ausreichendem, geeignetem Ladungssicherungsmaterial an Bord unterwegs sind – und, was mindestens genauso wichtig ist, ausreichend Stauraum für das Material haben! Doch gerade der ist an vielen Fahrzeugen viel zu knapp bemessen. Denn geeignete Staukästen kosten Geld, und das wollen manche Chefs nicht wirklich gerne für die Unterbringung von Ladungssicherungsmaterialen in die Hand nehmen. Mit der Folge, dass Fahrer dann oft gefährliche Notlösungen konstruieren (Foto).

muss, um irgendwann das richtige Tool in Händen zu halten, verzichtet im Arbeitsstress allzu oft auf die optimale Ladungssicherung.

Das Foto zeigt, wie zum Beispiel ein klassischer Staukasten für Gurte und Ratschen optimal eingeräumt werden kann: immer in abwechselnden (!) Lagen aus Gurten und Ratschen, und nicht, wie meist üblich, alle Gurte unten und oben drauf die Ratschen. So kann man immer ein Gurt-Ratschen Paar entnehmen, ohne umräumen zu müssen. Das spart Zeit und erhält die Ordnung.

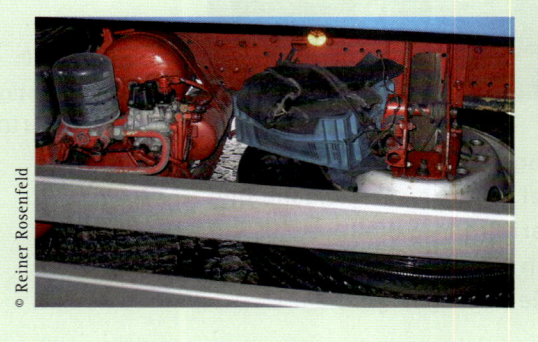

© Reiner Rosenfeld

© Reiner Rosenfeld

Sollten Sie jemals das Fahrzeug eines Kollegen fahren müssen, der mit einer solchen Verlegenheitslösung sein Stauplatzproblem löst, dann schaffen Sie das Material schnellstmöglich auf die Ladefläche oder in den Fußraum vor dem Beifahrersitz. Ansonsten laufen Sie in einer Polizeikontrolle Gefahr, Punkte in Flensburg zu kassieren.

In diesem Beispiel hat ein Fahrer LaSi-Material in zwei Kisten im Palettenkasten untergebracht (Foto). So liegt alles, was zur Ladungssicherung benötigt wird, auf einen Blick vor dem Fahrer.

Ordnung halten spart Zeit

Wichtig ist es auch, Ladungssicherungsmaterial jederzeit schnell zur Hand zu haben. Das klappt am besten mit perfekten Ordnungssystemen. Denn wer lange suchen oder umräumen

© Reiner Rosenfeld

© Reiner Rosenfeld

Viel Zeit lässt sich bei der Ladungssicherung auch durch den Einsatz von sogenannten Gurtwicklern sparen. Das sind kleine Geräte, die helfen, die Gurte nach dem Einsatz innerhalb von wenigen Sekunden wieder aufzurollen. Im Handel erhältlich sind die verschiedensten Modelle, angefangen vom Wickler, der einfach in der Hand gehalten werden kann, bis hin zu Wicklern, die dauerhaft oder nur vorübergehend am Fahrzeugrahmen befestigt werden **(Foto)**.

Verluste minimieren

Und nun noch ein Wort zu allen Ladungssicherungsmaterialen, samt Leiter, Besen, Spannlatten und Absperrstangen, die Sie auf Ihrem Lkw mitführen. Passen Sie auf, dass Sie das teure Material nach dem Be- oder Entladen nicht beim Kunden an der Rampe zurücklassen. Das passiert in Deutschland jeden Tag bestimmt ein paar Dutzend Lkw-Fahrern. Die schließen dann einfach die Türen, fahren los und bemerken meist erst beim nächsten Kunden, dass ihnen wichtiges Material fehlt. Zurückfahren ist dann meist nicht mehr möglich, weil es zu viel Lenkzeit und Sprit kosten würde. Außerdem ist die Wahrscheinlichkeit, dass das Zeug noch da liegt, wo Sie es zurückgelassen haben, sehr gering. Das haben sich meistens schon andere Fahrer angeeignet. Im

Normalfall dürfen Sie dann für den entstandenen Schaden aufkommen. Schützen können Sie sich vor so einem Verlust nur durch drei Kunstgriffe:

1. Lagern Sie Ihr ganzes Zubehör immer an einer einzigen Stelle, nicht verteilt, auch wenn damit unter Umständen längere Wege verbunden sind.
2. Machen Sie es sich zur unumstößlichen Gewohnheit, den Bereich noch einmal genau zu inspizieren, an dem Sie gerade be- oder entladen haben. Beim Laden im Freien bedeutet das, dass Sie noch einmal rund ums Fahrzeug laufen. Dabei stellen Sie auch sicher, dass alle Staukästen verriegelt sind. Denn Fahrer verlieren auch regelmäßig während der Fahrt Teile ihres Equipments aus offenen Stauboxen.
3. Schaffen Sie sich eine Erinnerungshilfe. Es gibt zum Beispiel Kühltransportunternehmen, die haben an alle Trailertüren den Satz geschrieben „Absperrstangen nicht vergessen" **(Foto)**.

© Reiner Rosenfeld

1.8 Überprüfung der Zurrmittel und Zurrpunkte

▶ **Sie sollen angebrachte Haltevorrichtungen auf augenfällige Mängel kontrollieren können.**

1.8.1 Grundsatz

Gemäß VDI 2700 Blatt 3.1 sind Zurrmittel während ihrer Verwendung auf augenfällige Mängel hin zu kontrollieren. Werden Mängel festgestellt, die die Sicherheit beeinträchtigen, sind die Zurrmittel der weiteren Benutzung zu entziehen.
Eine Instandsetzung der Zurrmittel „vor Ort" ist in der Regel nicht möglich, da Reparaturarbeiten nur von sachkundigen Personen ausgeführt werden dürfen.

1.8.2 Zurrgurte

Zurrgurte unterliegen Verschleiß. Je nach Ausmaß des Verschleißes führt dies zur Ablegereife des Zurrgurts, das heißt, er darf nicht mehr verwendet werden.

Wann gilt ein Zurrgurt als ablegereif?

- Bei übermäßigem Verschleiß (siehe Abb. 92)
- Bei Garnbrüchen und Einschnitten durch scharfe Kanten
- Bei seitlichen Einschnitten von mehr als 10 % der Gurtbandbreite (siehe Abb. 93)
- Bei Wärme- und Säureschäden
- Bei Beschädigung der Hauptnaht
- Bei Beschädigung des Hakens
- Bei fehlendem Etikett oder unleserlichen Angaben auf dem Etikett

Abbildung 91:
Ablegereife durch übermäßigen Verschleiß

Abbildung 92:
Ablegereife durch seitlichen Einschnitt von mehr als 10 % der Gurtbandbreite

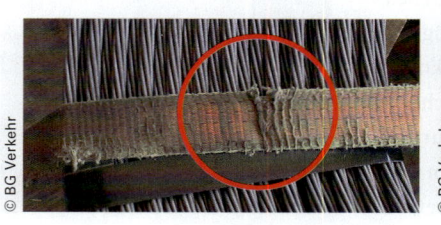
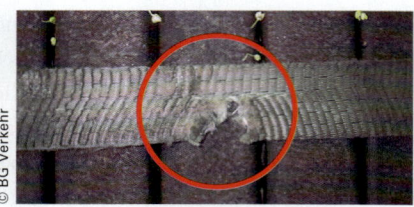

© BG Verkehr   © BG Verkehr

⚠ Auch wenn es wehtut: Eigenreparaturen ohne Rücksprache mit dem Hersteller sind unzulässig! Dies gilt nicht nur für Zurrgurte, sondern auch für die übrigen Hilfsmittel.
Beachte: Die Benutzerinformation („Betriebsanleitung") des Zurrgurt-Herstellers kann weitere Kriterien enthalten!

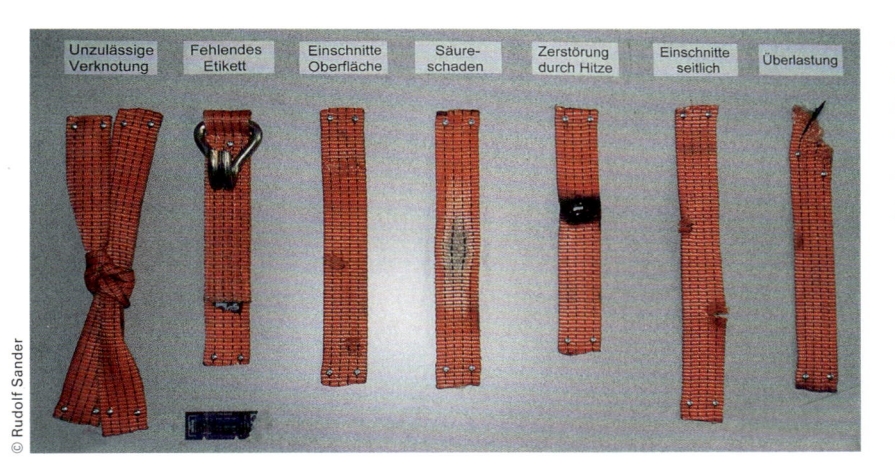

© Rudolf Sander

Abbildung 93:
Ablegereife und unzulässige Verwendung (Verknotung) von Zurrgurten

Image labels: Unzulässige Verknotung | Fehlendes Etikett | Einschnitte Oberfläche | Säureschaden | Zerstörung durch Hitze | Einschnitte seitlich | Überlastung

1.8.3 Zurrketten

Ablegereife von Zurrketten

Zurrketten sind u. a. unter folgenden Bedingungen abzulegen:

- Bleibende Verformung von Kettengliedern, wenn der lichte Abstand eines Gliedes um mehr als 5 % vergrößert ist.
- Verborgene oder verdrehte Ketten

Spindelspanner sind unter folgenden Bedingungen abzulegen:

- Anrisse
- Kerben
- Grobe Verformung
- Korrosion (Rost)

Verbindungselemente sind unter folgenden Bedingungen abzulegen:

- Risse
- Grobe Verformungen
- Aufweitung des Hakenmauls um mehr als 5 %
- Starke Korrosion

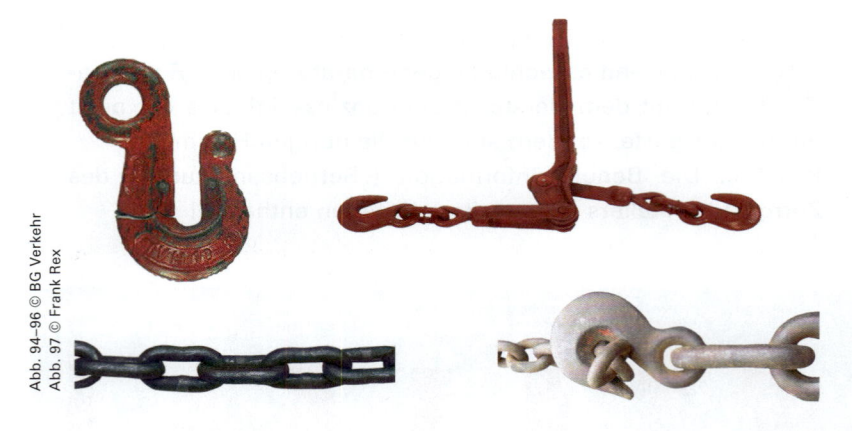

Abbildungen 94–97:
Beschädigter Haken,
Unzulässiger
Kettenspanner,
Einschnürungen
durch Überlastung,
Unzulässige
Kettenverlängerung

Abb. 94–96 © BG Verkehr
Abb. 97 © Frank Rex

 Beachte: Die Benutzerinformation („Betriebsanleitung")
des Zurrketten-Herstellers kann weitere Kriterien enthalten!

1.8.4 Zurrdrahtseile

Ablegereife von Zurrdrahtseilen

Zurrdrahtseile sind u. a. unter folgenden Bedingungen abzulegen:

- Starker Verschleiß durch Abrieb des Querschnitts von mehr als 10 %
- Starke Rostbildung
- Drahtbruch
- Knicke, Quetschungen des Seils um mehr als 15 %
- Starke Verdrehungen
- Beschädigungen einer Pressklemme bzw. eines Spleißes

**Abbildungen
98 und 99:**
Ablegereife
Zurrdrahtseile

 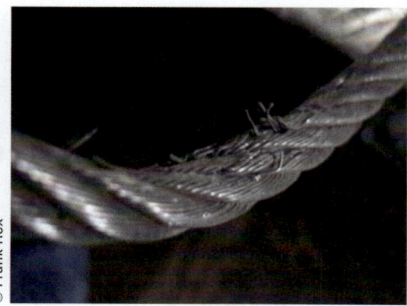

© Frank Rex

© Frank Rex

Spannelemente sind unter folgenden Bedingungen abzulegen:
- Grobe Verformungen der Mechanik, z.B. der Wickelwelle
- Abnutzung des Querschnitts um mehr als 5%
- Anzeichen von Korrosion
- Risse, starke Anzeichen von Verschleiß

Verbindungselemente sind unter folgenden Bedingungen abzulegen:
- Bleibende Verformungen
- Aufweitung des Hakenmauls um mehr als 10%
- Risse, Brüche
- Erhebliche Korrosion

> ⚠️ **Beachte:** Die Benutzerinformation („Betriebsanleitung") des Zurrdrahtseil-Herstellers kann weitere Kriterien enthalten!

1.8.5 Zurrpunkte

Die Nutzbarkeit des Zurrpunkts muss gewährleistet sein und darf nicht durch Schmutz oder Beschädigung beeinträchtigt werden.

© BG Verkehr

© Dorezych

Abbildung 100:
Nur eingeschränkt nutzbarer Zurrpunkt

Abbildung 101:
Positiv-Beispiel: Geeigneter Zurrpunkt

Negativ-Beispiele: Ring- oder „Augen"-Schrauben
„Selbstgestrickte" Zurrpunkte sind in aller Regel nicht tauglich. Ring- oder „Augen"-Schrauben sind ebenfalls ungeeignet, da sie nur sehr begrenzt Querkräfte aufnehmen können.

**Abbildungen
102 und 103:**
Ungeeignete
Zurrpunkte

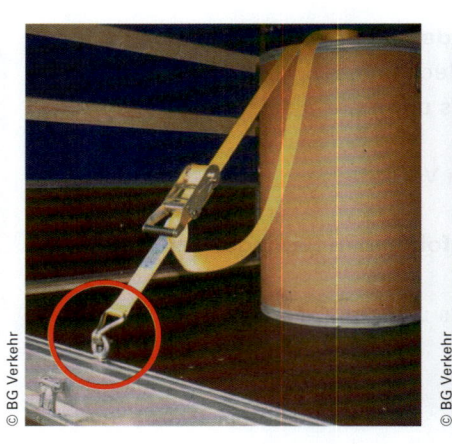
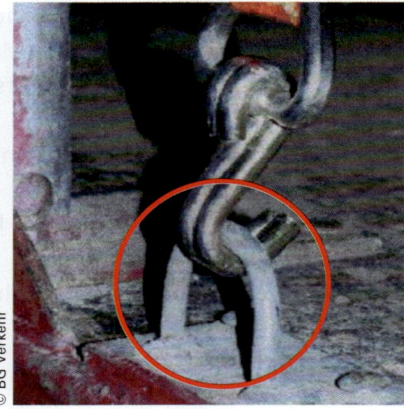

Positiv-Beispiele: Zurrpunkt-Sonderformen mit Adapterhaken

Einige Fahrzeughersteller bauen Sonderformen von Zurrpunkten ein, die mit entsprechenden Adapterhaken ausgeliefert werden und gleichermaßen geeignet sind.

**Abbildungen
104 und 105:**
Mögliche Sonder-
formen von Zurr-
punkten mit
entsprechenden
Adapaterhaken

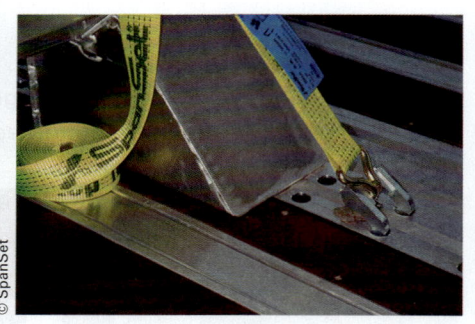

Sie wissen:

✔ Zurrmittel müssen vor dem Einsatz überprüft werden.
✔ Es gibt Kriterien, nach denen Zurrmittel nicht mehr eingesetzt werden dürfen
✔ Bestimmte Zurrpunkte sind entweder eingeschränkt verwendbar oder dürfen nicht verwendet werden (z.B. selbst gefertigte Zurrpunkte).

1.9 Be- und Entladen sowie Einsatz von Umschlaggeräten

> Sie sollen grundsätzliche Verhaltensregeln beim Umgang mit Umschlaggeräten kennen, um Gefahren beim Be- und Entladen besser einschätzen zu können.

1.9.1 Vorsicht beim Öffnen von Bordwänden und Laderaumtüren

Einige Fälle aus Unfallanzeigen der BG Verkehr

- „Beim Öffnen der Bordwand seines Lkw-Anhängers wurde der Fahrer von der aufschnellenden Bordwand getroffen. Ein anschließend von der Ladefläche stürzendes Stahlbündel verletzte ihn tödlich."
- „Beim Öffnen der linken Seitenbordwand rollte ein **ca. 800 kg** schwerer Gussrohling von der Ladefläche des etwas schräg stehenden Fahrzeugs und erschlug den Fahrer."
- „Beim Aufklappen der Bordwand wurde unser Fahrer von einem nachfallenden, **ca. 450 kg** schweren Schaltschrank gegen eine Schuppenwand gedrückt. Dabei zog er sich tödliche Quetschungen zu." (siehe Abbildung 107)

Solche oder ähnliche Schilderungen ließen sich beliebig fortsetzen. Im Wesentlichen können die geschilderten Unfälle folgende Gründe haben:

- Auf der Ladefläche freistehende, ungesicherte Ladungsteile haben sich während der Fahrt verlagert (verrutscht, versetzt, verrollt, gekippt) und drücken gegen die Bordwände oder Aufbautore.
- Nicht standfeste oder rollenförmige Ladungsgüter wurden absichtlich gegen die Aufbaubegrenzungen verstaut, was beim Öffnen der Bordwände bzw. Tore nicht mehr berücksichtigt wurde (Vergesslichkeit, Fahrerwechsel).
- Besondere örtliche Gegebenheiten an weiteren Ladestellen waren nicht vorhersehbar (durch Öffnen anderer Bordwände, als bei der Beladung vorgesehen, oder Schrägstellung der Ladefläche durch geneigten oder unebenen Standplatz).

Abbildung 106:
Tödlicher Unfall durch herabgefallenen Schaltschrank

© BG Verkehr

Die unter anderem daraus resultierenden Unfälle führten dazu, dass bei bestimmten Fahrzeugen seit Oktober 1993 (Erstzulassung) die von Hand zu betätigenden Bordwandverschlüsse so gestaltet sein müssen, dass möglicher Ladungsdruck vor dem vollständigen Entriegeln festgestellt werden kann.

Diese Bordwandverschlüsse „mit Ladungsdruckerkennung" sind in der überwiegenden Zahl so gestaltet, dass beim Öffnen zwei Phasen durchlaufen werden („2-Phasen-Entriegelung"). Dabei wird in der ersten Phase der Verschluss entriegelt und erst in der zweiten Phase die Bordwand freigegeben („geöffnet"). Die zweite Öffnungsbewegung des Verschlusshebels ist bei anstehendem Ladungsdruck in der Regel aber nur mit „deutlich erhöhtem Kraftaufwand" möglich und „warnt" so vor dem nachdrückenden Ladegut. Da aber optisch nicht zu erkennen ist, ob man einen Verschluss mit oder ohne Ladungsdruckerkennung vor sich hat, ist immer mit der Gefahr des unbeabsichtigten Aufschlagens einer Bordwand und dem Herabfallen nachdrückenden Ladegutes zu rechnen. Vielfach deuten schon schwer zu öffnende Normal-Verschlüsse auf diese Gefahr hin.

Deshalb:

- Prüfen Sie zuerst, ob Ladung gegen die Bordwände drückt: z.B. durch Sichtkontrolle der Ladefläche oder durch Feststellen des Kraftaufwandes beim Betätigen der Bordwandverschlüsse.

- Beseitigen Sie nach Möglichkeit den Ladungsdruck, z. B. durch Entladung von der gegenüberliegenden Fahrzeugseite oder durch Abpacken von Hand.
- Stellen Sie sich immer so hin, dass Sie nicht von aufschlagenden Bordwänden oder evtl. abstürzender Ladung getroffen werden können.
- Versuchen Sie nicht, die entriegelte Bordwand gegen den Ladungsdruck festzuhalten. Lassen Sie los und weichen Sie schnell aus; das gilt auch beim Öffnen von Laderaumtüren.

Folgende weitere Sicherheits-Tipps haben sich in der Praxis bewährt:
- Sichern der Laderaumtüren und -klappen gegen unbeabsichtigtes Zuschlagen, z. B. durch Feststeller.
- Steckbretter und Spriegelstangen nicht herunterfallen lassen, sondern von Hand herabheben.

1.9.2 Verhalten bei Beschädigungen von Ladegütern

Wie aus den rechtlichen Forderungen erkennbar, decken die Ladungssicherungsmaßnahmen die Fahrsituationen Vollbremsung, Ausweichmanöver, Durchfahren einer schlechten Wegstrecke oder die Kombination aus diesen genannten Fahrsituationen ab. Zu diesen „üblichen Verkehrsbedingungen" gehören eben – bzw. je nach Sichtweise leider – nicht die Unfallsituationen. Deshalb kann es schon bei einem leichten Auffahrunfall vorkommen, dass sich auch gesicherte Ladung innerhalb ihrer Sicherung verschiebt. Beim Lösen bzw. Entfernen der Hilfsmittel zur Ladungssicherung, z. B. Zwischenwandverschlüssen oder Zurrgurten, zum Zwecke des Umladens besteht dann die Gefahr, dass die Ladung umstürzt oder herabfällt.

Abbildung 107: Verrutschte Ladung

© Frank Rex

Deshalb muss das Lösen von Hilfsmitteln zur Ladungssicherung vorsichtig erfolgen. Dies kann bei Zurrgurten z.B. durch spezielle Ratschen ermöglicht werden, welche ein schrittweises Verringern der Vorspannkraft erlauben (vgl. Abschnitt „Vorsicht beim Lösen der Verzurrung von kippgefährdeten Gütern" im Kapitel „Zurrgurte"). Im Einzelfall müssen besondere Maßnahmen ergriffen werden, z.B. stückweises Abtragen eines schief stehenden Stapels. Entwickeln Sie dabei aber keinen falschen Ehrgeiz! Sollte ein Abtragen von Hand z.B. aufgrund der Abmessungen oder des Gewichtes der Ladung nicht gefahrlos möglich sein, ist professionelle Hilfe angesagt. Bergungsunternehmen haben häufig spezielle Kentnisse im Umgang mit schweren Lasten und verfügen über geschultes Personal.

Abbildung 108: Verrutschte Ladung muss häufig mit Hilfe eines Bergungsunternehmens gerichtet werden

1.9.3 Standsicherheit und Kippgefahr

Manche Ladungen neigen aufgrund ihrer Schwerpunktlage zum Kippen.

Aus Unfallanzeigen der BG Verkehr

- Fall 1: „Als der Fahrer B. den letzten Zurrgurt löste, mit dem eine auf einem A-Bock stehende Betonplatte gesichert war, kippte diese schlagartig um, stürzte vom Fahrzeug und erschlug den Fahrer."
- Fall 2: „Unser Fahrzeug befand sich auf einer Baustelle in Sch., wo auf einem A-Bock stehende Betonteile durch einen Kran entladen wurden. Während von der linken A-Bockseite gerade ein Teil angehoben wurde, befand sich *F.* neben der rechten Fahrzeugseite und wurde dort von einer unvermutet herabstürzenden Platte getroffen."

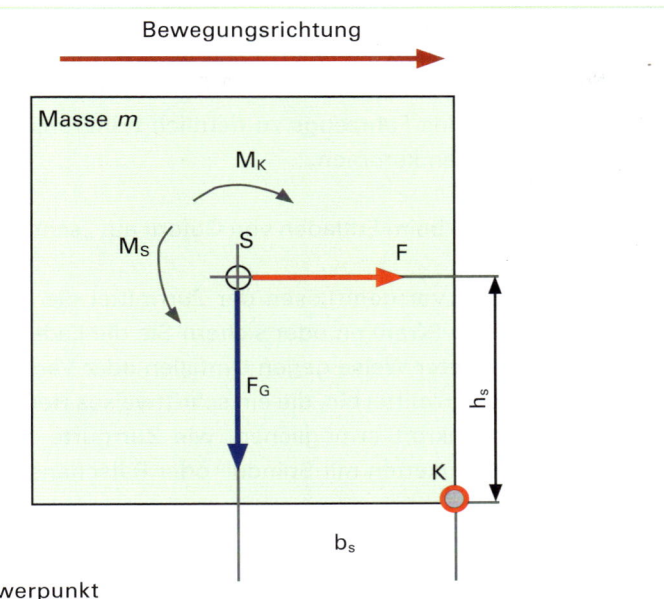

Bewegungsrichtung

Masse m

M_K

M_S S F

F_G

h_s

K

b_s

Abbildung 109: Prinzipskizze Standsicherheit und Kippgefährdung

Größen

- S: Schwerpunkt
- F: Die sich aus der Beschleunigung ergebende Kippkraft
- F_G: Die Gewichtskraft
- K: Die (mögliche) Kippkante
- b_S: Horizontaler Abstand (Breite) Schwerpunkt S zu Kippkante K
- h_S: Vertikaler Abstand (Höhe) Schwerpunkt S Kippkante K
- M_S: Standmoment
- M_K: Kippmoment

Für den Bereich des Straßenverkehrs gilt eine Ladung dann als standsicher, wenn das Verhältnis von Schwerpunktbreite (b_s) zu Schwerpunkthöhe (h_s) folgende Werte übersteigt:

- „nach vorne" $b_s > 80\,\%$ von h_s ($h_s \times 0{,}8$)
- „zur Seite" $b_s > 60\,\%$ von h_s ($h_s \times 0{,}5 \times 1{,}2$)
- „nach hinten" $b_s > 60\,\%$ von h_s ($h_s \times 0{,}5 \times 1{,}2$)

> ⚠️ Beim Be- und Entladen kann es z. B. durch Schrägneigungen an der Ladestelle oder Anstoßen mit der Ladung an Aufbauteile des Fahrzeugs zu deutlich höheren, ruckartigen Beschleunigungen kommen.
>
> **Sicherheitstipps** beim Entladen von Gütern auf „schmaler Standbasis":
> - Schlagen Sie vor dem Lösen der Zurrmittel die Ladung erst am Hebezeug (Kran) an oder sichern Sie die Ladegüter in anderer geeigneter Weise gegen Umfallen oder Verrutschen.
> - Setzen Sie Zurrmittel ein, die ein schrittweises Herausnehmen der Vorspannkraft ermöglichen, wie Zurrgurte mit Spezial-Ratschen, Zurrketten mit Spindel- oder Ratschenspanner.

1.9.4 Einsatz von Umschlaggeräten

Für die Be- und Entladung der Fahrzeuge haben sich einige Ladehilfsmittel, auch Umschlaggeräte genannt, etabliert.
Bei ihrer Verwendung sind einige Grundregeln zu beachten, z. B.

- Nutzen Sie für die jeweilige Transportaufgabe nur geeignete und sichere Fahr-, Hebe- und Tragehilfen, es ist und bleibt die beste Rückenschonung!
- Achten Sie darauf, dass die Hilfen funktionstüchtig und ausreichend tragfähig sind.
- Befestigen Sie Fahr-, Hebe- und Tragehilfen bei Mitnahme im Laderaum, sodass sie nicht verrutschen oder umfallen können.

Es gibt einen Praktiker-Merksatz zu Transportgeräten: „Lieber schlecht gefahren als gut getragen!"

Abbildung 110:
Stechkarre/
Sackkarre

Abbildung 111:
Handhubwagen

Hubwagen (Handhubwagen, Gabelhubwagen)
Hand- bzw. Gabelhubwagen verfügen nur in Ausnahmefällen über eine Betriebs- oder Feststellbremse. Bewegte Hubwagen und ihre Last müssen daher in der Regel allein durch Muskelkraft abgebremst und zum Stillstand gebracht werden. Dies ist insbesondere auf geneigten Ladebrücken und Ladeflächen von Fahrzeugen problematisch.

Masse m / Winkel α	3°	7°
1000 kg	52 kg*)	122 kg
1500 kg	79 kg	183 kg
2000 kg	105 kg	244 kg
2500 kg	131 kg	305 kg

*) kg ≈ daN; ohne Berücksichtigung von Reibkräften

Abbildung 112:
Erforderliche Haltekraft in Abhängigkeit von der Neigung (Winkel α) der Ladebrücke sowie des Gesamtgewichtes (Masse m) aus der Ladung und dem Hubwagen

Die Tabelle verdeutlicht, warum man sich bei geneigten Flächen besser oberhalb des Hubwagens aufhält. So wird verhindert, dass man beim Zurückrollen angefahren wird.

Insgesamt sind die Gefährdungen beim Umgang mit Hubwagen und die Voraussetzungen, um mit ihnen zu arbeiten, vergleichbar mit denen bei „Ameisen" (vgl. Abschnitt Mitgänger-Flurförderzeuge).

Darüber hinaus ist zu beachten, dass Hubwagen generell nur mit abgesenkter Last und mit quer zur möglichen Abrollrichtung eingeschlagenen Lenkrädern abzustellen sind, damit sie sich nicht ungewollt in Bewegung setzen können. Und: Werden sie zur nächsten Ladestelle auf dem Lkw mitgeführt, sind sie wie die übrige Ladung zu sichern. Das einfache Unterstellen unter Paletten oder Festbremsen mit der gegebenenfalls vorhandenen Feststellbremse genügt nicht.

Mitgänger-Flurförderzeuge

Beim Einsatz von Mitgänger-Flurförderzeugen mit Fahrerstandplattform und bauartbedingter Höchstgeschwindigkeit von mehr als 6 km/h, sind die gleichen „strengeren" Regelungen wie bei Gabelstaplern zu beachten.

Abbildung 113:
Mitgänger-
Flurförderzeug
mit Fahrer-
standplattform

Für bauähnliche Geräte ohne Fahrerstandplattform – häufig „Ameise" genannt – gilt, dass Personen, die diese Geräte führen, mindestens

- geeignet,
- in der Handhabung unterwiesen und
- vom Unternehmer beauftragt sein müssen.

Im Gegensatz zu Staplern verfügen Mitgänger-Flurförderzeuge z.B. nicht über Schutzdächer. Deshalb besteht bei höher stehenden Lasten das Risiko, von verrutschender und herabfallender Last getroffen zu werden, insbesondere beim Befahren von geneigten Ladebrücken. Dies kann z.B. verhindert werden durch

- Sichern der Last, z.B. Zusammenfassen von Ladungsteilen mittels Gurten, Wickelfolie, Bändern oder
- bergseitiges Führen der Last (Person steht oberhalb der Ameise; vgl. Abschnitt „Hubwagen")

Beim Führen von Ameisen bestehen hauptsächlich folgende Gefahren:

- Anfahren bzw. Überfahren der eigenen Füße (deshalb ist das Tragen von Sicherheitsschuhen beim Umgang mit diesen Geräten wichtig),
- Quetschen zwischen Ameise und anderen Gegenständen, z. B. Transportgut, Bauteile des Fahrzeugs oder der Rampenanlage,
- Verletzen der Ferse bei Ameisen mit klappbaren Fahrerstandplattformen, wenn sich die Füße nicht vollständig auf der Plattform befinden.

Abbildung 114: Mitgänger-Flurförderzeug ohne Fahrerstandplattform („Ameise")

Gabelstapler

Ganz wichtig:

Steuern Sie Gabelstapler (Flurförderzeuge) nur, wenn Sie

- ausgebildet sind und Ihre Befähigung nachgewiesen haben[16] (der Lkw-Führerschein allein genügt nicht!),
- in örtliche Gegebenheiten sowie am speziellen Gerät eingewiesen sind und
- ausdrücklich befugt sind (schriftliche Beauftragung z. B. im Fahrausweis).

Anbieter für Staplerausbildung sind z. B.:

- Fahr- und Berufskraftfahrerschulen
- Gerätehersteller
- Ausbildungsorganisationen/Akademien

---

[16] Fahrer von Flurförderzeugen sind für diese Tätigkeit ausgebildet und befähigt, wenn sie nach dem berufsgenossenschaftlichen Grundsatz „Ausbildung und Beauftragung der Fahrer von Flurförderzeugen mit Fahrersitz und Fahrerstand" (BGG 925) geschult worden sind, eine Prüfung in Theorie und Praxis bestanden haben und darüber einen Nachweis vorlegen können.

Generell gilt zum sicheren „Miteinander":

Halten Sie sich nicht im Gefahrbereich von Flurförderzeugen wie Staplern, Handhubwagen, „Ameisen" und auch Kranen auf. Das heißt: Nicht unmittelbar neben, vor oder hinter dem Gerät und auch nicht in Bereichen, in denen Lasten bewegt werden oder herabfallen können.

Beim Einweisen Sicherheitsabstand zum Stapler und bewegten Lasten halten!

- Denken Sie daran, dass der Staplerfahrer durch Ladung und Hubmast eine erheblich eingeschränkte Sicht hat.
- Beachten Sie, dass bei Ladevorgängen über die Fahrzeuglängsseiten die Gefahr besteht, dass Ladegüter beidseitig von der Ladefläche herunterfallen können.
- Achten Sie darauf, dass die Ladung vollständig auf der Gabel aufliegt.
- Verwenden Sie Gabelstapler mit ausreichend langen Gabelzinken oder besser: Gabelstapler mit Schubgabel.

- Beim Ablegen von Lasten Unterleghölzer so anfassen, dass Finger nicht gequetscht werden können.
- Verständigen Sie sich mit dem Verantwortlichen an der Ladestelle oder dem Lagerpersonal über den Arbeitsablauf der Be- und Entladung!

Das für den Stapler Gesagte gilt natürlich im übertragenen Sinn auch für den Umgang mit Kränen.

Mitnahmestapler

Mitnahmestapler sind in der Regel am Heck des Lkw mitgeführte Flurförderzeuge, mit deren Hilfe der Fahrer eigenständig palettierte Ware be- und entladen kann. Gabelstapler oder Kräne vor Ort sind dadurch nicht notwendig.

Außer den bekannten Gefährdungen wie beim „üblichen" Gabelstapler (vgl. Abschnitt „Flurförderzeuge") sind beim Mitnahmestapler zusätzlich noch folgende Faktoren besonders zu beachten:

© PALFINGER GmbH

- Besondere Absturzgefahr beim Besteigen und Verlassen des Mitnahmestaplers, wenn er am Trägerfahrzeug untergebracht ist
- Höhere Gefährdung durch den fließenden Verkehr beim Einsatz in öffentlichen Bereichen
- Nicht unerhebliche Veränderungen von Nutzlast und Fahrverhalten des Trägerfahrzeugs, je nachdem ob der Mitnahmestapler mitgeführt wird oder nicht und ob das Trägerfahrzeug leer oder beladen ist (vgl. Abschnitt „Lastverteilung")

Abbildung 118: Mitnahmestapler am Heck eines Sattelanhängers

Außerdem ist unter anderem im Rahmen der Abfahrtkontrolle darauf zu achten, ob durch die erhöhten Korrosionseinflüsse die Aufhängung oder Teile des Mitnahmestaplers am Fahrzeugheck möglicherweise während des Aufnehmens oder Absenkens oder durch die dynamischen Beanspruchungen während des Transports brechen könnten.

Um das Unfallrisiko gering zu halten, muss der Fahrer beim Betrieb von Mitnahmestaplern Folgendes beachten:

1. Da Mitnahmestapler einen Fahrersitz oder Fahrerstand haben, dürfen sie selbstständig nur von solchen Personen gesteuert werden, die
   a. mindestens 18 Jahre alt sind,
   b. für diese Tätigkeit geeignet und ausgebildet sind,
   c. ihre Befähigung nachgewiesen haben und
   d. schriftlich dazu beauftragt sind
      (vgl. Abschnitt *„Steuern Sie Gabelstapler…"*).
2. Die Betriebsanleitung des Mitnahmestaplers muss vorliegen und ist beim Betrieb zu beachten.
3. Hat der Mitnahmestapler eine bauartbedingte Höchstgeschwindigkeit von mehr als 6 km/h und wird er im Geltungsbereich der StVO eingesetzt, benötigt er eine behördliche Betriebserlaubnis.
4. Bei ungünstigen Lichtverhältnissen ist die Beleuchtungseinrichtung einzuschalten (sollte der Mitnahmestapler keine derartige Einrichtung haben, darf er in dem Bereich nicht eingesetzt werden).
5. Die Sicherungseinrichtungen für den Mitnahmestapler während des Transports am Trägerfahrzeug dürfen keine augenfälligen Mängel (dies gilt auch für Zusatzeinrichtungen wie z. B. ausziehbare Stützen) aufweisen.
6. Zum Erreichen oder Verlassen des Mitnahmestaplers sind die vorhandenen Trittstufen und Halteeinrichtungen (Griffe) am Trägerfahrzeug oder am Stapler zu nutzen.
7. Fahrerrückhalteeinrichtungen wie z. B. Beckengurt oder Rückhaltebügel sind anzulegen bzw. zu benutzen.

Abbildung 119:
Mitnahmestapler im öffentlichen Bereich

© PALFINGER GmbH

Ladebrücken

Setzen Sie nur für den jeweiligen Zweck geeignete Ladebrücken ein. Achten Sie hierbei vor allem auf deren Abmessungen und Tragfähigkeit. Optimal ist eine Breite, die der Breite der Ladefläche entspricht. Die nutzbare Breite muss jedoch mindestens 1,25 m betragen (beim Einsatz von Handhubwagen oder Sackkarren).

Werden andere Transportgeräte bzw. Flurförderzeuge verwendet, müssen Ladebrücken in Abhängigkeit von der Art des Flurförderzeuges und deren Spurweiten breiter ausgeführt sein, um die Absturzgefahr zu minimieren. Bei kraftbetriebenen Flurförderzeugen mit einer Spurweite von mehr als 0,55 m wird zur Breite des Flurförderzeuges beispielsweise ein Sicherheitszuschlag von 0,70 m hinzugerechnet.

Die erforderliche Länge von Ladebrücken ist abhängig vom Höhenunterschied zwischen Laderampe und Ladefläche. Ladebrücken dürfen nicht mit einer Neigung von mehr als 7° eingesetzt werden. Somit darf das Verhältnis zwischen dem zu überwindenden Höhenunterschied und der Ladebrückenlänge nicht größer als 1:8 sein.

Übersteigen die Neigungen die zulässigen Werte, können die Transportmittel nicht mehr sicher geführt werden (es sind sehr hohe Kräfte zum Schieben bzw. Halten von Transportgeräten notwendig) und es lassen sich die Übergänge zwischen Ladefläche/Ladebrücke sowie Ladebrücke/Laderampe nicht mehr überwinden (Flurförderzeuge setzen auf bzw. bleiben „hängen").

Es ist darauf zu achten, dass sich während der Be- oder Entladung die Fahrzeugladefläche in Querrichtung (infolge der Ladungsmassenkräfte) neigen kann. Um die hierbei entstehenden Höhenunterschiede ausgleichen zu können, empfehlen sich Ladebrücken mit beweglichen Einzellippen.

© BG Verkehr

© BG Verkehr

Abbildung 120: Bedienung der Ladebrücken nur bei vorheriger Einweisung!

Abbildung 121: Überfahrlippen müssen ausreichend auf der Fahrzeugladefläche aufliegen!

Die maximal zulässige Tragfähigkeit von Ladebrücken entnehmen Sie deren Typen- bzw. Fabrikschild. Ebenfalls auf diesem Schild oder unmittelbar daneben finden Sie in der Regel eine Kurzbedienungsanleitung des Herstellers. Deren Kenntnis ist ebenso Pflicht wie die Einweisung im Umgang mit Ladebrücken durch den betrieblichen Vorgesetzten vor Ort.

Ladebrücken sind so auf die Ladefläche und Laderampe aufzulegen, dass sie beim Begehen und Befahren nicht abrutschen können. Achten Sie daher auf ausreichende Auflage und Wirksamkeit von Verschiebesicherungen bzw. korrekt anliegende Anschläge.

Nach dem Gebrauch müssen Sie die Ladebrücke vor dem Abziehen Ihres Fahrzeugs oder der Wechselbrücke erst wieder in die Ruhestellung bringen und gegen Herabschlagen oder Umfallen sichern. Ortsfeste, in Rampen oder Verkehrsflächen eingebaute, Ladebrücken müssen in Ruhestellung mit den seitlich angrenzenden Flächen eine Ebene bilden.

Hubladebühnen

Hubladebühnen dienen vorwiegend zum Befördern von Ladegut vom Boden zur (Lkw-) Ladefläche und umgekehrt. Es sind daher praktische, an einem Fahrzeug angebrachte Hilfseinrichtungen zum Be- und/oder Entladen.

Abbildung 122:
Hubladebühne
(„Ladebordwand")
an einem
Getränke-Lkw

© MBB PALFINGER GmbH

Werden Sie mit dem Führen von Fahrzeugen mit Hubladebühnen be-auftragt, müssen Sie sich mit dessen Betriebsanleitung vertraut ma-chen und sich von Ihrem Vorgesetzten im Umgang mit dem Gerät un-terweisen lassen. Eine wesentliche Gefährdung beim Be- oder Entladen von Fahrzeugen mittels Hubladebühnen ist die Absturzgefahr. Daher sollten Sie folgende Verhaltensregeln beachten:

- Das Fahrzeug standsicher (möglichst waagerecht) aufstellen und darauf achten, dass keine Quetsch- u. Scherstellen zwischen der Ladebordwand und Teile der Umgebung auftreten
- Beim Heben und Senken Lasten immer so auf der Hubladebühne abstellen, dass deren unbeabsichtigte Lageveränderung verhin-dert ist
- Die zulässige Tragfähigkeit von Hubladebühnen nicht überschrei-ten (Tragkraftdiagramm beachten!)
- Rückwärts laufen oder Rangieren von Lasten in Richtung der Absturzkanten vermeiden
- Eventuell vorhandene ausklappbare Abrollsicherungen (in Hub-ladebühne eingelassene Winkelschienen) bestimmungsgemäß verwenden

Ein weiterer kritischer Fall, der in der Praxis häufiger auftritt, ist das Be- und Entladen von Fahrzeugen mit Hubladebühnen an Laderampen. Dort können sich folgende besondere Gefährdungen ergeben:

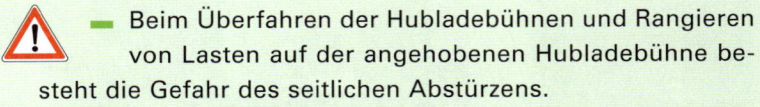

- Beim Überfahren der Hubladebühnen und Rangieren von Lasten auf der angehobenen Hubladebühne be-steht die Gefahr des seitlichen Abstürzens.
- Werden an Rampen befindliche Ladebrücken auf Hublade-bühnen aufgelegt, können diese infolge der Gewichtsein-flüsse (z. B. Einfedern des Fahrzeuges) von der Hubladebühne abrutschen (siehe Abbildung). In diesen Fällen sind möglichst geeignete Unterlagen (Abstützungen) zu verwenden.

Abbildung 123:
Absturzgefahr von
der Hubladebühne

Abbildung 124:
Beispiel für ein
Tragkraftdiagramm
an einer BÄR-Hubla-
debühne („Lade-
bordwand")

⚠ — Mögliche Überlastung der Hubladebühne vor allem
bei zusätzlicher Belastung durch das Flurförderzeug
(Handhubwagen, E-Ameise oder Stapler) und durch Absetzen zu
schwerer Paletten (Bedienungsanleitung des Hubladebühnen-
herstellers bzw. Fahrzeugaufbauers und Tragkraftdiagramm beachten!).

Abbildung 125:
Vorsicht beim
Absetzen von
schweren Palet-
ten auf einer
Hubladebühne
(„Ladebordwand")

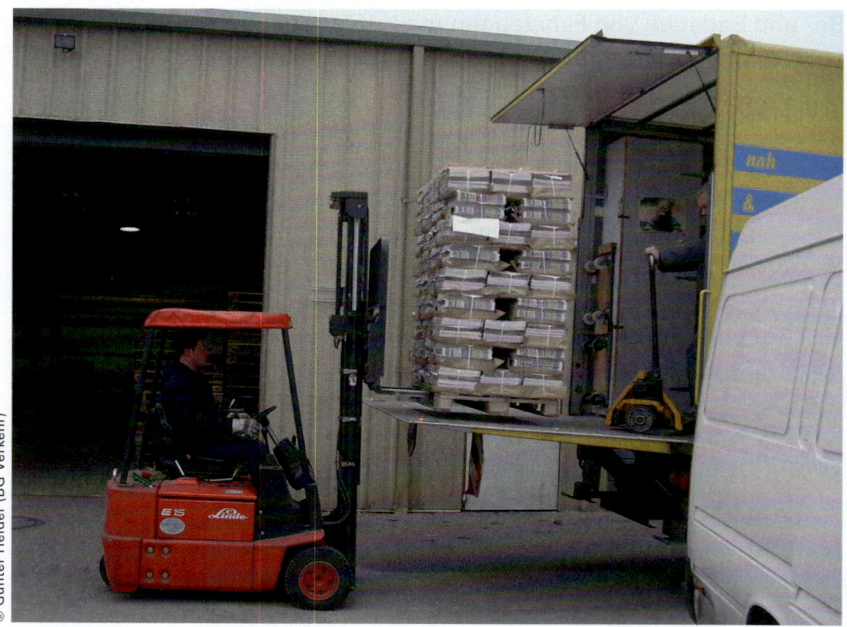

© Günter Heider (BG Verkehr)

▬ Stolpergefahr an der Vorderkante der Hubladebühne durch Ausfedern des Fahrzeuges beim Entladen.

▬ Stolpergefahr durch Schrägstehen des Fahrzeuges infolge Bodenunebenheiten, ungleicher Beladung bzw. im Bezug auf die Fahrzeugart unpassende Rampenhöhe (führt häufig auch zu unzulässigen Neigungen der Hubladebühne).

Sicherheitstechnisch besser ist es, beim Be- und Entladen an Laderampen auf das Verwenden von Hubladebühnen ganz zu verzichten. Dies ist natürlich nur möglich, wenn

▬ die Laderampe oder Ladebrücke mit der abgesenkten Hubladebühne unterfahren werden kann (dabei auf mögliches Überlasten der abgesenkten Hubladebühne durch Einfedern des Fahrzeuges beim Beladen achten, das Fahrzeug darf sich nicht auf der abgesenkten Hubladebühne „abstützen") oder

▬ unterzieh- oder faltbare Hubladebühnen zum Einsatz kommen.

© MBB PALFINGER GmbH

Abbildung 126:
Faltbare
Hubladebühne

Im direkten Zusammenhang mit der Ladungssicherung ist noch Folgendes zu beachten:
Hubladebühnen sind als formschlüssige Ladungssicherungsmaßnahme selbst bei ausreichender Stabilität des übrigen Aufbaus nur unter bestimmten Voraussetzungen nutzbar. Teilweise ist dies an den zusätzlichen Verriegelungssystemen erkennbar, letzte Gewissheit bringt jedoch nur ein Blick in die Betriebsanleitung oder eine entsprechende Nachfrage beim Hubladebühnen-Hersteller oder -Aufbauer.

Ladekran

Lkw-Ladekrane sind anspruchsvolle technische Arbeitsmittel, die eine umsichtige und sachgerechte Bedienung erfordern. Das Führen eines solchen Kranes darf vom Betreiber daher nur entsprechend ausgebildeten Mitarbeitern übertragen werden. Für den unfallfreien Kranbetrieb sind ausgebildete Kranführer mindestens so wichtig wie eine sichere Krankonstruktion.

Gemäß § 29 UVV „Krane" (BGV D6) hat der Unternehmer die Verantwortung, Krane nur von solchen Mitarbeitern führen zu lassen,

- die das 18. Lebensjahr vollendet haben,
- die körperlich und geistig geeignet sind,
- die im Führen [...] des Kranes ausgebildet sind und dem Unternehmer ihre Befähigung hierzu nachgewiesen haben und
- von denen zu erwarten ist, dass sie die ihnen übertragenen Aufgaben zuverlässig erfüllen.

Die Beauftragung zum selbstständigen Führen des Lkw-Ladekranes muss durch den Unternehmer schriftlich erfolgen. Die Inhalte der theoretischen und praktischen Ausbildung sind dem BG-Grundsatz „Auswahl, Unterweisung und Befähigungsnachweis von Kranführern" (BGG 921) zu entnehmen. Wird der Lkw-Ladekran nicht mit einem Lastaufnahmemittel, sondern im Hakenbetrieb eingesetzt, muss der Lkw-Ladekranführer auch über das sichere Verwenden von Anschlagmitteln geschult werden.

Abbildung 127:
Lkw-Ladekran

© Volvo Truck Center Alphen ad Rijn

Das Führen eines Lkw-Ladekranes im Straßenverkehr erfordert zusätzliche Aufmerksamkeit und Erfahrung. Vor Fahrtantritt muss der Kranführer den Lkw-Ladekran so herrichten, dass Teile des Kranaufbaus sowie Zubehörteile sich nicht unbeabsichtigt bewegen oder herabfallen können. Dazu zählt z. B.:

- Lkw-Ladekran einfalten und in der vom Hersteller für die Straßenfahrt vorgesehenen Transporthalterung ablegen. Muss der Ausleger auf der Ladung oder auf der Ladefläche abgelegt werden, ist er auf andere geeignete Weise gegen unbeabsichtigtes Bewegen zu sichern, z. B. durch Verzurren.
- Nebenantrieb ausschalten
- Sichern der Abstützungen gegen Herausrutschen oder Herabklappen
- Sichern von mitgeführtem Zubehör wie Lastaufnahmeeinrichtungen, Abstützhölzern und -platten gegen Verrutschen oder Herabfallen

Bei der Straßenfahrt sind die zulässigen Durchfahrtshöhen zu beachten!

Das Festklemmen von Lasten zwischen Ausleger und Fahrzeugaufbau stellt keine geeignete Ladungssicherungsmaßnahme dar.

1.9.5 Persönliche Schutzausrüstung

Bestimmte Gefährdungen lassen sich weder durch gute Sicherheitstechnik noch durch entsprechende organisatorische Maßnahmen vermeiden. Der Arbeitgeber ist dann verpflichtet, persönliche Schutzausrüstung (PSA) bereitzustellen.

Abbildung 128:
Profis tragen
Sicherheitsschuhe

TIPPS FÜR UNTERWEGS

Achtung Unfallgefahr

Beim Ladungssichern stürzen immer wieder Fahrer von Leitern. Grund sind unter anderem zu kurze Leitern. Denn im Transportgewerbe werden Fahrzeuge meist nur mit maximal zwei Meter langen Leitern ausgerüstet. Die sind mindestens dann nicht lang genug, wenn beim Sichern von hohen Ladegütern Fahrer auch die drei obersten Stufen betreten müssen. Informieren Sie in solchen Fällen den Verantwortlichen in Ihrem Unternehmen – meistens ist dies der Fuhrparkleiter. Der wird für Ihre Anregung zur Verbesserung der Arbeitssicherheit dankbar sein. Zu lösen ist das Problem durch zweiteilige Ausziehleitern oder Teleskopleitern, die eine Höhe von bis zu vier Metern erreichen (Fotos).

Weil die meistens von der Seite geladen werden, kann es dann sinnvoll sein, die Gurte vor dem Beladen auf der Ladefläche zu verankern und sie quer durch den Laderaum aufs Dach laufen zu lassen (Foto).

© Reiner Rosenfeld

© Reiner Rosenfeld

© Reiner Rosenfeld

Erst dann darf der Stapler die Holz- oder Spanplattenpakete auf die Ladefläche stellen. Jetzt müssen die Gurtenden nur noch vom Dach gezogen werden und schon kann mit der Ratsche gespannt werden. Und das alles ohne gefährlichen Balanceakt auf einer Leiter. Alternativ können Sie *nach* dem Laden von sehr hohen Teilen aber auch das Edscha-Verdeck öffnen und die Gurte vom Boden aus über das Planengestell werfen. Dann klettern Sie auf Ihre Leiter und ziehen die Gurte runter auf die Ladung (Foto).

Ladung sichern ohne Leiter

Aber selbst solche ellenlangen Kletterhilfen kommen an ihre Grenzen, wenn Ladungen bis wenige Zentimeter unter das Dach reichen. Dann bleiben oft nur fünf oder zehn Zentimeter Platz, um den Gurt zwischen Dach und Ware durchzufädeln. Besonders häufig erleben Sie das bei Holz- oder Spanplattenladungen.

© Reiner Rosenfeld

© Reiner Rosenfeld

Wer aber generell nicht gerne auf Leitern klettert, kann schon mit einfachem Zubehör die Arbeitssicherheit erhöhen. Zum Beispiel mit einer langen Gabel, mit der beim Öffnen oder Schließen einer Ladeeinheit Einstecklatten nach unten oder oben gehoben werden können **(Foto)**.

Einstecklatten

Ach übrigens: Es gibt Fahrer, die keine Leiter benutzen wollen, und deswegen Einstecklatten beim Öffnen einer Ladeeinheit einfach mit einer anderen Latte aus den Taschen schubsen. Und dann schauen sie tatenlos zu, wie die Bretter ungebremst zu Boden stürzen. Abgesehen davon, dass das kein Plus an Arbeitssicherheit ist, denn die herunterfallenden Latten können den Fahrer jederzeit treffen, ist es im Prinzip auch Sachbeschädigung. Denn die Holzbretter können beim brutalen Kontakt mit dem Boden der Länge nach splittern und

sind damit zukünftig untauglich als Teil der Ladungssicherung durch den Aufbau. Verantwortungsbewusste Fahrer wollen solche Schäden vermeiden und umwickeln deswegen das Ende von Stecklatten mit Klebeband **(Foto)**. Sollte eine Latte jetzt einmal *zufällig* beim Herausheben zu Boden fallen, kann sie nicht mehr splittern und ihre Belastungsfähigkeit zur Ladungssicherung bleibt voll erhalten.

Gurte wickeln – aber richtig!

Apropos Unfallgefahr: Wickeln Sie Gurte nie über den Haken. Das meint, dass der Haken nach dem Wickeln nicht im Inneren der Rolle sein darf **(Foto)**. Er muss stattdessen *immer* außen auf der Gurtrolle liegen. Nur so können Sie sicher sein, dass beim Werfen des Gurtes über die Ladung niemand verletzt wird, denn das gefährliche Ende mit dem Haken bleibt auf Ihrer Seite der Ladung. Auch wenn es unwahrscheinlich klingt – Fahrer, die das nicht beachtet haben, haben so bereits zahlreichen Menschen Kopfverletzungen zugefügt!

© Reiner Rosenfeld

Sie müssen deshalb zu Ihrem persönlichen Schutz zum Beispiel benutzen:

 **Fußschutz:** Beim Einsatz von Handhubwagen bzw. Mitgängerstapler („Ameisen") und immer dann, wenn Ladung zu heben und zu tragen ist, müssen Sie Sicherheitsschuhe tragen.

 **Gehörschutz** in Lärmbereichen z. B. bei der Stahlverladung

 **Schutzhelm** in Arbeitsbereichen von Kranen

 **Schutzhandschuhe** beim Umgang mit u. a. spitzen und scharfen Gegenständen (z. B. Glas), Paletten, sägerauem Holz sowie heißen und kalten Gütern

 **Augenschutz** (Schutzbrille) bei der Gefahr des Freiwerdens von staubförmigen Gütern

 **Schutzkleidung,** z. B. Kälteschutzkleidung bei Arbeiten in Kühlräumen

Abbildungen 129–134: Gebotzeichen zum Arbeitsschutz

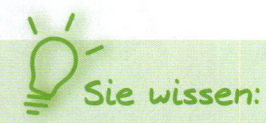 **Sie wissen:**

✔ Beim Öffnen von Bordwänden und Laderaumtüren ist Vorsicht geboten – Ladung könnte herabfallen.

✔ Auch beim Öffnen von Zurrmitteln kann Ladung herabstürzen.

✔ Was unter „Kippgefahr" bei Transportgütern zu verstehen ist.

✔ Welche Umschlaggeräte es gibt und wie sie unter welchen Voraussetzungen eingesetzt werden können.

✔ Um die Bedeutung verschiedener Gebotzeichen für die erforderliche persönliche Schutzausrüstung.

1.10 Weitere Einrichtungen und Hilfsmittel zur Ladungssicherung

▶ **Sie sollen weitere Einrichtungen und Hilfsmittel zur Ladungssicherung kennen und wissen, wie diese einzusetzen sind.**

1.10.1 Grundsätzliche Unterscheidung

Weitere Einrichtungen und Hilfsmittel zur Ladungssicherung unterstützen den Fahrer bzw. Verlader beim Sichern der Ladung und tragen dazu bei, das Ladegut formschlüssig zu sichern.

Diese Zubehörteile lassen sich unterteilen in:
- festlegende Hilfsmittel
- ausfüllende Hilfsmittel
- Netze und Planen
- sonstige Hilfsmittel

1.10.2 Festlegende Einrichtungen und Hilfsmittel

Festlegende Hilfsmittel fixieren die Ladung auf der Ladefläche oder am Fahrzeugaufbau. Sie sollen die Ladung gegen Verrutschen, Verrollen oder Kippen sichern. Der Fahrer muss dafür sorgen, dass während des Transports die festlegenden Systeme ausreichend mit dem Fahrzeugaufbau verbunden sind.

Abbildung 135: Keile auf Lochschienen

© Frank Rex

Lochschienen
In Lochschienen werden verschiedene Hilfsmittel wie **Klötze** oder **Keile** eingesetzt. Ladung kann mit Klötzen oder Keilen formschlüssig gesichert werden, indem sie durch ein Spindelgewinde bis an das Ladegut gebracht werden.

Ankerschienen
In Ankerschienen lassen sich z. B. Ladebalken oder Sperrbalken mit entsprechenden Zapfen einrasten. Es können auch Zurrmittel mit speziellen Verbindungselementen an den Schienen befestigt werden. Je nach Ausführung der **Sperrbalken** bzw. **Ladebalken** können diese unterschiedlich große Kräfte aufnehmen. Die technische Spezifikation ist aus den Herstellerangaben zu entnehmen bzw. beim Hersteller zu erfragen.

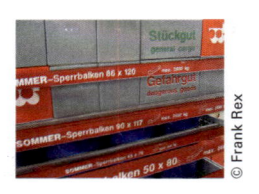

© Frank Rex

Abbildung 136: Ankerschiene mit Sperrbalken

Truxafe der Firma SpanSet

Das TRUXAFE-System der Firma SpanSet ist eine Zusatzausrüstung, die bei jedem Standard-Lkw eingesetzt werden kann und mit dessen Hilfe Ladungssicherung durch Formschluss auf schnelle und flexible Weise bewerkstelligt werden kann. Weitere Informationen hierzu können unter www.spanset.de eingeholt werden.

Abbildung 137:
Truxafe-System

Abbildung 138:
Prinzipzeichnung

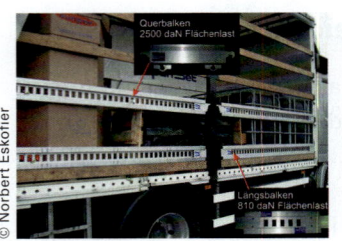
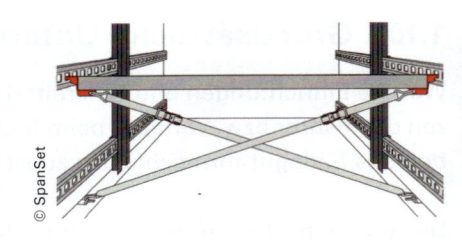

Trennwände/Trenngitter/Trennnetze

Trennwände, Trenngitter und Trennnetze teilen den Laderaum in Abschnitte und ermöglichen formschlüssiges Stauen für gemischte und kleinere Ladungen. Sie können ebenfalls in Anker- oder Lochschienen befestigt werden. Vorteilhaft sind diese Hilfsmittel bei leichten und großvolumigen Gütern.

Abbildung 139:
Beispiel „Trennnetz"

Festlegehölzer, Holzkeile oder Holzkonstruktionen

Festlegehölzer, Holzkeile oder verschiedene Holzkonstruktionen sichern Ladungen gegen Bewegungen ab, indem sie z.B. auf einem nagelfähigen Fahrzeugboden durch Vernageln fixiert werden. Für das ordnungsgemäße Vernageln von Holzkeilen und Festlegehölzern sind die Bestimmungen der Richtlinie VDI 2700 zu beachten.

Radvorleger

Radvorleger bei Autotransportern stellen Formschluss zu den Rädern des Fahrzeugs her.

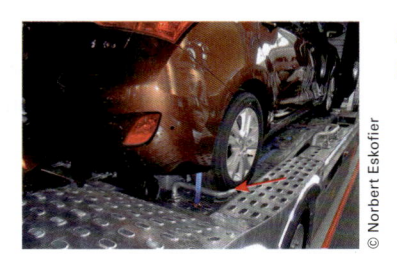

Abbildung 140:
Radvorleger

Abrutschhemmer für Autotransporte

Abrutschhemmer verhindern das Abrutschen des Gurtes vom Fahrzeugrad und verteilen die Zurrkraft gleichmäßig um das Rad.

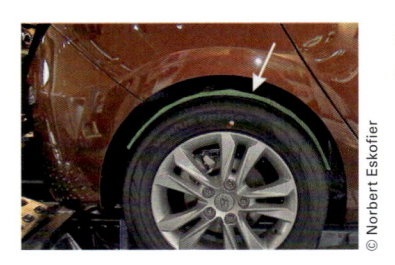

Abbildung 141:
Abrutschhemmer

Systemunabhängiges Zubehör

Unter systemunabhängigem Zubehör versteht man:

- Klemmstangen
- Zwischenwandverschlüsse
- Transportgestelle

Klemmstangen werden zwischen Seitenwände oder zwischen Dach und Ladefläche geklemmt. Die Blockierkraft der Klemmstange ist sehr gering, da diese nur durch die Reibkraft gehalten wird – sie sollten nicht zur Ladungssicherung verwendet werden. Besser geeignet sind Klemmstangen, die in Lochschienen einrasten. Hierzu bestehen definierte Leistungsdaten.

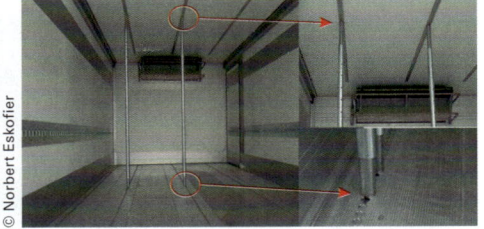

Abbildung 142:
Klemmstangen mit Reibschluss

Abbildung 143:
Klemmstangen mit Lochschienen

ACHTUNG: Die Klemmstange kann sich während der Fahrt lockern.

Zwischenwandverschlüsse sind teleskopierbare Metallprofile, die an den Kopfseiten mit Spannverschlüssen versehen sind. Sie sollten nur bei sehr leichtem Ladegut eingesetzt werden, da sie keine definierten Kräfte übertragen können.

Transportgestelle sind abgestimmte Einrichtungen für Ladungen mit außergewöhnlichen Abmessungen.

Abbildung 144:
Kombination von Zwischenwand-verschlüssen

Abbildung 145:
Transportgestell für Gasflaschen

© Frank Rex

1.10.3 Ausfüllende Hilfsmittel

Mithilfe von ausfüllenden Hilfsmitteln lassen sich Lücken nach dem Stauen von Stückgütern verschiedenster Art schließen. Der Fahrer muss während des Transports sicherstellen, dass die ausfüllenden Hilfsmittel ihre Position beibehalten. Bei den ausfüllenden Hilfsmitteln unterscheiden wir zwischen

- Leerpaletten/Abstandhalter und
- Luftsäcken

Mit **Leerpaletten** oder sonstige **Abstandhaltern** (z.B. Kanthölzer) lassen sich Zwischenräume ausfüllen, ohne diese dabei zu vernageln.
Luftsäcke (auch Airbags oder Stausäcke genannt) haben den Vorteil, dass sie sich den Konturen der Ladung weitestgehend anpassen. Sie

Abbildung 146:
Leerpalette als Abstandshalter

Abbildung 147:
Formschluss durch Staupolster/Airbag

© Norbert Eskofier

© SpanSet

sind in den unterschiedlichsten Größen erhältlich und je nach Typ für den einmaligen oder mehrmaligen Gebrauch geeignet.

> ⚠ Luftsäcke können sehr schnell reißen, z. B. durch scharfe Kanten.

1.10.4 Netze und Planen

Netze und Planen können die Ladung form- und kraftschlüssig absichern. Sie sind flexibel einsetzbar und werden je nach Ausführung nicht nur für leichte, sondern auch zur Sicherung schwerer Ladegüter oder Ladeeinheiten verwendet.

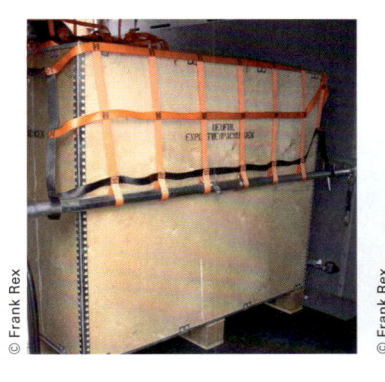

Abbildung 148: Sichern der Ladung mithilfe eines Netzes

Abbildung 149: Sicherung der Ladung gegen Herabwehen mittels Abdeckplane

1.10.5 Sonstige Hilfsmittel

Kantenschützer/Kantengleiter

Kantenschützer/Kantengleiter schützen Zurrmittel und Ladung. Sie bieten dem Zurrmittel häufig eine bessere Gleitfläche, sodass sich die Vorspannkraft beim Niederzurren gleichmäßiger verteilen kann. Es gibt verschiedene Kantenschützer für Zurrgurte, Zurrketten oder Zurrdrahtseile. **Folgende Arten kann man unterscheiden:**

- Kantenschutzwinkel
- Schutzunterlage
- Schutzschlauch

Abbildung 150:
Kantenschutzwinkel beim Papierrollentransport

Abbildung 151:
Beispiel „Kantenschutzwinkel"

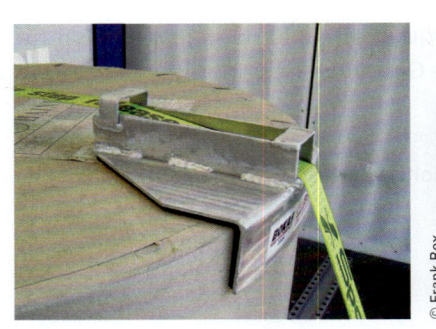

© Frank Rex

> ⚠ Nicht alle Materialien sind auch als Schnittschutz geeignet! Viele Kantenschutzsysteme lassen sich lediglich als Scheuerschutz einsetzen.

Fahrzeugeinbauten (z.B. Fa. Sortino)

Abbildung 152:
Fahrzeugeinbauten

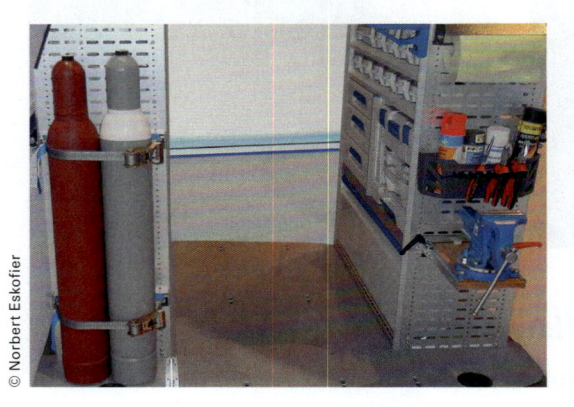

© Norbert Eskofier

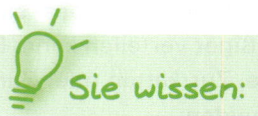 **Sie wissen:**

✔ Es gibt festlegende Hilfsmittel und ausfüllende Hilfsmittel zur Ladungssicherung sowie Netze, Planen und sonstige Hilfsmittel.
✔ Wie und wo sonstige Hilfsmittel zur Ladungssicherung eingesetzt werden.

1.11 Fazit

▶ **Sie sollen die fünf wesentlichen Grundregeln kennen und diese im alltäglichen Berufsleben vorleben.**

1.11.1 Fünf Grundregeln für mehr Sicherheit

Wie eingangs ausgeführt, ist ungenügende oder fehlende Ladungssicherung die Ursache vieler Unfälle. Um derartige Unfälle und auch Schäden zu vermeiden, sollten für jeden Transport folgende fünf Grundregeln gelten:

1. Je nach Ladegut ist ein **geeignetes Fahrzeug** erforderlich, das durch Aufbau und Ausrüstung die durch die Ladung auftretenden Kräfte sicher aufzunehmen vermag.
2. Der **Ladungsschwerpunkt** soll möglichst auf der Längsmittellinie des Fahrzeugs liegen und ist so niedrig wie möglich zu halten. Schweres Gut unten, leichtes Gut oben.
3. **Zulässiges Gesamtgewicht** bzw. zulässige Achslasten nicht überschreiten. Mindestachslast der Lenkachse nicht unterschreiten. Bei Teilbeladung für Gewichtsverteilung sorgen, damit jede Achse anteilmäßig belastet wird.
4. Ladung so verstauen oder durch **geeignete Hilfsmittel** sichern, dass sie unter üblichen Verkehrsbedingungen nicht verrutschen, verrollen, umfallen, herabfallen oder ein Kippen des Fahrzeugs verursachen kann. Vollbremsungen, scharfe Ausweichmanöver sowie unvorhersehbare schlechte Straßen- und Witterungsverhältnisse gehören zu den üblichen Verkehrsbedingungen und sind durch entsprechende Ladungssicherung zu berücksichtigen.
5. **Fahrgeschwindigkeit** je nach Ladegut auf Straßen- und Verkehrsverhältnisse sowie auf die Fahreigenschaften des Fahrzeugs abstimmen.

Die Reihenfolge ist nicht willkürlich gewählt. Die Auswahl eines geeigneten Fahrzeugs mit der Möglichkeit einer formschlüssigen Ladungssicherung sollte immer vor der Wahl des Zurrverfahrens bzw. der Zurrmittel stehen. Denn viele Ladungen lassen sich nicht ohne weiteres niederzurren, wie Kunststoffgranulat in Big-Bags. Außerdem benötigt eine aufbauseitige Ladungssicherung weniger Zeit als eine über Zurrmittel.

Wer seine Ladung sichert, nimmt seine Verantwortung wahr und schützt sich und andere vor Gefahren!

Abbildung 153:
Falsche Lastverteilung bei der Beladung, die zur Überladung der Hinterachse der Sattelzugmaschine führt.

© Norbert Eskofier

Sie wissen:

✔ Welche fünf Grundregeln für mehr Sicherheit es gibt.

1.12 Basis-Checkliste „Ladung"

▶ **Sie sollen die Beispiel-Checkliste kennenlernen.**

Gemäß § 23 (1) StVO hat der Fahrzeugführer unter anderem dafür zu sorgen, dass das Fahrzeug, der Zug, das Gespann sowie die Ladung vorschriftsmäßig sind und dass die Verkehrssicherheit des Fahrzeugs durch die Ladung nicht leidet. Es geht in diesem Paragraphen also nicht nur um das vorschriftsmäßige Fahrzeug, sondern konkret auch um Einflüsse auf das Fahrverhalten und die Verkehrssicherheit durch die Ladung.

Als Hilfe zur Erfüllung dieser Bestimmung kann dabei eine Checkliste dienen, die wie im folgenden Beispiel aussehen kann:

Abbildung 154:
Kontrolle der
Ladungssicherung

Beispiel für eine Basis-Checkliste „Ladung"

Kontrollpunkt	i. O.	Maßnahmen
1. Das Fahrzeug ist für das Ladegut geeignet und kann über seinen Aufbau und die Ausrüstung die durch die Ladung auftretenden Kräfte sicher aufnehmen.	☐	
2. Der Aufbau einschließlich der Zurrpunkte und Rungen weist keine Beschädigungen auf, die die Betriebs- und Verkehrssicherheit gefährden und eine ordnungsgemäße Ladungssicherung verhindern.	☐	
3. Ein Besen zum Reinigen der Ladefläche ist vorhanden und nutzbar.	☐	
4. Ein vorhandenes Umschlaggerät zum Umsetzen der Ladung wie z. B. Handhubwagen oder Mitnahmestapler ist einsatzfähig, ohne äußerlich erkennbare Schäden und kann während des Transports gesichert werden.	☐	

5. Die für den Transport benötigten Hilfsmittel zur Ladungssicherung, wie z.B. Zurrmittel, Ladehölzer, Antirutschmatten, Füllmittel, Sperrbalken sind vorhanden, geeignet und ohne augenfällige Mängel.	☐
6. Die Ladung („Ware") ist unbeschädigt und beförderungssicher (sicherungsfähig).	☐
7. Ladungsverteilung: Die zulässige Gesamtmasse bzw. zulässigen Achslasten des Fahrzeuges sind nicht überschritten, die Mindestachslast der Lenkachse ist nicht unterschritten. Der Ladungsschwerpunkt liegt soweit wie möglich auf der Längsmittellinie des Fahrzeugs und ist so niedrig wie möglich gehalten (schweres Gut unten, leichtes Gut oben). Bei Teilbeladung ist für Gewichtsverteilung gesorgt, jede Achse wird anteilmäßig belastet.	☐
8. Abmessungen: Fahrzeug und Ladung sind zusammen nicht breiter als 2,55 m und nicht höher als 4 m. Die Ladung ragt nicht mehr als 1,5 m nach hinten hinaus. Bei Beförderung über eine Wegstrecke bis zu einer Entfernung von 100 km nicht mehr als 3 m. Das äußerste Ende der Ladung, das mehr als 1 m über die Rückstrahler des Fahrzeugs nach hinten hinaus ragt, ist durch Sicherungsmittel kenntlich gemacht.	☐

9. Die Ladung ist so verstaut oder durch geeignete Hilfsmittel gesichert, dass sie unter üblichen Verkehrsbedingungen wie Vollbremsungen, scharfe Ausweichmanöver sowie Unebenheiten der Fahrbahn nicht verrutschen, verrollen, umfallen, herabfallen oder ein Kippen des Fahrzeugs verursachen kann.	☐	
10. Austauschbare(r) Ladungsträger (Wechselbrücken, Container, Kipp- und Absetzbehälter) ist/sind ordnungsgemäß gesichert bzw. verriegelt.	☐	
11. Türen, Bordwände, Planen sind ordnungsgemäß verschlossen bzw. verriegelt.	☐	
12. Wechselbrückenstützen sind zweifach gesichert.	☐	
13. Unterlegkeile sind entfernt und ordnungsgemäß verstaut.	☐	

1.13 Wissens-Check

1. Wo ist bestimmt, dass bei der Ladungssicherung auch die anerkannten Regeln der Technik zu beachten sind?

_____

2. Welche Werte müssen beim Beladen des Fahrzeugs eingehalten werden?

_____

_____

_____

_____

3. Welche zwei grundlegenden Sicherungsarten werden bei der Ladungssicherung unterschieden?

_____

4. Mit welcher maximalen Kraft wird die Stirnwand des Aufbaus auf einem Sattelanhänger nach DIN EN 12642 (Code L) mit einer Nutzlast von 25 t (25000 daN) geprüft?

_____

5. Welche Zurrmittel kennen Sie?

_____

_____

_____

_____

6. Welche beiden grundsätzlichen Zurrverfahren sind Ihnen bekannt?

_____

_____

7. Was bedeutet auf dem Etikett eines Zurrgurtes die Angabe „S_{TF}"?

❑ a) „S_{TF}" ist die verbleibende Kraft im Zurrgurt nach Loslassen des Ratschengriffes im Anschluss an das Vorspannen mit 50 daN Handkraft

❑ b) „S_{TF}" ist die maximale Kraft, mit der die Ratsche vorgespannt werden darf

❑ c) „S_{TF}" ist die Vorspannkraft, die auch unter ungünstigen Umständen sicher erreicht wird

❑ d) „S_{TF}" ist Festigkeit des Ratschenhebels

8. Was bedeutet die Angabe „LC" auf den Etiketten oder Anhängern von Zurrmitteln?

_____

_____

9. Worauf hat der Benutzer die Zurrmittel während ihrer Verwendung zu kontrollieren?

_____

10. Wer darf ein Flurförderzeug (z. B. Gabelstapler) steuern?

_____

_____

_____

Nr. 2.2 Anlage 1
BKrFQV

2 Kenntnis der Vorschriften für den Güterkraftverkehr

2.1 Allgemeine Vorschriften im Güterkraftverkehrsrecht

> **Sie sollen einen Überblick über die wichtigsten im gewerblichen Güterkraftverkehr geltenden Rechtsvorschriften bekommen.**

2.1.1 Das deutsche Rechtssystem

Unser Rechtssystem regelt unser aller Zusammenleben und hat zum verfassungsgemäßen Ziel, ein friedliches Miteinander und in gewissem Maße Chancengleichheit herzustellen. Dazu wird grundsätzlich nach zwei Rechtsbereichen unterschieden – dem öffentlichen Recht und dem Zivilrecht. Während beim öffentlichen Recht der Staat dem Bürger übergeordnet ist, sind die Parteien im Zivilrecht grundsätzlich gleichberechtigt. Dass es sich bei einer Rechtsvorschrift um öffentliches Recht handelt, erkennt man häufig daran, dass ein Verstoß dagegen mit Strafe oder Geldbuße bedroht ist.

Öffentliches Recht

Das **Gü**ter**k**raftverkehr**g**esetz – GüKG – zählt beispielsweise zum öffentlichen Recht. Damit wacht der Staat über den Zugang zum Transportgewerbe, weil nur rechtstreue, vertrauenswürdige und wirtschaftlich leistungsfähige Unternehmer ihre Dienstleistung erbringen sollen. Ver-

stöße gegen Pflichten aus diesem Regelwerk stellen in der Regel eine Ordnungswidrigkeit dar und werden mit einer Geldbuße geahndet.

AUFGABE

Nennen Sie Verkehrsvorschriften, die dem öffentlichen Recht zuzuordnen sind und begründen Sie, warum es sich um öffentliches Recht handelt!

Zivilrecht

Das **B**ürgerliche **G**esetz**b**uch – BGB – und das **H**andels**g**esetz**b**uch – HGB – hingegen sind zivilrechtliche Regelungen. Mit solchen Gesetzen soll die Wahrung der guten Sitten im Geschäfts- und Zusammenleben erreicht werden. Die Geschäftspartner sind vor diesen Regelwerken gleichberechtigt. Sie können untereinander Verträge aushandeln und müssen diese auch einhalten. Werden Verstöße gegen diese Regelwerke begangen, so haftet derjenige, der seine Vertragspflicht verletzt hat, gegenüber dem Verletzten und er muss den Schaden ersetzen oder eine Vertragsstrafe bezahlen. Einem Gericht kommt hier im Streitfall eigentlich die Rolle einer Schiedsstelle zu.

2.1.2 Öffentliches Recht im Güterkraftverkehr

Güterkraftverkehrsgesetz – GüKG

Wer gewerblichen Güterkraftverkehr betreibt, für den gelten die Vorschriften des Güterkraftverkehrsgesetzes. Dieses regelt insbesondere Folgendes:

- Berufszugang, Genehmigungsvoraussetzungen und Erteilung der Genehmigung
- Erforderliche Begleitpapiere und deren Mitführpflichten
- Verhalten des Fahrers gegenüber Kontrollorganen (z. B. BAG und Polizei)
- Aufgaben und Befugnisse der Kontrollorgane
- Ordnungswidrigkeiten (mit Geldbuße bedrohte Handlungen)

Gesetz über die Beförderung gefährlicher Güter (GGBefG) mit Gefahrgutverordnung Straße, Eisenbahn und Binnenschifffahrt (GGVSEB) und ADR

Vor- und Nachbereitungshandlungen zum Transport von Gefahrgut und insbesondere der Transport dieser Güter selbst, sind auf europäischer Ebene einheitlich geregelt. Das „Europäische Übereinkommen über die internationale Beförderung gefährlicher Güter auf der Straße – ADR" gibt hier die einzuhaltenden Standards vor. Innerhalb der Europäischen Union sind diese Vorschriften auch im innerstaatlichen Verkehr zwingend anzuwenden.

Die Gefahrgutvorschriften regeln insbesondere Folgendes:

- Verpackung und Kennzeichnung von Gefahrgut und Gefahrgutfahrzeugen
- Schulungspflicht für Fahrzeugführer und andere Transportbeteiligte
- Mitzuführende Begleitpapiere
- Mitzuführende Ausrüstungsgegenstände
- Alkoholverbot vor und während der Beförderung
- Ladungssicherung und sonstige Be-/Entladevorschriften
- Beschaffenheit des Fahrzeugs
- Streckenverbote und einzuhaltende Fahrwege
- Verhalten des Fahrers gegenüber Kontrollorganen
- Ordnungswidrigkeiten (mit Geldbuße bedrohte Handlungen)

Kreislaufwirtschaftsgesetz – KrwG

Abfall soll aus Gründen des Umweltschutzes nur dort entsorgt werden, wo dies erlaubt ist und wo es nach umweltverträglichen Gesichtspunkten geschieht. Besonders gilt dies für gefährliche Abfälle, welche die Bezeichnung „Sondermüll" verdienen. Dazu werden im Kreislaufwirtschaftsgesetz Regeln aufgestellt, die für den Transport solcher Abfälle gelten. Die wichtigsten Regelungen sind folgende:

© Daimler AG

- Zuordnung von gefährlichen Abfällen, deren Verbringung besonders überwacht wird
- Transportgenehmigung für gefährliche Abfälle
- Mitzuführende Begleitpapiere
- Kennzeichnungspflicht für Fahrzeuge mit dem „A"-Schild
- Ordnungswidrigkeiten (mit Geldbuße bedrohte Handlungen)

Abbildung 155: Entsorgungsfahrzeug

Die Missachtung von **Unfallverhütungsvorschriften** der Berufsgenossenschaften ist über das Sozialgesetzbuch VII sanktioniert. Die Berufsgenossenschaft für Transport und Verkehrswirtschaft hat beispielsweise Unfallverhütungsvorschriften zur Ladungssicherung und zur Lastverteilung auf Fahrzeugen erlassen.

Weitere Güter oder Situationen, bei denen besondere Rechtsvorschriften zu beachten sind:

- Die **Beförderung von Sprengstoff** unterliegt neben den Gefahrgutvorschriften auch dem Sprengstoffgesetz (Befähigungsschein).
- Beim **Transport von Lebensmitteln und Fleischerzeugnissen** sind verschiedene Hygiene- und Kühlvorschriften zu beachten.
- Der **Transport von lebenden Tieren** unterliegt tierschutzrechtlichen Regeln, unter anderem der VO (EG) 1/2005 und der Tierschutztransportverordnung.
- Das Zollrecht ist bei der **Ein- und Ausfuhr von Waren außerhalb der Europäischen Union** zu beachten.

2.1.3 Zivilrecht im Güterkraftverkehr

Das Handelsgesetzbuch – HGB – regelt in Ergänzung zum Bürgerlichen Gesetzbuch das Vertragsverhältnis von Kaufleuten zu ihren Geschäftspartnern und anderen Unternehmern. Regelungsbereiche des Handelsrechts für das Transportgewerbe sind beispielsweise Folgende:

- Vertragsrecht
- Pflichten der Vertragspartner
- Pflichten beim Gefahrgutversand
- Haftung bei Transportschäden und -verzögerungen
- Stellenwert und Behandlung von Begleitpapieren

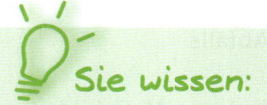

Sie wissen:

✔ Grundsätzlich unterscheidet man öffentliches Recht und Zivilrecht.
✔ Wichtige Gesetze für den Güterkraftverkehr sind:
  ✔ Güterkraftverkehrsgesetz (GüKG)
  ✔ Gesetz über die Beförderung gefährlicher Güter (GGBefG)
  ✔ Kreislaufwirtschaftsgesetz (KrWG)
  ✔ Sprengstoffgesetz (SprengG)
✔ Es gibt weitere Vorschriften für bestimmte Beförderungsfälle wie Lebensmittel oder lebende Tiere sowie Zollbestimmungen.

2.2 Beteiligte im Güterkraftverkehr

▶ **Sie sollen einen Überblick über die Partner im Güterkraftverkehr erhalten und den Unterschied zwischen einem Spediteur, einem Spediteur im Selbsteintritt und einem Frachtführer (Transportunternehmer) kennenlernen. Weiterhin sollen Sie lernen, zwischen einem Speditions- und einem Frachtvertrag zu unterscheiden. Sie sollen die Rechte und Pflichten kennen, die aus diesen Vertragsarten für den Fahrer erwachsen.**

2.2.1 Handelnde Personen – Überblick

Bis ein Gut vom Versender zum Empfänger gelangt, durchläuft es viele Stationen und eine Reihe von Personen beschäftigt sich damit. Eine der wichtigsten Personen ist hierbei der Fahrer. Er muss dafür sorgen, dass das Gut unbeschädigt und termingerecht beim Empfänger ankommt. Seine Partner im Transportgewerbe sind:

- Der Frachtführer (in der Regel der Arbeitgeber des Fahrers)
- Der Spediteur, auch im Selbsteintritt (in dem Fall der Arbeitgeber des Fahrers)
- Der Absender oder Versender
- Der Verlader
- Der Empfänger

Die rechtlichen Verpflichtungen, die sich für diese Personen aus dem Fracht- und Speditionsvertrag ergeben, sind im Handelsgesetzbuch – HGB – geregelt. Für die internationale Güterbeförderung gilt das Übereinkommen über den Beförderungsvertrag im internationalen Straßengüterverkehr (CMR). Die Regelungen des HGB für das Frachtgeschäft und die des CMR weisen in ihren wesentlichen Inhalten überwiegende Übereinstimmung auf.

2.2.2 Frachtführer

Frachtführer ist ein Unternehmer, der gewerblich Güter befördert. Landläufig wird dieser mit „Transportunternehmer" oder nach GüKG mit „Güterkraftverkehrsunternehmer" bezeichnet. Der Frachtführer erhält vom Absender des Gutes einen Frachtvertrag (im Gefahrgutrecht als „Beförderungsvertrag" bezeichnet). Er verpflichtet sich damit, das Gut zum Bestimmungsort zu befördern und beim Empfänger unbeschädigt und termingerecht abzuliefern. Äußeres Kennzeichen des Frachtvertrags ist ein Frachtbrief.

Wichtige Rechte und Pflichten, die sich aus dem Frachtvertrag ergeben:

Der Absender

- Teilt dem Frachtführer rechtzeitig Art der Gefahr und gegebenenfalls notwendige Vorsichtsmaßnahmen mit, wenn es sich um Gefahrgut handelt
- Verpackt das Transportgut so, dass es vor Verlust oder Beschädigung geschützt ist
- Kennzeichnet das Transportgut, wenn dies erforderlich ist (z.B. Schwerpunktlage, Anschlagpunkte für Sicherungsmittel, „Vorsicht zerbrechlich", etc.)
- Verlädt, staut und befestigt das Transportgut beförderungssicher
- Verlädt das Transportgut innerhalb einer angemessenen Frist und vermeidet unnötige Standzeiten

Abbildung 156:
Pflicht des Frachtführers: Betriebssichere Verladung

- Zahlt eine Entschädigung für unangemessene Standzeiten
- Erstellt Zollpapiere sowie die sonst für die amtliche Behandlung erforderlichen Begleitpapiere und stellt die erforderlichen Urkunden zur Verfügung
- Kann Weisungen zur Behandlung des Gutes erteilen

AUFGABE

Welche Kennzeichnungen auf Transportgütern kennen Sie und wie ist die Ware demnach zu behandeln, worauf achten Sie?

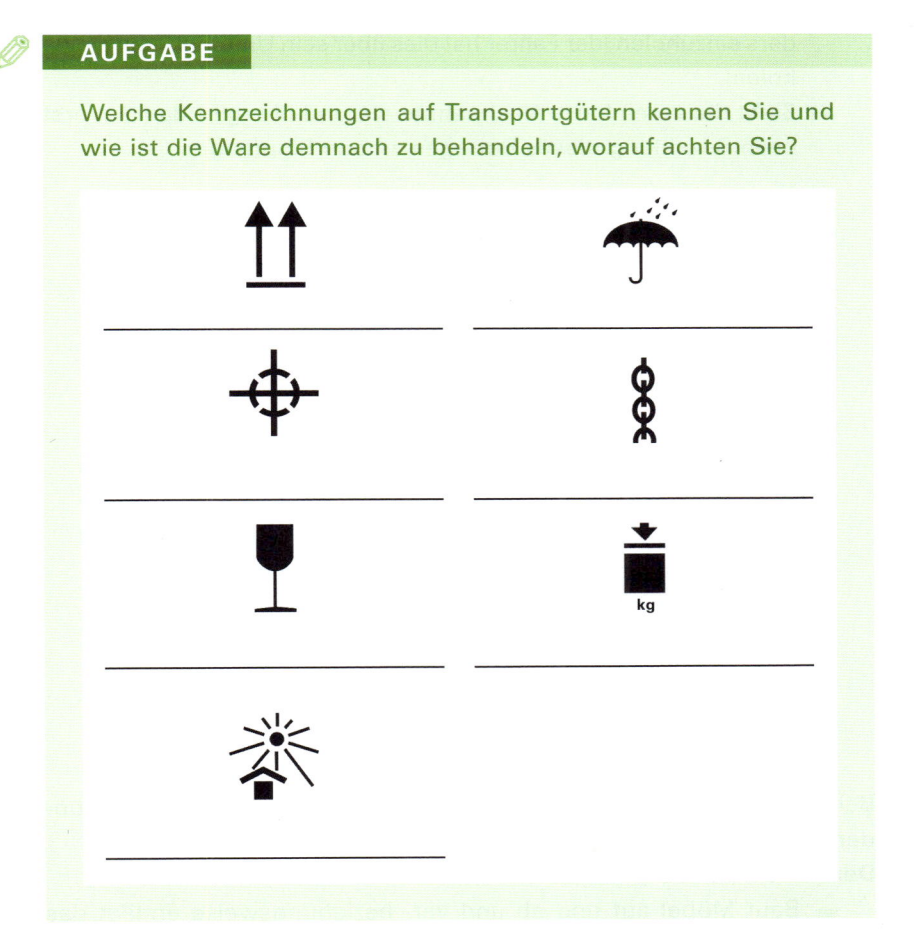

Der Frachtführer (und sein verlängerter Arm, der Fahrer)

- Verlädt das Transportgut betriebssicher
- Stellt die notwendigen Hilfsmittel zur Ladungssicherung und das für den Transport geeignete Fahrzeug zur Verfügung
- Beachtet die Weisungen des Absenders zum Transport des Gutes
- Liefert das Transportgut termingerecht und unbeschädigt beim Empfänger ab

- Darf die Annahme von Gefahrgut, das ihm nicht vorher vom Absender mitgeteilt wurde, verweigern beziehungsweise dieses ausladen, einlagern, zurückbefördern oder gegebenenfalls vernichten oder unschädlich machen
- Hat bei Verweigerung der Annahme durch den Empfänger oder bei sonstigen Ablieferungshemmnissen Weisungen des Absenders einzuholen (der Fahrer hat dies über sein Unternehmen einzuholen)
- Zieht die vereinbarte Nachnahme ein und übergibt das Gut erst nach Bezahlung dieses Betrages an den Empfänger

Abbildung 157:
Ablauf über
Frachtführer

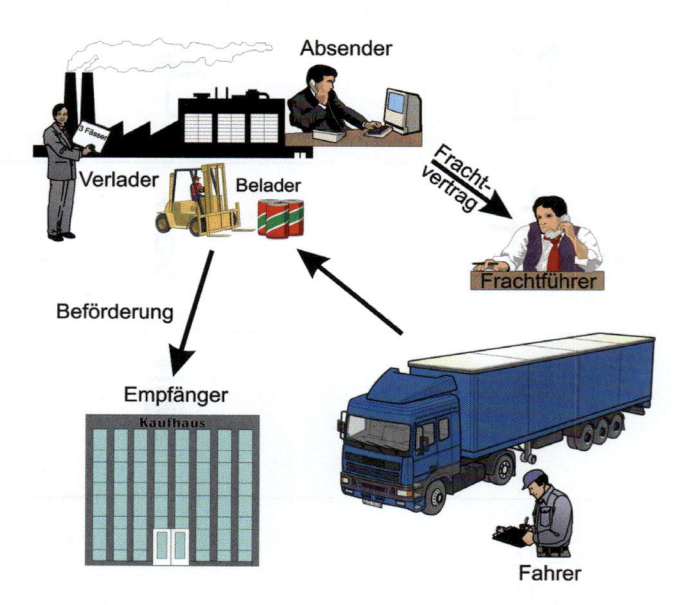

Bei **Beförderung von Umzugsgut** gelten für den Frachtführer besondere Regeln.

Der Frachtführer

- Baut Möbel auf und ab und ver- beziehungsweise entlädt das Umzugsgut
- Verpackt und kennzeichnet das Umzugsgut
- Unterrichtet den Absender, wenn dieser ein Verbraucher (eine Privatperson) ist, über Zoll- und Verwaltungsvorschriften
- Muss vom Absender nur allgemein über die Gefahren von Umzugsgut in Kenntnis gesetzt werden, wenn es sich um Gefahrgut handelt und der Absender ein Verbraucher (eine Privatperson) ist

2.2.3 Spediteur

Der Spediteur besorgt die Versendung von Gütern, so steht es jeden-
falls im HGB. Das bedeutet, dass der Versender als Auftraggeber den
Spediteur verpflichtet, die Güterbeförderung zu organisieren. Dies bedeutet:

- Der Spediteur bestimmt das Beförderungsmittel (Lkw, Eisen-
  bahn und/oder Schiff) und die Beförderungswege
- Er schließt grundsätzlich die notwendigen Frachtverträge mit
  Transportunternehmern in eigenem Namen, kann aber auch die
  Beförderung im Selbsteintritt vornehmen
- Er gibt den Speditionsauftrag unter Umständen ganz oder teil-
  weise an andere Spediteure weiter
- Er kann Lagerverträge abschließen
- Er gibt die Weisungen und Informationen weiter, die die Behand-
  lung des Gutes betreffen, ist seinerseits aber an die Weisungen
  des Versenders gebunden
- Er sichert gegebenenfalls die Schadensersatzansprüche des
  Versenders

Darüber hinaus können Versender und Spediteur noch weitere Leistungen vereinbaren. Zum Beispiel, dass der Spediteur die Ware versichert,
verpackt, kennzeichnet oder die Zollbehandlung regelt.
Werden diese Leistungen nicht auf den Spediteur übertragen, so bleibt
dies die Pflicht des Versenders. Darüber hinaus muss der Versender
erforderliche Urkunden zur Verfügung stellen und alle Auskünfte erteilen, die der Spediteur zur Erfüllung seiner Aufgaben benötigt. Handelt
es sich bei der Ware um Gefahrgut, so hat der Versender dem Spediteur die erforderlichen Angaben nach Gefahrgutrecht rechtzeitig
schriftlich mitzuteilen.

Durch Speditionsvertrag wird der Spediteur zum Absender und hat
dieselben Pflichten, die für den Absender oben beschrieben sind.
Dies ist insbesondere bei der Erstellung eines Frachtbriefes von Bedeutung, da in die Rubrik „Absender" nicht der Versender, sondern der
Spediteur einzutragen ist. Das ist nicht nur nach HGB oder CMR von
Bedeutung, sondern auch bei der Beförderung von Gefahrgut; in diesem Fall spricht man dann nicht von Versender, sondern vom Auftraggeber des Absenders.

Abbildung 158:
Ablauf mit
Spediteur

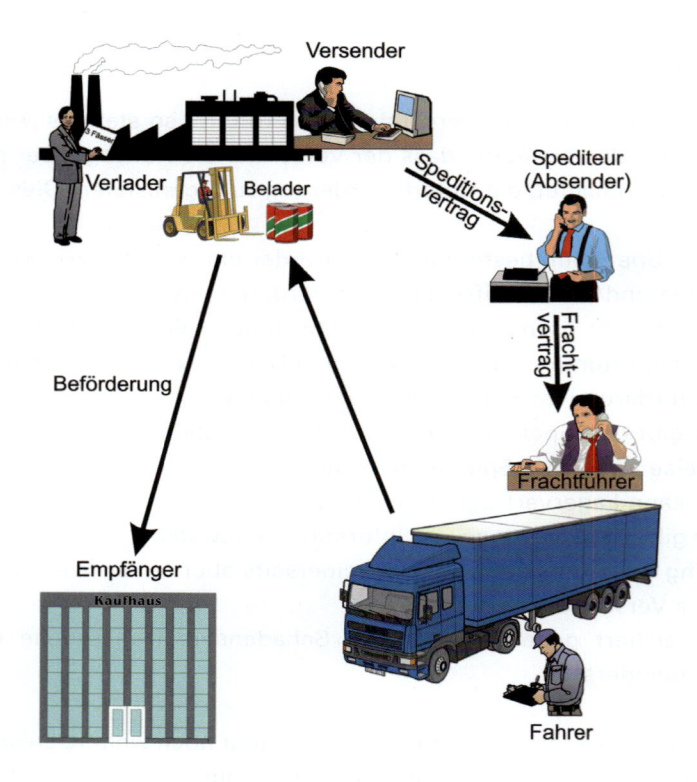

2.2.4 Absender oder Versender

Der Absender hat mit dem Frachtführer einen Frachtvertrag (oder Beförderungsvertrag im Sinne des Gefahrgutrechts) geschlossen. Die Verpflichtungen, die sich für den Absender gegenüber dem Frachtführer ergeben, wurden oben erläutert.

Der Absender haftet für Transport- oder Verzögerungsschäden, die ihm zuzurechnen sind, beispielsweise bei ungenügender Verpackung und Kennzeichnung der Ware. Er haftet weiterhin für Schäden, die auf fehlenden, falschen oder unvollständigen Angaben im Frachtbrief oder in sonstigen Dokumenten beruhen.

Der Versender hat mit einem Spediteur einen Speditionsvertrag geschlossen und überlässt diesem die Transportabwicklung. Der Frachtvertrag wird durch den Spediteur mit dem Frachtführer geschlossen, wobei der Spediteur die Güterbeförderung allerdings auch im Selbsteintritt ausführen kann. Die Verpflichtungen, die sich für den Versender ergeben, wurden oben erläutert.

2.2.5 Verlader

Verlader ist, wer als unmittelbarer Besitzer das Gut zur Beförderung übergibt. Allerdings handelt es sich beim Verlader nicht um den Logistiker, der mit dem Gabelstapler die Ware auf den Lkw verlädt, sondern um dessen Vorgesetzten, der zur eigenständigen Leitung des Verladebetriebes bestellt ist und der entsprechende Entscheidungsbefugnisse hat. Eine derartige Befugnis ist zum Beispiel, ein Fahrzeug zur Beladung abzulehnen, wenn er der Ansicht ist, dass die Ladung darauf nicht ordnungsgemäß gesichert werden kann, obwohl die Ware beförderungssicher verpackt ist.

Dies ist für die Verkehrssicherheit insoweit von Bedeutung, da der Verlader ebenso für die Ladungssicherung verantwortlich ist wie der Fahrer.

> ⚠️ Ist der Fahrer der Ansicht, dass die Ladung nicht ordnungsgemäß gesichert werden kann, so ist er gehalten, Kontakt mit seinem Unternehmen aufzunehmen, um weitere Weisungen einzuholen.

Bei der Übergabe von Gefahrgut hat der Verlader weitere Pflichten nach ADR und GGVSEB. Er muss den Fahrer beispielsweise auf das Gefahrgut hinweisen und darf dieses nicht übergeben, wenn die Verpackung beschädigt oder ungenügend verschlossen ist.

Trotz dieser Hinweispflicht sollte der Fahrer auf Kennzeichnungen nach Gefahrgutrecht auf der übergebenen Ware achten, da sich für ihn dann weitere Pflichten ergeben. Eine Pflicht kann zum Beispiel sein, dass er im Besitz einer ADR-Schulungsbescheinigung sein und diese auch mitführen muss.

Bei der Übernahme der Güter überprüft der Fahrer Folgendes:

- **Vollzähligkeit/Übereinstimmung** der Güter mit den Angaben im Lieferschein bzw. sonstigen Dokumenten
- Gibt es besondere **Weisungen zur Behandlung der Ware** (z.B. vor Nässe, Frost, Sonne schützen, Stapelungsverbot etc.)?
- Die Ware beziehungsweise Verpackung ist **unbeschädigt**
- Handelt es sich um **Gefahrgut?**

- Die **Begleitpapiere** wurden vollständig übergeben und die Übernahme wurde quittiert
- Der **Frachtbrief** ist erstellt und die erforderlichen Angaben sind enthalten
- Die **Adresse des Empfängers** ist vollständig und die **Adresse der Entladestelle** ist angegeben, sofern diese eine andere ist
- Das **Ladungsgewicht** überschreitet nicht die höchstzulässige Nutzlast beziehungsweise das zulässige Gesamtgewicht
- Die **Last** ist auf dem Fahrzeug **richtig verteilt** und die **Ladung** vorschriftsmäßig **gesichert**
- Ist bei Ablieferung des Gutes eine **Nachnahmegebühr** einzuziehen?
- Sind die **Paletten** zu **tauschen**?

Sollte der Fahrer bei seinen Überprüfungen Unregelmäßigkeiten feststellen, so trägt er einen entsprechenden Vermerk in den Frachtbrief ein. Gleiches gilt, wenn der Fahrer aufgrund sonstiger Umstände die Überprüfungen auf Vollzähligkeit und Schadensfreiheit nicht vornehmen konnte. Ein Beispiel hierfür wäre, wenn eine verplombte Wechselbrücke zur Beförderung übernommen wird und er deshalb keinen Blick auf die Ladefläche werfen konnte.

2.2.6 Empfänger

Empfänger ist, wer nach den Weisungen des Absenders das Transportgut in Besitz nimmt.
Sollte der Empfänger die Annahme wegen Beschädigung, verspäteter Lieferung oder Unvollständigkeit verweigern, so sollte der Fahrer unverzüglich Kontakt mit seinem Unternehmen aufnehmen, um weitere Weisungen zu erhalten. Andernfalls hat der Empfänger die Ware unverzüglich zu entladen, um unnötige Standzeiten zu vermeiden.

Die Entladestelle kann eine andere sein als die Anschrift des Empfängers. Dies geht aus dem Lieferschein hervor oder kann eine Weisung des Absenders sein. Im CMR-Frachtbrief ist dies zum Beispiel in Ziffer 3 aufgeführt.

Abbildung 159:
Übernahme
der Ladung

Was sollten Sie als Fahrer bei der Übergabe der Ware an den
Empfänger beachten und überprüfen?

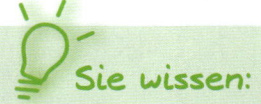

Sie wissen:

✔ Beteiligte im Güterkraftverkehr sind
  ✔ Fahrer
  ✔ Frachtführer (i.d.R. der Arbeitgeber des Fahrers)
  ✔ Spediteur, auch im Selbsteintritt
  ✔ Absender/Versender
  ✔ Verlader
  ✔ Empfänger
✔ Das Handelsgesetzbuch (HGB) regelt die Rechte und Pflichten der Beteiligten.
✔ Für internationale Güterbeförderung gilt das CMR.
✔ Frachtbriefe sind entweder nach HGB oder CMR in dreifacher Ausfertigung durch den Absender zu erstellen (für Absender, Fahrer und Frachtführer).

2.3 Grundlagen der Güterbeförderung

▶ **Sie sollen wissen, welche Genehmigungsvarianten zum Güterkraftverkehr berechtigen. Darüber hinaus sollen Sie die Unterscheidung zwischen gewerblichem Güterverkehr und Werkverkehr treffen können.**

2.3.1 Erscheinungsformen des Güterkraftverkehrs

AUFGABE

Füllen Sie die folgende Übersicht aus:

Gewerblicher Güterkraftverkehr	Werkverkehr
Spedition im Selbsteintritt	**Private Transporte**

Neben diesen Verkehrsarten ist nach innerstaatlichem und grenzüberschreitendem Güterkraftverkehr zu unterscheiden. Innerstaatlicher Güterkraftverkehr liegt vor, wenn sowohl der Ort der Übernahme des Gutes als auch der Ort der vorgesehenen Ablieferung in Deutschland liegt. Grenzüberschreitender Güterkraftverkehr liegt vor, wenn diese Orte in zwei verschiedenen Staaten liegen.

2.3.2 Erlaubnis für den gewerblichen Güterkraftverkehr

Wer gewerblichen Güterverkehr mit einem Kraftfahrzeug (gegebenenfalls mit Anhänger) mit einem zulässigen Gesamtgewicht von mehr als 3,5 t betreiben will, braucht eine Erlaubnis (Abbildung siehe nächste Seite). Diese berechtigt aber ausschließlich zum innerstaatlichen Güterkraftverkehr. Die Erlaubnis gilt zunächst für bis zu zehn Jahre. Nach Ablauf dieses Zeitraums wird die Erlaubnis jedoch unbefristet erteilt, sofern der Unternehmer weiterhin die Berufszugangsvoraussetzungen erfüllt. Leerfahrten sind nicht erlaubnispflichtig.

Die Voraussetzungen für die erstmalige und die erneute Erteilung einer Erlaubnis sind:

- Tatsächlicher und dauerhafter Unternehmens-/Niederlassungssitz in einem Mitgliedsstaat der EU
- Die **Zuverlässigkeit** des Unternehmers – er muss die geltenden Rechtsvorschriften eingehalten haben und weiterhin einhalten (persönliche Eignung)
- Die **finanzielle Leistungsfähigkeit** des Unternehmens muss gewährleistet sein, so dass über entsprechendes Eigenkapital verfügt werden kann (finanzielle Eignung)
- Der Unternehmer muss über die **fachliche Qualifikation** zur Führung des Transportunternehmens verfügen (fachliche Eignung)
- Es ist eine **Haftpflichtversicherung** für Güterschäden abzuschließen

Voraussetzungen zum Berufszugang Güterkraftverkehrsunternehmer

Der Unternehmer ...

- muss über ausreichende Fachkenntnisse verfügen (verfügt der Unternehmer nicht über die erforderlichen Fachkenntnisse, so kann er einen **Verkehrsleiter** mit der notwendigen fachlichen Qualifikation einsetzen)

- darf keine einschlägigen Eintragungen im Gewerbezentralregister haben
- darf nicht gegen die Sozialvorschriften verstoßen haben
- darf bei Steuerschulden nicht wiederholt säumig sein
- muss die Fahrzeuge rechtskonform ausrüsten
- muss über genügend Geldmittel verfügen, dass er notwendige Reparaturen an seinen Fahrzeugen ausführen kann
- … (siehe auch Berufszugangsverordnung)

Abbildung 160:
Erlaubnis nach dem GüKG

Erlaubnisurkunde für den gewerblichen Güterkraftverkehr

Nummer	Land	Bezeichnung der zuständigen Behörde

Dem Unternehmer
Name, Rechtsform und Anschrift

wird auf Grund des § 3 des Güterkraftverkehrsgesetzes (GüKG) die Erlaubnis für den gewerblichen Güterkraftverkehr erteilt.

Besonderheiten

Diese Urkunde ist bei allen Beförderungen mitzuführen und Kontrollberechtigten auf Verlangen zur Prüfung auszuhändigen. Sie ist nicht übertragbar.

Ändern sich Unternehmerbezogene Angaben, die in der Erlaubnisurkunde genannt sind, so sind das Original und die Ausfertigung der Erlaubnisbehörde zur Berechtigung vorzulegen.

Diese Erlaubnis gilt ☐ **unbefristet**

☐ **befristet vom** _____ **bis zum** _____

Erteilt in _____ am _____

Unterschrift der Erlaubnisbehörde und Dienstsiegel

⚠️ Nach § 7 Abs. 1 GüKG darf die erforderliche Berechtigung für den gewerblichen Güterkraftverkehr (Erlaubnis, Genehmigung) weder in Folie eingeschweißt, noch in ähnlicher Weise mit einer Schutzschicht überzogen sein (Bußgeld droht): Berechtigungen sind im Original mitzuführen. Durch Ablichtungen wird die Mitführungspflicht **nicht** erfüllt.

Verkehrsleiter ist eine natürliche Person, die im Kraftverkehrsunternehmen über die erforderliche Fachkunde verfügt, zuverlässig ist und tatsächlich und dauerhaft die Verkehrstätigkeiten des Unternehmens leitet. Es kann der Unternehmer selbst sein oder eine vom Unternehmen beschäftigte Person. Der Verkehrsleiter muss seinen ständigen Aufenthalt in der EU haben und er ist gegenüber der Genehmigungsbehörde zu benennen.

Nutzt ein Unternehmer mehrere Kraftfahrzeuge beziehungsweise Fahrzeugkombinationen im erlaubnispflichtigen Güterverkehr, benötigt er für jedes dieser Fahrzeuge eine Ausfertigung seiner Erlaubnis. Diese ist beim Gütertransport in dem jeweiligen Kraftfahrzeug mitzuführen. Bevor er die Erlaubnisausfertigungen bekommt, muss er nachweisen, dass er sich die entsprechende Anzahl von Fahrzeugen leisten und für deren Betrieb aufkommen kann.

2.3.3 Gemeinschaftslizenz (EU-Lizenz)

Da die Erlaubnis nur zum innerstaatlichen Güterkraftverkehr berechtigt, ist für den grenzüberschreitenden Verkehr innerhalb der EU/des EWR gemäß VO (EG) 1072/2009 eine Gemeinschaftslizenz erforderlich. Diese berechtigt nicht nur zum grenzüberschreitenden Güterkraftverkehr, sondern sie ersetzt auch die oben genannte Erlaubnis für den innerstaatlichen Verkehr. Sie gilt bis zu zehn Jahre.

Die Gemeinschaftslizenz berechtigt auch zu Beförderungen zwischen Deutschland und der Schweiz. Umgekehrt gilt eine Genehmigung aus der Schweiz für Güterbeförderungen innerhalb der EU/des EWR. Die Gemeinschaftslizenz gilt nicht für den Güterkraftverkehr mit Drittstaaten, wenn die EU keine entsprechenden Abkommen geschlossen hat.

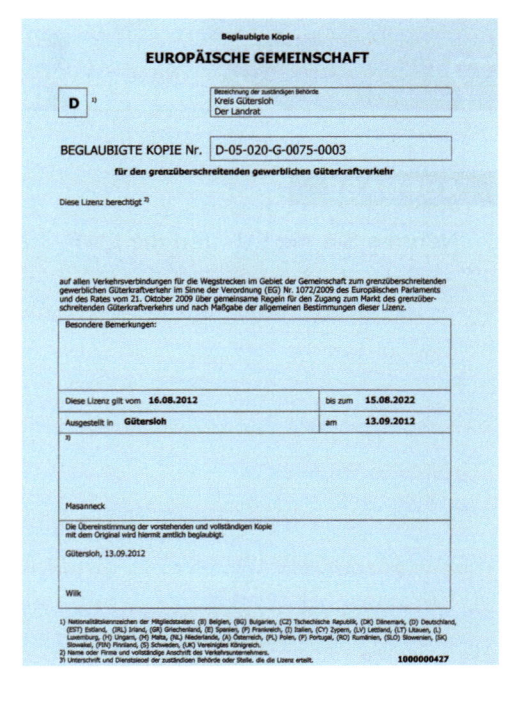

Abbildung 161: Gemeinschaftslizenz/EU-Lizenz

⚠️ Das Original der Gemeinschaftslizenz muss im Transportunternehmen aufbewahrt werden. Mitgeführt und vorgelegt werden darf nur eine beglaubigte Abschrift (siehe Rückseite der Lizenz), sonst droht ein Bußgeld.

Abbildung 162:
Verwendung
der EU-Lizenz

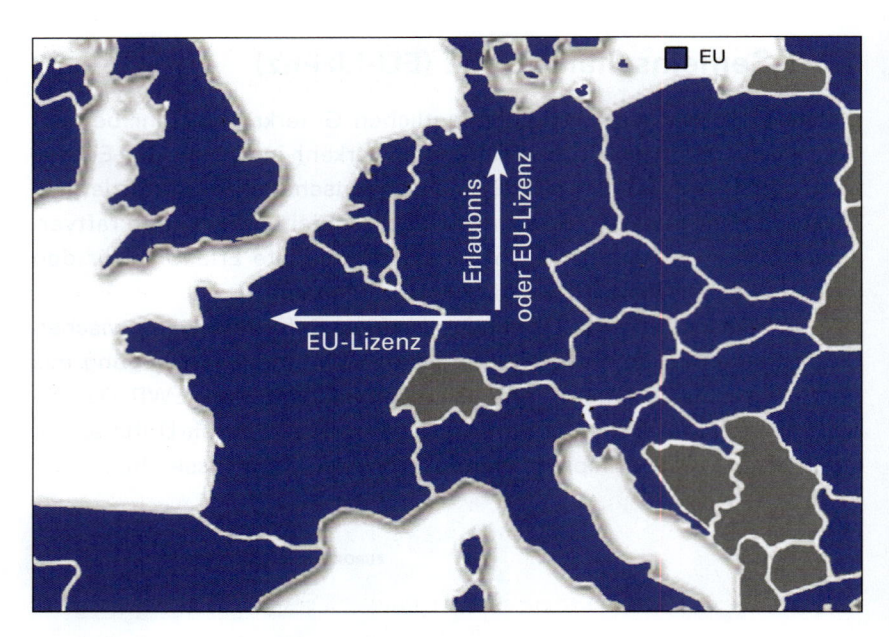

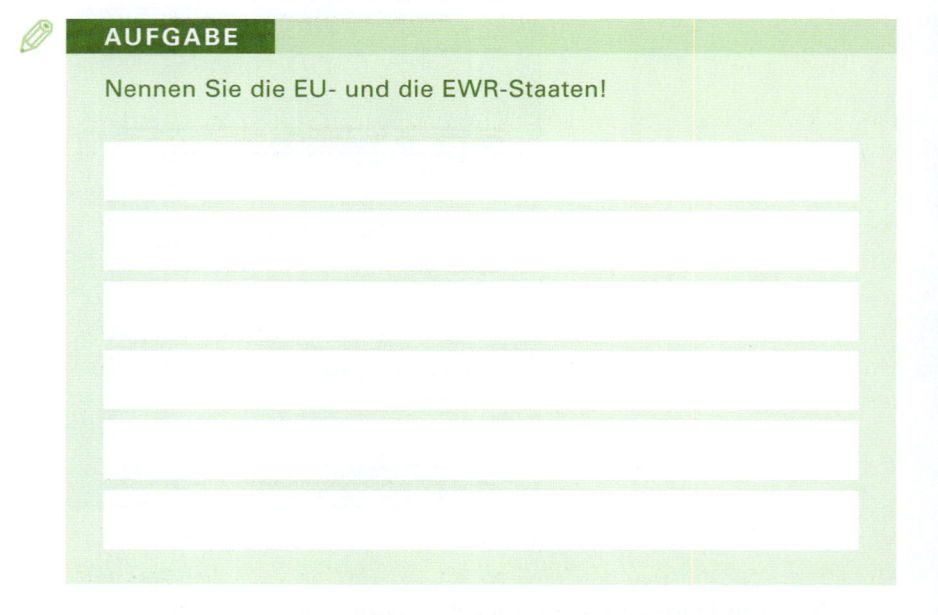

AUFGABE

Nennen Sie die EU- und die EWR-Staaten!

Die Voraussetzungen, die der Unternehmer für die Erteilung der Gemeinschaftslizenz erfüllen muss, sind dieselben wie die für die Erteilung der Erlaubnis zum Güterkraftverkehr.

Als Unternehmer erhält man für jedes eingesetzte Fahrzeug eine amtlich beglaubigte Kopie dieser auf das Unternehmen bezogenen Gemeinschaftslizenz.

Es dürfen auch Miet- oder Ersatzfahrzeuge, die in einem EU-/EWR-Staat zugelassen sind, zum Gütertransport eingesetzt werden. Der Mietvertrag muss dabei nicht mitgeführt werden.

Ein Güterkraftverkehrsunternehmer, der in einem EU-Mitgliedsstaat seinen Sitz hat, darf in jedem anderen Mitgliedsstaat innerstaatliche Güterbeförderungen durchführen. Man nennt dies **Kabotageverkehr.** Allerdings ist dies nur in begrenztem Umfang zulässig. Er muss vorher eine grenzüberschreitende Beförderung in diesen Mitgliedsstaat durchgeführt und die Güter ganz oder teilweise entladen haben. Nach der Entladung sind in einem Zeitraum von maximal sieben Tagen bis zu drei Kabotagebeförderungen zulässig. Dann muss er den Staat wieder verlassen.

So darf zum Beispiel ein polnischer Frachtführer, nachdem er Güter aus Polen nach Deutschland befördert hat, innerhalb von sieben Tagen bis zu drei Güterbeförderungen innerhalb Deutschlands durchführen.

Fährt ein Fahrzeug nach einer Güterbeförderung in einen anderen Mitgliedsstaat *leer* in einen dritten Mitgliedsstaat ein, so darf damit innerhalb von drei Tagen eine Kabotagebeförderung durchgeführt werden. Die gesamte Tour von Beginn an darf aber insgesamt nicht länger als sieben Tage dauern.

Unternehmen aus Drittstaaten dürfen grundsätzlich keine Kabotageverkehre in Deutschland beziehungsweise in anderen EU-/EWR-Staaten durchführen.

2.3.4 CEMT-Genehmigung

Anstatt der Gemeinschaftslizenz darf im grenzüberschreitenden Güterkraftverkehr mit den CEMT-Staaten auch die CEMT-Genehmigung verwendet werden. Die CEMT-Genehmigung berechtigt zum Gütertransport durch und in CEMT-Mitgliedsstaaten. Beförderungen von und nach Drittstaaten (weder EU- noch CEMT-Mitglieder) sind nicht zulässig.

Die CEMT-Staaten, in denen die CEMT-Genehmigungen gelten, sind:

Albanien,	Italien,	Rumänien,
Armenien,	Kroatien,	Russische Föderation,
Aserbaidschan,	Lettland,	Schweden,
Belarus,	Liechtenstein,	Schweiz,
Belgien,	Litauen,	Serbien,
Bosnien-Herzegowina,	Luxemburg,	Slowakische Republik,
Bulgarien,	Malta,	Slowenien,
Dänemark,	Mazedonien,	Spanien,
Deutschland,	Moldau,	Tschechische
Estland,	Montenegro,	Republik,
Finnland,	Niederlande,	Türkei,
Frankreich,	Norwegen,	Ukraine,
Georgien,	Österreich,	Ungarn
Griechenland,	Polen,	und Vereinigtes
Irland,	Portugal,	Königreich.

Die CEMT-Genehmigung berechtigt aber nicht zu innerstaatlichen Güterbeförderungen.

Mit der CEMT-Genehmigung dürfen auch Beförderungen außerhalb des Niederlassungsstaates durchgeführt werden. Diese sind aber zahlenmäßig beschränkt. So dürfen nach einer Beförderung in einen anderen CEMT-Staat insgesamt drei Beförderungen zwischen anderen Staaten durchgeführt werden. Leerfahrten zählen hier aber nicht dazu. Danach muss aber eine Beförderung oder auch Leerfahrt in den Niederlassungsstaat durchgeführt werden. Man nennt dies „2+3-Regelung". Leerfahrten nach Österreich, Italien und Griechenland sind nicht gestattet, um dort mit CEMT-Genehmigung Ladung aufzunehmen.

Sämtliche Beförderungen müssen in das Fahrtenberichtsheft eingetragen werden. Das Fahrtenberichtsheft wird zusammen mit der Genehmigung ausgehändigt.

AUFGABE

Bringen Sie ein Beispiel für die „2+3-Regelung" für ein in Deutschland ansässiges Unternehmen!

CEMT/ECMT

Texte rédigé dans les deux langues officielles de la CEMT (1)
Text in the two official languages of the ECMT (1)

CONFÉRENCE EUROPÉENNE DES MINISTRES DES TRANSPORTS Secrétariat *EUROPEAN CONFERENCE OF MINISTERS OF TRANSPORT* *Secretariat*	**CODE DU PAYS QUI DÉLIVRE L'AUTORISATION :** *CODE OF THE COUNTRY ISSUING THE LICENCE :*	Désignation de l'autorité ou de l'organisme compétent *Designation of the competent Organisation or Authority*

AUTORISATION CEMT/ECMT LICENCE 2012   N°

relative au transport de marchandises effectué à titre professionnel par voie routière entre les pays Membres[2] de la Conférence Européenne des Ministres des Transports.
for road haulage between the Member countries of the European Conference of Ministers of Transport [2].

_____

_____
3

est autorisé/*this licence entitles :*

SPECIMEN

- à transporter à titre professionnel des marchandises entre des points de chargement et de déchargement situés dans des pays Membres différents de la Conférence Européenne des Ministres des Transports, au moyen d'un véhicule isolé ou d'un ensemble de véhicules couplés ;
- *to carry goods by road for hire or reward between loading and unloading points situated in two different Member countries of the European Conference of Ministers of Transport, in a single vehicle or a combination of vehicles ;*

- ainsi qu'à faire circuler ce ou ces véhicules à vide sur tous les territoires des pays Membres ;
- *and to operate this or these vehicle(s) unladen throughout the territory of the Member countries ;*

La présente autorisation est valable/*This licence is valid*

du/from[4] _____ au/to[4] _____

Fait à/*Issued at* _____ le/on the _____ [5]

1. Les pays Membres ayant une ou plusieurs autres langues officielles pourront fournir la ou les traductions nécessaires des pages 1 et 2 à leurs transporteurs.
   Member countries having one or more other official languages will be able to provide their hauliers with the translation(s) of pages 1 and 2 as required.
2. Albanie (AL), Allemagne (D), Arménie (ARM), Autriche (A), Azerbaïdjan (AZ), Bélarus (BY), Belgique (B), Bosnie–Herzégovine (BIH), Bulgarie (BG), Croatie (HR), Danemark (DK), Espagne (E), Estonie (EST), Finlande (FIN), France (F), Géorgie (GE), Grèce (GR), Hongrie (H), Irlande (IRL), Italie (I), Lettonie (LV), Liechtenstein (FL), Lituanie (LT), Luxembourg (L), ERY Macédoine (MK), Malte (M), Moldavie (MD), Monténégro (MNE), Norvège (N), Pays-Bas (NL), Pologne (PL), Portugal (P), République Slovaque (SK), République Tchèque (CZ), Roumanie (RO), Fédération de Russie (RUS), Royaume-Uni (UK), Serbie (SRB), Slovénie (SLO), Suède (S), Suisse (CH), Turquie (TR), Ukraine (UA).
   Albania (AL), Armenia (ARM), Austria (A), Azerbaijan (AZ), Belarus (BY), Belgium (B), Bosnia–Herzegovina (BiH), Bulgaria (BG), Croatia (HR), Czech Republic (CZ), Denmark (DK), Estonia (EST), Finland (FIN), France (F), Georgia (GE), Germany (D), Greece (GR), Hungary (H), Ireland (IRL), Italy (I), Latvia (LV), Liechtenstein (FL), Lithuania (LT), Luxembourg (L), FYR Macedonia (MK), Malta (M), Moldova (MD), Montenegro (MNE), Netherlands (NL), Norway (N), Poland (PL), Portugal (P), Romania (RO), Russian Federation (RUS), Serbia (SRB), Slovak Republic (SK), Slovenia (SLO), Spain (E), Sweden (S), Switzerland (CH), Turkey (TR), Ukraine (UA), United Kingdom (UK).
   Le signe distinctif MK utilisé sur les autorisations de l'ERY Macédoine ne sous-entend pas la reconnaissance de sa validité par la Grèce.
   The distinguishing sign MK on FYR Macedonia licences does not imply recognition by Greece of the validity of this sign.
3. Nom ou raison sociale et adresse complète du transporteur.
   Name or business name and full address of the haulier.
4. En chiffres arabes (mois en toutes lettres) / *Arabic figures (month to be written in letters and in full).*
5. Signature et cachet de l'organisme qui délivre l'autorisation.
   Signature and stamp of the Organisation or Authority issuing the licence.

1

Abbildung 164:
Fahrtenberichtsheft,
Deckblatt

Fahrtenberichtheft Nr.: ....

D

FAHRTENBERICHTHEFT

für den
internationalen Straßengüterverkehr

in Verbindung mit der **CEMT-Genehmigung** Nr.: **D-**................

Unternehmer..
(Name)

....

....
(Anschrift des Wohnortes oder Firmensitzes)

Stempel

05803 Ausgegeben in **Köln**.......... am ....
(Ort und Tag der Ausgabe)

CEMT-Genehmigung Nr.: D- 00054 · **Blatt Nr. 01**

	a. Abfahrtsdatum b. Ankunftsdatum	a. Beladeort b. Entladeort	a. Beladeland b. Entladeland	Amtl. KFZ-Kennzeichen und Nationalitätszeichen des Zugfahrzeuges	Bruttogewicht der Ladung in t. (mit einer Dezimalstelle)	a. km-Stand bei Abfahrt b. km-Stand bei Ankunft	Anmerkungen
	1	2	3	4	5	6	7
a. b.	a. 05.01.2009 b. 8.01.2009 + 11.01.2009	a. Hannover b. Lemberg + Istanbul	a. D b. UA + TR	K – XX – 11 D	10,0 + 10,3	a. 11.528 b. 12.705 + 14.176	2 Ablade-stellen
a. b.	a. 11.01.2009 b. 12.01.2009	a. Istanbul b. Ankara	a. TR b. TR	K – XX – 11 D	leer	a. 14.176 b. 14.628	
a. b.	a. 13.01.2009 b. 18.01.2009	a. Ankara b. Gent	a. TR b. B	K – XX – 11 D	15,0	a. 14.628 b. 17.890	T: Passau 17.01.2009
a. b.	a. 21.01.2009 b. 22.01.2009	a. Pullach b. Zagreb	a. D b. HR	K – YY – 22 D	10,0	a. 10.100 b. 10.694	
a. b.	a. 22.01.2009 b. 25.01.2009	a. Zagreb b. Athen	a. HR b. GR	K – YY – 22 D	12,5	a. 10.694 b. 12.260	
a. b.	a. 26.01.2009 b. 27.01.2009	a. Athen b. Tirana	a. GR b. AL	K – YY – 22 D	10,1	a. 12.260 b. 13.063	

Abbildung 165: Beispiel eines ausgefüllten Fahrtenberichts-hefts

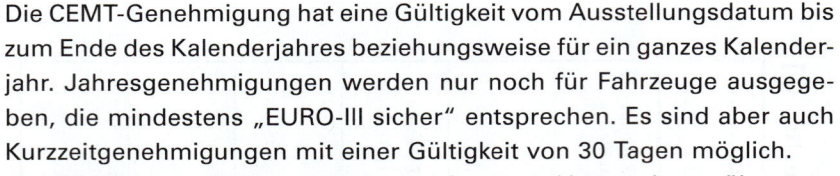

Abbildung 166:
Sog. „grüne"
Genehmigung
(EURO 1)

Die CEMT-Genehmigung hat eine Gültigkeit vom Ausstellungsdatum bis zum Ende des Kalenderjahres beziehungsweise für ein ganzes Kalenderjahr. Jahresgenehmigungen werden nur noch für Fahrzeuge ausgegeben, die mindestens „EURO-III sicher" entsprechen. Es sind aber auch Kurzzeitgenehmigungen mit einer Gültigkeit von 30 Tagen möglich.

Die CEMT-Genehmigung ist nicht auf andere Unternehmer übertragbar, sie darf aber auch für Beförderungen mit Mietfahrzeugen verwendet werden. Diese Mietfahrzeuge müssen jedoch in einem EU-/EWR-Staat zugelassen sein.

Abbildung 167:
Sog. „supergrüne"
Genehmigung
(EURO 2)

CEMT-Genehmigungen, die mit einem grünen Lastkraftwagen auf der ersten Seite gekennzeichnet sind, dürfen nur mit Kraftfahrzeugen eingesetzt werden, die weniger umweltbelastend sind. Dies ist mit einer zusätzlichen Bescheinigung nachzuweisen.

Ist zusätzlich ein „S" aufgedruckt, so müssen diese Kraftfahrzeuge lärm- und schadstoffarm sein und zusätzlich technischen Sicherheitsnormen entsprechen. Auch dies ist durch zusätzliche Bescheinigungen nachzuweisen.

Ist in dem grünen Lastkraftwagen eine „3" abgedruckt so muss das Kraftfahrzeug zusätzlich zu den Anforderungen für „S" der Norm EURO-3 entsprechen. Auch dies ist durch insgesamt drei Bescheinigungen nachzuweisen.

Abbildung 168:
Sog. „EURO3-
sichere" Genehmigung

⚠️ Die oben dargestellten Stempelaufdrucke dürfen nur noch bei bilateralen Genehmigungen auf Zeit oder für Einzelfahrten verwendet werden.

Abbildung 169:
Länderstempel
Österreich

Seit Herbst 2006 werden EURO-IV-Bescheinigungen ausgegeben. Seit Anfang 2009 gibt es EURO-V- (auch für „EVV sicher") und neuerdings auch EURO-VI-Bescheinigungen. Für sie gelten entsprechende Nachweispflichten.

In einigen Ländern (Griechenland, Italien, Österreich, Russische Föderation) gilt nur eine beschränkte Anzahl von erteilten CEMT-Genehmigungen. Staaten, in denen die jeweilige CEMT-Genehmigung nicht gilt, sind mit dem Länderkürzel in dem roten Stempelaufdruck gekennzeichnet. Auch für den Transit wird in manchen dieser Länder eine andere Genehmigung (z.B. bilaterale Genehmigung) für die gesamte Beförderung benötigt und ist mitzuführen.

Bei der Güterbeförderung mit CEMT-Genehmigung und Fahrzeugen der Kategorien „EURO III sicher", „EURO IV sicher" bis „EURO VI sicher" sind neben der Genehmigungsurkunde, dem Fahrtenberichtsheft und dem CMR-Frachtbrief noch die nachfolgend genannten Dokumente mitzuführen.

Für das Kraftfahrzeug:
- CEMT-Nachweis der Übereinstimmung mit den technischen Sicherheitsanforderungen der jeweiligen Kategorie „EURO III sicher", „EURO IV sicher" bis „EURO VI sicher" (grünes Papier, doppelseitig bedruckt),
- CEMT-Nachweis der technischen Überwachung (weißes Papier, einseitig bedruckt) und
- jeweilige Übersetzungshilfe in Englisch und Französisch.

Für den Anhänger/Sattelanhänger:
- Nachweis der Übereinstimmung mit den technischen Sicherheitsanforderungen (gelbes Papier, einseitig bedruckt),
- CEMT-Nachweis der technischen Überwachung (weißes Papier, einseitig bedruckt) und
- jeweilige Übersetzungshilfe in Englisch und Französisch.

2.3.5 Bilaterale Genehmigung im grenzüberschreitenden Verkehr

Für Fälle, in denen die Gemeinschaftslizenz oder die CEMT-Genehmigung im grenzüberschreitenden Güterkraftverkehr nicht gilt, ist eine bilaterale Genehmigung erforderlich. Deshalb ist es notwendig, vor dem Transport von und nach Staaten, die nicht EU-/EWR- oder CEMT-Staaten sind, Kontakt mit den zuständigen Behörden aufzunehmen. Zweck dieser Kontaktaufnahme ist die Klärung der Genehmigungsvoraussetzungen, um dorthin oder von dort Gütertransporte vorzunehmen.
Für den Streckenteil in Deutschland können hier ansässige Transportunternehmer entweder eine Erlaubnis nach Güterkraftverkehrsgesetz oder eine entsprechende bilaterale Genehmigung verwenden.

Da die CEMT-Genehmigungen kontingentiert sind, ist es unter Umständen erforderlich, für notwendige Güterbeförderungen mit CEMT-Staaten eine bilaterale Genehmigung einzuholen.

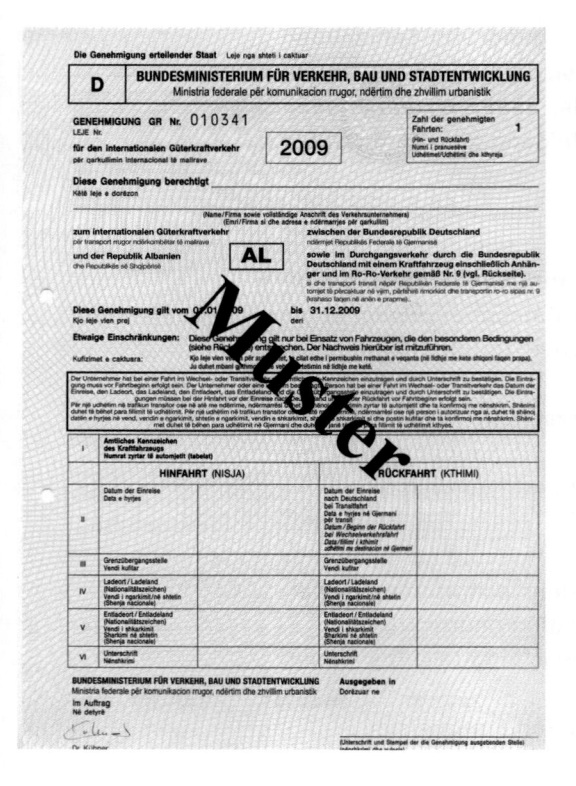

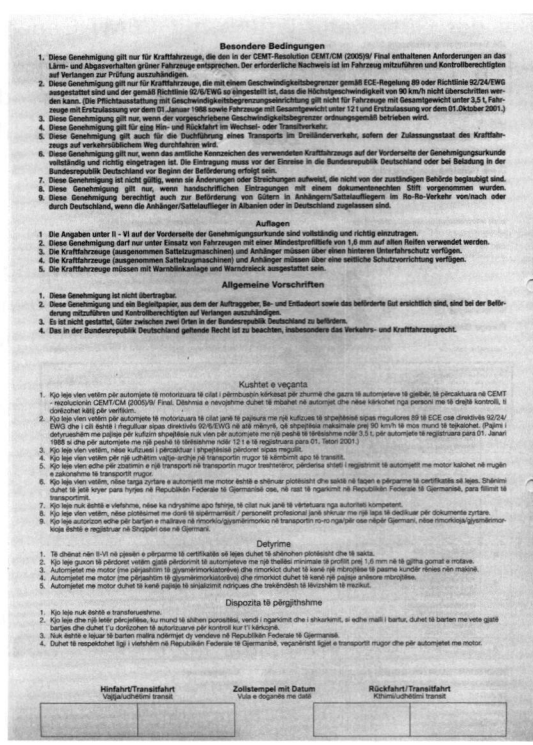

Abbildung 170: Bilaterale Genehmigung für Einzelfahrt sicheres Fahrzeug (EURO 1) (Vorder- und Rückeite) mit Techniknachweis

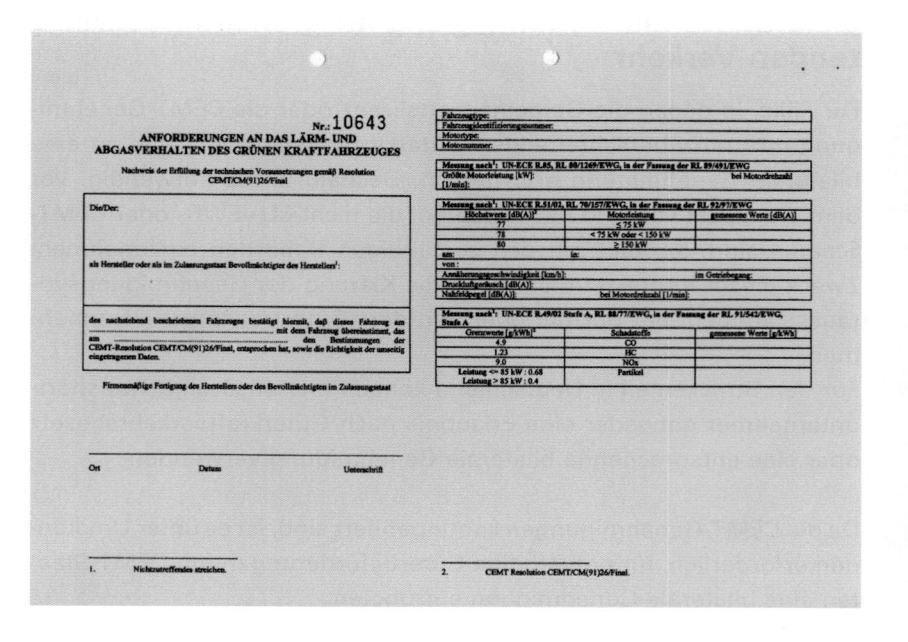

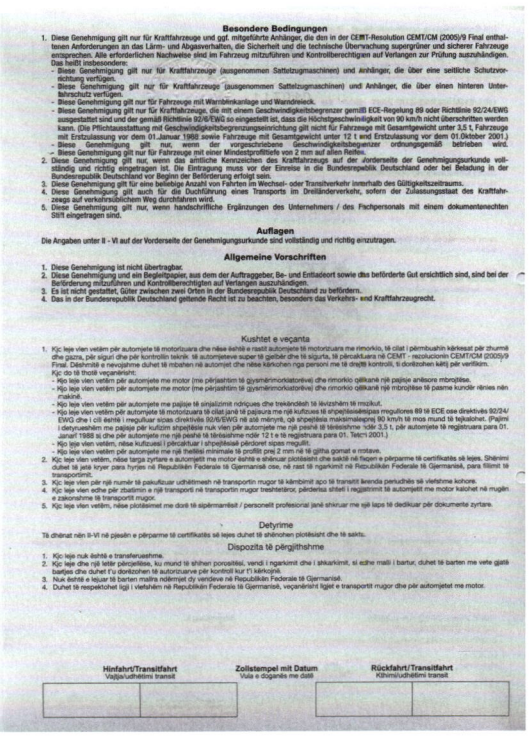
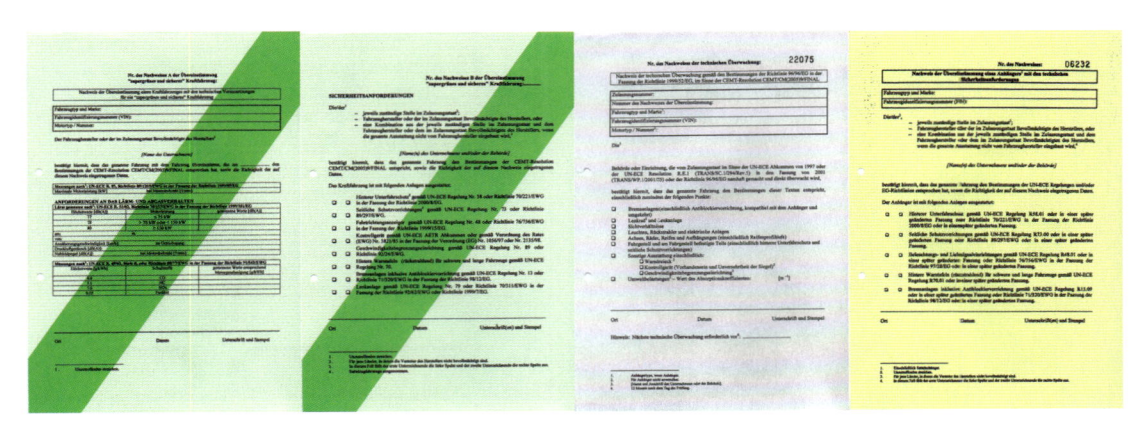

Abbildung 171:

Bilaterale Genehmigung auf Zeit (in der Regel ein Jahr), supergrün (EURO 2)
(Vorder- und Rückseite), sowie Techniknachweise, TÜV-Bescheinigung und
Dokument für Anhänger

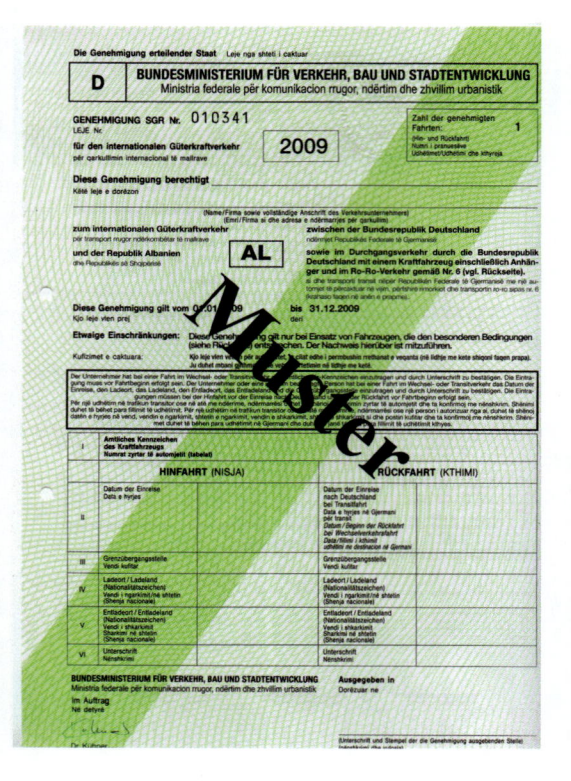

Abbildung 172:

Bilaterale Genehmigung für Einzelfahrt, supergrün (Vorder- und Rückseite)

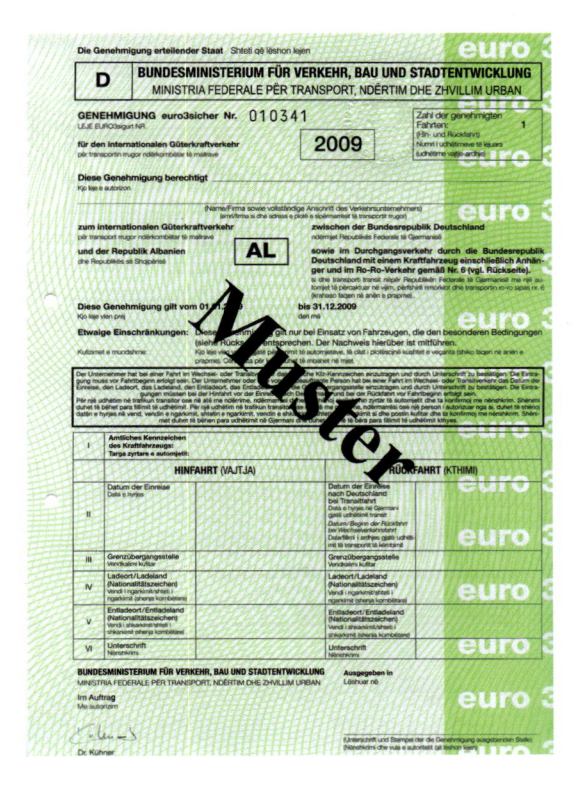
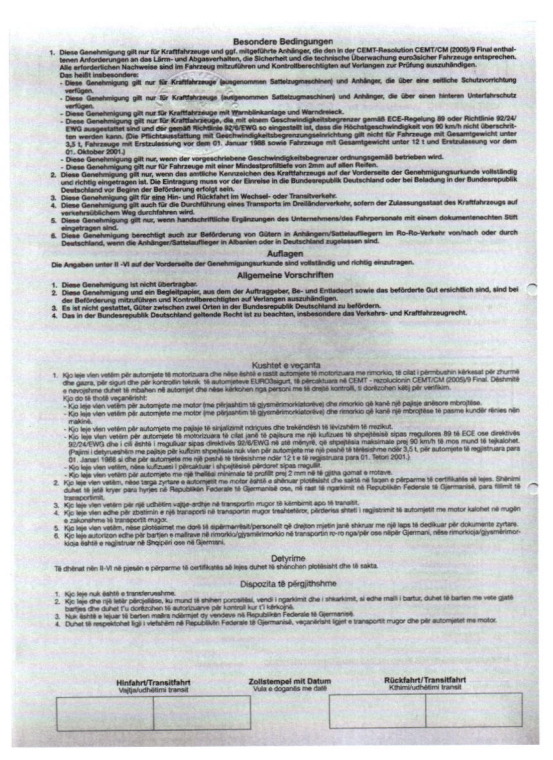
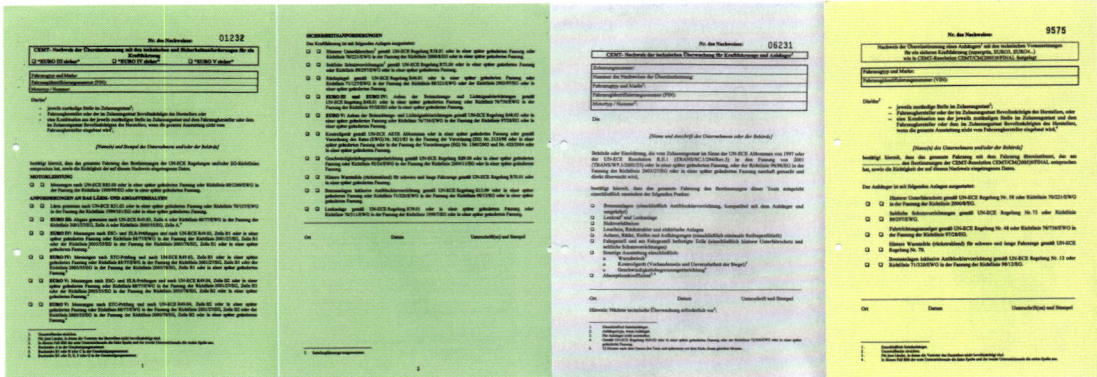

Abbildung 173:

Bilaterale Genehmigung für Einzelfahrt EURO-3-sichere Fahrzeuge
(Vorder- und Rückseite) sowie Techniknachweise, TÜV-Bescheinigung und
Dokument für Anhänger

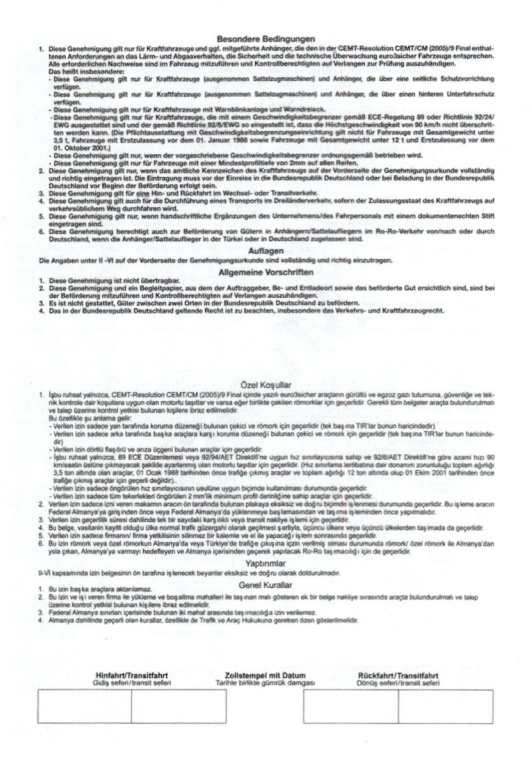

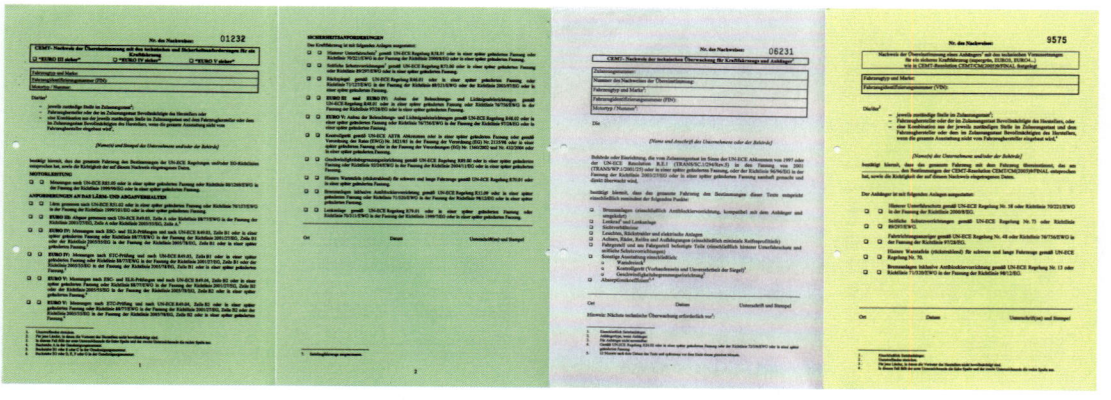

Abbildung 174:

Bilaterale Genehmigung für Einzelfahrt EURO 4 sichere Fahrzeuge (Vorder- und Rückseite) sowie Techniknachweise, TÜV-Bescheinigung und Dokument für Anhänger

2.3.6. Grenzüberschreitender Kombiverkehr

Für den grenzüberschreitenden kombinierten Verkehr (Kombiverkehr) durch Unternehmer aus einem EU-/EWR-Staat ist weder eine Erlaubnis noch eine Gemeinschaftslizenz erforderlich.

Kombiverkehr liegt vor, wenn

- das Kraftfahrzeug, der Anhänger, der Wechselbehälter oder der Container mindestens sechs Meter lang ist,
- ein Teil der Strecke grenzüberschreitend auf der Straße und ein Teil mit der Eisenbahn, einem Binnenschiff oder einem Seeschiff durchgeführt wird,
- bei Kombiverkehr Straße – Schiene nur der nächstgelegene, geeignete Bahnhof angefahren wird,
- bei Kombiverkehr Straße – Binnen-/Seeschiff die Luftlinie zwischen Hafen und Ladestelle nicht mehr als 150 km beträgt.

© Hupac

Beim Kombiverkehr ist allerdings ein Nachweis über die Voraussetzungen des Zugangs zum Beruf des Güterkraftverkehrsunternehmers zu erbringen und auch mitzuführen. Ein solcher Nachweis kann zum Beispiel eine amtlich beglaubigte Kopie der Erlaubnisurkunde oder EU-Lizenz sein.

Abbildung 175:
Verladeterminal

2.3.7 Anmeldung des Werkverkehrs

Wer Werkverkehr betreibt, muss dies beim Bundesamt für Güterverkehr anmelden. Was unter Werkverkehr zu verstehen ist, ist im Güterkraftverkehrsgesetz geregelt.

Werkverkehr liegt vor, wenn eigene Güter durch angestelltes Personal befördert werden, wobei die Güterbeförderung nicht der Hauptzweck des Unternehmens sein darf. Die Güterbeförderungen müssen lediglich Hilfstätigkeiten sein. Die Beförderten Güter müssen dem Unternehmen gehören oder verkauft, gekauft, vermietet, gemietet, hergestellt, erzeugt, gewonnen, bearbeitet oder instandgesetzt worden sein.

Handelsvertreter, Handelsmakler und Kommissionäre, die unter den gleichen Voraussetzungen Güter mit Kraftfahrzeugen einschließlich Anhänger mit einer Nutzlast von höchstens 4 Tonnen befördern, fallen ebenfalls unter die Regelungen des Werkverkehrs und müssen dies anmelden.

Werkverkehr spielt im Gütertransport nicht mehr die Rolle, die er früher einmal gespielt hat. Zum überwiegenden Teil wurde die Transportdienstleistung an Transportunternehmen vergeben.

AUFGABE

Nennen Sie die Voraussetzungen, unter denen Werkverkehr gegeben ist!

Nennen Sie Beispiele für Werkverkehr!

2.3.8 Ausnahmen von der Genehmigungspflicht

Abbildung 176:
Von der Genehmigungspflicht ausgenommen, auch wenn sie Güter befördert: die Feuerwehr

Folgende Transportleistungen sind genehmigungsfrei:

- Wenn Vereine gelegentlich für ihre Mitglieder oder für gemeinnützige Zwecke Güter befördern. Ein Selbstkostenbeitrag ohne Gewinn darf dabei erhoben werden.
- Wenn eine Körperschaft, Anstalt oder Stiftung des öffentlichen Rechts im Rahmen des öffentlichen Auftrages Güter befördert – zum Beispiel THW, Feuerwehr oder Polizei im Rahmen der Katastrophenhilfe
- Wenn ein Abschleppdienst ein Fahrzeug von der Unfallstelle oder nach einer Panne abtransportiert
- Wenn ein Busunternehmen im Rahmen einer Busreise das Gepäck der Reisenden befördert – die Personenbeförderung muss natürlich genehmigt sein
- Die Notfallbeförderung von Medikamenten, medizinischen Geräten und Ausrüstungen sowie anderen dringend benötigten Gütern

- Die Beförderung von Milch und Milcherzeugnissen zwischen Landwirten und Molkereien durch landwirtschaftliche Unternehmer
- Güterbeförderungen im Rahmen von landwirtschaftlichen Betrieben für eigene Zwecke und im Rahmen der Nachbarschaftshilfe
- Güterbeförderungen im Rahmen eines Maschinenringes in einem Umkreis von 75 km Luftlinie um den Standort
- Wenn ein Gewerbebetrieb Betriebseinrichtungen für eigene Zwecke befördert
- Die Beförderung von Postsendungen im Rahmen von Universaldienstleistungen durch Postdienstleister

Zusätzlich ist im **grenzüberschreitenden Güterverkehr** mit EU-/EWR-Staaten keine Gemeinschaftslizenz erforderlich, wenn folgende Beförderungen durchgeführt werden:

- Postsendungen im Rahmen des Universaldienstes
- Beförderung von beschädigten oder reparaturbedürftigen Fahrzeugen
- Güterbeförderung mit Kraftfahrzeugen, deren zulässige Gesamtmasse einschließlich Anhänger 3,5 t nicht übersteigt
- Güterbeförderung im Rahmen des Werkverkehrs, unter denselben Voraussetzungen, wie nach § 1 (2) GüKG (s. Abschnitt 2.3.7)
- Güterbeförderungen im Rahmen von dringenden Notfällen

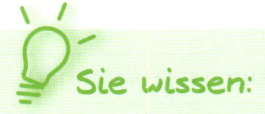

Sie wissen:

- ✔ Für gewerblichen Güterkraftverkehr mit Kfz > 3,5 t zGM benötigt man eine Erlaubnis, EU-Lizenz oder Genehmigung.
- ✔ Ein Güterkraftverkehrsunternehmer muss bestimmte Voraussetzungen erfüllen.
- ✔ Die Erlaubnis für den gewerblichen Güterkraftverkehr gilt nur für innerstaatliche Beförderungen.
- ✔ Die Gemeinschaftslizenz (EU-Lizenz) gilt für den Güterkraftverkehr innerhalb der EU, mit EWR-Staaten und der Schweiz; sie ersetzt die innerstaatliche Erlaubnis.
- ✔ Die CEMT-Genehmigung gilt in allen CEMT-Staaten.
- ✔ Darüber hinaus gibt es auch bilaterale Genehmigungen für den Güterkraftverkehr zwischen zwei Staaten.

2.4 Vorschriften über das Mitführen und Erstellen von Beförderungsdokumenten

▶ **Sie sollen einen Überblick über die wichtigsten Begleitpapiere im Güterverkehr bekommen.**

2.4.1 Begleitdokumente allgemein im Güterkraftverkehr

Güterverkehr mit:	Erforderliche Begleitdokumente
Erlaubnis für den innerstaatlichen Güterverkehr	Erlaubnisurkunde
	Beförderungsdokument (Frachtbrief)
	Versicherungsbestätigung
Gemeinschaftslizenz für den innerstaatlichen oder grenzüberschreitenden Verkehr (EU/EWR)	Kopie der Gemeinschaftslizenz
	Beförderungsdokument (Frachtbrief)
	Versicherungsbestätigung im innerstaatlichen Verkehr
CEMT-Genehmigung	Genehmigungsurkunde
	Fahrtenberichtsheft
	Beförderungsdokument (Frachtbrief)
CEMT-Genehmigung „grün"	Genehmigungsurkunde
	Fahrtenberichtsheft
	Beförderungsdokument (Frachtbrief)
	Bescheinigung über lärm- und schadstoffarmes Fahrzeug

CEMT-Genehmigung „S"	Genehmigungsurkunde
	Fahrtenberichtsheft
	Bescheinigung über lärm- und schadstoffarmes Fahrzeug sowie Nachweis über Sicherheitsüberprüfung
	Beförderungsdokument (Frachtbrief)
CEMT-Genehmigung „EURO III"	Genehmigungsurkunde
	Fahrtenberichtsheft
	Bescheinigung über lärm- und schadstoffarmes Fahrzeug sowie Nachweis über Sicherheitsüberprüfung (Blatt 1 bis 3), je für Kraftfahrzeug und Anhänger/Sattelanhänger; zusätzlich Übersetzungshilfe in englischer und französischer Sprache
	Beförderungsdokument (Frachtbrief)
CEMT-Genehmigung „EURO IV bis EURO VI"	Genehmigungsurkunde
	Fahrtenberichtsheft
	Bescheinigung über lärm- und schadstoffarmes Fahrzeug sowie Nachweis über Sicherheitsüberprüfung (Blatt 1 bis 3), je für Kraftfahrzeug und Anhänger/Sattelanhänger; zusätzlich Übersetzungshilfe in englischer und französischer Sprache
	Beförderungsdokument (Frachtbrief)
CEMT-Genehmigung Umzugsverkehr	Genehmigungsurkunde (CEMT-Umzugsverkehr)
	Beförderungsdokument (Frachtbrief)

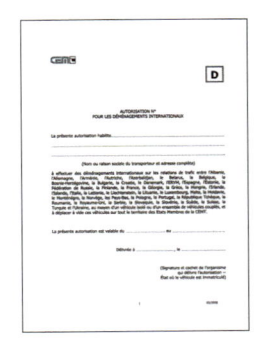

Abbildung 177:

Genehmigungsurkunde CEMT-Umzugsverkehr

Kombiverkehr	Nachweis der Berufs- und Marktzu-gangsvoraussetzungen
	Reservierungsbestätigung der Bahn für den Kombiverkehr oder entsprechende Bestätigung für den Schiffsverkehr
	Beförderungsdokument (Frachtbrief)
Werkverkehr	Kein Begleitdokument erforderlich
Landwirtschaftlicher Verkehr mit nicht steuer-befreiten Fahrzeugen	Begleitdokument über befördertes Gut, Be- und Entladeort sowie land-wirtschaftlichen Betrieb, für den die Beförderung erfolgt

⚠️ **Achtung:** Die Erlaubnisurkunde, die Gemeinschaftslizenz, die CEMT-Genehmigung und die sonstigen Nachweise dürfen nicht in Folie eingeschweißt (laminiert) oder sonstwie oberflächenbehandelt werden.

Bei innerstaatlichen Beförderungen sind nach dem Güterkraftver-kehrsgesetz in jedem Fall vom Fahrer während der gesamten Fahrt im Kraftfahrzeug folgende Dokumente mitzuführen:

- Güterkraftverkehrserlaubnis (Erlaubnisurkunde oder EU-Lizenz)
- Beförderungsdokument (Frachtbrief)
- Versicherungsbestätigung (Güterschaden-Haftpflichtversiche-rung)

Die Versicherungsbestätigung ist im grenzüberschreitenden Verkehr nicht vorgeschrieben.

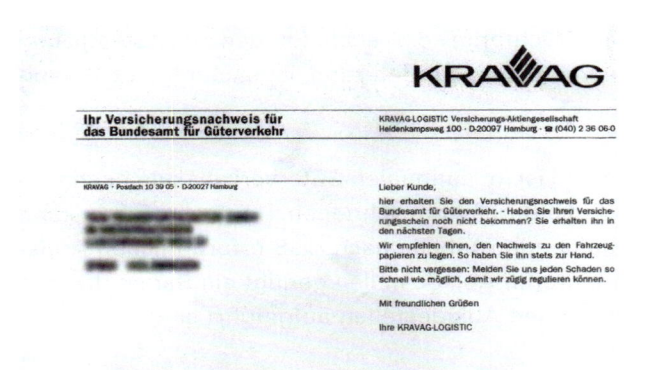

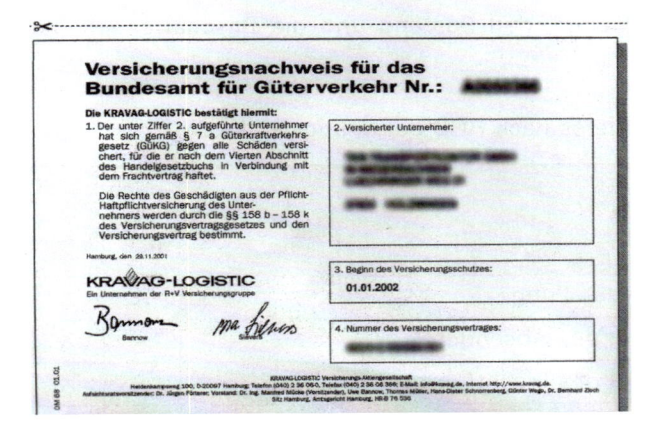

Abbildung 178: Bestätigung über den Abschluss einer Güterschaden-Haftpflichtversicherung

Beschäftigt ein Fuhrunternehmer einen Fahrer aus einem Staat, der nicht Mitgliedsstaat der EU ist, so muss dieser Fahrer bei innerstaatlichen und grenzüberschreitenden Fahrten eine EU-Fahrerbescheinigung mitführen.

Der **Frachtbrief,** wird in dreifacher Ausfertigung grundsätzlich vom Absender erstellt. Der Frachtbrief ist vom Absender zu unterzeichnen und auf Verlangen vom Frachtführer gegenzuzeichnen. Hierfür genügt allerdings auch ein entsprechender Stempelaufdruck. Die erste Ausfertigung des Frachtbriefes behält der Absender, die zweite behält der Fahrer und führt sie während der Beförderung mit und die dritte behält der Frachtführer.

In der Regel führt aber der Fahrer auch die dritte Ausfertigung mit sich und gibt sie nach Beendigung der Tour bei seinem Unternehmen ab.

Ein ausgefüllter CMR-Frachtbrief, der auch für den innerstaatlichen Straßengüterverkehr verwendet werden kann, ist nachfolgend in Kapitel 2.4 enthalten.

Nach Handelsrecht (HGB) ist im nationalen Güterverkehr kein bestimmtes Formular für den Frachtbrief vorgeschrieben. Der Frachtführer kann aber die in der nachfolgenden Tabelle nach HGB erforderlichen Angaben verlangen. Bei mehreren Abladestellen genügt ein Sammelfrachtbrief, auf dem die jeweiligen Abladestellen aufgeführt sind.

Der Frachtbrief nach HGB beziehungsweise CMR hat Beweisfunktion. Er dient als Nachweis für den Abschluss des Frachtvertrages und als Nachweis für die Menge, den Zustand und die Beschaffenheit der Transportgüter.

Inhalt eines Frachtbriefes nach HGB beziehungsweise CMR:

Inhalt	nach:	
	HGB	**CMR**
Ort und Tag der Ausstellung	X	X
Name und Anschrift des Absenders	X	X
Name und Anschrift des Frachtführers	X	X
Stelle und Tag der Übernahme des Gutes sowie die für die Ablieferung vorgesehene Stelle	X	X
Name und Anschrift des Empfängers und eine etwaige Meldeadresse	X X	X –
Die übliche Bezeichnung der Art des Gutes und die Art der Verpackung, bei gefährlichen Gütern ihre nach den Gefahrgutvorschriften vorgesehene, sonst ihre allgemein anerkannte Bezeichnung	X	X
Anzahl, Zeichen und Nummern der Frachtstücke	X	X
Das Rohgewicht oder die anders angegebene Menge des Gutes	X	X
Die vereinbarte Fracht und die bis zur Ablieferung anfallenden Kosten sowie ein Vermerk über die Frachtzahlung	X X	X –
Den Betrag einer bei Ablieferung des Gutes einzuziehenden Nachnahme	X	X

Weisungen für die Zoll- und sonstige amtliche Behandlung des Gutes	X	X
Eine Vereinbarung über die Beförderung in offenem, nicht mit Planen gedecktem Fahrzeug oder auf Deck	X	–
Die Angabe, dass die Beförderung trotz einer gegenteiligen Abmachung den Bestimmungen dieses Übereinkommens unterliegt	–	X
Das Verbot, umzuladen	–	X
Die Kosten, die der Absender übernimmt	–	X
Die Angabe des Wertes des Gutes und des Betrages des besonderen Interesses an der Lieferung	–	X
Weisungen des Absenders an den Frachtführer über die Versicherung des Gutes	–	X
Die vereinbarte Frist, in der die Beförderung beendet sein muss	–	X
Ein Verzeichnis der dem Frachtführer übergebenen Urkunden	–	X
Ggf. weitere Angaben	X	X

 Anmerkung: Gemäß § 7 GüKG sind im Beförderungspapier jedoch nur folgende Angaben erforderlich:

- Das beförderte Gut
- Der Belade- und Entladeort sowie
- Der Auftraggeber

Eine weitere Angabe in einem Frachtbrief kann zum Beispiel die Vereinbarung zwischen dem Fuhrunternehmer (Frachtführer) und dem Auftraggeber sein, dass der Fahrer eine entsprechende Anzahl an EURO-Paletten oder Gitterboxen tauschen muss. Wurde dies nicht vereinbart, so besteht grundsätzlich keine Tauschpflicht für den Fahrer.

2.4.2 Beförderung von Gefahrgut

Bei der Beförderung von Gefahrgut mit Tankfahrzeugen und in loser Schüttung sind alle der nachfolgend aufgezählten Begleitpapiere mitzuführen. Im **Stückgutverkehr** gibt es hierzu aber Ausnahmeregelungen. Dazu zählen

- die sogenannte „1000-Punkte-Regelung" – Mengengrenzen nach 1.1.3.6 ADR
- die Vorschriften zu den „begrenzten Mengen" (LQ-Regelung)
- die Vorschriften zu den „freigestellten Mengen" (EQ-Regelung)

Abbildung 179:
LQ-Zettel

So kann es im Stückgutverkehr vorkommen, dass einem Fahrer Gefahrgut übergeben wird und er gefahrgutrechtliche Pflichten hat, ohne dass er diesbezüglich geschult ist. Er benötigt keine Schulungsbescheinigung, wenn er die 1000 Punkte nicht überschreitet oder wenn er LQ- oder EQ-Mengen befördert. So ist bei Unterschreitung der 1000-Punkte-Grenze in jedem Fall ein Feuerlöscher mit mindestens 2 kg Pulver der Brandklassen A, B und C erforderlich, der mit Plombe und Datum der *nächsten* Prüfung versehen ist. Versandstücke mit Gefahrgut sind an der Kennzeichnung mit Gefahrzettel erkennbar. Welches Gefahrgut und wie viel davon geladen ist, kann man im Beförderungspapier nachlesen.

Abbildung 180:
Tunnel der
Kategorie E

Bei LQ-Beförderungen von mehr als 8 Tonnen dieser Güter ist bei Lkw (auch mit Anhänger) beziehungsweise bei Sattelzügen mit mehr als 12 Tonnen zulässiger Gesamtmasse vorne und hinten eine Kennzeichnung erforderlich. Bei dieser Kennzeichnung handelt es sich um eine weiße Raute, bei der die Spitzen oben und unten schwarz abgesetzt sind. Die Raute muss eine Kantenlänge von mindestens 25 cm haben. Fahrzeuge, die so gekennzeichnet sind, dürfen auch keine Tunnels der Kategorie E befahren.

Werden Gefahrgüter in freigestellten Mengen (EQ) befördert, so dürfen sich nicht mehr als insgesamt 1000 Versandstücke in einem Fahrzeug befinden. Die Versandstücke sind mit nebenstehendem Kennzeichen versehen.

Abbildung 181:
EQ-Kennzeichnung

Begleitpapier	Hinweis
Beförderungspapier	Im gewerblichen Güterverkehr immer erforderlich, bei Stückgutbeförderung beachte aber Ausnahme 18 (S) GGAV
Schulungsbescheinigung	Im Stückgutverkehr nur erforderlich, wenn Mengengrenzen nach 1.1.3.6 ADR überschritten sind
Lichtbildausweis	Im Stückgutverkehr nur erforderlich, wenn Mengengrenzen nach 1.1.3.6 ADR überschritten sind. Als Lichtbildausweis zählen der Personalausweis, der Pass, der Führerschein die ADR-Card oder die Fahrerkarte für den digitalen Fahrtenschreiber.
Besondere Zulassung	Im Stückgutverkehr nur für EX II und EX III Beförderungseinheiten und nur erforderlich, wenn Mengengrenzen nach 1.1.3.6 ADR überschritten sind
Schriftliche Weisungen	Im Stückgutverkehr nur erforderlich, wenn Mengengrenzen nach 1.1.3.6 ADR überschritten sind.
Fahrwegbestimmung	Nur erforderlich bei besonders gefährlichen Gütern gemäß Anlage 1 zur GGVSEB

Beförderungsgenehmigung	Erforderlich bei Beförderung von radioaktiven Stoffen oder bei gefährlichen Abfällen
Sprengstoffrechtlicher Befähigungsschein	Werden Sprengstoffe im Sinne des Sprengstoffgesetzes befördert (Gefahrgut Kl. 1), so ist zusätzlich zur Schulungsbescheinigung ein Befähigungsschein nach SprengG erforderlich.

Im Beförderungspapier sind insbesondere folgende Angaben zum Gefahrgut enthalten:
UN-Nummer (vierstellig), offizielle Benennung des Gefahrgutes, Nummer des/der Gefahrzettel, gegebenenfalls die Verpackungsgruppe (römische Zahl), der Tunnelcode und die jeweilige Beförderungsmenge.

Bei der Schulungsbescheinigung ist darauf zu achten, dass diese nur fünf Jahre lang gilt und dass rechtzeitig vorher eine Auffrischungsschulung mit Prüfung besucht werden muss.

Abbildung 182:
ADR-Bescheinigung
bis 30.05.2020
(bis zu diesem
Datum ausgestellte
Bescheinigungen
behalten ihre
Gültigkeit für fünf
Jahre)

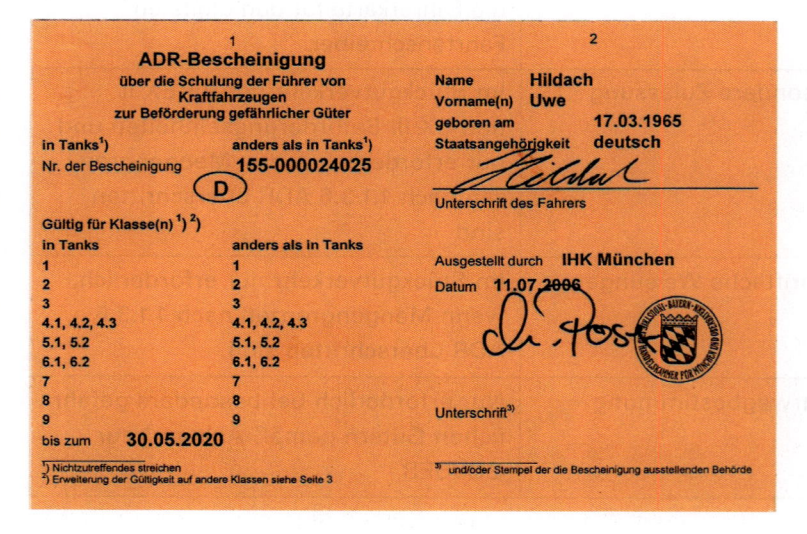

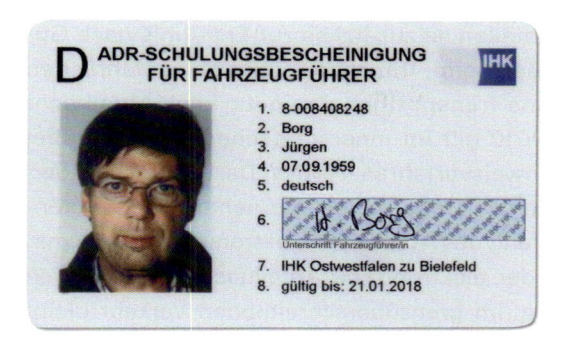

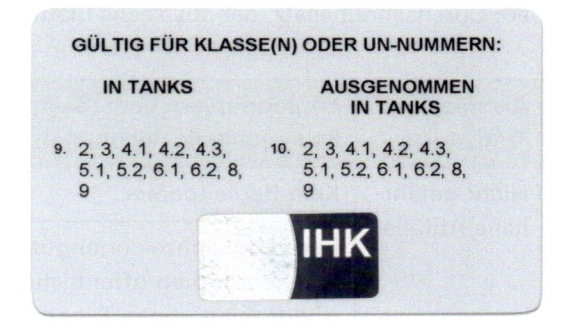

Abbildungen 183 und 184:
ADR-Card
ab 1.1.2013

Sofern schriftliche Weisungen mitgeführt werden müssen, kann man daraus die erforderlichen Maßnahmen bei einem Unfall oder Notfall, die Gefahreneigenschaften des Gutes (je nach Gefahrzettel/Kennzeichen), zusätzliche Hinweise (je nach Gefahrzettel/Kennzeichen) und Angaben für den persönlichen und allgemeinen Schutz für die Durchführung allgemeiner und gefahrenspezifischer Notfallmaßnahmen entnehmen.

2.4.3 Beförderung von Abfall

Das Kreislaufwirtschafts-/Abfallgesetz (KrW/AbfG) wurde aufgehoben und es trat zum 1. Juni 2012 das Kreislaufwirtschaftsgesetz (KrWG) an dessen Stelle. Damit ergab sich eine Reihe von Änderungen hinsichtlich der vormaligen Genehmigungspflicht für die Abfallbeförderung. Alte Transportgenehmigungen behalten aber bis zum Ablauf ihre Gültigkeit. Auch unbefristete Transportgenehmigungen sind weiterhin gültig. Außerdem müssen nun Fahrzeuge zum Abfalltransport grundsätzlich mit einem A-Schild gekennzeichnet werden.

Bei der Beförderung von Abfällen ist zusätzlich zur Erlaubnis nach Güterkraftverkehrsgesetz (außer beim Transport von nicht gefährlichen
Abfällen zur Verwertung) eine Transportgenehmigung nach Abfallrecht
erforderlich. Seit 1. April 2010 gilt im innerstaatlichen Verkehr dabei
das elektronische Abfallnachweisverfahren – eANV. Dazu teilen Abfaller-
zeuger, Abfallbeförderer und das Entsorgungsunternehmen den zuständigen Behörden die Behandlung des Abfalls auf elektronischem Weg mit.
Seit 1. Februar 2011 muss der elektronische Abfallnachweis zusätzlich
elektronisch signiert werden. Im grenzüberschreitenden Verkehr bleibt
allerdings die papiermäßige Abwicklung des Nachweisverfahrens mit
dem Durchschreibesatz, der aus sechs Blättern besteht, erhalten.

Art des Transports	Begleitpapiere gemäß Abfallrecht Fahrzeugkennzeichnung
Nicht gefähr-liche Abfälle	Kein Begleitpapier
	Fahrzeugkennzeichnung mit A-Schild (ausgenommen öffentlich-rechtliche Entsorgungs-träger mit eigenen Fahrzeugen)
Gefährliche Abfälle Innerstaatli-cher Verkehr	Beförderungserlaubnis gem. KrWG bzw. Zertifikat als Entsorgungsfachbetrieb oder noch gültige Transportgenehmigung gem. KrW/AbfG (altes Recht)
	Begleitschein in elektronischer Form oder als Schwarz-weiß-Kopie
	Fahrzeugkennzeichnung mit A-Schild
Gefährliche Abfälle Grenzüber-schreitender Verkehr	Beförderungserlaubnis gem. KrWG bzw. Zertifikat als Entsorgungsfachbetrieb oder noch gültige Transportgenehmigung gem. KrW/AbfG (altes Recht)
	Entsorgungsnachweis bzw. Sammelentsorgungsnachweis
	Begleitschein/Übernahmeschein
	Fahrzeugkennzeichnung mit A-Schild

2.4.4 Tiertransporte

Bei der Beförderung von lebenden Tieren sind besondere Begleitpapiere erforderlich. Hierbei ist zu unterscheiden, ob es sich um einen Transport innerhalb Deutschlands, grenzüberschreitend innerhalb der EU oder grenzüberschreitend mit Drittstaaten handelt.

Beförderungsstrecke	Begleitpapiere
Innerhalb Deutschlands	Transportkontrollbuch/Transportpapier
	Desinfektionskontrollbuch
	Befähigungsnachweis
Grenzüberschreitend in EU	Transportkontrollbuch/Transportpapier
	Desinfektionskontrollbuch
	Befähigungsnachweis
	Fahrtenbuch bzw. Navigationssystem bei mehr als 8 Stunden Transportdauer
	Gesundheitsbescheinigung
	Einfuhrdokument bei Kälbern und Schweinen zum Tierschutz
Grenzüberschreitend von/ nach Drittstaaten	Transportkontrollbuch/Transportpapier
	Desinfektionskontrollbuch
	Befähigungsnachweis
	Fahrtenbuch bzw. Navigationssystem bei mehr als 8 Stunden Transportdauer
	Gesundheitsbescheinigung
	Einfuhrdokument bei Kälbern und Schweinen zum Tierschutz

Abbildung 185:
Für Tiertransporte sind besondere Begleitpapiere erforderlich

Verantwortungsvoller Umgang mit Dokumenten

„In der Praxis ergeben sich für Fahrer im Nahverkehr oder nationalen und europäischen Fernverkehr kaum Probleme mit Transportdokumenten". So macht es zumindest den Anschein, wenn Fahrer über ihren Beruf berichten. Bei genauem Hinschauen sieht die Wahrheit aber ganz anders aus. Denn nur die wenigsten wollen wahrhaben, dass regelmäßig Buchhalter, Disponenten und ganze Schadensabteilungen damit beschäftigt sind, Fehler auszubügeln, die Fahrer durch den unüberlegten Umgang mit Transportdokumenten anrichten. Die Zusatzkosten, die den Transportunternehmen dadurch entstehen, gehen je nach Unternehmensgröße jährlich in die Zehn-, wenn nicht Hunderttausende.

Es ist wichtig, dass Sie als Fahrer sehr verantwortungsbewusst handeln, wenn Sie mit Transportdokumenten zu tun haben. Auch wenn es „nur" ein Paletten- oder Leergutschein ist. Der verantwortungsvolle Umgang mit Transportdokumenten ist *mindestens* genauso wichtig wie die schnelle Beförderung und vollständige und intakte Anlieferung des Gutes beim Kunden.

© Reiner Rosenfeld

Unterschrift des Empfängers

Es darf keinesfalls dadurch Zeit eingespart werden, dass Ware ohne Unterschrift des Empfängers ausgeliefert wird; außer dies wurde ausdrücklich vereinbart. Trotzdem legen KEP-Fahrer jeden Tag Päckchen oder Pakete, deren Wert sie nicht kennen, vor Wohnungen oder Gebäuden ab. Oder Lkw-Fahrer entladen ganze Paletten, ohne sich den Empfang quittieren zu lassen. Andere gehen noch einen Schritt weiter und fälschen die Unterschriften von Empfängern, nur um schneller voranzukommen. Stellt der Kunde dann Scha-

densersatzansprüche wegen Verlust oder Beschädigung der Ware (**Foto**), bleiben die Kosten an dem Unternehmen hängen, das den Transport als Frachtführer durchgeführt hat.

Waren bei Übernahme kontrollieren

Gleichzeitig ist es an der Tagesordnung, dass Fahrer bei der Übernahme von Waren den Empfang sorglos quittieren, ohne die Anzahl oder den Zustand wirklich detailliert überprüft zu haben. Dabei ist sich vermutlich kaum einer im Klaren, welches Risiko er damit ganz persönlich eingeht. Denn häufig machen Transportunternehmen Fahrer für derartige Schäden haftbar. Und tatsächlich haben Gerichte Fahrer bereits zu Schadensersatzzahlungen verurteilt. Handeln Sie deswegen, schon im eigenen Interesse, verantwortungsbewusst. Liefern Sie Ware nur gegen Unterschrift aus, prüfen Sie gegebenenfalls ob Personen überhaupt zur Annahme berechtigt sind und es sich nicht um

© Reiner Rosenfeld

Besucher oder Personen unter 18 Jahren handelt. Liefern Sie Nachnahmesendungen nur gegen Barzahlung aus, und halten Sie Reklamationen von Kunden schriftlich und so konkret wie möglich fest. Ein einfaches „beschädigt" auf dem Transportdokument reicht nicht aus. Danach lassen Sie den Kunden Ihr Protokoll unterschreiben. In der gleichen Art sollten Sie vorgehen, wenn Sie beschädigte Ware von einem Kunden übernehmen müssen. Setzen Sie sich in Zweifelsfällen oder bei größeren Schäden mit Ihrem Disponenten in Verbindung.

Öffnet ein Kunde Ware in Ihrem Beisein und stellt Fehlmengen fest, dann lassen Sie sich auf jeden Fall bestätigen, dass das Paket bei der Auslieferung noch original verschlossen war. Und geben Sie in Schadensfällen auf keinen Fall Erklärungen in Bezug auf mögliche Haftungen oder Schadensregulierungen durch Ihr Unternehmen ab. Dies klärt Ihre Firma später mit dem Kunden.

Zeit sparen

Wer gefahrlos Zeit beim Umgang mit Dokumenten sparen will, der kann zum Beispiel in ruhigen Minuten schon vorab Blanko-Frachtbriefe mit den wichtigsten Informationen füllen. Im Idealfall muss der Kunde, bei dem Sie Ware übernommen haben, das von Ihnen vorausgefüllte Dokument dann nur noch durch wenige Punkte ergänzen.

Zeit lässt sich aber auch mit Hilfe eines Stempels mit Namen und Anschrift des Transportunternehmens sparen (Foto). Das kann u.a. das leidige Ausfüllen der Sparte „Frachtführer" auf Dokumenten ersparen, die vom Kunden ausgefertigt werden.

Zudem sollte jeder Fahrer in seinem Fahrzeug oder seiner ganz persönlichen Fahrermappe ausreichend Ersatz-Frachtbriefe, CMR- oder Palettenscheine haben.

2.4.5 Ausfüllanleitung für einen CMR-Frachtbrief

Abbildung 186:
Muster eines internationalen CMR-Fracht-briefes

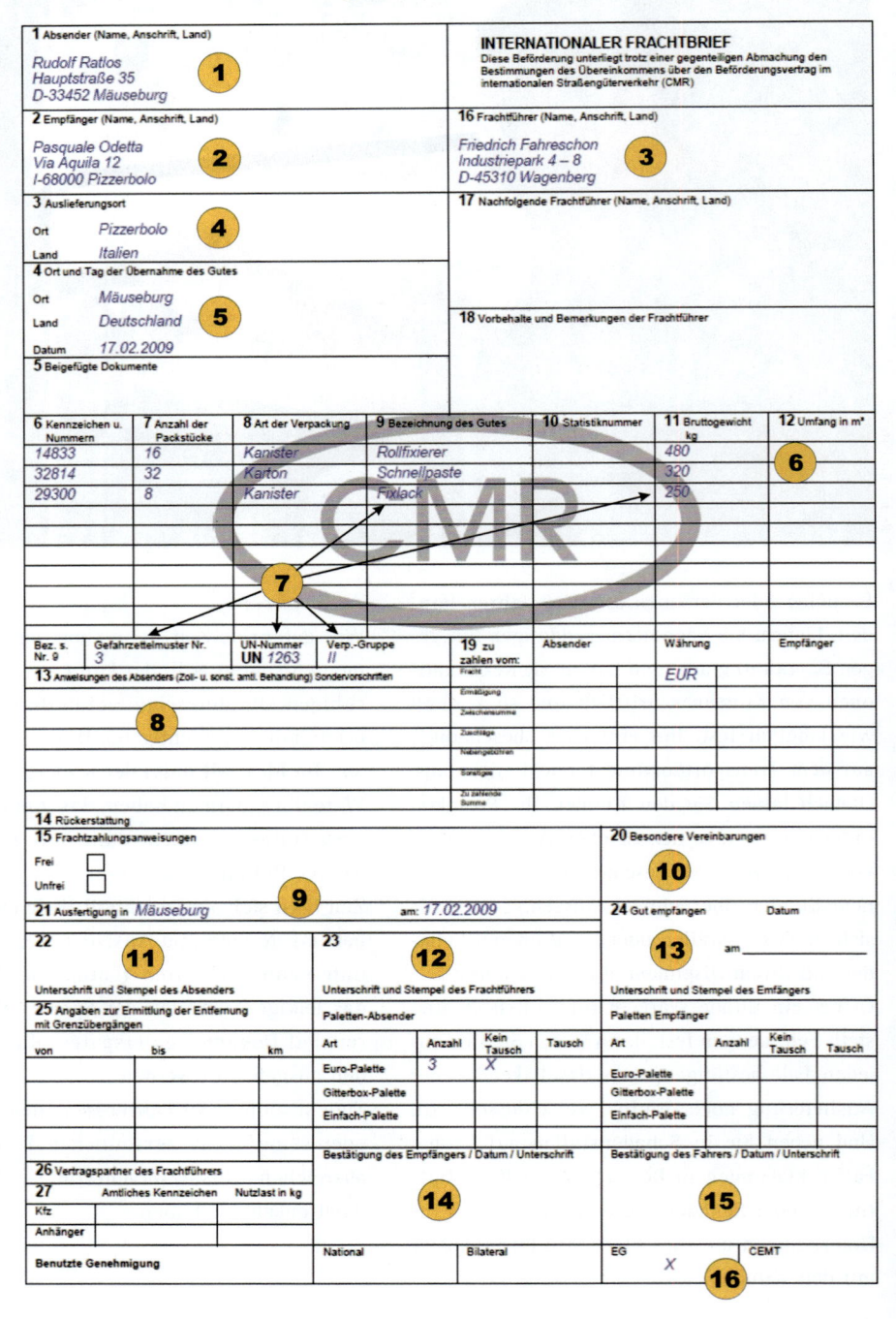

1. Name und Postanschrift des Absenders (nicht der Versender!)
2. Name und Postanschrift des Empfängers
3. Name und Postanschrift des Frachtführers oder Spediteurs im Selbsteintritt
4. Achtung: Hier kann eine andere Anschrift als die des Empfängers angegeben sein!
5. Hier Ort und Datum der Übernahme der Güter dokumentieren
6. Unter dieser Rubrik werden die zu befördernden Güter und das Bruttogewicht (Rohgewicht) eingetragen
7. Achtung: Hier sind Angaben zu Gefahrgut gemacht, es sind die zusätzlichen Vorschriften des ADR und der GGVSEB zu beachten! Das hier abgebildete Formular ist gebräuchlich, die Reihenfolge der Kästchen entspricht jedoch nicht den Anforderungen für eine Gefahrgutbeförderung nach ADR. Hierzu sind weitere Angaben oder ein ordnungsgemäßes Beförderungspapier nach ADR zusätzlich erforderlich und mitzuführen.
8. Hier sind Angaben des Absenders zur Zollabfertigung enthalten
9. Ausstellungsdatum des Frachtbriefes
10. Achtung: Hier können besondere Weisungen des Absenders zur Behandlung der Güter enthalten sein
11. Stempel und/oder Unterschrift des Absenders
12. Stempel und/oder Unterschrift des Frachtführers
13. Hier quittiert der Empfänger den ordnungsgemäßen Erhalt der Güter
14. Hier bestätigt der Empfänger den Erhalt von eventuell zu tauschenden Paletten
15. Hier bestätigt der Fahrer den Erhalt von eventuell zurück zu nehmenden Tauschpaletten
16. Es ist anzukreuzen, welche Art von Genehmigung nach GüKG für die Beförderung zum Einsatz kommt

Die Eintragungen unter Nr. 1 bis 6 sind die Eintragungen im Frachtbrief, die der Fahrer vornehmen muss, wenn er beispielsweise aufgrund eines Lieferscheines diesen erstellt.

Außerdem sollte er auf die Eintragungen unter Nr. 7 beachten, wenn ihm Gefahrgut übergeben wird. Weitere Angaben bzw. ein zusätzliches Beförderungspapier nach ADR ist dann erforderlich.

AUFGABE

Erstellen Sie einen CMR-Frachtbrief auf Grundlage dieses Lieferscheines!

Abbildung 187:
Lieferschein
(als Grundlage zur
Erstellung eines
CMR-Frachtbriefes)

29334 Ladestadt   Ladestadt 17.02.2016
Robert Spedispezi
Industriestraße 33

Lieferschein-Nr. 39047

Empfänger: **Spediteur:**
Sandro Latini   Hans Dampf
Via Rosso 2   Bergstraße 16 – 18
I-65000 Larissa Therme   D-52310 Pfefferhausen

Art.-Nr.	Anzahl	Kolli	Bezeichnung	Brutto-gewicht in kg	Bemerkungen
56832	12	Fässer	Trennöl	1480,000	
32814	40	Karton	Wasch-paste	360,000	
	5	Europa-letten			Tausch-palet-ten

Abbildung 188:
Frachtbrief zum
Ausfüllen

Amtl. Kennzeichen Zugfahrzeug: LAD-RS-1, Nutzlast: 9.400 kg
Amtl. Kennzeichen Anhänger: LAD-RS-2, Nutzlast: 15.450 kg
Die Spedition Dampf fährt im Selbsteintritt und für die Beförde-
rung nach Italien wird eine EU-Lizenz D/007/NRW eingesetzt.
Die Übernahme des Gutes erfolgt am 17.2.16.
Der Absender übergibt die fünf EURO-Paletten als Tauschpalet-
ten.

Schnelltrennsatz – Selbstdurchschreibend
Bitte kräftig aufdrücken bzw. mit Schreibmaschine beschriften.

1 Absender (Name, Anschrift, Land)
Expéditeur (nom, adresse, pays)

INTERNATIONALER FRACHTBRIEF
LETTRE DE VOITURE INTERNATIONALE

Diese Beförderung unterliegt trotz einer gegenteiligen Abmachung den Bestimmungen des Übereinkommens über den Beförderungsvertrag im internat. Straßengüterverkehr (CMR)

Ce transport est soumis, nonobstant toute clause contraire, à la Convention relative au contrat de transport international de marchandises par route (CMR)

2 Empfänger (Name, Anschrift, Land)
Destinataire (nom, adresse, pays)

16 Frachtführer (Name, Anschrift, Land)
Transporteur (nom, adresse, pays)

3 Auslieferungsort des Gutes
Lieu prévu pour la livraison de la marchandise

Ort/Lieu

Land/Pays

17 Nachfolgende Frachtführer (Name, Anschrift, Land)
Transporteurs successifs (nom, adresse, pays)

4 Ort und Tag der Übernahme des Gutes
Lieu et date de la prise en charge de la marchandise

Ort/Lieu

Land/Pays

Datum/Date

18 Vorbehalte und Bemerkungen der Frachtführer
Réserves et observations des transporteurs

5 Beigefügte Dokumente
Documents annexés

6 Kennzeichen und Nummern
Marques et numéros

7 Anzahl der Packstücke
Nombre des colis

8 Art der Verpackung
Mode d'emballage

9 Bezeichnung des Gutes*
Nature de la marchandise*

10 Statistiknummer
No. statistique

11 Bruttogewicht in kg
Poids brut, kg

12 Umfang in m³
Cubage m³

Bez. a. Nr. 9 Nom voit N°9	Gefahrzettelmuster-Nr. Numéro d'étiquette	UN-Nummer Numéro UN	Verp.-Gruppe Groupe d'emballage
		UN	

13 Anweisungen des Absenders (Zoll- und sonstige amtliche Behandlung)
Instructions de l'expéditeur (formalités douanières et autres)

19 Zu zahlen vom:
A payer par:

	Absender L'expéditeur	Währung Monnaie	Empfänger Le Destinataire
Fracht Prix de transport			
Ermäßigungen Réductions	−		
Zwischensumme Solde			
Zuschläge Suppléments			
Nebengebühren Frais accessoires			
Sonstiges Divers	+		
Zu zahlende Gesamtsumme/Total à payer			

14 Rückerstattung
Remboursement

15 Frachtzahlungsanweisungen
Prescription d'affranchissement
Frei
Franco
Unfrei
Non Franco

20 Besondere Vereinbarungen
Conventions particulières

21 Ausgefertigt in
Établie à

am

24 Gut empfangen
Réception des merchandises

Datum
Date

22

23

am
le

Stempel des Absenders
(Timbre de l'expéditeur)

Stempel des Frachtführers
(Timbre du transporteur)

Stempel des Empfängers
(Timbre du destinataire)

25 Unterschrift des Absenders
(Signature de l'expéditeur)

26 Unterschrift des Frachtführers
(Signature du transporteur)

27 Unterschrift des Empfängers
(Signature du destinataire)

28 Angaben zur Ermittlung der Gesamtentfernung mit Grenzübergängen

	von	bis	km

30 Berechnung des Beförderungsentgelts

29

Kfz	Amtl. Kennzeichen	Nutzlast in kg
Anhänger		

Summe Beförderungsentgelt

Benutzte Gen.-Nr.

☐ National ☐ Bilateral ☐ EU ☐ CEMT

2.4.6 Verkehrsträger See, Luft und Eisenbahn

Im kombinierten Verkehr, der auch intermodaler oder multimodaler Verkehr genannt wird, kommt dem Transport mit dem Lkw die Rolle des Vor- oder Nachlaufes zum Haupttransport zu. Der Haupttransport kann zum Beispiel mit einem Schiff auf See oder mit einem Frachtflugzeug erfolgen. Andere Schnittstellen für den inter- oder multimodalen Verkehr sind die Eisenbahn oder das Binnenschiff. Wie oben bereits erwähnt, liegt kein Kombiverkehr im Sinne des GüKG vor, wenn der Vor- und Nachlauf mit dem Lkw lediglich zur Hauptbeförderung mit dem Flugzeug erfolgt.

Die Güterbeförderung mit Seeschiffen und mit Flugzeugen hat besonders im weltweiten Warenverkehr Bedeutung. Deshalb sind hier die zollrechtlichen Bestimmungen von Bedeutung, auch für den Fahrer des Vor- und Nachlaufverkehrs. Es findet quasi ein grenzüberschreitender Güterverkehr statt, obwohl sich die Ware noch oder schon auf dem Territorium der Bundesrepublik Deutschland befindet. Möglich wird dies durch die Erklärung von bestimmten Gebieten zu Freizonen oder auch Freilagern, die dem Außenhandel und der Lagerung solcher Waren dienen.

Der Freihafen Hamburg war bis Ende 2012 zum Beispiel eine solche Freizone. Die Waren, die dort angeliefert oder von dort geholt wurden,

Abbildung 189:
Containerhafen

© Paylessimages/fotolia

mussten zollrechtlich behandelt werden. Das gilt auch für die internationalen Frachtflughäfen, soweit es sich nicht um Warenverkehr handelt, der ausschließlich innerhalb der EU stattfindet. Hierzu müssen die vom Absender zu diesem Zweck ausgefertigten Papiere dem Zoll übergeben werden. In der Regel ist dies auch mit entsprechenden Weisungen des Absenders zur Zollabfertigung verbunden.

Beförderung von Containern mit Gefahrgut im Vorlauf zum Seetransport

Wird ein Container mit Gefahrgut im Vorlauf zum Seetransport befördert, so ist ein Container-Packzertifikat erforderlich, das der Verlader ausstellen und unterschreiben muss. Es reicht aus, wenn dazu folgender Text im Beförderungspapier nach Gefahrgutvorschriften enthalten und vom Verlader unterschrieben ist:

> *„Container-/Fahrzeug-Packzertifikat*
> *Hiermit erkläre ich, dass die oben beschriebenen Güter in den oben angegebenen Container/in das oben angegebene Fahrzeug gemäß den geltenden Vorschriften verpackt/verladen wurden."*

Wenn gefährliche Güter zum See- oder Lufttransport übergeben oder von dort abgeholt werden, muss das Gefahrgutrecht beachtet werden. Hier wirken sich bestimmte Vorschriften des IMDG-Code (International Maritime Dangerous Goods Code) oder der IATA-DGR (International Air Transport Association Dangerous Goods Regulations) auf die Straßenbeförderung aus.

Vorschriften des IMDG-Code für den Vor- und Nachlauf zum Seeverkehr, die für den Fahrer von Bedeutung sind:

- Das Beförderungspapier für die Straßenbeförderung darf durch das Beförderungspapier nach IMDG-Code ersetzt werden. Zusätzliche Angaben, die nur nach ADR erforderlich sind, müssen aber zusätzlich enthalten sein.
- Im Container- und im Fährverkehr ist ein Container-Packzertifikat während der Vorlaufbeförderung mitzuführen.

Abbildung 190:
Beförderungspapier
für gefährliche
Güter nach
IMDG-Code
(IMO-Erklärung)

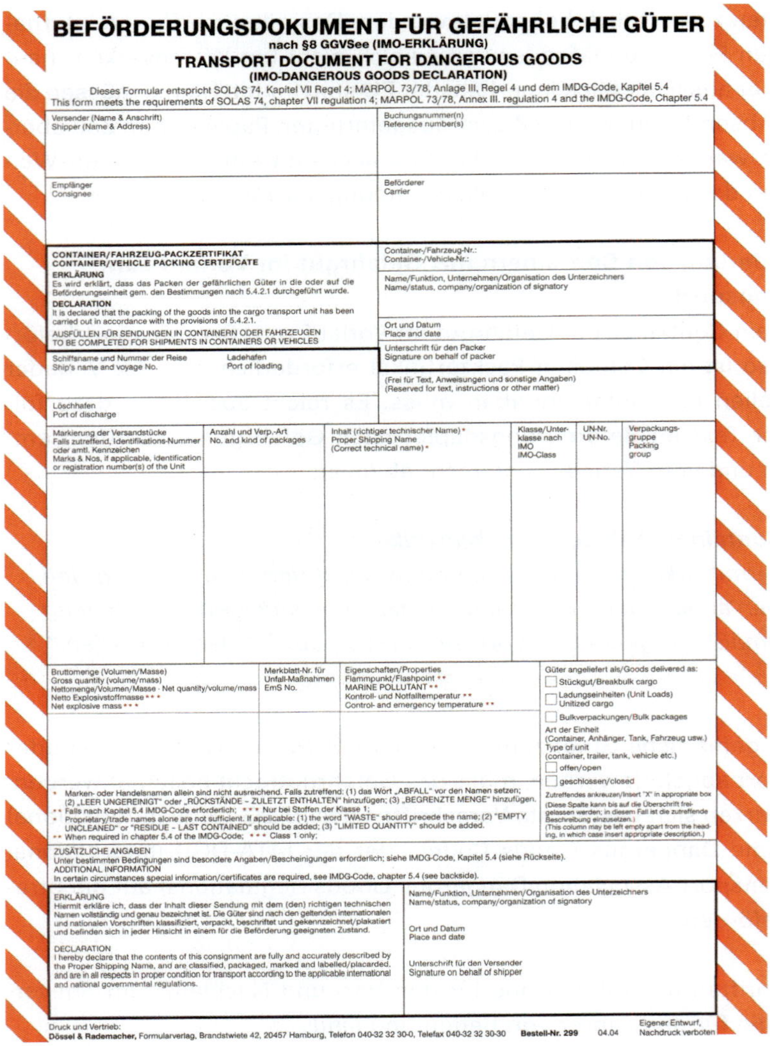

BEFÖRDERUNGSDOKUMENT FÜR GEFÄHRLICHE GÜTER
nach §8 GGVSee (IMO-ERKLÄRUNG)
TRANSPORT DOCUMENT FOR DANGEROUS GOODS
(IMO-DANGEROUS GOODS DECLARATION)

Dieses Formular entspricht SOLAS 74, Kapitel VII Regel 4; MARPOL 73/78, Anlage III, Regel 4 und dem IMDG-Code, Kapitel 5.4
This form meets the requirements of SOLAS 74, chapter VII regulation 4; MARPOL 73/78, Annex III. regulation 4 and the IMDG-Code, Chapter 5.4

Versender (Name & Anschrift)
Shipper (Name & Address)

Buchungsnummer(n)
Reference number(s)

Empfänger
Consignee

Beförderer
Carrier

CONTAINER/FAHRZEUG-PACKZERTIFIKAT
CONTAINER/VEHICLE PACKING CERTIFICATE

ERKLÄRUNG
Es wird erklärt, dass das Packen der gefährlichen Güter in die oder auf die
Beförderungseinheit gem. den Bestimmungen nach 5.4.2.1 durchgeführt wurde.
DECLARATION
It is declared that the packing of the goods into the cargo transport unit has been
carried out in accordance with the provisions of 5.4.2.1.
AUSFÜLLEN FÜR SENDUNGEN IN CONTAINERN ODER FAHRZEUGEN
TO BE COMPLETED FOR SHIPMENTS IN CONTAINERS OR VEHICLES

Container-/Fahrzeug-Nr.:
Container-/Vehicle-Nr.:

Name/Funktion, Unternehmen/Organisation des Unterzeichners
Name/status, company/organization of signatory

Ort und Datum
Place and date

Unterschrift für den Packer
Signature on behalf of packer

Schiffsname und Nummer der Reise
Ship's name and voyage No.

Ladehafen
Port of loading

(Frei für Text, Anweisungen und sonstige Angaben)
(Reserved for text, instructions or other matter)

Löschhafen
Port of discharge

Markierung der Versandstücke Falls zutreffend, Identifikations-Nummer oder amtl. Kennzeichen Marks & Nos, if applicable, identification or registration number(s) of the Unit	Anzahl und Verp.-Art No. and kind of packages	Inhalt (richtiger technischer Name) * Proper Shipping Name (Correct technical name) *	Klasse/Unter-klasse nach IMO IMO-Class	UN-Nr. UN-No.	Verpackungs-gruppe Packing group

Bruttomenge (Volumen/Masse) Gross quantity (volume/mass) Nettomenge/Volumen/Masse · Net quantity/volume/mass Netto Explosivstoffmasse * * * Net explosive mass * * *	Merkblatt-Nr. für Unfall-Maßnahmen EmS No.	Eigenschaften/Properties Flammpunkt/Flashpoint * * MARINE POLLUTANT * * Kontroll- und Notfalltemperatur * * Control- and emergency temperature * *	Güter angeliefert als/Goods delivered as: ☐ Stückgut/Breakbulk cargo ☐ Ladungseinheiten (Unit Loads) ☐ Unitized cargo ☐ Bulkverpackungen/Bulk packages Art der Einheit (Container, Anhänger, Tank, Fahrzeug usw.) Type of unit (container, trailer, tank, vehicle etc.) ☐ offen/open ☐ geschlossen/closed

* Marken- oder Handelsnamen allein sind nicht ausreichend. Falls zutreffend: (1) das Wort „ABFALL" vor den Namen setzen;
(2) „LEER UNGEREINIGT" oder „RÜCKSTÄNDE – ZULETZT ENTHALTEN" hinzufügen; (3) „BEGRENZTE MENGE" hinzufügen.
* * Falls nach Kapitel 5.4 IMDG-Code erforderlich; * * * Nur bei Stoffen der Klasse 1;
* Proprietary/trade names alone are not sufficient. If applicable: (1) the word "WASTE" should precede the name; (2) "EMPTY
UNCLEANED" or "RESIDUE – LAST CONTAINED" should be added; (3) "LIMITED QUANTITY" should be added.
* * When required in chapter 5.4 of the IMDG-Code; * * * Class 1 only;

Zutreffendes ankreuzen/Insert "X" in appropriate box
(Diese Spalte kann bis auf die Überschrift frei-
gelassen werden; in diesem Fall ist die zutreffende
Beschreibung einzusetzen.)
(This column may be left empty apart from the head-
ing, in which case insert appropriate description.)

ZUSÄTZLICHE ANGABEN
Unter bestimmten Bedingungen sind besondere Angaben/Bescheinigungen erforderlich; siehe IMDG-Code, Kapitel 5.4 (siehe Rückseite).
ADDITIONAL INFORMATION
In certain circumstances special information/certificates are required, see IMDG-Code, chapter 5.4 (see backside).

ERKLÄRUNG
Hiermit erkläre ich, dass der Inhalt dieser Sendung mit dem (den) richtigen technischen
Namen vollständig und genau bezeichnet ist. Die Güter sind nach den geltenden internationalen
und nationalen Vorschriften klassifiziert, verpackt, beschriftet und gekennzeichnet/plakatiert
und befinden sich in jeder Hinsicht in einem für die Beförderung geeigneten Zustand.
DECLARATION
I hereby declare that the contents of this consignment are fully and accurately described by
the Proper Shipping Name, and are classified, packaged, marked and labelled/placarded,
and are in all respects in proper condition for transport according to the applicable international
and national governmental regulations.

Name/Funktion, Unternehmen/Organisation des Unterzeichners
Name/status, company/organization of signatory

Ort und Datum
Place and date

Unterschrift für den Versender
Signature on behalf of shipper

Druck und Vertrieb:
Dössel & Rademacher, Formularverlag, Brandstwiete 42, 20457 Hamburg, Telefon 040-32 32 30-0, Telefax 040-32 32 30-30   **Bestell-Nr. 299**   04.04

Eigener Entwurf,
Nachdruck verboten

Vorschriften der IATA-DGR, die für den Fahrer im Vor- oder Nachlauf
zum Luftverkehr von Bedeutung sind:

- Das Beförderungspapier für die Straßenbeförderung darf durch
  das Beförderungspapier nach IATA-DGR ersetzt werden. Zusätzliche Angaben, die nur nach ADR erforderlich sind, müssen aber
  zusätzlich enthalten sein.
- Versandstücke dürfen nach IATA-DGR verpackt und gekennzeichnet sein. Auch hier gibt es unterschiedliche LQ-Regelungen
  in IATA-DGR und ADR.

Huckepackverkehr

Neben dem Containerverkehr mit der Eisenbahn oder dem Schiff gibt es auch den sogenannten Huckepackverkehr. Für die Eisenbahn kennt man dazu auch den Begriff „rollende Landstraße". Dabei wird ein Lkw auf die Eisenbahn verladen und so einen Teil der gesamten Beförderungsstrecke mit diesem Verkehrsträger befördert. Die rollende Landstraße spielt zum Beispiel im Güterverkehr zwischen Deutschland und Italien via Österreich eine nicht zu unterschätzende Rolle, insbesondere nachdem Tirol auf der Brennerstrecke weitreichende Verkehrsbeschränkungen für Lkw verfügt hat.

Abbildung 191:
Rollende
Landstraße

Eine weitere Form des Huckepackverkehrs ist der Fährverkehr mit dem Schiff, zum Beispiel zwischen Deutschland und den skandinavischen Staaten.

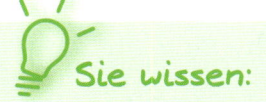

Sie wissen:

✔ Welche Begleitpapiere mitzuführen sind bei:
　✔ innerstaatlichem Güterkraftverkehr,
　✔ grenzüberschreitendem Güterkraftverkehr,
　✔ der Beförderung von Gefahrgut,
　✔ der Beförderung von Abfällen,
　✔ Tiertransporten.
✔ Welche Angaben in einem CMR-Frachtbrief enthalten sein müssen.
✔ Bei welchen Beförderungen ein Container-/Fahrzeug-Packzertifikat erforderlich ist.

2.5 Besonderheiten im grenzüberschreitenden Verkehr – Zoll und Carnet-TIR

▶ **Sie sollen das Zoll- und Carnet-TIR-Verfahren kennenlernen. Sie sollen wissen,**
- **wie mit dem Carnet beim Grenzübertritt und nach Ablieferung der Ware zu verfahren ist,**
- **welche baulichen Anforderungen das Fahrzeug erfüllen muss,**
- **welche Maßnahmen zu treffen sind, wenn es zu einem Unfall oder Zwischenfall kommt, bei dem der Zollverschluss (die Plombe) oder der Verschluss des Fahrzeugs zerstört wird oder geöffnet werden muss.**

2.5.1 Warenbeförderung innerhalb der EU

Innerhalb der Europäischen Union gibt es keine Zollschranken mehr. Es wird nur noch die Einfuhr von Waren zollamtlich überwacht, für die Verbrauchsteuern zu bezahlen sind. Dazu zählen alkoholische Getränke, Kaffee, Tabakerzeugnisse und Mineralöle (Kraftstoffe). Der Zigarettenschmuggel mit Lkw zum Beispiel zieht die besondere Aufmerksamkeit des Zollkontrolldienstes auf sich und die Schmuggler werden häufig ertappt.
Zollamtlich überwacht wird auch der Warenverkehr mit den drei EFTA-Staaten Island, Norwegen und Schweiz (inklusive Liechtenstein), auf den Ein- und Ausfuhrabgaben erhoben werden.

Im Januar 2013 hat die Schweiz auf die elektronische Zollanmeldung umgestellt. Diese erfolgt bis zu 30 Tage vor Grenzübertritt mittels der Systeme E-dec Import, E-dec Export beziehungsweise über NCTS. Sollte ein Fahrer ohne elektronische Anmeldung an einem der Grenzübergänge zur Schweiz eintreffen, so stehen ihm dort Computer zur Verfügung, an denen er die Zollanmeldung durchführen kann.
Der nationale Transit, die vorübergehende Verwendung und Veredelungsverkehre sind allerdings bis auf weiteres noch in Papierform abzuwickeln.

Werden Waren in Drittländer versendet oder aus Drittländern eingeführt, so unterliegt dieser Ex- oder Import der Zollüberwachung und kann jederzeit von den Zollbehörden kontrolliert werden. Beim Import müssen die eingeführten Waren auf den vorgeschriebenen Zollstraßen unverzüglich dem Zoll vorgestellt und dazu auf den Amtsplatz gebracht werden. Der Absender erteilt hierzu in der Regel die entsprechenden Weisungen an den Frachtführer beziehungsweise an den Fahrer und er ist für die Übergabe der erforderlichen Zollpapiere der Sendung verantwortlich. Bei Unfällen oder sonstigen Zwischenfällen sind die Zollbehörden zu verständigen.

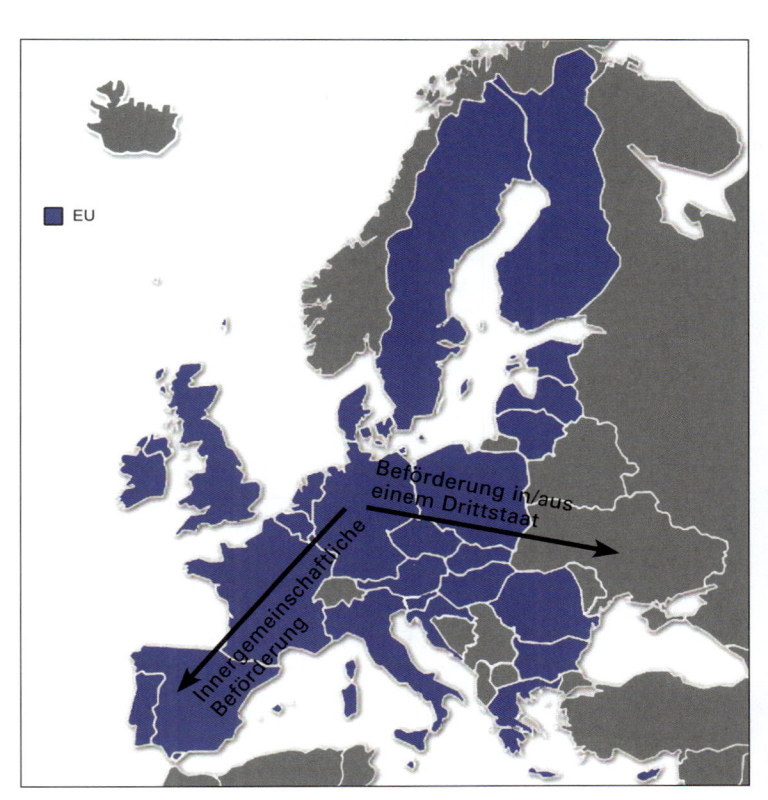

2.5.2 Carnet TIR – Allgemeines

Eine Sonderform des Zollverfahrens ist das Carnet-TIR-Verfahren, das nur für den Warentransport mit Straßenfahrzeugen gilt. TIR steht dabei für „Transports Internationaux Routiers".

Mithilfe dieses Verfahrens soll die Zollabfertigung im grenzüberschreitenden Güterverkehr vereinfacht und beschleunigt werden.

Abbildung 192:
Warenbeförderung innerhalb der EU und in Drittstaaten

Abbildung 193:
Zollstelle

Vertragsparteien des TIR-Übereinkommens:

Afghanistan*	Indonesien*	Marokko	Syrien
Albanien	Iran	Mazedonien	Tadschikistan
Algerien*	Irland	Moldawien	Tschechische Republik
Armenien	Israel	Mongolei	Türkei
Aserbaidschan	Italien	Montenegro*	Tunesien
Belgien	Jordanien	Niederlande	Turkmenistan
Bosnien-Herzegowina*	Kanada*	Norwegen	Ukraine
Bulgarien	Kasachstan	Österreich	Ungarn
Deutschland	Kirgistan	Polen	Uruguay*
Chile*	Korea (Republik)*	Portugal	USA*
Dänemark (mit Färöer)	Kroatien	Rumänien	Usbekistan
Estland	Kuwait	Russische Föderation	Vereinigte Arabische Emirate*
Europäische Gemeinschaft*	Lettland	Schweden	Weißrussland
Finnland	Libanon	Schweiz (mit Liechtenstein)	Zypern
Frankreich	Liberia*	Serbien	Japan**
Georgien	Litauen	Slowakische Republik	
Griechenland	Luxemburg	Slowenien	
Großbritannien und Nordirland	Malta	Spanien	

* Mit diesen Staaten ist das TIR-Verfahren derzeit nicht möglich
** Für Japan gilt nur das TIR-Verfahren in der Fassung von 1959, für die übrigen Staaten auch das Übereinkommen von 1975
(Quelle: www.zoll.de)

Um am TIR-Verfahren teilnehmen zu können, muss zunächst das Fahrzeug oder der Behälter (Wechselbrücke oder Container) so hergerichtet werden, dass ein ordnungsgemäßer Zollverschluss möglich ist. Dabei muss sofort erkennbar werden, wenn nach dem Zollverschluss mit einer Plombe in den Laderaum eingedrungen wurde und Güter entweder hinzugegeben oder herausgenommen wurden.

Leitfäden, wie entsprechende Fahrzeuge herzurichten sind, können auf der Internetseite des Zoll heruntergeladen werden. Nach dem Umbau muss das Fahrzeug/der Behälter bei dem jeweils zuständigen Hauptzollamt vorgeführt werden. Bei positiver Prüfung durch den Zoll wird für das Fahrzeug ein Verschlussanerkenntnis ausgestellt. Diese Zulassungsbescheinigung (certificat d'agrément) für Fahrzeuge ist während der Beförderung im TIR-Verfahren mitzuführen. An Behältern wird ein entsprechendes Zulassungsschild angebracht.

Abbildung 194:
Lkw mit TIR-Schild

Darüber hinaus sind die Fahrzeuge vorne und hinten gut sichtbar mit dem blauen TIR-Schild zu kennzeichnen, wenn Waren im TIR-Verfahren befördert werden. Andernfalls ist das TIR-Schild abzunehmen oder zu verdecken.

Besonders schwere oder große Waren, wie zum Beispiel Maschinen oder Anlagenteile, dürfen im TIR-Verfahren auch ohne Zollverschluss befördert werden. Dies ist im Begleitpapier, dem Carnet TIR, dann jedoch in französischer oder englischer Sprache entsprechend zu vermerken. Man spricht dann von einem „offenen Carnet TIR".

Vom TIR-Verfahren derzeit ausgeschlossen sind Alkohol und Zigaretten, obwohl dies grundsätzlich möglich wäre. Der Zoll lehnt für diese Art Waren die Anwendung des TIR-Verfahrens ab.

2.5.3 Ablauf des Carnet-TIR-Verfahrens

Das Carnet TIR wird nur von der IRU (International Road Transport Union, Sitz in Genf) ausgestellt und von einem anerkannten nationalen Mitgliedsverband ausgegeben. In Deutschland sind dies der BGL (Bundesverband Güterkraftverkehr Logistik und Entsorgung) und die AIST e.V. (Arbeitsgemeinschaft zur Förderung und Entwicklung des internationalen Straßenverkehrs). Das Carnet TIR hat eine Gültigkeit von längstens 60 Tagen ab Ausgabedatum. Innerhalb dieser Zeit muss der betreffende Warentransport begonnen werden. Die Beendigung des Transports kann allerdings auch nach diesen 60 Tagen bzw. dem Ablaufdatum liegen. Für die Beförderungsstrecke innerhalb der EU sind die Daten des TIR-Verfahrens der jeweiligen Zollstelle elektronisch zu übermitteln.

Das Carnet besteht aus folgenden Seiten:

- Deckblatt
- Gelbes Warenmanifest (nicht für Zollzwecke)
- Stammblattpaaren weiß und grün mit Kontrollabschnitten
- Protokoll für Zwischenfälle und Unfälle
- Deckblattrückseite mit Abreißschein

Das Carnet TIR gibt es mit 4, 6, 14 und 20 Stammblättern, wobei immer ein weißes und ein grünes zusammengehören. Es werden so viele Stammblattpaare benötigt, wie es Be- und Entladestationen gibt und wie Grenzübergänge (nicht innergemeinschaftliche Grenzübergänge) befahren werden.

Abbildung 195:
Carnet TIR

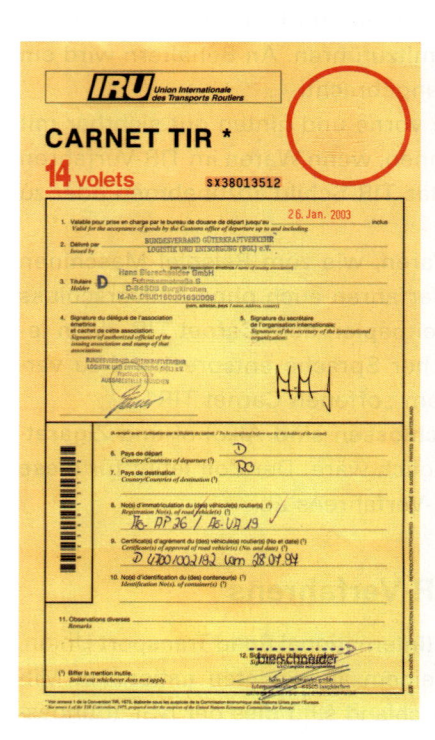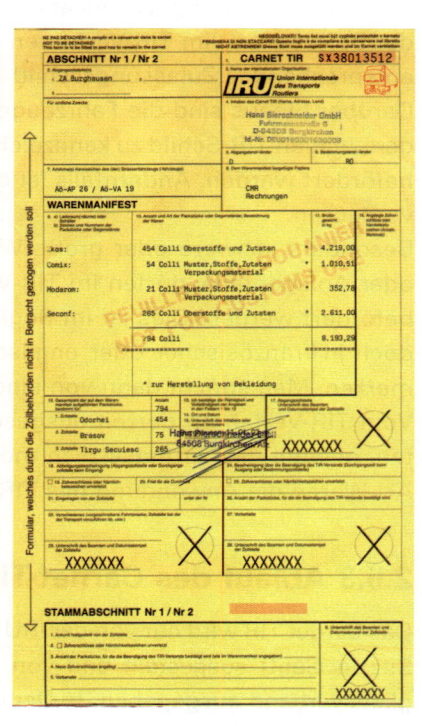

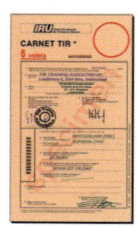

Anhand des nachfolgenden Beispieles wird das Verfahren Schritt für Schritt beschrieben:

① In Bern in der Schweiz wird ein Sattelzug mit zollpflichtigen Waren für Minsk, die Hauptstadt Weißrusslands, beladen.
In Bern wird das Carnet TIR ausgefüllt und das Fahrzeug vom Zoll überprüft und verplombt.

Dabei wird kontrolliert,

- ob die im Warenmanifest eingetragenen Güter vollständig geladen sind,
- ob das Fahrzeug der Verschlussanerkenntnis entspricht und
- ob die blauen TIR-Schilder vorne und hinten angebracht sind.

Danach werden sämtliche Blätter gestempelt und der Zoll in Bern entnimmt das erste weiße Stammblatt. Im Carnet bleibt der Kontrollabschnitt dieses Stammblattes zurück. Der Fahrer bekommt danach das Carnet TIR übergeben.

Zusätzlich zum Carnet TIR führt der Fahrer folgende Papiere mit:

- Fahrzeugpapiere (inklusive Verschlussanerkenntnis)
- Frachtbrief
- Handelsdokumente für die Waren (Packliste, Warenrechnungen, etc.)
- Ggf. Ein-/Ausfuhrgenehmigungen
- Transportgenehmigung und erforderliche transportrechtliche Begleitpapiere

② Nun beginnt der Fahrer seine Fahrt und meldet sich erstmals am Grenzübergang Basel/Weil am Rhein beim Zoll. Der schweizerische Zoll überprüft den Zollverschluss, trennt das erste grüne Stammblatt aus dem Carnet und sendet den Kontrollabschnitt nach Bern zum dortigen Zoll. Der Fahrer erhält das Carnet TIR zurück.

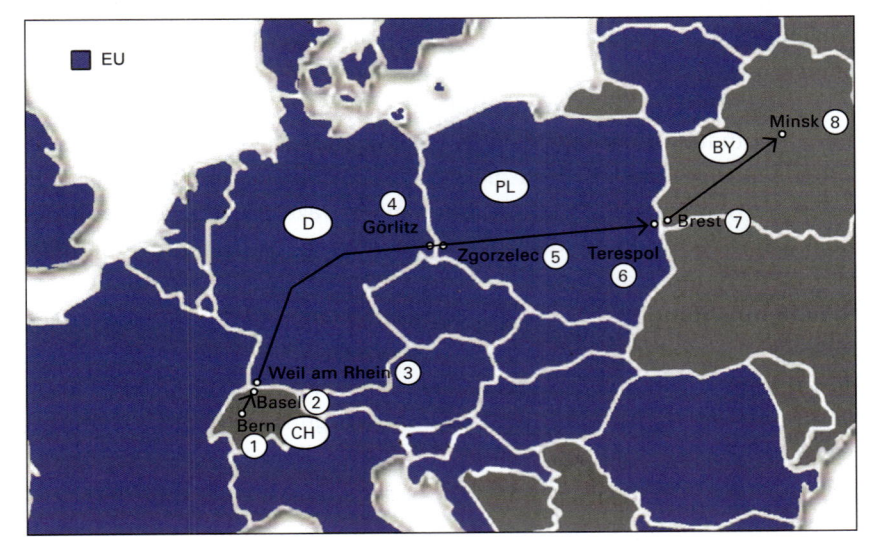

Abbildung 196:
Das TIR-Verfahren

③ Der deutsche Zoll entnimmt gegebenenfalls nach entsprechender Zollverschlussüberprüfung das zweite weiße Stammblatt und heftet es ab. Der Fahrer erhält das Carnet TIR zurück.

④+⑤ Nun setzt der Fahrer seine Fahrt in Richtung Polen und Weißrussland fort. Am Grenzübergang Görlitz/Zgorzelec ist keine Überprüfung durch den Zoll erforderlich, da es sich hier um einen innergemeinschaftlichen Übergang handelt. Trotzdem kann der Zoll jederzeit entsprechende Kontrollen durchführen.

⑥ Am Grenzübergang Terespol/Brest muss er sich jedoch wieder beim Zoll melden, da er hier die EU über die Außengrenze zu Weißrussland verlässt. Der polnische Zoll überprüft den Zollverschluss und entnimmt dem Carnet das zweite grüne Stammblatt. Den Kontrollabschnitt sendet es an den Zoll in Weil am Rhein.

⑦ Der weißrussische Zoll in Brest entnimmt das dritte weiße Stammblatt und heftet es ab.

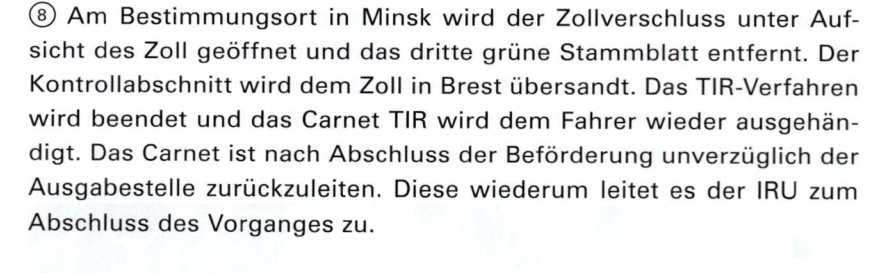

⑧ Am Bestimmungsort in Minsk wird der Zollverschluss unter Aufsicht des Zoll geöffnet und das dritte grüne Stammblatt entfernt. Der Kontrollabschnitt wird dem Zoll in Brest übersandt. Das TIR-Verfahren wird beendet und das Carnet TIR wird dem Fahrer wieder ausgehändigt. Das Carnet ist nach Abschluss der Beförderung unverzüglich der Ausgabestelle zurückzuleiten. Diese wiederum leitet es der IRU zum Abschluss des Vorganges zu.

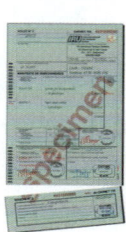

Trotz des TIR-Abkommens besteht die Möglichkeit, dass die Unterzeichnerstaaten einen zusätzlichen Zollkodex erlassen. Weißrussland beispielsweise fordert, dass die Waren an der Eingangszollstelle nur während der Bürozeiten zu gestellen sind. Dazu muss er diese in die Zollkontrollzone fahren und die notwendigen Dokumente innerhalb von 30 Minuten nach Grenzübertritt vorlegen. Die Waren sind innerhalb von 1 Stunde zu gestellen. Darüber hinaus gelten noch weitere Restriktionen zur Behandlung von Zollware.
Aus diesem Grund ist es erforderlich, dass sich der Fahrer vor Fahrtantritt über etwaige Zollformalitäten und Vorgehensweisen informiert.

Was passiert bei einem Zwischenfall oder Unfall?

Bei einem Unfall oder Zwischenfall, bei dem der Zollverschluss oder die Plombe beschädigt oder entfernt wird, hat der Fahrer unverzüglich die zuständige Zolldienststelle zu verständigen. Ist die Zollbehörde nicht erreichbar, so kann auch eine andere zuständige Behörde verständigt werden. Dies kann zum Beispiel die Polizei sein.

Wird es notwendig, aufgrund eines Unfalls die Ware umzuladen, so darf dies auch nur in Gegenwart der Zollbehörde oder einer sonst zuständigen Behörde erfolgen. Das Ersatzfahrzeug oder der Ersatzbehälter muss ebenfalls für das TIR-Verfahren zugelassen sein. Nach dem Umladen sind die Zollverschlüsse wieder anzubringen. Bei derartigen Zwischenfällen ist das im Carnet TIR enthaltene Protokoll von behördlicher Seite zu fertigen. Dieses Protokoll verbleibt im Carnet.

Sind allerdings Maßnahmen zur Abwehr einer unmittelbar drohenden Gefahr für Fahrzeug oder Ladung erforderlich und kann die Zollbehörde oder sonst zuständige Behörde nicht sofort erreicht werden, so kann der Fahrer diese notwendigen Maßnahmen ergreifen. Er muss danach aber unverzüglich die Zollbehörde verständigen und die Dringlichkeit seiner Maßnahmen stichhaltig begründen.

> In allen anderen Fällen darf der Fahrer den Zollverschluss beziehungsweise die Zollplombe weder beschädigen noch entfernen.

Sie wissen:

✔ Bei welchen Warenbeförderungen Zollbestimmungen zu beachten sind.

✔ Wie das Carnet-TIR-Verfahren abgewickelt wird und welche Rolle Ihnen dabei zukommt.

✔ Welche baulichen Anforderungen an Fahrzeuge im Carnet-TIR-Verfahren gestellt werden.

✔ Was bei einem Unfall oder Zwischenfall während der Beförderung im Carnet-TIR-Verfahren zu veranlassen ist.

2.6 Lkw-Maut

> **Sie sollen die Hintergründe für die Erhebung der Lkw-Maut in Deutschland erfahren und wissen, für welche Fahrzeuge Maut zu entrichten ist und welche von der Mautpflicht befreit sind. Darüber hinaus sollen Sie die Verfahrensweisen kennenlernen, nach denen die Maut zu entrichten ist.**
> **Da auch in den anderen europäischen Staaten Autobahnmaut zu entrichten ist, sollen Sie auch darüber informiert werden.**

2.6.1 Mautpflicht und Befreiungen von der Maut

Am 01.07. 2018 wurde die Mautpflicht auf alle Bundesstraßen ausgedehnt. Am 01.01. 2019 wurden zudem die Mautsätze erhöht. Die Maut ist zweckgebunden und fließt in den Verkehrshaushalt, insbesondere für den Erhalt und Ausbau der Bundesfernstraßen. Die notwendigen Verwaltungskosten, also Betrieb und Überwachung, werden hiervon allerdings ebenfalls bestritten. Die Autobahnmaut enthält auch eine Umweltkomponente, da die Mauthöhe umso geringer ist, je schadstoffärmer das mautpflichtige Kraftfahrzeug ist. Der Mautpflichtige, also der Güterkraftverkehrsunternehmer, ist verpflichtet, die richtige Schadstoffklasse einzugeben, damit er nicht eine zu hohe oder zu geringe

Abbildung 197:
Maut-Hinweisschild

© Toll Collect

Maut bezahlt. Dies trifft natürlich auch den Fahrer, der an einem der Mautterminals die Angaben zur Mauterhebung eingibt.

Die Maut ist seither für jeden Autobahnkilometer zu entrichten und hat die vormals pauschale Autobahnbenutzungsgebühr abgelöst.

Mautpflichtig sind:

alle Kraftfahrzeuge und Fahrzeugkombinationen, die ausschließlich für den Güterkraftverkehr eingesetzt sind und deren zulässiges Gesamtgewicht einschließlich Anhänger mindestens 7,5 Tonnen beträgt.

Auf welchen Strecken Maut erhoben wird, kann unter folgender Internet-Adresse in Erfahrung gebracht werden: http://www.maut-tabelle.de. Das Bundesamt für Güterverkehr stellt auf seiner Internetseite eine entsprechende Deutschlandkarte zur Verfügung.

Ausgenommen von der Mautpflicht sind:

- Kraftomnibusse
- Fahrzeuge der Streitkräfte, der Polizeibehörden, des Zivil- und Katastrophenschutzes, der Feuerwehr und anderer Notdienste sowie Fahrzeuge des Bundes
- Fahrzeuge, die ausschließlich für den Straßenunterhaltungs- und Straßenbetriebsdienst einschließlich Straßenreinigung und Winterdienst genutzt werden
- Fahrzeuge, die ausschließlich für Zwecke des Schausteller- und Zirkusgewerbes eingesetzt werden
- Fahrzeuge, die von gemeinnützigen oder mildtätigen Organisationen für den Transport von humanitären Hilfsgütern, die zur Linderung einer Notlage dienen, eingesetzt werden

Darüber hinaus sind folgende Autobahnabschnitte von der Mautpflicht befreit:

- Die Bundesautobahn A 6 von der deutsch-französischen Grenze bis zur Anschlussstelle Saarbrücken-Fechingen in beiden Fahrtrichtungen
- Die Bundesautobahn A 5 von der deutsch-schweizerischen Grenze und der deutsch-französischen Grenze bis zur Anschlussstelle Müllheim/Neuenburg in beiden Fahrtrichtungen
- Die Bundesautobahnabschnitte, für deren Benutzung eine Maut

nach § 2 des Fernstraßenbauprivatfinanzierungsgesetzes vom 30. August 1994 (BGBl. I S. 2243) in der jeweils geltenden Fassung erhoben wird

Schadstoffklassen und Höhe der Maut je Kilometer (Stand 01.01.2019):

Schadstoffklassen gemäß Mauterhöhungsverordnung und -Anlage XIV zur StVZO	
Kategorie A	S6
Kategorie B	S5, EEV Klasse 1
Kategorie C	S4, S3 mit Partikelminderungsklasse 2 oder höher
Kategorie D	S3, S2 mit Partikelminderungsklasse 1 oder höher
Kategorie E	S2
Kategorie F	S1, keine Schadstoffklasse

zGm	7,5– unter 12t	12–18t	ab 18t	ab 18t
Achsen	alle	alle	bis 3 Achsen	ab 4 Achsen
A	0,093 €	0,128 €	0,173 €	0,187 €
B	0,104 €	0,139 €	0,184 €	0,198 €
C	0,114 €	0,149 €	0,194 €	0,208 €
D	0,146 €	0,181 €	0,226 €	0,24 €
E	0,156 €	0,191 €	0,236 €	0,25 €
F	0,167 €	0,202 €	0,247 €	0,261 €

2.6.2 Wie wird die Maut erhoben?

Es gibt grundsätzlich zwei unterschiedliche Verfahren, die Maut zu erheben und auf dieser Grundlage abzurechnen.

Eine Möglichkeit ist die automatische Einbuchung in das TollCollect-System. Hierzu muss allerdings eine so genannte On Board Unit, kurz OBU, in das Fahrzeug eingebaut werden. Darin müssen zunächst die Fahrzeugdaten eingegeben werden. Alles weitere erfolgt dann automatisch. Sobald der Lkw auf die Autobahn einfährt, registriert dies die

OBU mittels GPS-Signal. Nach Verlassen der Autobahn wird die in der OBU berechnete mautpflichtige Strecke per GSM an das Rechenzentrum von Toll Collect weitergemeldet. Die Gebührenfestsetzung und Rechnungsstellung erfolgt dann von dort.

Die OBU wird übrigens von Toll Collect kostenlos zur Verfügung gestellt. Der Nutzer muss nur den Einbau bezahlen.

© Kai-Uwe Knoth/dapd

Wer keine OBU besitzt, muss sich über das manuelle Verfahren einbuchen. Hierzu gibt es wiederum zwei Möglichkeiten: Zum einen die Einbuchung per Internet und zum anderen die Einbuchung an einem der Terminals, die zum Beispiel bei Autobahnraststätten aufgestellt sind. In beiden Fällen müssen die notwendigen Angaben in die Erfassungsmaske eingegeben werden, das sind:

Abbildung 198:
Einbau einer
On-Board Unit
(OBU)

- Die Daten zum Lkw/zur Fahrzeugkombination
- Die Emissionsklasse des Lkw
- Die Startzeit
- Das Fahrziel

Auf Grundlage dieser Angaben werden dann die kürzeste Strecke und die Höhe der Maut berechnet. Man muss diese vorgeschlagene Strecke natürlich nicht benutzen, sondern kann eine alternative Strecke als Berechnungsgrundlage eingeben.

Nachdem alle Eingaben gemacht und die Maut berechnet ist, kann man am Terminal in bar, mit Tank-, EC- oder Kreditkarte bezahlen. Darüber hinaus gibt es noch weitere Bezahlsysteme, die mit Toll Collect vereinbart werden können. Nach Bezahlung erhält der Fahrer einen Beleg, den er während der Fahrt mitführen und zuständigen Kontrollpersonen aushändigen muss.

Abbildung 199:
Manuelle
Einbuchung über
Mautterminal

Über das Internet können sich nur Nutzer einbuchen, die sich vorher bei Toll Collect angemeldet haben. Die Buchung gestaltet sich so wie an einem der Mautterminals. Nach Abschluss der Einbuchung erhält man eine Einbuchungsnummer, die ebenso wie der Buchungsbeleg am Terminal während der Fahrt bereitgehalten werden muss.

Hat man eine Fahrt trotz manueller Buchung nicht angetreten, so kann diese wieder storniert werden.

Ausfall der OBU

Sollte die OBU einmal während der Fahrt ausfallen, so ist der Fahrer verpflichtet, sich bei nächster Gelegenheit manuell einzubuchen. Dazu muss er den nächsten Rasthof oder Autohof anfahren und die erforderlichen Eingaben an einem Maut-Terminal vornehmen. Die Autobahn braucht nicht verlassen zu werden.

2.6.3 Wer kontrolliert?

Es wird selbstverständlich auch kontrolliert, ob für einen mautpflichtigen Lkw die Maut bezahlt wurde.

Neben dem automatisierten Verfahren mithilfe Kontrollbrücken und Kontrollsäulen gibt es Kontrollteams des Bundesamtes für Güterverkehr (BAG), die rund um die Uhr Mautkontrollen teils stationär, teils mobil durchführen.

Im automatisierten Verfahren werden alle Lkw zunächst mit Infrarotsensoren daraufhin gescannt, ob sie mautpflichtig sind. Danach werden die Fahrzeugdaten beziehungsweise Daten aus der OBU ausgewertet und mit den in der Rechenzentrale gemeldeten und gespeicherten Daten verglichen. Ergibt sich der Verdacht auf einen Mautverstoß, wird

Abbildung 200:
Mautsäule auf
der Bundesstraße

von der Kontrollbrücke eine entsprechende Information an ein Kontrollteam des BAG gesendet und dieses führt die Kontrolle durch.

Darüber hinaus halten die Teams des BAG auch Lkw aus dem fließenden Verkehr an und führen Mautkontrollen durch. Auch hierbei erfolgt ein Abgleich mit dem Rechenzentrum von Toll Collect, ob das angehaltene Fahrzeug und die notwendigen Angaben zu Achsenzahl und Schadstoffklasse richtig erfasst wurden. Bei unzulässigen Abweichungen beziehungsweise einem Mautverstoß wird ein Ordnungswidrigkeitenverfahren eingeleitet und unmittelbar die Geldbuße erhoben.

Als Ordnungswidrigkeit werden folgende Tatbestände geahndet:

- Nichtzahlen der Maut
- Falschzahlen der Maut (falsche Achszahl oder falsche Emissionsklasse), unterschieden nach automatischer Buchung mit OBU oder manueller Buchung
- Zeitfensterverstoß
- Abweichung von der gebuchten Strecke
- Verwechslung von Start- und Zielpunkt
- Kennzeichenfehler
- Nichtbefolgung einer Anordnung
- Nichtmitführen oder nicht rechtzeitige Aushändigung des Mautbeleges oder Nachweises
- Anordnen oder Zulassen, dass der Mautbeleg oder Nachweis nicht mitgeführt oder nicht ausgehändigt wird
- Verletzung der Auskunftspflicht

© Peter Roggenthin/dapd

Abbildung 201:
Mobile Kontrolle
durch das BAG

Die Verwarnungs- beziehungsweise Bußgelder für diese Verstöße betragen zwischen 35,– und 400,– Euro. Die höchste Geldbuße, die verhängt werden kann, beträgt 20.000,– Euro.

Neben dem BAG ist auch der Zoll zur Mautkontrolle befugt.

TIPPS FÜR UNTERWEGS

Maut-Probleme vermeiden

Lkw-Maut auf europäischen Autobahnen ist ein sehr komplexes Thema, an dem kein Fahrer vorbeikommt. Denn immer mehr Staaten in Europa erheben Kosten für die Benutzung ihrer Straßen durch Lastfahrzeuge. Dabei existieren die unterschiedlichsten Maut-Systeme; von der klassischen Autobahnmaut, die an Zahlstellen beglichen werden kann, über Vignetten bis hin zu komplexeren Abbuchungssystemen wie die österreichische GoBox, die schweizerische LSVA oder das Toll-Collect-Verfahren in Deutschland. Den besten Überblick über sämtliche europäische Mautsysteme bietet die jährlich erscheinende Broschüre „Berufskraftfahrer unterwegs" (vgl. S. 296). Hier finden Sie auch wertvolle Hinweise auf kostenpflichtige Tunneldurchfahrten oder Brückenpassagen.

Diese Broschüre kann die Fahrer aber nicht von der Verantwortung befreien, vor Transporten, die durch unbekannte Länder führen, ausführliche Informationen über die günstigste Streckenführung und Besonderheiten der Mautentrichtung zu sammeln. Am besten nutzen Sie dazu sämtliche verfügbaren Quellen wie Kollegen, Chefs oder Disponenten. Und unterwegs können Sie „einheimische" Fahrer zum Beispiel an Raststätten nach der schnellsten und kostengünstigsten Route fragen. Mit einer Landkarte in der Hand und einem freundlichen Lächeln klappt das in ganz Europa, ohne ein einziges Wort in der Landessprache zu kennen! Durch vermeidbare Maut-Kilometer können oft sehr hohe Kosten gespart werden. Das gilt speziell für Frankreich, das durch sein dichtes Netz an leistungsfähigen Nationalstraßen echte Alternativen zu den sehr teuren Autobahnen bietet. Außerdem können Strafen für Mautverstöße, auch wenn sie durch Unwissenheit geschehen, sehr drastisch sein und werden in den seltensten Fällen vom Chef übernommen.

Häufige Fehler

Gerade unerfahrene Fahrer begehen in ihrer Anfangszeit eine Reihe typischer Maut-Fehler: So informieren sich viele nicht ausreichend im Vorfeld, wo vor der Einfahrt nach Luxemburg, Holland, Belgien oder Schweden die Eurovignette für die Benutzung der Autobahn besorgt werden kann. Denn je nach Land und Route sind diese nur an speziellen Raststätten, teilweise auch nur abseits von Autobahnen zu erstehen. Und plötzlich fährt man ohne Vignette auf einer ausländischen Autobahn... Dieser Fehler lässt sich bereits im Voraus durch einen Blick ins Internet vermeiden: Unter www.ages.de finden Sie eine Liste aller

© Reiner Rosenfeld

europäischen Eurovignetten-Verkaufsstellen samt Öffnungszeiten. Sie können die Liste ausdrucken und an Bord mitführen oder in Ihrem Laptop abspeichern. AGES bietet hier auch die Möglichkeit, Eurovignetten über ein Internetportal elektronisch zu buchen. Damit kann die Buchung durch Ihren Arbeitgeber erfolgen. Da die Behörden Einblick ins Buchungssystem nehmen können, brauchen Sie als Fahrer keinen Beleg mehr mitzuführen.

Andere wählen an Zahlstellen auf Autobahnen das falsche Mautportal, weil sie sich im Vorfeld nicht ausreichend mit den verschiedenen Zahlungsmodalitäten auseinander gesetzt haben. Wer nun rückwärts aus dem Mautportal **(Foto)** fährt, um sich richtig einzuordnen, dem drohen drakonische Strafen, da dies zum verbotenen Rückwärtsfahren auf der Autobahn zählt. In Italien sind in solchen Fällen schon Strafzettel von mehreren Tausend Euro bis hin zur monatelangen Beschlagnahme des Fahrzeuges ausgestellt worden. Statt rückwärts zu fahren, sind Sie viel besser beraten, den „Hilfe-Knopf" zu drücken, der an (fast) jedem Mautportal zu finden ist. Das Personal wird Ihnen dann die Schranke öffnen und Ihnen eine Möglichkeit zeigen, wie Sie die Maut

nacherstatten können. Dies ist meist ohne größere Zeitverzögerungen möglich.

Gefährlich sind auch automatisierte Abbuchungssysteme wie Toll Collect, GoBox oder die tschechische Premidbox. Wer hier mit falsch eingestellter Achszahl unterwegs ist, bemerkt dies meist erst durch Nachforderungen oder im Rahmen einer Kontrolle. Daher gehört es im weitesten Sinne zur Abfahrtskontrolle vor Beginn einer Fahrt, die richtige Einstellung des Abbuchungssystems zu überprüfen. Besonders gefährdet sind Chauffeure, die oft ihre Fahrzeuge wechseln oder abwechselnd mit oder ohne Anhänger unterwegs sind.

Zur Vorbereitung auf Fahrten im Ausland gehört es auch, sich im Vorfeld mit Fehlermeldungen der automatischen Abbuchungssysteme vertraut zu machen. Ausführliche Informationen bieten hier die Bedingungsanleitungen zu den Systemen, die fester Bestandteil der Fahrzeugdokumente sein sollten. Einfach Weiterfahren und hoffen, dass man nicht erwischt wird, wenn das Abbuchungsgerät **(Foto)** seltsame Töne von sich gibt oder irgendwelche Lampen flimmern, das ist für viele Fahrer schon sehr teuer geworden.

2.6.4 Maut in anderen Ländern

In fast allen europäischen Ländern muss für die Straßen- bzw. Autobahnbenutzung Maut bezahlt werden. Teilweise geschieht dies durch Erwerb einer Vignette für einen bestimmten Zeitraum, teilweise ist die Maut streckenabhängig zu bezahlen. Da sich die Gebühren ständig ändern, ist es wichtig, sich vor Fahrtantritt in ein anderes Land hinsichtlich der zu entrichtenden Maut zu informieren. Die verschiedenen Organisationen und Verbände des Transport- und Logistikwesens bieten auf ihren Internetseiten entsprechende Informationen und Mautrechner an (Ausgabedatum beachten!).

In Österreich beispielsweise wird für die Mauterhebung ebenfalls ein automatisiertes Verfahren verwendet – die so genannte GO-Box. In jedem Fall ist auf entsprechende Hinweisschilder an den Grenzübergangsstellen zu achten. Wer seinen Lkw ab 12 t zGM mit einer OBU für das deutsche Mautsystem ausgerüstet hat, kann damit seit September 2011 nach vorheriger Anmeldung auch das Mautsystem in Österreich nutzen. Eine GO-Box ist in dem Fall nicht mehr erforderlich. Weitere Informationen hierzu sind unter dem Stichwort „TOLL2GO" auf www.toll-collect.de zu bekommen.

Die Eurovignette

In Dänemark, Luxemburg, Niederlande und Schweden gilt die EUROVIGNETTE. Diese ist für Lkw ab 12 t zGM bei Benutzung von Autobahnen und gebührenpflichtigen Schnellstraßen erforderlich. Auch richtet sich die Höhe der Maut nach Schadstoffklassen. Die Vignette kann für mindestens einen Tag und maximal für ein Jahr online gebucht werden: www.eurovignettes.eu.

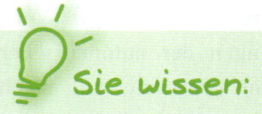

Sie wissen:

✔ Für welche Fahrzeuge und auf welchen Strecken die Mautpflicht in Deutschland gilt.
✔ Auf welche Weise die Maut in Deutschland erhoben wird.
✔ Wer die Einhaltung der Mautpflicht in Dtl. kontrolliert.
✔ Dass in anderen Ländern ebenfalls Mautpflicht für die Straßenbenutzung besteht.

2.7 Fahrverbote

▶ **Sie sollen die zeitlichen und räumlichen Verkehrsbeschränkungen kennenlernen, die für Lkw mit einem zGG von mehr als 7,5 t und Lkw mit Anhänger, ohne Rücksicht auf das zGG, an Sonn- und Feiertagen sowie während der Ferienzeit gelten.**

2.7.1 Sonntagsfahrverbot

Die Straßenverkehrsordnung verbietet an Sonn- und Feiertagen in der Zeit von 0 bis 22 Uhr das Fahren mit Lastkraftwagen mit einem zulässigen Gesamtgewicht von mehr als 7,5 Tonnen. Gleiches gilt für Lkw mit Anhänger, allerdings ohne Gewichtsgrenze. Feiertage im Sinne dieser Bestimmung sind:

- Neujahr
- Karfreitag
- Ostermontag
- Tag der Arbeit (1. Mai)
- Christi Himmelfahrt
- Pfingstmontag
- Fronleichnam, jedoch nur in Baden-Württemberg, Bayern, Hessen, Nordrhein-Westfalen, Rheinland-Pfalz und im Saarland
- Tag der Deutschen Einheit (3. Oktober)
- Reformationstag (31. Oktober), jedoch nur in Brandenburg, Mecklenburg-Vorpommern, Sachsen, Sachsen-Anhalt und Thüringen
- Allerheiligen (1. November), jedoch nur in Baden-Württemberg, Bayern, Nordrhein-Westfalen, Rheinland-Pfalz und im Saarland
- 2. Weihnachtstag

Abbildung 202:

Für solche Fahrzeuge gilt das Fahrverbot

AUFGABE

Gilt das Sonntagsfahrverbot, wenn man mit einer Sattelzugmaschine ohne Auflieger fährt, um diese beispielsweise an den Standort zu überführen?

Gilt das Sonntagsfahrverbot, wenn man mit einem Pickup mit Lkw-Zulassung (2,5 t zGG) und Anhänger fährt?

Das Sonntagsfahrverbot gilt jedoch nicht für
- Kombinierten Güterverkehr Schiene-Straße vom Versender bis zum nächstgelegenen geeigneten Verladebahnhof oder vom nächstgelegenen geeigneten Entladebahnhof bis zum Empfänger, jedoch nur bis zu einer Entfernung von 200 km
- Kombinierten Güterverkehr Hafen-Straße zwischen Belade- und Entladestelle und einem innerhalb des Umkreises von höchstens 150 km gelegenen Hafen (An- und Abfuhr)
- Die Beförderung von
  - Frischer Milch und frischen Milcherzeugnissen
  - Frischem Fleisch und frischen Fleischerzeugnissen
  - Frischen Fischen, lebenden Fischen und frischen Fischerzeugnissen
  - Leichtverderblichem Obst und Gemüse
  - Leerfahrten, die damit im Zusammenhang stehen
- Fahrten mit Fahrzeugen, die nach dem Bundesleistungsgesetz herangezogen werden (im Verteidigungsfall oder für Stationierungsstreitkräfte). Dabei ist der Leistungsbescheid mitzuführen und auf Verlangen zuständigen Personen zur Prüfung auszuhändigen.

Auch in anderen Ländern Europas gibt es entsprechende Fahrverbote an Sonn- und Feiertagen, so zum Beispiel am Nationalfeiertag in Österreich am 26. Oktober.

 Vor einer Fahrt ins Ausland sollte man sich als Fahrer auf jeden Fall entweder im Internet oder bei seinem Arbeitgeber beziehungsweise bei den einschlägigen Verbänden über etwaige zeitlich beschränkte Fahrverbote informieren, um nicht eine unangenehme Überraschung zu erleben.

PRAXIS-TIPP

Informationen zu Fahrverboten in Europa bietet auch die jährlich erscheinende Broschüre „Berufskraftfahrer unterwegs" (s. S. 255)

2.7.2 Ferienreiseverordnung

In der Hauptreisezeit vom 1. Juli bis 31. August dürfen die Fahrzeuge, die auch unter das Sonntagsfahrverbot fallen, an allen Samstagen in der Zeit von 7 bis 20 Uhr auf bestimmten Autobahn- und Bundesstraßenstrecken nicht fahren.

Betroffen sind folgende Autobahnen und Bundesstraßen:

© Oliver Lang/dapd

Auto-bahn	Streckenbeschreibung
A 1	von Autobahnkreuz Köln-West über Autobahnkreuz Leverkusen-West, Wuppertal, Kamener Kreuz, Münster bis Anschlussstelle Cloppenburg und von Anschlussstelle Oyten bis Horster Dreieck
A 2	von Autobahnkreuz Oberhausen bis Autobahnkreuz Bad Oeynhausen
A 3	von Autobahnkreuz Oberhausen bis Autobahnkreuz Köln-Ost, von Mönchhof Dreieck über Frankfurter Kreuz bis Autobahnkreuz Nürnberg

Abbildung 203:
Durch die Ferienreiseverordnung soll die Staugefahr verringert werden

A 4 / E 40	von der Anschlussstelle Erfurt-Vieselbach bis zur Anschlussstelle Hermsdorf-Ost
A 5	von Darmstädter Kreuz über Karlsruhe bis Autobahndreieck Neuenburg
A 6	von Anschlussstelle Schwetzingen-Hockenheim bis Autobahnkreuz Nürnberg-Süd
A 7	von Anschlussstelle Schleswig/Jagel bis Anschlussstelle Hamburg – Schnelsen-Nord, von Anschlussstelle Soltau-Ost bis Anschlussstelle Göttingen-Nord, von Autbahndreieck Schweinfurt/Werneck über Autobahnkreuz Biebelried, Autobahnkreuz Ulm/Elchingen und Autobahndreieck Allgäu bis zum Autobahnende Bundesgrenze Füssen
A 8	Von Autobahndreieck Karlsruhe bis Anschlussstelle München-Obermenzing und von Anschlussstelle München Ramersdorf bis Anschlussstelle Bad Reichenhall
A 9 / E 51	Berliner Ring (Abzweig Leipzig/Autobahndreieck Potsdam) bis Anschlussstelle München-Schwabing
A 10	Berliner Ring, ausgenommen der Bereich zw. der Anschlussstelle Berlin-Spandau über Autobahndreieck Havelland bis Autobahndreieck Oranienburg und der Bereich zw. dem Autobahndreieck Spreeau bis Autobahndreieck Werder
A 45	von Anschlussstelle Dortmund-Süd über Westhofener Kreuz und Gambacher Kreuz bis Seligenstädter Dreieck
A 61	von Autobahnkreuz Meckenheim über Autobahnkreuz Koblenz bis Autobahndreieck Hockenheim
A 81	von Autobahnkreuz Weinsberg bis Anschlussstelle Gärtringen
A 92	von Autobahndreieck München-Feldmoching bis Anschlussstelle Oberschleißheim und von Autobahnkreuz Neufahrn bis Anschlussstelle Erding
A 93	von Autobahndreieck Inntal bis Anschlussstelle Reischenhart
A 99	von Autobahndreieck München Süd-West über Autobahnkreuz München-West, Autobahndreieck München-Allach, Autobahndreieck München Feldmoching, Autobahnkreuz München-Nord, Autobahnkreuz-München-Ost, Autobahnkreuz München-Süd sowie Autobahndreieck München/Eschenried

A 215	von Autobahndreieck Bordesholm bis Anschlussstelle Blumenthal
A 831	von Anschlussstelle Stuttgart-Vaihingen bis Autobahnkreuz Stuttgart
A 980	von Autobahnkreuz Allgäu bis Anschlussstelle Waltenhofen
A 995	von Anschlussstelle Sauerlach bis Autobahnkreuz München-Süd

Bundes-straße	Streckenbeschreibung
B 31	von Anschlussstelle Stockach-Ost der A 98 bis Anschlussstelle Sigmarszell der A 96
B 96 / E 251	Neubrandenburger Ring bis Berlin

Vom Sonntagsfahrverbot ausgenommene Fahrten sind auch vom Fahrverbot nach Ferienreiseverordnung ausgenommen. Außerdem gilt das Fahrverbot auch nicht für Polizei, Feuerwehr, Katastrophenschutz, Rettungsdienst, Bundeswehr und Stationierungsstreitkräfte.

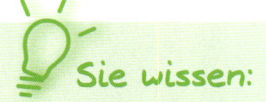

Sie wissen:

✔ Für welche Fahrzeuge und zu welchen Zeiten das Sonntagsfahrverbot in Deutschland gilt.
✔ Für welche Fahrzeuge und zu welchen Zeiten die Ferienreiseverordnung in Deutschland gilt.
✔ Auf welchen Straßen das Sonntagsfahrverbot und die Ferienreiseverordnung zu beachten ist.

2.8 Folgen bei Zuwiderhandlungen und Nichtbeachtung

▶ **Sie sollen die Folgen von Zuwiderhandlungen gegen die wichtigsten Vorschriften des Güterkraftverkehrsgesetzes und die hier dargestellten angrenzenden Rechtsvorschriften kennenlernen.**

2.8.1 Die Folgen generell

Bei Zuwiderhandlungen gegen das Güterkraftverkehrsgesetz droht ein Bußgeld, da die Verstöße als Ordnungswidrigkeit verfolgt werden.
Wird Ware verspätet oder beschädigt abgeliefert, so ist man zum Schadensersatz verpflichtet. Bei sehr wertvollem Transportgut kann dies auch ein Betrag sein, der in die Hunderttausende oder Millionen geht. Und eine Lieferverspätung, die zu einem Produktionsstillstand beim Empfänger führt, kann ebenfalls horrende Schadensersatzforderungen nach sich ziehen.
Bei schwerwiegenden Gefahrgutverstößen beispielsweise ist die Polizei verpflichtet, die Weiterfahrt zu untersagen. Der Schadensersatz für dadurch verursachte Verspätungen geht hingegen zu Lasten des Transportunternehmens.

Abbildung 204:
BAG-Kontrolle

2.8.2 Auszug aus dem Bußgeldkatalog des Bundesamtes für Güterverkehr (BAG)

Tatbestand	Geldbuße für Unternehmer in €	Geldbuße in EURO für Fahrer in €
Güterbeförderung ohne Erlaubnis/ Gemeinschaftslizenz/Genehmigung	1250	
Verstoß gegen die „3 in 7-Beschränkung" bei Kabotagebeförderung.	1250	65
Fahrzeugbezogene Nachweise nicht mitgeführt/(rechtzeitig) ausgehändigt		100
Berechtigungen/Genehmigungen nicht mitgeführt/ausgehändigt bei Beförderung mit		
■ Gemeinschaftslizenz	180	65
■ CEMT-Umzugsgenehmigung	180	65
■ Schweizerische Lizenz	180	65
■ CEMT-Genehmigung durch Drittstaatenunternehmer oder EU-/EWR-Unternehmer bei Beförderung zwischen Deutschland und Drittstaat	1500	100
■ Drittstaatengenehmigung	1500	100
Das zur CEMT-Genehmigung gehörende Fahrtenberichtheft		
■ nicht mitgeführt	1500	65
■ nicht ordnungsgemäß geführt, der ordnungsgemäße Einsatz der CEMT-Genehmigung ist deshalb nicht zu überprüfen	900	65

Im grenzüberschreitenden kombinierten Verkehr bei Beförderung (An- oder Abfuhr) durch Drittstaatenunternehmer oder EU-/EWR-Unternehmer zwischen Deutschland und Drittstaat		
— Reservierungsbestätigung bei der Anfuhr zum Bahnhof/Hafen fehlt	1500	100
— Nachweis des benutzten Bahnhofs/Hafens bei der Abfuhr fehlt	1500	100
— Bescheinigung über den nächstgelegenen geeigneten Bahnhof fehlt (An- oder Abfuhr	1500	100
— Nachweis über den Berufszugang zum grenzüberschreitenden Güterkraftverkehr fehlt	1500	100
Im grenzüberschreitenden kombinierten Verkehr bei Beförderung (An- oder Abfuhr) durch EU-/EWR-Unternehmer im Binnenverkehr, im grenzüberschreitenden Verkehr zwischen Deutschland und anderen EU-/EWR-Staaten im Transitverkehr durch Deutschland:		
— Reservierungsbestätigung bei der Anfuhr zum Bahnhof/Hafen fehlt	90	65
— Nachweis des benutzten Bahnhofs/ Hafens bei der Abfuhr fehlt	90	65
— Bescheinigung über den nächstgelegenen geeigneten Bahnhof fehlt (An- oder Abfuhr)	90	85

Verstöße gegen sonstige Verpflichtungen		
▬ Zeichen/Weisungen des Kontrollpersonals nicht befolgt		150
▬ vollziehbare Anordnung über die Untersagung der Weiterfahrt (durch BAG) nicht befolgt		150
Verstöße gegen die Vorschriften der illegalen Beschäftigung im Güterkraftverkehr (§ 7b GüKG) und gegen die Vorschriften über die Fahrerbescheinigung gemäß VO (EWG) 881/92 bzw. 3118/93		
▬ Einsatz von nicht ordnungsgemäß beschäftigtem Fahrpersonal aus Drittstaaten (ohne Fahrerbescheinigung, gebietsfremdes EU-/EWR-Unternehmen)	3000	
▬ Nichtmitführen/Nichtaushändigen von Fahrerbescheinigung/ Aufenthaltstitel/ Pass (Drittstaatenfahrer, gebietsansässiges Unternehmen)		65
▬ Nichtmitführen/Nichtaushändigen der Fahrerbescheinigung (Drittstaatenfahrer, gebietsfremdes EU-/EWR-Unternehmen)	150	65

Sie wissen:

- ✔ Verstöße gegen das Güterkraftverkehrsgesetz sind Ordnungswidrigkeiten und können Bußgelder nach sich ziehen.
- ✔ Wie hoch die Bußgelder für Fahrer und Unternehmer sein können.
- ✔ Dass die Polizei bei schwerwiegenden Verstößen auch die Weiterfahrt untersagen kann.

2.9 Wissens-Check

1. Für welche Fahrzeuge muss in Deutschland auf Autobahnen und sonst vorgeschriebenen Strecken Maut bezahlt werden?

- ❑ a) Reisebusse mit Anhänger
- ❑ b) Lkw und Lkw mit Anhänger mit einem zulässigen Gesamtgewicht von mehr als 7,5 t
- ❑ c) Lkw zur Güterbeförderung, deren zulässiges Gesamtgewicht, gegebenenfalls einschließlich Anhänger, 12 t und mehr beträgt
- ❑ d) Lkw der Bundeswehr zur Güterbeförderung, deren zulässiges Gesamtgewicht 12 t und mehr beträgt

2. Auf welche Weise kann man sich in das deutsche Mautsystem einbuchen?

_____

_____

_____

_____

3. Für welche Güterbeförderungen kann eine EU-Lizenz eingesetzt werden?

- ❑ a) Für innerstaatliche Beförderungen in Deutschland
- ❑ b) Für innerstaatliche Beförderungen in einem CEMT-Mitgliedsstaat
- ❑ c) Grenzüberschreitende Beförderungen in einen CEMT-Mitgliedsstaat
- ❑ d) Grenzüberschreitende Beförderungen in einen Drittstaat (weder EU- noch CEMT-Mitglied)

4. Welche Begleitpapiere sind nach GüKG für eine Güterbeförderung in einen EU-Mitgliedsstaat erforderlich?

5. Welche Begleitpapiere sind nach GüKG für eine Güterbeförderung in einen CEMT-Mitgliedsstaat erforderlich?

6. Erklären Sie den Begriff „Huckepackverkehr"!

7. Welche Daten muss ein Frachtbrief enthalten? Nennen Sie vier Eintragungen!

8. Wie viele Originale des Frachtbriefes werden üblicherweise ausgefertigt?

- ❑ a) Zwei, eines für den Fahrer und eines für den Empfänger
- ❑ b) Drei, je eines für Absender, Frachtführer und Fahrer (begleitet das Gut)
- ❑ c) Eines für den Fahrer zur Übergabe an den Empfänger
- ❑ d) Vier, je eines für Absender, Frachtführer, Fahrer (begleitet das Gut) und Empfänger

9. Was unterscheidet den Spediteur von einem Frachtführer?

_____

_____

_____

_____

_____

10. Sie fahren einen Lkw unter Zollverschluss, der dem TIR-Verfahren unterliegt, und sind in einen Verkehrsunfall verwickelt. Die Zollsicherung wird dabei beschädigt. Wie verhalten Sie sich richtig?

- ❑ a) Ich muss nichts unternehmen, wenn die Ware unbeschädigt ist.
- ❑ b) Ich informiere die Polizei, damit der Verkehrsunfall aufgenommen wird und das Fahrzeug durch den Zoll neu verplombt wird.
- ❑ c) Ich repariere die Verplombung selbst.
- ❑ d) Es genügt, wenn ich einen Zeugen unterschreiben lasse, dass der Zollverschluss bei einem Verkehrsunfall beschädigt wurde.

11. Nach der Ankunft am Bestimmungsort weigert sich der Empfänger, die Ware anzunehmen. Was veranlassen Sie?

_____

_____

12. Wie ist ein Fahrzeug/eine Fahrzeugkombination zu kennzeichnen, das/die unter das Carnet-TIR-Verfahren fällt?

❏ a) Eine besondere Kennzeichnung ist nicht erforderlich, da das Carnet TIR mitgeführt wird

❏ b) Vorne und hinten am Fahrzeug/an den Fahrzeugen, gut sichtbar, mit einer blauen Tafel, auf der die Buchstaben „TIR" in weiß geschrieben sind

❏ c) Nur hinten an dem Anhänger mit der blauen TIR-Tafel, an dem sich die Zollplombe befindet

❏ d) Nur vorne am Fahrzeug mit der blauen TIR-Tafel

13. Für welche Fahrzeuge besteht ein Sonntagsfahrverbot nach StVO oder Verkehrsverbot nach Ferienreiseverordnung?

_____

_____

_____

_____

Mehr Fragen zu diesem Kenntnisbereich finden Sie im VogelCheck Grundquali!

Infos auf www.eu-bkf.de/vogelcheck

Nr. 3.6 Anlage 1
BKrFQV

3 Verhalten, das zu einem positiven Image des Unternehmens beiträgt

3.1 Das Bild eines Unternehmens in der Öffentlichkeit

> **Sie sollen:**
> - die Begriffe „Image" und „Corporate Identity" kennenlernen
> - erkennen, welche Bedeutung „Image und Corporate Identity" für den Unternehmenserfolg haben
> - erklären können, wie Sie durch Ihr Verhalten zu Aufbau und Erhaltung eines positiven Images und der „Corporate Identity" beitragen können.

3.1.1 Image im Wettbewerb um Kunden

Die Märkte Europas sind hart umkämpft. Hunderttausende von Unternehmen unterschiedlichster Größe und Ausrichtung ringen hier um Käufer, Auftraggeber oder Kunden. Erfolgreich bestehen kann nur, wer:

- Das eigene Produkt oder Unternehmen positiv in Szene setzen kann (positives **Image**)
- Dem Produkt oder Unternehmen ein markantes Gesicht verleiht, das ihn von der Konkurrenz unterscheidet. (**Corporate Identity**)

Beispiele für Unternehmen mit einem im Allgemeinen positiven Image und einem eigenständigen Gesicht sind:

Red Bull / Coca Cola / ADAC / UPS / Mercedes / Marlboro

Was ist Image?

Image (engl.: Bild, sprich „imitsch") ist ein inneres Bild, das Menschen von Personen, Institutionen oder Gegenständen haben.

- Image wird durch Beobachtungen und Informationen gebildet. Dabei entsteht auf der Gefühlsebene ein inneres Bild.
- Image kann mit positiven und negativen Gedanken und Gefühlen verknüpft sein.

- Image verfestigt sich im Laufe der Zeit und ist dann nur noch sehr schwer zu verändern.
- Image ist ein entscheidender Einflussfaktor für Kaufentscheidungen.

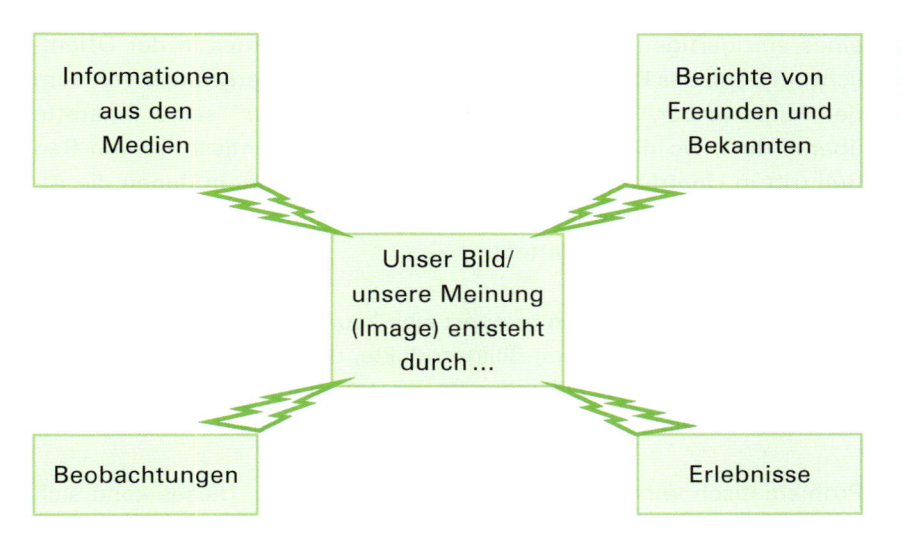

Abbildung 205: Einflussfaktoren auf das Image

Man unterscheidet zwischen:

- Fremdimage
- Selbstimage

Selbstimage ist das Bild, das Unternehmen von der eigenen Ware oder Dienstleistung haben.
Fremdimage ist das Bild, das andere Personen von dieser Ware oder Dienstleistung haben.

Beispiele für Image in verschiedenen Bereichen sind:

- Personenimage (Schauspieler, Politiker, der Papst, ...)
- Unternehmensimage (z. B. Aldi)
- Produktimage (z. B. Coca Cola)
- Branchenimage (z. B. Straßenverkehrstransportunternehmen)

Wie wirkt Image?

Wie Image aufgebaut wird und wie es wirkt, lässt sich an Beispielen von bekannten Marken darstellen.

- „Marlboro" = „Der Duft von Freiheit und Abenteuer"
- „Red Bull" = „Red Bull verleiht Flügel"

Beide Marken werben mit positiven Attributen: Der „Marlboro-Mann" ist ungewöhnlich und stark. Und der „Energielieferant" „Red Bull" glänzt durch Witz und Schnelligkeit.

In beiden Fällen ist der Erfolg ein reiner Marketingerfolg, durch Aufbau eines einzigartigen unverkennbaren Marken-Gesichtes in der Öffentlichkeit. Denn das Produkt unterscheidet sich kaum erkennbar von dem der Mitbewerber. So raucht der „Marlboro-Mann" seine Zigarette überall dort, wo die Natur ursprünglich und romantisch ist und Red Bull tritt in Unterhaltungs-Bereichen in Erscheinung, in denen die Attribute „Geschwindigkeit" und „Witz" im Vordergrund stehen (häufig Automobil- und Funsportarten).

An **Produkte ohne Namen** erinnert sich kaum jemand. Oder erinnern Sie sich an die namenlosen Billigprodukte, die die großen Discounter wie z. B. Aldi, Norma, Lidl oder Penny anbieten? Diese „No-name"-Produkte werden vor allem gekauft, weil sie billig sind.

Problematisch wirkt sich ein **negatives Image** aus. Dieses kann sich durch kritische oder negative Berichterstattung in Medien oder durch schlechte Erfahrungen bilden. Unternehmen gehen mit **Imagekampagnen** und vertrauensbildenden Maßnahmen dagegen vor. So startete z. B. der Discounter Lidl im März 2006 eine groß angelegte Imagekampagne mit einem Budget im zweistelligen Millionen-Euro-Bereich, um die Qualität seiner Produkte und die Arbeitsbedingungen bei Lidl positiv in Szene zu setzen. Lidl reagiert damit auf eine über Monate anhaltende Kritik von Verdi, Attac und Greenpeace an den Arbeitsbedingungen und der Produktqualität.

Wie lange es dauern kann, ein angeschlagenes Image aufzupolieren, durfte VW erfahren, nachdem es 1986 den spanischen Fahrzeugbauer SEAT übernommen hatte. Denn die Spanier hatten durch billige Lizenzbauten kein hochwertiges Image. 15 Jahre dauerte die Politur des angeschlagenen Images. Solange bemühte sich VW, die Leistungsfähigkeit der nun viel moderneren Mittelklassewagen durch Rennsporteinsätze zu beweisen. Erst 2001 war SEAT fest in der europäischen Automobilszene verankert.

3.1.2 Corporate Identity, die Persönlichkeit einer Firma

Was ist Corporate Identity?

Firmeneigene Fahrzeuge sind eine sehr effektive Möglichkeit, eine Firma und ihre Philosophie in der Öffentlichkeit darzustellen. Das belegt das Beispiel der gelben ADAC-Fahrzeugflotte. Die markant gelben Fahrzeuge und die ebenfalls gelb gekleideten Mechaniker haben nicht umsonst die Bezeichnung „Gelbe Engel" verliehen bekommen. Ein weiteres bekanntes Beispiel ist das Kurier-Unternehmen United Parcel Service. Die braunen UPS-Fahrzeuge und die braun gekleideten Fahrer des Paketservices sind seit Jahren ein Klassiker in Sachen Corporate Identity – dem einheitlichen Erscheinungsbild einer Firma in der Öffentlichkeit.

© UPS

Abbildung 206:
Beispiel für CI:
UPS-Fahrzeug mit
Fahrer

Die Bedeutung von Corporate Identity

Die Corporate Identity (**CI**) ist die Identität eines Unternehmens. **CI** ist die „Persönlichkeit" oder der „Charakter" einer Firma. Das Konzept der **CI** beruht auf der Idee, dass

- Unternehmen wie Persönlichkeiten wahr genommen werden
- Unternehmen ähnlich wie Personen handeln können

Die Identität einer Person ergibt sich aus ihrer Erscheinung und der Art, wie sie spricht und handelt. Unternehmen schaffen sich diese Identität

- durch ein einheitliches Erscheinungsbild und
- durch einheitliches Handeln.

Unternehmen bauen somit eine quasi-menschliche „Persönlichkeit" auf.

Die Abgrenzung gegenüber anderen Unternehmen durch Corporate Identity (CI) ist in der Transportbranche mit ihrer begrenzten Dienstleistungspalette von „Transport und Logistik", sehr wichtig. Denn die Identität eines Unternehmens hat einen sehr starken Einfluss auf die Vergabe von Aufträgen durch den Kunden.

Bei Spediteuren ist Corporate Identity als erstes auf der Ebene der Fahrzeugflotte zu erkennen. So wird „das Unternehmen hinter der Dienstleistung" „Transport" für den Kunden auch im Straßenverkehr eindeutig identifizierbar.

Anmerkung des Autors:

In dem Kapitel „Verhalten, das zu einem positiven Image des Unternehmens beiträgt" habe ich mich bei Schilderungen rund um den Arbeitsplatz eines „Lkw-Fahrers" auf die Fahrergruppe konzentriert, die m.E. das Gros der Berufskraftfahrer darstellt: *Fahrer, die mit Lastwagen unterwegs sind, die vorwiegend zum Transport von Stückgütern geeignet sind.*

Diese Fahrergruppe lenkt Lastwagen mit einer Ladefläche, die mit einer Plane bedeckt ist. In diesem Umfeld sind meine Erklärungen und Darstellungen zu verstehen.

Nach meinem Verständnis sind die meisten meiner Ausführungen jedoch auch übertragbar auf andere Sparten des Berufes (Silofahrer, Tankwagenfahrer usw.).

Corporate Identity und das Fahrzeug

Ein interessantes Beispiel für Corporate Identity ist die österreichische Spedition Vögel. Bei dem Vorarlberger Transportunternehmen besteht die Fahrzeugflotte aus meist hochwertig ausgestatteten Lastwagen. Die aufwändige Lackierung, Zusatzscheinwerfer und Bullfänger vermitteln ein starkes, selbstbewusstes Bild. Dieses Erscheinungsbild repräsentiert im Straßenverkehr die Leistungsfähigkeit des Transportunternehmens. So baut Vögel beim Kunden Vertrauen auf.

© Reiner Rosenfeld

Abbildung 207:
Beispiel für
gelungene CI

3.1.3 Fahrer und Fahrzeug

Die individuelle Gestaltung von Fahrzeugen

Auch Sie als Fahrer haben durch die Gestaltung Ihres Fahrzeuges einen nicht zu unterschätzenden Einfluss auf das Bild Ihres Unternehmens in der Öffentlichkeit, also auf das Firmenimage. Dies geschieht meist unwissentlich durch kleine Verzierungen oder Anbauten, die Sie an Ihrem Lastwagen befestigen wollen:

Bei jeder (!) Veränderung sollten Sie sich bewusst machen:

- Sie beeinflussen auch mit kleinen Veränderungen am Fahrzeug das Erscheinungsbild Ihres Unternehmens in der Öffentlichkeit (also das Image)
- Was Sie persönlich als witzig oder tiefsinnig verstehen, kann auf andere Menschen unangebracht oder beleidigend wirken und das Ansehen Ihres Unternehmens schädigen.

Betrachten Sie dazu das Foto mit „Uwes Stinkefinger" auf der Fahrertüre eines Lastwagens. Versetzen Sie sich dabei in die Rolle eines Kunden oder Polizisten, der mit Uwe, der bei geschlossener Fahrertüre hintern Steuer klemmt, ein Gespräch führen will. Alles klar?

© Reiner Rosenfeld

AUFGABE

Erläutern Sie, wie Uwes Stinkefinger auf Sie als Kunde oder Polizist wirken könnte!

Abbildung 208:
Kleine Veränderungen am Fahrzeug haben Auswirkungen auf das Image des Unternehmens

Also – auch wenn Uwe in diesem fiktiven Gespräch freundlich sein will, so kann doch der unangenehme Eindruck entstehen, dass ihm eigentlich alles sch … egal ist. Probleme mit der Polizei könnten unter solchen Bedingungen eskalieren, oder Kunden sich vom Spediteur abwenden. Im Hinblick auf die CI und den Anspruch an ein einheitliches Handeln der Angestellten besteht die Gefahr, dass sich dieser negative Eindruck auf das Bild des Unternehmens in der Öffentlichkeit überträgt.

Abbildung 209:
Unangemessener
Aufkleber

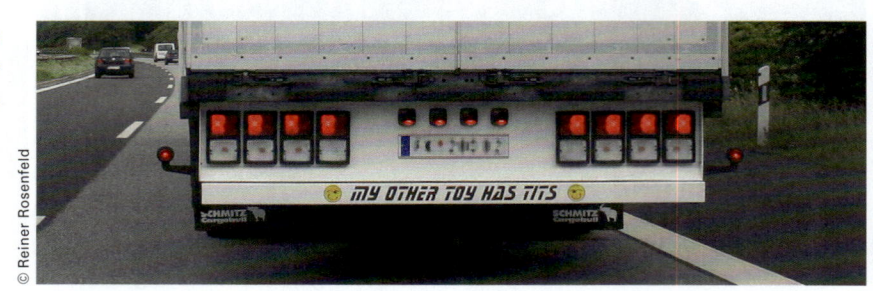

© Reiner Rosenfeld

Auch der Spruch „My other toy has tits" („Mein anderes Spielzeug hat Brüste") an der Stoßstange eines Lastwagens kann das mühsam beim Kunden aufgebaute Vertrauen in ein Transportunternehmen leichtfertig aufs Spiel setzen. Denn der Aufkleber hat eine eindeutig sexistische, frauenfeindliche Aussage. Eine Versandleiterin eines großen Auftraggebers könnte den Aufkleber als frauenfeindlich verstehen und der Spedition zukünftig Aufträge entziehen.

Vielleicht erscheinen Ihnen diese Beispiele alle ein wenig konstruiert – aber erinnern Sie sich daran, wie Image entsteht: Image ist ein Bild auf der Gefühls-Ebene, das u. a. durch Beobachtungen und Erlebnisse gebildet wird und Image beeinflusst unterbewusst Entscheidungen (nicht nur) von Kunden!

Abbildung 210:
Lkw-Aufkleber

© Reiner Rosenfeld

AUFGABE

Beschreiben Sie die Aussage: „Legal – Illegal – Scheißegal".
Welche Folgen könnten für den Spediteur entstehen?

Die perfekte Performance

Ihr Ziel muss es sein, mit dem Fahrzeug bei Kunden und in der Öffentlichkeit einen positiven und nachhaltigen Eindruck zu hinterlassen.
Dazu gehört auch, dass die Plane beim Fahren sauber verschlossen ist. Eine flatternde oder nachlässig geschlossene Plane erweckt den Eindruck von Schlamperei und Gleichgültigkeit (und erhöht zudem den Kraftstoffverbrauch). Manche Kunden sehen ihr eigenes Firmenimage auch verzahnt mit dem ihres Transporteurs. Hat dieser schlampige Fahrzeuge und Fahrer, läuft der Kunde Gefahr, das eigene Image zu schädigen. Aufträge werden dann anderweitig vergeben.

Abbildung 211: Ungepflegtes Fahrzeug

Auch im eigenen Interesse sollten Fahrer Wert auf das Erscheinungsbild ihres Fahrzeuges legen. Denn äußerlich auffällige Kraftfahrzeuge werden häufiger und genauer von Polizei und BAG kontrolliert. Denn flatternde Planen, „vermüllte" Führerhäuser oder Panzer-Sehschlitze in der Frontscheibe sind ein Zeichen, dass Fahrer unter Zeitdruck stehen, schlampig arbeiten oder es mit den Gesetzen nicht besonders genau nehmen – ein gefundenes Fressen also!

© Reiner Rosenfeld

Abbildung 212:
Lkw mit einge-
schränktem
Sichtfeld

Fazit
Betrachten Sie Ihr Erscheinungsbild und Handeln als Fahrer immer in Zusammenhang mit einer übergeordneten Zielsetzung des Unternehmens. Vor Veränderungen am Fahrzeug sollten Sie das Einverständnis der Firmenleitung einholen.

Abbildung 213:
Schild an den
Zahlstellen auf
französischen
Autobahnen

3.1.4 Image im Straßenverkehr

Positives Verhalten im Straßenverkehr

Als Berufskraftfahrer sollten Sie jederzeit besonnen und rücksichtsvoll handeln. Dies gilt auch für Ihr Auftreten im Straßenverkehr, insbesondere auf Strecken im engeren Umkreis des Unternehmens, wo Firmen-Lkw ein fester Bestandteil des Straßenbildes sind. Nutzen Sie hier die Möglichkeiten, das eigene Unternehmen durch optimales Verkehrsverhalten in ein positives Licht zu setzen. So fördern Sie das gute Miteinander zwischen Pkw-Fahrern und Lkw-Fahrern und helfen damit auch, das angeschlagene Image von Lkw-Fahrern und der Straßentransportbranche zu verbessern.

Als „Kavalier der Straße" können Sie beispielsweise andere Verkehrsteilnehmer ...

- ... nach Steigungen überholen lassen.
- ... nach längeren Landstraßenpassagen an einem Parkplatz die „Schlange" hinter Ihnen passieren lassen.

PRAXIS-TIPP

Eine gute Möglichkeit, schnellere Fahrzeuge (Pkw, aber auch leere Lastwagen) passieren zu lassen, bieten große Kreisverkehre. Legen Sie einfach eine oder zwei Extrarunden im Kreisverkehr zurück, schon haben die anderen Fahrzeuge wieder freie Fahrt. Eine angenehme Begleiterscheinung: Mit dem „Kreisverkehrs-Trick" verbrauchen Sie kaum zusätzlichen Treibstoff, denn anders als beim Anhalten in Parkplätzen oder Bushaltestellen müssen Sie nicht extra anfahren. Lediglich einige zusätzliche Streckenmeter müssen zurückgelegt werden.

Der Zeitverlust bei solchen Aktionen ist gering, der Imagegewinn auf Dauer aber erheblich. Ihr vorbildliches Verhalten kann dazu beitragen, dass sich Pkw-Fahrer den Lkw-Fahrern gegenüber wieder rücksichtsvoller und hilfsbereiter verhalten.

Rücksichtsloses Verhalten im Straßenverkehr

Rücksichtsloses Verhalten von Fahrern schädigt das Firmenimage. Denn nach einer Reihe schlechter Erfahrungen werden Verkehrsteilnehmer nicht mehr zwischen der „Persönlichkeit" der Fahrer oder dem Unternehmen unterscheiden können oder wollen.

Negativ beeinflussen auch Elefantenrennen das Bild der beteiligten Transportunternehmen – den Namen lesen die Nachfolgenden ja lange genug auf der Lkw-Rückwand. Nach einer Umfrage von ADAC und TNS Infratest geben 18,3 % der Verkehrsteilnehmer den Elefantenrennen die Schuld an Staus auf der Autobahn (Quelle: transportonline.de vom 29.01.2007). Dies wiederum wirkt sich nachhaltig auf das Image der gesamten Transportbranche aus.

Abbildung 214:
Elefantenrennen

Fehlverhalten im Straßenverkehr macht sich unter Umständen im Unternehmensimage nicht sofort negativ bemerkbar, schädigt aber auf lange Sicht den Ruf eines Unternehmens und den Ruf der ganzen Branche.

Fahrer und Umwelt

Das Umwelt-Image eines Unternehmens gewinnt in Zeiten der Energieverknappung permanent an Bedeutung. Auch die Transportbranche rückt in Zeiten der Klimaerwärmung zunehmend in den Fokus der Öffentlichkeit.

Umweltgerechtes Verhalten sollte also für Sie als Fahrer selbstverständlich sein. Dabei müssen Sie zumindest die folgenden Minimalanforderungen erfüllen:

- Motorstopp bei Fahrzeugstopp
- Motoren nicht unnötig im Stand warm laufen lassen
- Möglichst energiesparende Fahrweise

Krasse Beispiele für Umweltsünden von Fahrern sind zudem:

- Durch Abfälle verdreckte Lkw-Parkplätze und Industriegebiete
- Parkplätze als illegale Entsorgungsstation für Reste aus Silos oder Tankfahrzeugen
- Fahrer, die ihren Müll beim Fahren durch das geöffnete Fenster entsorgen.

Unter diesen Bedingungen ist es nicht verwunderlich, dass die Akzeptanz gegenüber Lkw und Lkw-Fahrern in der Gesellschaft ständig sinkt und sie durch Parkverbotsschilder aus dem Ortsbild oder aus Industriegebieten vertrieben werden.

Abbildung 215:

Lkw vor Rapsfeld

© Reiner Rosenfeld

Sie wissen:

✔ Dass ein gutes Firmen-Image ein wichtiger Faktor ist, um sich erfolgreich auf dem Transportmarkt zu behaupten.

✔ Dass Transportunternehmen viel Geld in den Aufbau einer Firmenidentität (Corporate Identity) investieren.

✔ Dass *Sie* diese Firmenidentität durch das Erscheinungsbild Ihres Fahrzeuges in der Öffentlichkeit vermitteln sollen.

✔ Dass Sie das Fahrer-, Firmen- und Branchenimage durch Ihr Verhalten im Straßenverkehr und in der Öffentlichkeit entscheidend prägen.

3.2 Der Lkw-Fahrer als Repräsentant

▷ **Sie sollen:**
- **die vielfältigen Berührungspunkte mit anderen Menschen bei der Berufsausübung kennenlernen.**
- **sich der Bedeutung und der Möglichkeiten Ihrer Funktion als Repräsentant des Unternehmens bewusst werden.**

3.2.1 Gesprächspartner und Themen

Lkw-Fahren ist mehr als nur Ware von A nach B zu bringen. Es ist, genau betrachtet, ein Beruf für Menschen, die gerne mit anderen Menschen zu tun haben. Gleichzeitig ist es ein Beruf, der viel Geschicklichkeit im täglichen Umgang mit anderen Menschen verlangt.

AUFGABE

Benennen Sie Gesprächspartner von Lastwagenfahrern und listen Sie mögliche Anlässe für Gespräche oder Konflikte auf!

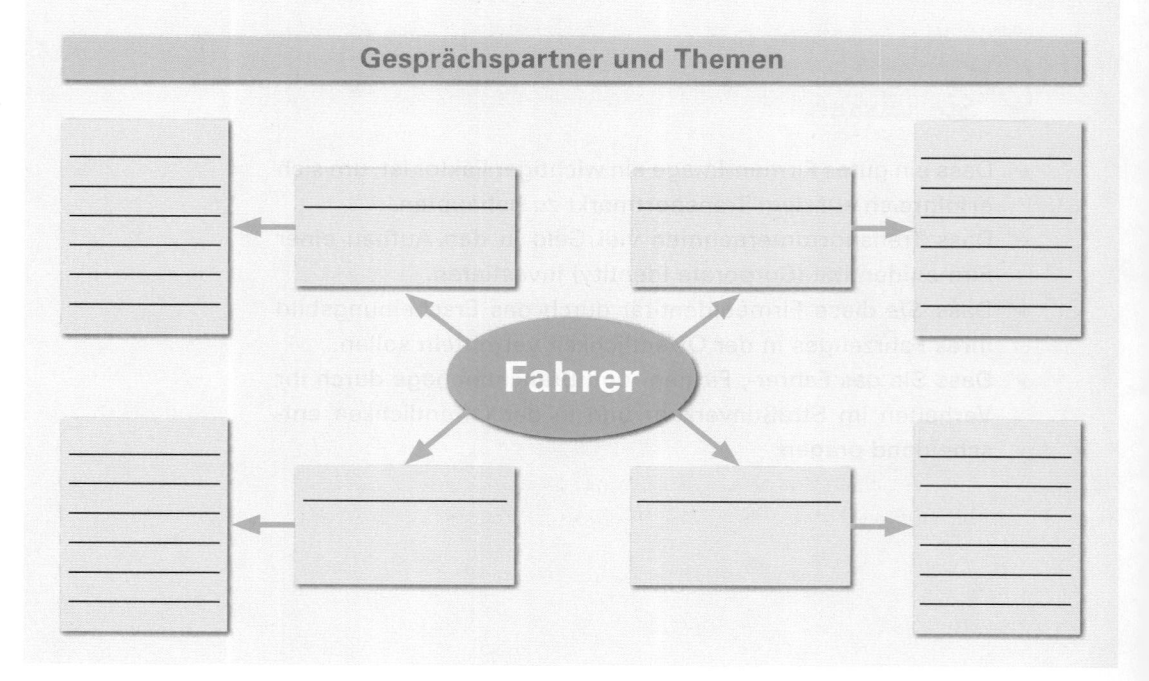

Sie treten als Fahrer in der Öffentlichkeit an vielen verschiedenen Stellen als Repräsentanten Ihres Unternehmens in Erscheinung. Sie stehen in dieser Hinsicht vor der gleichen Herausforderung wie z. B. Vertreter oder Verkäufer: Alle müssen durch ihre Persönlichkeit, also durch das Erscheinungsbild und ihr Auftreten, die Seriosität und Leistungsfähigkeit des Unternehmens in der Öffentlichkeit widerspiegeln. Somit ist es auch für Fahrer wichtig zu wissen, wie und wann eine Persönlichkeitswirkung zustande kommt, wie sie sinnvoll eingesetzt werden kann und wie Fehler vermieden werden können.

3.2.2 Persönlichkeitswirkung und erster Eindruck

Der erste Eindruck
Bei einer ersten Begegnung brauchen andere Menschen nur rund drei Sekunden, um sich einen ersten Eindruck von Ihnen zu verschaffen. In dieser Zeit entscheidet sich, ob Sie auf Ihr Gegenüber sympathisch oder unsympathisch, vertrauenserweckend oder nicht vertrauenswürdig wirken.

Persönlichkeitswirkung
Bei dieser Beurteilung reagiert Ihr Gegenüber auf der Gefühlsebene spontan auf drei Komponenten Ihrer Persönlichkeitswirkung:

- Ihr Aussehen und die Körpersprache
- Ihre Sprache, die Art zu sprechen und die Stimme
- Ihr Sachwissen

Von 100 Prozent Persönlichkeitswirkung entfallen dabei:

- 55 % auf das Aussehen und die Körpersprache
- 38 % auf die Art zu sprechen und die Stimme
- 7 % auf das Sachwissen

Vereinfacht bedeutet dies:

**Es ist nicht wichtig, was jemand sagt,
es ist nur wichtig, wie er dabei aussieht und wie er es sagt.**

Der Primacy Effect

Der sogenannte „Primacy Effect" („Vorrang-Effekt") beschreibt ein psychisches Phänomen, nach dem der erste Eindruck, den wir von einer Person haben, auch die weiteren Begegnungen dominiert. Der erste Eindruck hat also einen prägenden Einfluss auf weitere Begegnungen, nach dem Motto:

Sie haben nur eine Chance für den ersten (guten) Eindruck!

- Erster Eindruck gut   = (fast) immer guter Eindruck
- Erster Eindruck schlecht = (fast) immer schlechter Eindruck

Nach einem **ersten guten Eindruck** können Sie sich später also auch einmal einen Fehler erlauben, ohne dass dieser Eindruck gleich vollständig zerstört ist.

Ein **erster schlechter Eindruck** hängt demnach aber auch noch bei viel späteren Begegnungen wie eine Klette an Ihnen. Da können Sie so seriös auftreten, wie Sie wollen.

Beispiel

Bei einem neuen Kunden sollten Sie besonders seriös in Erscheinung treten und Ihren Job perfekt erledigen. Dann kann später auch einmal ein Schaden an einer Ware oder eine Verzögerung bei der Anlieferung auftreten, ohne dass das gute Verhältnis gleich gefährdet wird.

Für einen guten Eindruck, sollten Sie auf folgende Punkte achten:

Äußere Erscheinung
- Tragen Sie gepflegte, saubere Kleidung
- Erscheinen Sie keinesfalls nachlässig gekleidet oder zu aufgedonnert

Verhalten
- Treten Sie selbstsicher, aber keinesfalls arrogant auf
- Vermeiden Sie es, unsicher oder gehemmt zu erscheinen
- Seien Sie authentisch

Wortwahl
- Passen Sie Ihre Wortwahl Ihrem Gesprächspartner an
- Vermeiden Sie es:
  - unsensibel, abwertend, verletzend zu wirken

- bevormundend oder schulmeisterhaft zu erscheinen
- etwas ins Lächerliche zu ziehen

Aussprache
- Sprechen Sie ruhig, klar und deutlich
- Vermeiden Sie es:
  - zu nuscheln, zu schnell oder zu langsam zu sprechen
  - übertrieben gestelzt zu sprechen

Stimme
- Vermeiden Sie
  - den Befehlston
  - zu laut oder zu leise zu sprechen
  - monoton oder schrill zu sprechen

Mimik und Gestik
- Vermeiden Sie
  - bedrohliche Körperhaltungen (z.B. Hände in die Hüften stützen)
  - dem Gesprächspartner den Rücken zuzudrehen
  - übertriebene, lasch oder steif wirkende Gesten
  - Gesten, die nicht zur Rede passen
  - zu lässige Haltungen
- Halten Sie
  - Blickkontakt mit dem Gesprächspartner
  - Distanz zum Gegenüber

Die passende Kleidung

Ob Sie von einem Kunden, Polizisten oder Passanten als sympathisch empfunden werden, hängt primär von Ihrem Erscheinungsbild und Ihrer Körperhygiene ab (Schweiß, Mundgeruch, ungepflegte Hände, ungewaschene Haare usw.). Ein Minimum an passender Kleidung und Hygiene sollte zum Stil eines engagierten Berufskraftfahrers gehören.

Als Kleidung empfiehlt sich:
- In der warmen Jahreszeit ein dunkles Polo-Shirt für Kundenkontakte (Beim Fahren können Sie sich natürlich lockerer kleiden).
- Lange Hosen (z.B. ordentliche Jeans oder Trekking-Hosen). Kurze Hosen sind im Berufsleben üblicherweise – außer bei sehr schweißtreibenden Tätigkeiten – unangemessen.

| underdressed | optidressed | overdressed | ? |

- Im Winter ein dunkler (Rollkragen-) Pullover
- Eine saubere Jacke sollte in der kälteren Jahreszeit immer in der Kabine sein, unabhängig von der Arbeitsjacke.
- Natürlich kann auch gepflegte/schicke Arbeitskleidung angemessen sein.

So gekleidet begegnet man Ihnen überall respektvoll und Sie können auch gegenüber höheren Angestellten des Kunden selbstsicher auftreten.

 PRAXIS-TIPP

Für besonders schmutzige Arbeiten – überraschende Reparaturen oder sehr einsatzintensive Ladetätigkeiten – sollten Sie einen Arbeitsoverall oder einen Arbeitsmantel an Bord haben. Zudem sollten bei *allen* Arbeiten Arbeitshandschuhe getragen werden – als Schutz vor Verletzungen und für die Sauberkeit der Hände.

3.2.3 Serviceverhalten

Auch beim Abliefern oder beim Übernehmen von Waren treten Sie dem Kunden gegenüber als Repräsentant Ihres Unternehmens in Erscheinung. Dabei sollten Sie stets den bestmöglichen Service bieten: Stellen Sie sich dazu vor, Sie sitzen in einem Restaurant und der Kellner knallt Ihnen gelangweilt den Teller mit der Pizza auf den Tisch, wirft die Serviette und das Besteck daneben und verlangt von Ihnen im gleichen Atemzug, die Rechnung zu bezahlen. Sicherlich werden Sie diesem Restaurant bald den Rücken zuwenden – auch wenn die Pizza die beste der Stadt ist, denn der Service, den Sie unbewusst erwarten (und erwarten dürfen), ist unbefriedigend.

Beim Serviceverhalten, das Sie als Dienstleister (Transport ist eine Dienstleistung) erbringen sollten, gibt es vier Stufen:

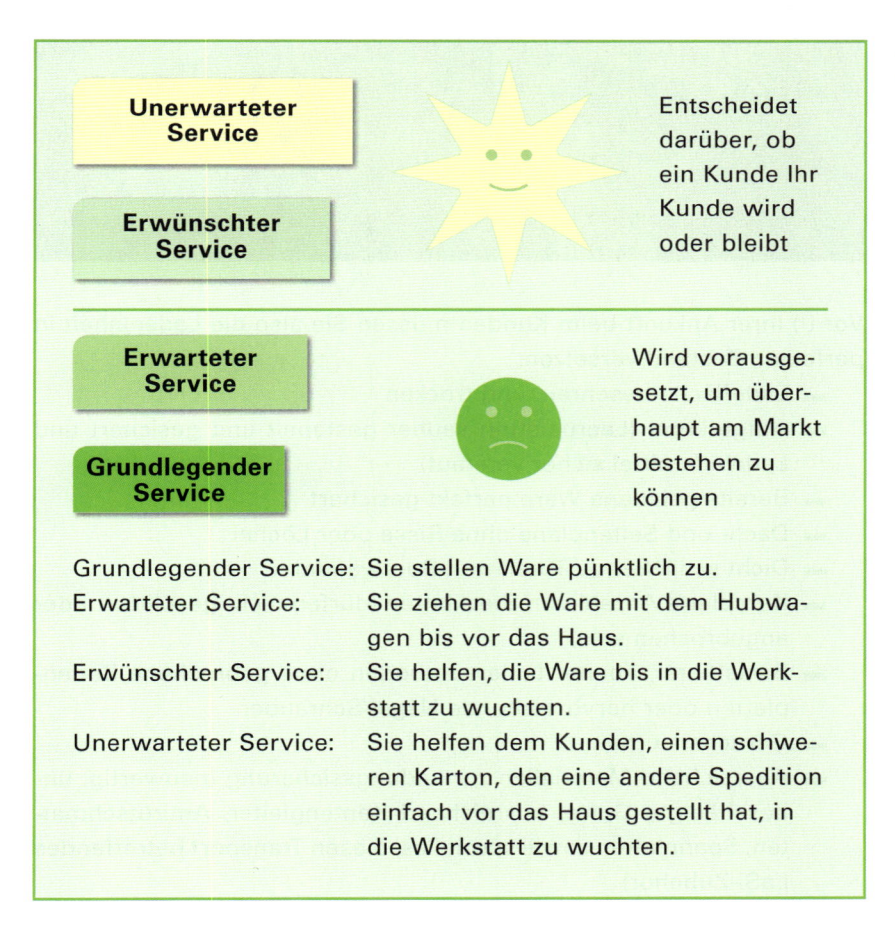

Abbildung 216:
Servicestufen

Unerwarteter Service

Erwünschter Service

Entscheidet darüber, ob ein Kunde Ihr Kunde wird oder bleibt

Erwarteter Service

Grundlegender Service

Wird vorausgesetzt, um überhaupt am Markt bestehen zu können

Grundlegender Service: Sie stellen Ware pünktlich zu.

Erwarteter Service: Sie ziehen die Ware mit dem Hubwagen bis vor das Haus.

Erwünschter Service: Sie helfen, die Ware bis in die Werkstatt zu wuchten.

Unerwarteter Service: Sie helfen dem Kunden, einen schweren Karton, den eine andere Spedition einfach vor das Haus gestellt hat, in die Werkstatt zu wuchten.

3.2.4 Der Zustand des Fahrzeuges

Als Fahrer treten Sie natürlich immer zusammen mit Ihrem Fahrzeug in Erscheinung. Daher sollten Sie Ihr Augenmerk auch auf das Erscheinungsbild Ihres Lastwagens richten. Auch hier gilt, dass Sie nur eine Chance für den ersten (guten) Eindruck haben!

Abbildung 217:
Perfekte Ladefläche

© Reiner Rosenfeld

Vor (!) Ihrer Ankunft beim Kunden müssen Sie also die Ladeeinheit in perfekten Zustand versetzen:

- Ladefläche besenrein und trocken
- Aufgeräumt (Leerpaletten sauber gestapelt und gesichert und Ladehilfsmittel sicher verstaut)
- Bereits geladene Ware perfekt gesichert
- Dach- und Seitenplane ohne Risse oder Löcher
- Dicht schließende Türen und Bordwände
- Komplette Anzahl von Stecklatten (dürfen nicht gesplittert oder angebrochen sein)
- Belastbarer, ebener Laderaumboden ohne gebrochene Bodenplatten oder hervorstehende Nägel/Schrauben
- Geruchsneutral
- Ausreichend Materialien zur Ladungssicherung (neuwertig, unbeschädigte Gurte, ausreichend Kantengleiter, Antirutschmatten, Spannlatten sowie spezielles, diesen Transport betreffendes LaSi-Zubehör)

- Unter Umständen intakte Zollschnur
- Unter Umständen Vorhängeschloss zum Sichern der Ladeeinheit gegen Diebstähle

PRAXIS-TIPP

Können Sie Schäden oder Mängel an Fahrzeugen nicht selbst beseitigen, müssen Sie diese umgehend dem Unternehmen melden.

3.2.5 Kriminelles Verhalten

Kriminelle Handlungen von Fahrern sind unverzeihlich und zudem schwer rufschädigend. Sie werden zu Recht in den meisten Fällen mit fristloser Kündigung geahndet. Am häufigsten sind Fahrer in Lager- oder Transportkriminalität verstrickt, z. B.:

- Es wird Ware aus Lagern entwendet
- Fahrer entwenden kleine Warenmengen vom eigenen Lkw
- Diebstahl von Leerpaletten aus dem Kundenlager (unter Fahrern oft als Kavaliersdelikt gewertet)
- Fahrer stehlen der eigenen Firma Diesel

3.2.6 Alkohol

Gegen ein Glas Wein oder ein Bier nach Dienstschluss oder eine ausgelassene Party am Wochenende hat niemand etwas einzuwenden. Problematisch wird es aber – abgesehen von dem Sicherheitsrisiko und rechtlichen Folgen –, wenn Sie als Fahrer mit Restalkohol oder Schnapsfahne beim Kunden auftauchen. Der wird sich dann die Frage stellen, ob seine Ladung bei Ihnen oder Ihrer Firma wirklich sicher aufgehoben ist. Die Verbindung „drink and drive" ist also:

- verboten
- schwer image- und damit geschäftsschädigend
- ein Grund zur fristlosen Entlassung

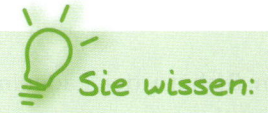

Sie wissen:

✔ Dass Sie als Fahrer Ihr Unternehmen gegenüber zahlreichen Personengruppen repräsentieren.

✔ Dass Sie besonders durch Ihr Äußeres, die Körpersprache und die Art zu Sprechen beim Kunden einen positiven Eindruck hinterlassen können.

✔ Dass *Sie* durch Ihr Serviceverhalten entscheidend zur Kundenzufriedenheit beitragen.

✔ Dass der Zustand Ihres Fahrzeuges die Leistungsfähigkeit und Zuverlässigkeit Ihres Unternehmens repräsentiert.

3.3 Die Qualität der Leistung des Fahrers

Sie sollen:

- erkennen, dass Ihre Arbeitsqualität maßgeblich zum Erfolg eines Unternehmens beitragen kann
- Arbeitsbereiche kennenlernen, in denen Sie zum Erfolg eines Unternehmens beitragen können
- Qualitätskriterien kennenlernen, die einen „guten Fahrer" kennzeichnen
- erfahren, wie Sie diese Kriterien erfüllen können
- Beispiele und Zusammenhänge in Bezug auf die vier wichtigsten Qualitätskriterien nennen können

3.3.1 Die Rolle des Fahrers im Unternehmen

Die Konkurrenzsituation auf dem Transportmarkt ist angespannt. Dazu hat zum einen die EU-Ost-Erweiterung beigetragen, zum anderen die Energieverknappung und die Klimaerwärmung. Viele Unternehmen arbeiten vor diesem Hintergrund unter sehr hohem Wettbewerbs- und Preisdruck. Dauerhaft überleben können nur Firmen, die mit hoher Effizienz wirtschaften und sich durch Service und Zuverlässigkeit einen Stamm zufriedener Kunden aufbauen. Diese Leistung können Transportunternehmen nur durch motivierte und fähige Mitarbeiter erreichen, die durchgängig Dienstleistungen auf hohem Niveau erbringen:

- Beginnend beim ersten Kontakt mit dem Kunden
- über die Auftragsbearbeitung durch die Disposition und die Weitergabe an die Fahrer
- sowie den sicheren, kostenbewussten und kundenorientierten Transport einschließlich Be- und Entladung
- bis hin zum Rücklauf der Beförderungspapiere durch den Fahrer zum Büro

Abgerundet wird dieses Leistungsspektrum durch ergänzende Prozesse wie regelmäßige Wartung und rechtzeitige Reparaturen in Absprache mit der Fuhrparkleitung.

In diesem Leistungsspektrum spielt die Qualität der Arbeit des Fahrers eine zentrale Rolle, da er innerhalb des Unternehmens eine wichtige Schnittstelle darstellt.

Abbildung 218:
Der Fahrer
als Schnittstelle

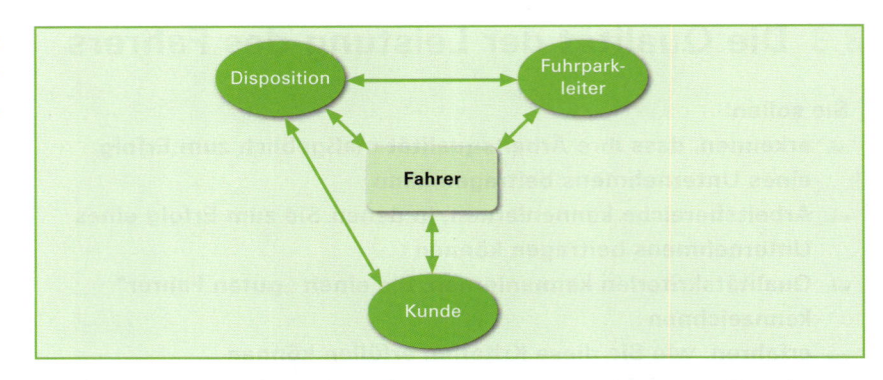

Die Bereiche, in denen Sie als Fahrer durch qualitativ hochwertiges Arbeiten zum Erfolg des Unternehmens beitragen können, sind vielfältig.

Mit ihrer Arbeitsqualität tragen Fahrer maßgeblich zur Zufriedenheit von Kunden bei und erfüllen damit eine bedeutende Leistung für das Unternehmen. Denn:

- Jeder einzelne Kunde zählt
- Zufriedene Kunden kommen wieder
- Begeisterte Kunden empfehlen das Unternehmen weiter

Wie gefährlich dagegen unzufriedene Kunden sind, belegt der Marketingsatz:

„Unzufriedene Kunden sind gefährliche Multiplikatoren. Sie sprechen mit dreimal mehr Personen über ihre Erlebnisse, als zufriedene Kunden!"

Verantwortungsvoller Umgang mit Firmeneigentum (Fahrzeug, LaSi-Material, Paletten usw.)

Verantwortungsvoller Umgang mit Ware und Dokumenten (Frachtpapiere, Zolldokumente usw.)

Fahrzeugwartung

Fahrzeugpflege

Kleine Reparaturen

Repräsentieren

Einhalten von Vorschriften

Abbildung 219:
Aufgabenbereiche
eines Lkw-Fahrers

Sicheres und wirtschaftliches Fahren

3.3.2 Die vier Eckpfeiler der Qualität

Fahrer neigen dazu, die Qualität der eigenen Arbeit durch Kilometerleistungen, die Anzahl von belieferten Kunden oder unfallfreies Fahren zu definieren. Dies spiegelt jedoch eher eine Leistung wider, nicht aber die Perfektion, mit der die Arbeit erledigt wurde.

Für den Begriff Qualität (lat. qualitas = Beschaffenheit, Merkmal, Eigenschaft, Zustand) gibt es verschiedene Definitionen. Weit verbreitet ist es, Qualität als Grad der Übereinstimmung zwischen Ansprüchen bzw. Erwartungen (Soll) an ein Produkt und dessen Eigenschaften (Ist) anzusehen.

Die neue Qualitätsnorm DIN EN ISO 9000 geht noch einen Schritt weiter und beschreibt Qualität als: „Vermögen einer Gesamtheit inhärenter (lat. innewohnender) Merkmale eines Produkts, eines Systems oder eines Prozesses zur Erfüllung von Forderungen von Kunden und anderen interessierten Parteien."

Qualität wird also meist sehr abstrakt definiert. Verständlicher und auch die Arbeitsleistung von Fahrern betreffend, drückt es der amerikanische Unternehmer und „Qualitäts-Guru" Phil Crosby aus.

Er nennt vier Eckpfeiler, um „Qualität" allgemeingültig zu beschreiben und zu erreichen. Auf den Fahrerberuf übertragen leiten sich daraus vier Qualitätsforderungen ab, die die Leistung eines guten Fahrers beschreiben:

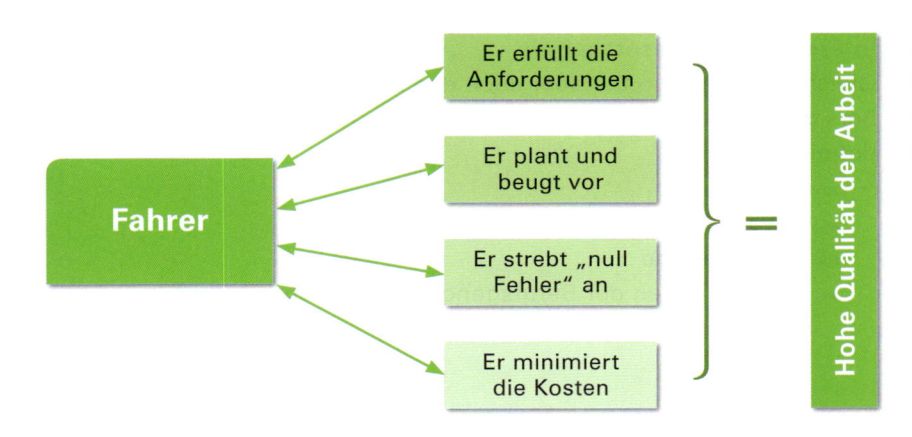

Abbildung 220:
Qualitätsmerkmale für einen guten Fahrer

3.3.3 Der erste Eckpfeiler der Qualität: Die Anforderungen erfüllen

„Gute Fahrer" zeichnet aus, dass sie es schaffen, im Berufsleben mehrere Seiten in Einklang zu bringen:

- Interessen des Arbeitgebers
- Interessen des Gesetzgebers
- + Gesundheit
- + Privatleben

Abbildung 221:
Anforderungen an den Fahrer

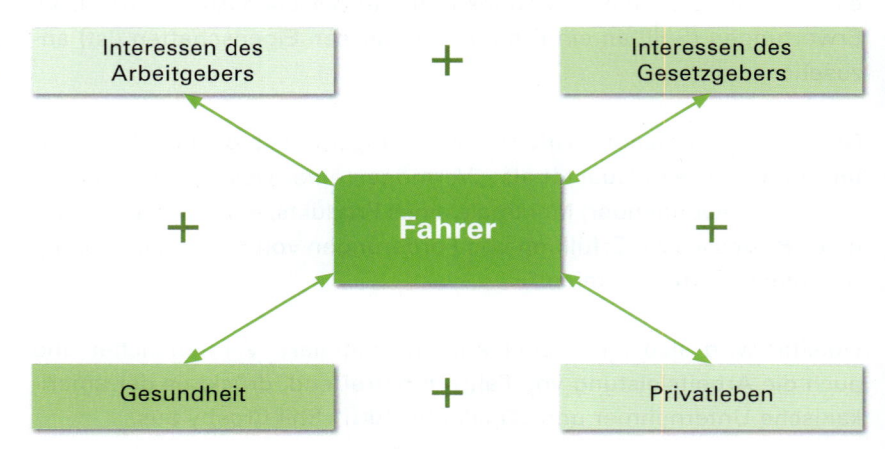

Interessen des Arbeitgebers

Sie sollten als Fahrer so arbeiten, dass Ihr Einsatz für das Unternehmen profitabel ist, denn Unternehmen wollen Gewinn erzielen.
Dies wird möglich durch qualitativ hochwertige, engagierte Arbeit und Solidarität gegenüber dem Arbeitgeber.

Interessen des Gesetzgebers

Gleichzeitig müssen Sie aber auch den Anforderungen des Gesetzgebers gerecht werden. In Deutschland werden diese Anforderungen v. a. definiert durch:

- StVO
- StVZO
- Sozialgesetze
- Verordnungen der Berufsgenossenschaften

Gesundheit

Gesundheit und Fitness sind Ihr Kapital als Arbeitnehmer. Sie sollten bestrebt sein, dieses Kapital möglichst lange zu erhalten. Beachten Sie die folgenden Regeln, dann stehen die Chancen gut, dass Sie leistungsfähig und erfolgreich durchs Berufsleben gehen, Ihrem Unternehmen als erfahrener Mitarbeiter lange Zeit zur Verfügung stehen und gesund das Rentenalter erreichen.

- Unterschätzen Sie leichte Krankheiten nicht, sie können sich zu chronischen entwickeln. Beachten Sie, dass sich leichte Krankheiten (auch Erkältungen) negativ auf die Verkehrssicherheit auswirken können.
- Tragen Sie Arbeitsschutzkleidung (Helm, Handschuhe, Warnweste usw.)
- Suchen Sie Lösungsmöglichkeiten bei übermäßigem beruflichem Stress (z.B. durch Gespräche mit Verantwortlichen im Unternehmen)
- Lassen Sie mindestens alle zwei Jahre einen Gesundheitscheck durchführen

Privatleben

Wer mit privaten Problemen belastet hinters Lenkrad klettert, kann nicht 100 Prozent auf die Arbeit konzentriert sein.

- Persönliche Probleme schränken Ihre Leistungsfähigkeit in allen Bereichen des Berufs ein (beim Umgang mit Kunden, Behörden und Kollegen, Ladetätigkeiten usw.).
- Wenn Sie mit den Gedanken bei Ihren Problemen sind, können Sie sich auch nicht voll auf den Straßenverkehr konzentrieren. Dies kann zur Gefährdung Dritter führen.
- Versuchen Sie, private Probleme zu lösen – durch Gespräche mit Freunden, Psychologen oder Ärzten, Besuch einer Schuldnerberatung, eines Eheberaters o.ä.

Fazit

Fahrer, die ...

- sich ständig von Termin zu Termin hetzen lassen,
- dabei Lenk- und Ruhezeiten missachten,
- überladen oder mit ungesicherter Ladung
- oder mit defekten oder ungeeigneten Fahrzeugen unterwegs sind,
- die eigene Gesundheit und das Privatleben gefährden,

sind somit **keine** guten Fahrer.

Kraftfahrer haben die gesetzliche und moralische Verpflichtung, durch verantwortungsvolles Handeln zu höchstmöglicher Sicherheit im Straßenverkehr und im Umfeld des eigenen Arbeitsplatzes beizutragen. Kraftfahrer, die diese Grundsätze außer Acht lassen, handeln verantwortungslos. Daraus ergibt sich auch eine Hierarchie des Handelns: Betriebswirtschaftliche Aspekte müssen vor Sicherheitsaspekten stets in den Hintergrund treten.

3.3.4 Der zweite Eckpfeiler der Qualität: Planen und Vorbeugen

„Ein guter Lkw-Fahrer plant und beugt vor!" ist die zweite Qualitätsforderung, die Sie als Lastwagenfahrer erfüllen sollten. Mit einer guten Planung steht und fällt die Wahrscheinlichkeit, dass eine Beförderung problemlos verläuft, der Kunde zufriedengestellt wird und ein Gewinn erzielt werden kann. Vier Planungs-Bereiche beeinflussen dabei maßgeblich den Erfolg eines Transportes:

- Die persönliche Ausrüstung
- Die persönlichen Papiere
- Die geschäftlichen Papiere (für Fahrzeug und Ladung)
- Zustand und Ausrüstung des Fahrzeuges

Abbildung 222:
Transportplanung

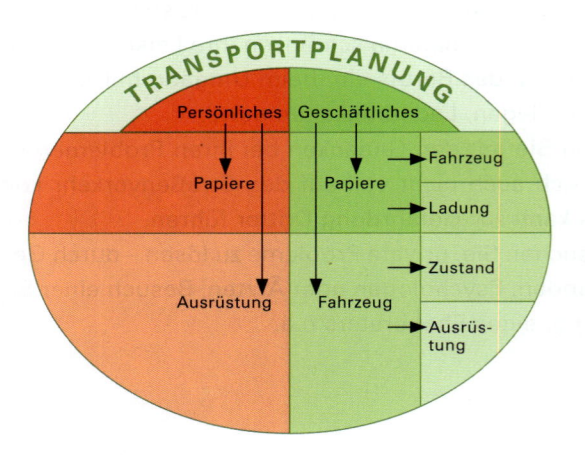

Während die „persönliche Ausrüstung" wesentlich von Ihren individuellen Ansprüchen an Komfort und von der Art und Länge des Transportes abhängen, lassen sich die Bereiche „persönliche und geschäftliche Papiere" sowie „Zustand und Ausrüstung des Fahrzeugs" klar definieren. Hier können Checklisten zum Einsatz kommen.

Checklisten

(Checklisten für die Transportplanung finden Sie im Anhang des Buches)

- Checklisten sind unverzichtbare Werkzeuge, um sicherzustellen, dass alle technischen und materiellen Voraussetzungen für den Einsatz eines Fahrzeuges gegeben sind.
- Sie können den Nutzen optimieren, indem Sie die Listen nach Ihren individuellen Bedürfnissen ergänzen.
- In der Routine des Arbeitstages werden Sie Checklisten eher selten nutzen, da Sie durch den täglichen Umgang mit Ihrem Fahrzeug über den Zustand und die Ausrüstung im Bilde sein werden. Die Kontrolllisten bieten sich aber speziell an, wenn Sie ein Fahrzeug übernehmen (nach dem Urlaub, als Krankheitsvertretung, Leihfahrzeuge usw.).

PRAXIS-TIPP

Checklisten sollten ein fester Bestandteil Ihrer Fahrermappe sein.

Checklisten, die Sie persönlich ausgearbeitet haben, können auch für Ihre Kollegen hilfreich sein – im Sinne guter Teamarbeit können Sie diese als Kopiervorlage anderen Kollegen zur Verfügung stellen.

Abbildung 223: Gefährliche Unterbringung eines Hubwagens – falsche Tourenplanung?

Das müssen Sie sicherstellen:

Aber auch ohne Einsatz von Checklisten müssen Sie als Fahrer im Rahmen der Transportvorbereitung sicherstellen, dass folgende Vorgaben geklärt sind:

Verkehrs- und Betriebssicherheit des Fahrzeugs

Nach dem Gesetz sind Sie als Fahrer verpflichtet, vor Antritt der Fahrt die Betriebs- und Verkehrssicherheit des Fahrzeuges sicherzustellen. Dies geschieht durch eine umfangreiche Abfahrtskontrolle. Die Checkliste zur Abfahrtskontrolle finden Sie im Anhang zu diesem Buch.

© Reiner Rosenfeld

Ladungssicherung

Vor Beginn einer Tour haben Sie ebenfalls sicherzustellen, dass die Ladung auf Ihrem Fahrzeug perfekt gesichert ist.

Besonders wenn Sie nicht selbst gesichert haben, müssen Sie sich vor Fahrtantritt von der Rechtmäßigkeit der Ladungssicherung überzeugen. Dazu gehört auch ein Blick auf den Zustand der Ladungssicherungsmittel. Vergessen Sie nicht, dass auch das Nachsichern der Ware nach einer kurzen Fahrtstrecke zu Ihren Pflichten als Fahrer gehören kann.

Richtige Planung des Auftrages

Transportauftrag:

- Ist der Auftrag vollständig oder fehlen Angaben?
  - Vollständige Adresse von Versender und Empfänger, Abholadresse, Lieferadresse
- Stimmt die Empfängeradresse mit der Lieferadresse überein?
- Stimmen Ware und Papiere überein? (Unterschreiben Sie nur für das, was Sie übernehmen)
- Sind alle Papiere vorhanden?
  - Lieferschein/Frachtbrief/CMR usw.
  - Zolldokumente (Carnet, T1, T2 usw.)
  - Gefahrgutpapiere
- Beeinflussen Öffnungszeiten beim Kunden den Auftrag?
- Wurde ein Termin vorgegeben (Tag oder Zeitfenster)?
- Sind „besondere Vereinbarungen" zu beachten?
  - Tauschpaletten
  - Bemerkungen auf dem Lieferschein wie: „Bitte vier Stunden vor Anlieferung anrufen!" oder „Eigenen Hubwagen mitbringen!"

- Beeinflussen Fahrverbote (national, international), die Ferienreiseverordnung oder Streckensperrungen (z.B. Nachtfahrverbote) die Erledigung des Auftrages?

Tanken
- Wo bekommen Sie (unterwegs) den günstigsten Diesel?
- Wie viel wollen Sie tanken?
  - Nicht benötigter Diesel sorgt für zusätzliches Gewicht und damit für zusätzlichen Kraftstoffverbrauch.
  - Beeinflusst die unterwegs getankte Dieselmenge (= Gewicht) das höchstzulässige Gesamtgewicht oder maximale Achslasten?

Bewachung:
- Haben Sie bei wertvoller Ladung einen bewachten Parkplatz eingeplant?

Haben Sie den Folgeauftrag mit eingeplant (falls Sie hierzu schon Informationen haben)?
- Gesamtgewicht?
- Reicht das Laderaumvolumen, wenn Sie Leerpaletten auf der Ladefläche haben?
- Benötigen Sie Leerpaletten für den Folgeauftrag?
- Haben Sie ausreichend und geeignete Ladungssicherungsmittel für den Folgeauftrag?

Fahrzeug:
- Beeinflussen bevorstehende Wartungsarbeiten oder Reparaturen den Transportverlauf?

Einhaltung der Gefahrgutvorschriften
- Sind die Gefahrgutvorschriften erfüllt?
- Warntafel geöffnet?
- Placards angebracht?
- GGVSEB-Zusatzausrüstung/Feuerlöscher vorhanden?
- Schriftliche Weisungen vorhanden?
- ADR-Schulungsbescheinigung vorhanden?

Planung der Fahrtroute
- Haben Sie die Fahrtroute ausreichend geplant?
- Passendes Kartenmaterial?

- Ein Lkw-taugliches Navigationssystem (mit aktuellen Karten)?
- Ist Informationsbeschaffung bei Kollegen nötig?
- Sind Sie sicher,
  - dass Sie die wirtschaftlichste Route gewählt haben (Streckenlänge und Topographie)?
  - keine niedrigen Brücken im Weg stehen?
  - Brücken und Straßen ausreichend tragfähig sind?

Ist der Auftrag mit den gesetzlichen Bestimmungen vereinbar?

- Lässt sich ein vorgegebener Termin mit Ihren Lenk- und Ruhezeiten und dem Arbeitszeitgesetz in Einklang bringen?
  - Haben Sie regionale und tageszeitliche Bedingungen bedacht? (Verkehrstechnische Nadelöhre wie z.B. Baustellen, Stadtdurchfahrten und generelle Staustrecken oder die Rush-hour)
  - Haben Sie dabei die Witterungsbedingungen berücksichtigt, z.B. Schnee, Regen oder Nebel?
- Passt das maximale Gesamtgewicht?
- Stimmen die maximalen Maße?
- Stimmt die Lastverteilung?
- Denken Sie hier auch an die Vorschriften anderer Länder!
- Wo wollen Sie Pausen- und Ruhezeiten einlegen?
  - Denken Sie an überfüllte Parkplätze

PRAXIS-TIPP

Praktisch für die Routenplanung ist die Broschüre: „Berufskraftfahrer unterwegs".
Sie erscheint jährlich und beinhaltet umfassende Informationen zu europäischen Fahrverboten, Notrufnummern, maximalen Gewichten und Maßen in allen europäischen Ländern.

Verlag Heinrich Vogel:
Best.-Nr. 26032

AUFGABE

Auftrag: Sie sollen am Dienstagmorgen 24 Tonnen Sanitärteile an der „Baustelle Wagner", Heinrich-Heine-Ring 105 in 18435 Stralsund anliefern. Die Techniker der Firma „kalt & heiß Wassertechnik" erwarten Sie pünktlich um 06:30 Uhr zum Entladen.

Frage: Um wie viel Uhr müssen Sie am Montag, nach Ihrer Wochenruhezeit, vom Speditionshof in 85591 Vaterstetten, Werner von Siemens-Ring 13, zu dieser Tour aufbrechen?

Lösungsschritte:

1. Berechnen Sie mit Karte und Lineal die Entfernung oder verwenden Sie eine Karten-App auf Ihrem Smartphone.
2. Berechnen Sie die Transportdauer.
3. Berechnen Sie die Lenk- und Ruhezeiten (ohne Verkürzungen).

Anmerkung:
Außer auf staugefährdeten Strecken, müssen Zeitreserven bei einem angenommenen Autobahnschnitt von 60 km/h nicht eingeplant werden!

Das müssen Sie speziell im Schichtdienst sicherstellen:

Im Schichtdienst lenken zwei oder mehrere Fahrer abwechselnd ein Fahrzeug. Hier sollten Fahrer, die eine Schichtzeit beenden, für den folgenden Kollegen vorausplanen und sehr vorrausschauend handeln, um höchste Sicherheit und Effektivität zu erreichen.

Dies erfordert mindestens die folgenden zusätzlichen Maßnahmen (wenn es die Umstände zulassen und keine anderslautenden Vorgaben bestehen):

- Das Fahrzeug sollte am Ende einer Schicht immer vollgetankt abgestellt werden.
- Das Fahrzeug darf nur in optimalem Zustand für die nächste Schicht bereitgestellt werden (Technik, Ausrüstung, Ladungssicherung usw.).
- Falls dies nicht möglich ist, müssen mindestens die folgenden Personen schnellst möglich informiert werden, damit geeignete Maßnahmen getroffen werden können:
  - Disponent
  - Fuhrparkleiter / Werkstattleiter
  - Schichtleiter (falls vorhanden)
  - Nächster Fahrer
- Sämtliche Papiere sollten vom Vorgänger auf Vollständigkeit überprüft und bereit gelegt werden.
- Über Besonderheiten und sämtliche Abweichungen von der Norm sollte der „Nachfolger" schriftlich oder – was noch besser ist – telefonisch / persönlich möglichst frühzeitig informiert werden
  - Dies kann auch Änderungen in der Streckenführungen (z. B. Umleitungen) oder Besonderheiten bei Stammkunden betreffen.

Achtung: Die hier dargestellten Maßnahmen können den übernehmenden Fahrer nicht von seiner Verantwortung entbinden, sämtliche Maßnahmen wie Abfahrtskontrolle, Ladungssicherung, Tourenvorbereitung etc. eigenverantwortlich durchzuführen, bevor er seine Fahrt aufnimmt. Die vorbereitenden Maßnahmen der Kollegen sollen überwiegend sicherstellen, dass die folgende Schicht die Arbeit ohne Verzögerung aufnehmen und bestmöglich erledigen kann.

Freizeit richtig planen

Um einen Transport erfolgreich durchführen zu können, müssen Sie auch Ihre Freizeitgestaltung mit den Anforderungen des Arbeitstages abstimmen:

- Sorgen Sie für ausreichend Schlaf vor Beginn der Arbeit (auch an Familien-Wochenenden, an denen Ihre Arbeit Sonntagnacht um 22:00 Uhr beginnt und eine lange Nachtschicht vor Ihnen liegt!)
- Schätzen Sie Ihren Alkoholkonsum im eigenen Interesse und für die Sicherheit Dritter richtig ein. Durch Restalkohol verlieren viel zu viele Fahrer ihren Führerschein und gefährden andere Verkehrsteilnehmer. Hier gilt: Ein verantwortungsbewusster Berufskraftfahrer setzt sich nur mit 0,0 Promille hinters Steuer!

Umgang mit Terminen und Zeitdruck

Zeitdruck entsteht, wenn Termine zu knapp vorgegeben werden (vom Empfänger, Versender oder Disponenten). Wer sichergehen will, rechnet bei schweren Lkw mit

- einem Schnitt von 60 km/h bei Autobahnetappen
- einem Schnitt von 40 km/h bei Landstraßenstrecken

Wer Touren mit solch niedrigen Durchschnittsgeschwindigkeiten berechnet, kommt vielleicht zu früh beim Kunden an, aber nie zu spät. So werden Kunden zufriedengestellt.

Fahrer sind (auch im eigenen Interesse) verpflichtet, den Disponenten frühzeitig zu informieren, wenn Termine nicht eingehalten werden können.

Nach dem Transport ist vor dem Transport!

Einen Transport richtig zu planen und Problemen vorzubeugen, beinhaltet auch die Nachbereitung eines Transportes. Damit legen Sie den Grundstein für den nächsten erfolgreichen Transport. Dazu gehört z. B.:

- Ladeeinheit reinigen
- Palettenkasten auffüllen
- Schäden ausbessern
- Schäden an die Fuhrparkleitung melden
- Fahrzeugausrüstung (auch Ladungssicherungs-Material) auf Beschädigungen untersuchen, ggf. aussondern und neu besorgen
- Neue Blanco-CMR oder Frachtbriefe besorgen
- Wartungen und Reparaturen planen oder durchführen
- Verbesserungsvorschläge erarbeiten und an die Firmenleitung weiterleiten
- Fahrzeugwäsche

3.3.5 Der dritte Eckpfeiler der Qualität: Null Fehler anstreben

Warum sollen Arbeitnehmer bemüht sein, Fehler zu vermeiden? Zum einen, weil Fahrer selbst den größten Nutzen von fehlerfreier Arbeit haben. Zum anderen, weil das Unternehmen davon profitiert, sich so auf dem Markt behaupten und Arbeitsplätze sichern kann.

Vorteile für Sie als Fahrer:

- Reibungsloser und somit stressfreier Arbeitstag
- Sicherer Arbeitsplatz und dadurch sicheres Einkommen
- Keine Verletzungen
- Kein Ärger mit Polizei oder BAG

Vorteile des Arbeitgebers:

- Zufriedene Kunden
- Guter Ruf des Unternehmens
- Keine Probleme mit Behörden (Gewerbeaufsichtsamt, Polizei, BAG, Zoll)
- Keine teuren Ausfallzeiten von bewährten Fahrern
- Niedrige Versicherungskosten
- Intakte, einsatzfähige Fahrzeuge
- Keine unnötigen Folgekosten

Null Fehler können Sie nur aktiv erreichen.

Hier ein paar Beispiele, wie Sie es schaffen können:

- Beachten Sie die Unfallverhütungsvorschriften (UVV) der Berufsgenossenschaften. Entsprechende Merkblätter können Sie bei Ihrem Arbeitgeber einsehen.
- Tragen Sie immer eine Schutzausrüstung, wenn diese erforderlich ist. Zur persönlichen Schutzausrüstung gehören mindestens Handschuhe, Sicherheitsschuhe und Warnweste.
- Fahren Sie nur mit Einweiser rückwärts
- Schützen Sie Ihr Fahrzeug mit Unterlegkeilen gegen Wegrollen (beim Be- und Entladen an Rampen oder beim Abstellen von Fahrzeugen oder Anhängern)
- Beachten Sie Sicherheitsvorschriften beim An- und Abhängen von Anhängern
- Beugen Sie typischen Verletzungen vor (keine Sprünge aus dem Fahrerhaus oder von der Ladefläche)
- Vorsicht bei der Benutzung von Leitern!
- Arbeiten Sie gewissenhaft – besonders unter Zeitdruck
  - Machen Sie nach Lade- oder sonstigen Arbeiten einen Kontrollgang um das Fahrzeug. Stellen Sie dabei sicher, dass keine Gegenstände (Werkzeuge, LaSi-Material, Latten usw.) vergessen wurden und dass keine Staukästen oder Klappen geöffnet sind. Herabfallende Gegenstände können Sie oder andere Verkehrsteilnehmer gefährden.
  - Nehmen Sie sich Zeit für die Ladungssicherung und *berechnen* Sie Ladungssicherung – nicht schätzen.
- Gehen Sie sorgsam mit dem Fahrzeug um – an Engstellen oder beim Rangieren lieber einmal zuviel aussteigen und schauen, als einmal zu wenig
- Füllen Sie Ladepapiere gewissenhaft aus
- Gehen Sie sorgfältig mit Ware um – auch mit scheinbar wertloser Ware wie Leerpaletten
- Bemühen Sie sich in Abstimmung mit Ihrem Arbeitgeber, Lenk-, Ruhe- und Arbeitszeiten einzuhalten
- Stellen Sie Ihr Fahrzeug, wenn nötig und möglich, auf bewachten Parkplätzen ab

© Reiner Rosenfeld

Abbildung 224: Vorsicht bei der Benutzung von Leitern!

Wer „null Fehler" anstrebt, vermeidet auch Rechtsstreitigkeiten mit Behörden oder Kunden, die die Existenz eines Unternehmens bedrohen können (Siehe auch Kapitel 3.5.3).

3.3.6 Der vierte Eckpfeiler der Qualität: Kosten-Minimierung

Fahrer können durch das Minimieren von Kosten zum Unternehmenserfolg beitragen. Dies gelingt durch:

- Perfektionierung von Arbeitsabläufen
- Wirtschaftliche Fahrweise
- Perfekte Fahrzeugwartung
- Motiviertes Arbeiten

Perfektionierung von Arbeitsabläufen

Ein Transport verläuft in drei Phasen:

1. Planung
2. Umsetzung
3. Nachbereitung

Die drei Phasen müssen jedoch nicht immer klar getrennt sein. Eine höhere Arbeitseffizienz wird erreicht, wenn sich die Phasen überschneiden:

Abbildung 225:
Phasen eines
Transportes

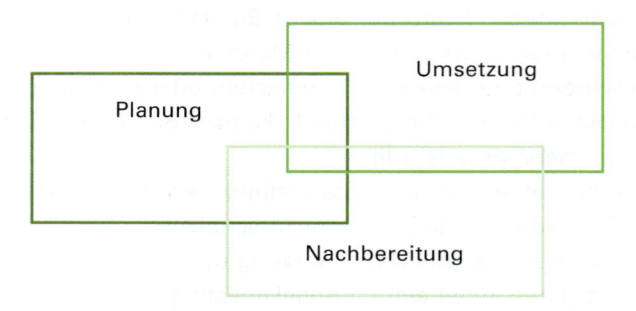

Zum Beispiel können Sie bereits beim Entladen geeignetes Ladungssicherungsmaterial für den nächsten Auftrag bereitlegen. Oder Sie können bereits Informationen über die nächste Ladestelle einholen, bevor der Lastwagen entladen wurde.

Wirtschaftliche Fahrweise

Treibstoff ist der Kostenfaktor, der Transportunternehmen am schwersten belastet. Ein motivierter Fahrer kann mühelos und ohne Zeitverlust Treibstoff sparen, indem er ausgeglichen fährt und die Grundregeln für eine wirtschaftliche Fahrweise beachtet (vgl. Kapitel „Optimale Nutzung der kinematischen Kette" im Band „Basiswissen Lkw/Bus").

Perfekte Fahrzeugwartung

Durch konsequente, regelmäßige Wartung können Fahrer helfen, die Betriebskosten zu minimieren. Gut gewartete Lastwagen haben:

- Weniger Schäden
- Höhere Zuverlässigkeit
- Höhere Verkehrssicherheit
- Eine längere Laufzeit
- Einen höheren Wiederverkaufswert

Dabei müssen die **Wartungsintervalle nach Herstellerangaben** eingehalten werden. In modernen Fahrzeugen informiert Sie der Bordcomputer über bevorstehende Wartungsarbeiten. Geben Sie diese Informationen zeitnah an Ihre Fuhrparkleitung weiter. Wenn Wartungsintervalle nicht eingehalten werden, kann dies zur Folge haben, dass Garantie- oder Gewährleistungsansprüche gegenüber dem Hersteller erlöschen.

Eine Voraussetzung für gute Fahrzeugwartung ist eine konsequente Beobachtung des Fahrzeugzustandes durch Sie als Fahrer. Dadurch können …

- kleine Schäden behoben werden, bevor sie sich zu teuren Schäden ausweiten
- Ausfallzeiten des Fahrzeuges vermieden werden
- Abschlepp- und Reparaturkosten in teuren, betriebsfremden Werkstätten vermieden werden

PRAXIS-TIPP

Nutzen Sie die Voice-Recorder-Funktion Ihres Handys und halten Sie damit Gedankengänge fest, was Sie am Fahrzeug reparieren, überprüfen oder verbessern wollen. So können Sie später auf dem Betriebshof keine Dinge vergessen, die unbedingt erledigt werden müssen. Ein einfacher Notizblock und ein Stift erfüllen übrigens die gleiche Funktion!

Gesetzlich vorgeschriebene Prüfintervalle müssen eingehalten werden:

- Hauptuntersuchung (HU) mit Abgasuntersuchung (AU) alle 12 Monate
- Sicherheitsprüfung (alle 6 Monate)
- Feuerlöscher alle 24 Monate

© Daimler AG

Abbildung 226:
Wartungsarbeit

Damit Reparatur- und Wartungsarbeiten problemlos in den Arbeitsablauf integriert werden können, sollten Sie den Fuhrpark- oder Werkstattleiter frühzeitig informieren und (falls dies in Ihrem Zuständigkeitsbereich als Fahrer liegt) Werkstatttermine mit der Disposition koordinieren.

Motiviertes Arbeiten

Schlampiges Arbeiten von Lastwagenfahrern bringt Speditionen jährliche Verluste in Millionenhöhe ein. Dabei spielt der Umgang mit Leergut, teuren Ladungssicherungsmaterialien und Transportdokumenten eine bedeutende Rolle.

Beispiel Leergut:

Offensichtlich ist vielen Fahrern der Wert von Tauschpaletten, Gitterboxen, Gestellen usw. nicht ausreichend bewusst. Denn viel zu häufig werden Leergutbescheinigungen nachlässig geführt oder Paletten getauscht, ohne sie auf Eignung zu überprüfen.

- Wert einer Europalette: rund   15,– €
- Wert einer Gitterbox: rund 100,– €

Als motivierter Fahrer sollten Sie Wert darauf legen, Paletten oder Gitterboxen beim Beladen und beim Tauschen genau zu begutachten, um finanzielle Verluste für Ihr Unternehmen zu vermeiden. Schon eine einzige nicht tauschfähige Palette kann die ohnehin recht niedrigen Gewinne im Transportgeschäft empfindlich schmälern.

Die Tauschkriterien für Europaletten und Gitterboxen (= Boxpaletten) finden Sie in Kapitel 1.5.2. Hier kann der Begriff „nicht gebrauchsfähig" gleichgesetzt werden mit dem Begriff „nicht tauschfähig".

Beispiel Transportdokumente:

Achten Sie beim Umgang mit Transportdokumenten auf Folgendes:

- Lassen Sie Versender und Empfänger unterschreiben
- Prüfen Sie die Ware auf Vollständigkeit und Zustand
- Vermerken Sie Fehlmengen oder Schäden auf dem Dokument und lassen Sie gegenzeichnen
- Halten Sie ggf. Schäden an der Ware auf Fotos fest (Fotohandy!)

So vermeiden Sie Probleme bei der Rechnungsstellung für Transportleistungen und unnötige Versicherungskosten.

Fazit

Von Fahrern wird viel Einsatz verlangt, um dauerhaft gute Arbeit zu leisten! Aber dauerhaft Qualität im Beruf zu erbringen, ist eine anstrengende Sache. Woher sollen Fahrer langfristig die Energie beziehen, immer auf hohem Niveau Leistung zu erbringen? Erich Lejeune, erfolgreicher Unternehmer und Motivationstrainer hat dafür eine Lösung: „Tu das, was du tust, mit Begeisterung, dann bist du motiviert und dadurch erfolgreich!"

AUFGABE

Nennen Sie vier Qualitätsmerkmale, die einen guten Fahrer auszeichnen!

1.

2.

3.

4.

Sie wissen:

✔ Dass Sie durch die Qualität Ihrer Leistung entscheidend zum Erfolg eines Transportunternehmens beitragen.

✔ Dass Sie neben den Anforderungen des Arbeitsgebers auch denen des Gesetzgebers, der Gesundheit und der Familie gerecht werden sollen.

✔ Dass „Fahrerqualität" überwiegend durch vorausschauendes und verantwortungsbewusstes Handeln erreicht wird.

✔ Dass sicheres Arbeiten in allen (!) Bereichen des Berufes ein entscheidendes Qualitätsmerkmal eines Fahrer ist.

3.4 Kommunikation

▶ **Sie sollen:**
- Erkennen, dass Kommunikation mehr ist als nur Sprechen
- Erkennen, dass bei verbaler und nonverbaler Kommunikation versteckte Ebenen Informationen vermitteln
- Die Gründe für fehlerhafte Kommunikation kennenlernen
- Aktives Zuhören als Kommunikationsmittel erkennen und einsetzen lernen
- Lernen, Du-Botschaften in Gesprächen zu vermeiden und stattdessen Ich-Botschaften zu formulieren
- Lernen, bei Kontakten mit Kunden positive Formulierungen zu verwenden

3.4.1 Grundregeln/-mechanismen der Kommunikation

Was ist Kommunikation?

Von Ihnen als Lkw-Fahrer wird in vielfältigen Situationen ein großes Maß an Geschicklichkeit im Umgang mit anderen Personen erwartet. Diese Geschicklichkeit ist umso wichtiger, je mehr Kundenkontakte Ihren Berufsalltag prägen. Nur wer hier die Regeln der Kommunikation beherrscht, kann die Interessen seines Unternehmens in der Öffentlichkeit angemessen vertreten.

Definition: Kommunikation ist der Austausch von Informationen. Das Wort leitet sich ab vom lateinischen *communicare* (= mitteilen).

Wie Kommunikation abläuft, ist schnell beschrieben: Auf der einen Seite gibt es einen Sender, der eine Nachricht formuliert. Auf der anderen Seite einen Empfänger, der die Nachricht entschlüsselt.

Abbildung 227:
Sender-Empfänger-Modell

Üblicherweise denkt man, dass Kommunikation über die „gesprochene Sprache" also als „verbale Kommunikation" erfolgt. In der Realität ist Kommunikation aber wesentlich komplexer. Denn sie besteht nicht nur aus der Weitergabe sachbezogener Informationen durch

Worte. Vielmehr laufen zwei Drittel des Informationsaustausches in einem Gespräch über:

- Zeichen, Signale, Symbole
- Gesten (können je nach Kulturkreis verschiedene Bedeutungen haben)
- Betonung, Lautstärke, Sprechtempo
- Mimik und Körpersprache

Dabei ist die Mimik des Gesichtes ein besonders wichtiges Ausdrucksmittel. Darin werden Emotionen übermittelt, die in ihrer Feinheit durch Sprachäußerungen kaum wiedergegeben werden können.

> Kommunikation ist also ein vielschichtiges Gefüge, das Sie bewusst einsetzen können, um Gesprächspartner, also Kunden, Polizei oder den eigenen Chef, zu überzeugen, zu beschwichtigen oder zu einer Einigung zu bewegen.

Auch Schweigen ist Kommunikation. Wer den Mund hält, kann damit Folgendes ausdrücken

- Ich bin zufrieden oder stumm vor Glück
- Mir fehlt nichts
- Mir reicht's, ich hab' die Nase voll
- Red' du nur, ich habe dazu nichts mehr zu sagen
- Ich bin einverstanden
- Ich bin unsicher

Hier wird die Bedeutung des ersten Hauptsatzes der Kommunikation (nach Paul Watzlawick) verständlich:

> **Es ist nicht möglich, nicht zu kommunizieren!**

Dieser Satz belegt eindringlich, dass für engagierte Fahrer kein Weg daran vorbei führt, sich mit den Regeln der Kommunikation zu beschäftigen und sie im Beruf bewusst einzusetzen. Denn egal was wir tun, wir senden immer Nachrichten aus – allein schon durch die Art, wie wir etwas tun oder nicht tun. Diese verbalen und nonverbalen Signale (siehe auch Seite 270) gilt es zu lernen und bewusst anzuwenden.

Watzlawicks zweiter Hauptsatz der Kommunikation besagt stark vereinfacht:

> **Es kommt nicht darauf an, was Sie sagen, sondern darauf, was Ihr Gesprächspartner versteht.**

Hier bezieht sich Watzlawick darauf, dass Kommunikation in den seltensten Fällen eindeutig verläuft.

Missverständnisse entstehen u. a. durch:
- Unpräzise Wortwahl des Senders
- Missverständliche körpersprachliche Signale des Senders
- Den falschen Zeitpunkt (z. B. schlechte Laune des Empfängers)
- Den falschen Ort eines Gespräches (Lautstärke, Ablenkung, Sichtbarriere usw.)
- Unkenntnis des Empfängers

Der Erfolg einer Kommunikation wird auch erschwert durch
- unterschiedliche Erfahrungen
- unterschiedliche Werte und Normen
- unterschiedlichen Wissensstand

von Sender und Empfänger.

Dies führt dazu, dass Sender und Empfänger Inhalte von Nachrichten unterschiedlich verschlüsseln oder entschlüsseln. Es werden also unter Umständen Worte verwendet, die bei Sender und Empfänger unterschiedliche Bedeutungen haben.
- z. B.: laufen = gehen   oder   laufen = rennen
- z. B.: Lärche = Baum   oder   Lerche = Vogel
- z. B.: saufen = Tier trinkt oder saufen = übermäßiger Alkoholgenuss

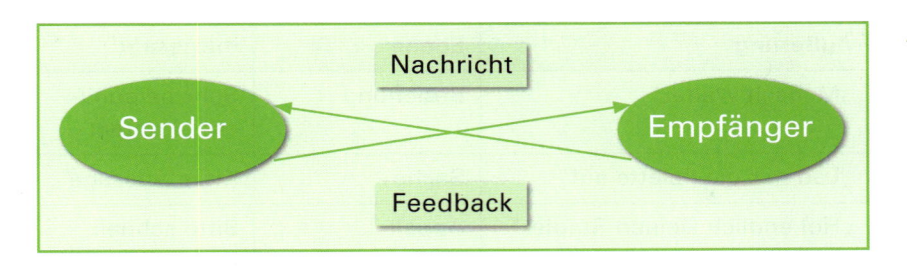

Als Sender können Sie also erst dann sicher sein, dass eine Nachricht 1:1 verstanden wurde, wenn Sie vom Empfänger ein klares Feedback, beispielsweise mit einer „Auftragsbestätigung", erhalten haben.
Als Empfänger sollten Sie nachfragen, ob Sie eine Nachricht richtig interpretieren.

Die Ebenen einer Nachricht

Eine gesprochene Nachricht besteht immer aus vier Ebenen oder Anteilen: der **Sache**, der **Beziehung**, der **Selbstkundgabe** und dem **Appell** (sogenanntes Vier-Seiten-Modell nach Friedemann Schulz von Thun). Alle vier Anteile werden vom Sprechenden (Sender) im Rahmen einer Nachricht übermittelt und vom Zuhörer (Empfänger) verstanden.
Die Informationen zur Sache werden dabei bewusst übermittelt und bewusst erfasst. Die anderen drei Ebenen werden unbewusst übermittelt und auch unbewusst aufgenommen.

Sache:	Es wird die eigentliche Nachricht übermittelt (Fakten)
Beziehung:	Der Sprechende teilt mit, in welchem Verhältnis er zu seinem Gesprächspartner steht (Sympathie, Gleichberechtigung, Missachtung, Wertschätzung usw.)
Selbstkundgabe:	Der Sprechende teilt etwas über sich selbst mit (glücklich, eilig, traurig, desinteressiert usw.)
Appell:	Der Sprechende will beim Gesprächspartner etwas erreichen (mach schneller, nimm mich ernst, hilf mir, lass mich in Ruhe usw.)

Wie diese vier Ebenen Gespräche im Arbeitsalltag eines Fahrers betreffen, lässt sich mit folgendem Satz darstellen, den ein Fahrer einem Staplerfahrer zurufen könnte:
„Mensch Walter, hol endlich deinen Stapler und lad mir diese verdammte Palette auf, ich muss mit meiner Schrottmühle weiter zum nächsten Kunden!"

Äußerung	Ebene	mitgesagt
„Mensch Walter"	Beziehung	Sehr persönlicher Kontakt
„Lad mir die Palette auf"	Sache	Klare Aussage
„Hol endlich Deinen Stapler"	Appell	Bitte schnell erledigen
„Verdammte Palette"	Selbstkundgabe	Ihm ist die Ladung nichts wert
„Mit meiner Schrottmühle"	Selbstkundgabe	Er mag das Fahrzeug nicht, es ist in schlechtem technischem Zustand
„Ich muss weiter"	Selbstkundgabe	Er steht unter großem Zeitdruck

Die Botschaft, die der Fahrer so gedankenlos in den Raum gestellt hat, kann für sein Unternehmen nachteilige Folgen haben. Denn er hat mehr über sich und seine Firma kundgetan, als ihm lieb sein dürfte. Denn ein kritischer Kunde kann dem Satz folgende Zusatzinformationen entnehmen:

- Der Mann fährt mit einem technisch nicht einwandfreien Fahrzeug. Dies kann zu Verspätungen oder sogar Unfällen führen.
- Die Spedition kann sich eine Reparatur nicht leisten oder sie arbeitet schlampig und will das Fahrzeug nicht reparieren lassen.
- Dem Fahrer ist unsere Ware nichts wert, er wird beim Umgang mit der Ware nachlässig sein.
- Die Fahrer stehen unter Stress und haben keine Zeit, mit der Ware sorgsam umzugehen.

Die vier Ebenen einer Nachricht können aber auch ganz massiv das Miteinander von Menschen beeinflussen. Das kann deutlich gemacht werden am einfachen Satz „Ja, da kann *ich* nix dafür!" – also mit ein paar Worten, die man als Fahrer gerne von sich gibt, wenn ein Kunde vorwurfsvoll einen Schaden an der angelieferter Ware reklamiert.
Je nach Lage und Laune kann ein entspannter oder genervter Lagerist diesen Satz ganz unterschiedlich auf den vier Ebenen interpretieren und entsprechend reagieren.

„Ja, da kann ich nix dafür!"	Er hört aus diesem Satz heraus…	Er antwortet…	Folge
…auf der Sach-ebene	Mich trifft keine Schuld.	„Ja, das glaube ich Ihnen."	Har-monie
…auf der Beziehungs-ebene	Du interessierst mich nicht mit deinen Sorgen.	„Dann packen Sie das Zeug mal schön wieder ein – so nehme ich das nicht an."	Streit
…auf der Selbstkund-gabeebene	Die ganze Sache ist mir sch… egal.	„Ich könnte mir gut vorstellen, dass da Ihr Fahrstil dran schuld ist."	Streit
…auf der Appellebene	Lass mich in Ruhe!	„So einfach können Sie sich das nicht machen. Das werden Sie schon auf Ihre Kappe nehmen müssen!"	Streit

Um sicherzustellen, dass Ihre Nachricht „richtig" interpretiert wird, sollten Sie bemüht sein, Gestik, Mimik, Körpersprache auf die Zielset-zung Ihrer Aussage abzustimmen.

Fazit:
Als Sender und Empfänger einer Nachricht sollten wir bestrebt sein, ausschließlich auf der Sachebene zu senden und zu empfangen! Dann ist berufliche Kommunikation von Erfolg gekrönt.

PRAXIS-TIPP

Vermeiden Sie das kumpelhafte „Du" gegenüber Kunden. Verwenden Sie stattdessen bevorzugt das förmliche „Sie". Diese förmliche Anrede vermittelt Respekt und hilft so, Missverständnisse zu vermeiden. Gleichzeitig wird so eine durchaus gewünschte „offizielle Distanz" zum Gegenüber aufgebaut und Kritik, Verbesserungsvorschläge oder Arbeitsmaßnahmen lassen sich sachlicher diskutieren.

> Oh Mann, bin ich fit heute !

Nonverbale Kommunikation

Unter „nonverbaler Kommunikation" versteht man „Körpersprache", also „Nachrichtenübermittelung ohne Worte". Wie diese wirkt, lässt sich leicht erklären:

Stellen Sie sich vor, dass Sie unverschuldet verspätet beim Kunden eintreffen und noch laden wollen. Der Kunde fragt Sie ärgerlich nach dem Grund. Berichteten Sie nun, dass Sie sich wegen eines technischen Defektes verspätet haben und blicken Ihm dabei fest in die Augen, wirken Sie glaubhaft. Heften Sie beim Sprechen den Blick aber auf den Boden oder blicken am Gesprächspartner vorbei, wirken Sie unglaubwürdig. Dies erweckt den Eindruck, dass Sie lügen.

Mimik und Gestik müssen also mit dem Gesagten übereinstimmen. Stimmt das gesprochene Wort nicht mit der Körpersprache überein, wird *immer* dem nonverbalen Signal geglaubt.

Eine Person, die von sich behauptet, kraftstrotzend und dynamisch zu sein, dabei aber die Schultern hängen lässt und mit gebeugtem Rücken steht, wirkt also unglaubhaft.

AUFGABE

Signal	Interpretation
Blickkontakt mit dem Gegenüber	
Den Gesprächspartner nicht ansehen	
Arme und Beine eng nebeneinander	

Signal	Interpretation
Heben des Zeigefingers	
Hände auf den Rücken legen	
Daumen und Zeigfinger in Pistolenform auf den Gesprächs- partner gerichtet	
Hochziehen einer Augenbraue	
Die Stirn runzeln	

Nach Enkelmann, Rhetorik Klassik

Aktives Zuhören

Zitat:

Einer der Gründe, warum man in Gesprächen selten verständige und angenehme Partner findet, ist, dass es kaum jemanden gibt, der nicht lieber an das denkt, was er sagen will, als genau auf das zu antworten, was man zu ihm sagt.

Die Selbstgefälligen begnügen sich damit, während man es ihrem Auge und Ausdruck ansehen kann, dass ihre Gedanken nicht bei unserer Rede sind, sondern sich eifrig mit dem beschäftigen, was sie sagen wollen.

Sie sollten bedenken, dass es ein schlechtes Mittel ist, anderen zu gefallen oder sie zu gewinnen, wenn man sich selbst so sehr zu gefallen sucht, und, dass die Kunst, gut zuzuhören und treffend zu antworten, die allerhöchste ist, die man im Gespräch zeigen kann.

Nach François VI. de La Rochefoucauld
(französischer Schriftsteller, * 15. September 1613 , † 17. März 1680)

Aktives Zuhören ist eine weitere Möglichkeit, um in Gesprächen Erfolge und Einigungen zu erzielen.

Aktives Zuhören meint, dass Sie sich dem Gegenüber im Gespräch so zuwenden, dass dieser das Interesse an seiner Person und seiner Rede erkennt.

Aktives Zuhören bedeutet auch, dass Sie bemüht sind, sich in die Situation des Gegenübers zu versetzen, um zu verstehen, was ihn bewegt. Zeigen Sie dabei Einfühlungsvermögen.

Durch aktives Zuhören erreichen Sie:
- Einen persönlichen Kontakt zum Gegenüber
- Eine entspannte Gesprächsatmosphäre
- Bei verhärteten Standpunkten können Sie so leichter eine emotionale Übereinstimmung erzielen

Der Eindruck, dass Sie einem Gesprächspartner aktiv zuhören, entsteht auch dadurch, dass Sie ihn ausreden lassen.
- Wer dazwischenredet, zeigt, dass er sich für die Aussage des anderen nicht interessiert und signalisiert so Missachtung.
- Pausen können ein Zeichen sein für Unklarheiten, Angst oder Ratlosigkeit. Plappern Sie also nicht gleich los wie ein Maschinengewehr.
- Lassen Sie Ihr Gegenüber auch dann ausreden, wenn er Ihnen Vorwürfe macht. Sie können später darauf eingehen.

Setzen Sie die Möglichkeiten der Körpersprache gezielt ein und verharren Sie nicht reglos vor dem Gesprächspartner.
- Nicken Sie mit dem Kopf
- Wenden Sie ihm den Blick zu
- Neigen Sie ihm den Körper zu
- Zeigen Sie Verständnis (Mimik!)
- Lachen, lächeln, schmunzeln Sie

Widerstehen Sie Ablenkungen
- Spielen Sie nicht nervös mit dem Kugelschreiber oder Schlüsselbund – das zeigt, dass Sie keine Ruhe haben, zuzuhören

Halten Sie die eigene Meinung zurück. Die können Sie später zum Besten geben.
- Zuhören heißt hier nicht, dass Sie das Gesagte gutheißen.

Stellen Sie Fragen:
- Auf jeden Fall bei Unklarheiten
- Fragen können auch Denkanstöße beinhalten:
  - „Könnte das nicht auch damit zusammenhängen, dass …?"

Wiederholen Sie Teile des Gesagten:

- „Habe ich Sie richtig verstanden, dass …?"
- So können Sie klären, ob Sie den Gesprächspartner richtig verstanden haben. Missverständnisse können vermieden werden.

Benutzen Sie kurze Äußerungen („Ja", „Aha", „Hm", „Genau" etc.), dadurch bestätigen Sie Ihr Gegenüber.

Sprechen Sie Gefühle an

- So zeigen Sie, dass Sie Ihr Gegenüber auch auf der Gefühlsebene ernst nehmen und sich in seine Lage versetzen können
- „Sie sind enttäuscht und wütend …?"

Setzen Sie unverbindliche, nicht wertende Aufforderungen und Fragen ein:

- „Das hört sich ja wirklich sehr schwierig an …"
- „Möchten Sie mir erzählen, was sich ereignet hat?"

Paraphrasieren Sie (Wiederholen Sie mit eigenen Worten)

- „Sie glauben also, …"
- „Wenn ich Sie richtig verstehe, dann meinen Sie …"

Um beim Gesprächspartner keine Widerstände aufzubauen, sollten Sie Folgendes vermeiden:

- Ironische Bemerkungen: „Naja, wenn Sie hier mal aufräumen würden, …."
- Besserwisserische Lösungsvorschläge: „Ich an Ihrer Stelle würde …"
- Urteile: „Das sehen Sie vollkommen falsch …!"
- Kritik: „Wenn Sie das nicht getan hätten, dann …!"
- Ablenken: „Darüber können wir ein andermal sprechen …!"
- Analysen: „Was Ihnen fehlt, ist …!"

Sehr vorteilhaft ist es auch, Ihr Gegenüber mit dem Namen anzusprechen, denn jeder Mensch mag es, seinen Namen zu hören. Vermeiden Sie es dabei aber auf jeden Fall, einen Namen zu kommentieren („Ach, Herr Weiss, wie schwarz!") oder auf ungewöhnliche Namen zu reagieren (Herr Brühwurst …). Nur Ihr Gesprächspartner selbst darf seinen Namen kommentieren!

3.4.2 Ich-Botschaften

Das macht den Unterschied: „Ich" statt „Du"

Sie sind verärgert und haben ein Problem mit einer anderen Person, wissen aber nicht, wie Sie dieses Problem zur Sprache bringen sollen, ohne den Anderen zu verärgern?

Am besten verwenden Sie eine *Ich-Botschaft*, um das Problem zur Sprache zu bringen. Denn mit einer *Ich-Botschaft* schildern Sie das Problem aus *Ihrer* Sicht und Betroffenheit, ohne mit anklagendem Zeigefinger auf den Anderen zu zeigen. *Ich-Botschaften* fördern die Bereitschaft, Probleme zu lösen.

Eine *Ich-Botschaft* an einen Lagermeister, der Sie ungerecht behandelt, könnte lauten:

> „Ich habe den Eindruck, dass Fahrzeuge, die nach mir eingetroffen sind, vor mir an die Rampe dürfen, das enttäuscht mich sehr."

Im Gegensatz dazu, wirkt eine sogenannte *Du-Botschaft* mit der gleichen Aussage anklagend und baut beim Gegenüber Widerstand auf:

> „Warum bevorzugen Sie dauernd andere Fahrzeuge?"

Diese *Du-Botschaft* setzt das Gegenüber unter Rechtfertigungsdruck und erzeugt Aggressionen. Sie wird also nicht zur Veränderung der Situation beitragen. Daher sollten Sie Probleme immer durch *Ich-Botschaften* ansprechen!

	Ich-Botschaft	Du-Botschaft
	Beleuchtet die eigene Wahrnehmung, die eigenen Gefühle	Ist wie ein ausgestreckter Zeigefinger
Beispiele	– Es hat mich geärgert, dass .... – Mir ist aufgefallen ... – Ich wünsche mir ...	– Du machst immer ... – Sie sollten endlich mal ... – Warum tun Sie nicht ...
Wirkung	– Bereitschaft zur Klärung – Betroffenheit – Nachdenklichkeit	– Widerstand – Schuldgefühle – Verletzung, Ärger

Aufbau einer Ich-Botschaft

Eine Ich-Botschaft hat (maximal) drei Teile: „Als ich festgestellt hatte, dass Sie die Palette nicht bereit gestellt haben, war ich sehr enttäuscht, weil das meinen Arbeitstag durcheinander gebracht hat!"

Verhaltensbeschreibung	Wirkung	Auswirkung
Ich habe festgestellt, dass Sie die Palette nicht bereitgestellt haben.	Ich war sehr enttäuscht.	Es hat meinen Arbeitstag durcheinander gebracht.

Eine gelungene Ich-Botschaft wirkt wie ein Tatsachenbericht. Sie beschreibt ohne zu werten ein Verhalten oder Umstände, die ein Problem verursachen. Dann beschreibt sie, wie sich diese Verhältnisse emotional auf Sie auswirken, indem Sie Ihre Gefühle ausdrücken. Schließlich erfährt der Andere etwas über die Auswirkungen und kann so nachvollziehen, dass ein vernünftiger Grund für die Beanstandung vorliegt.

Wenn Sie versuchen, dreiteilige Ich-Botschaften zu formulieren, werden Sie sich anfangs wahrscheinlich etwas seltsam vorkommen und das Gesprochene klingt ungewohnt in Ihren Ohren. Mit zunehmender Übung aber werden Ihre Botschaften immer natürlicher.

PRAXIS-TIPP

Nutzen Sie die Zeit auf längeren Fahrten und trainieren Sie im Selbstgespräch, „Ich-Botschaften" zu formulieren. Oder bereiten Sie sich auf diese Art auf aktuelle Problemfälle vor.
Achtung: Die Verkehrssicherheit darf bei Ihren Sprach- und Gedankenübungen natürlich nicht leiden!

3.4.3 Positive Formulierungen

Positive Formulierungen machen schlechte Nachrichten leichter erträglich. Nehmen Sie sich das zu Herzen, wenn Sie mit Kunden zu tun haben und Konflikte abschwächen oder vermeiden wollen.

Formulieren Sie negative Nachrichten immer so, dass sie einen Mehrwert, am besten eine Aussicht auf Lösung bieten. Wenn beispielsweise eine Palette den Bestimmungsort nicht pünktlich erreicht, können Sie dies auf zwei Arten mitteilen:

„Also, heute kommt die Palette garantiert nicht mehr an!"
oder
„Die Palette erreicht den Bestimmungsort morgen früh!"

Der Inhalt der Nachricht ist gleich: Der Kunde erfährt, dass die Palette zu spät ausgeliefert wird, aber im zweiten Fall erfährt der Kunde im gleichen Satz, wann sie ankommt und wird dadurch positiv gestimmt. Durch positive Formulierungen und das Aufzeigen von Lösungsmöglichkeiten lassen sich viele Konflikte vermeiden.

AUFGABE

Formulieren Sie die negativen Aussagen in positive, lösungsorientierte Aussagen um!

Negativ und unverbindlich	Positiv und lösungs- orientiert
Das ist nicht meine Schuld.	
Das kann ich nicht mehr mitnehmen.	
Das große Teil kriegen wir nie da rein.	
Ich schaffe es nicht mehr rechtzeitig.	
Da bin ich überfragt.	

PRAXIS-TIPP

Im Laufe der Zeit kennen Sie Ihre Kunden und deren Eigenheiten immer besser. Bemühen Sie sich besonders bei sehr kritischen oder ewig nörgelnden Kunden, mit positiven Formulierungen ein „positives Klima" zu schaffen. Vergessen Sie nie: „*Jeder* Kunde trägt zum Erfolg des Unternehmens bei!"

3.4.4 Umgang mit Kundenbeschwerden

Beschwerden von Kunden sind der erste Hinweis darauf, dass etwas im Verhältnis Spediteur-Kunde nicht stimmt, was später zu einer Eskalation führen könnte. Daher sollten Sie wissen, wie Sie adäquat auf Beschwerden reagieren können.

Zunächst ist es wichtig, dass Sie die Angelegenheit nicht als Angriff auf Ihre Person verstehen, auch wenn der Kunde seine Enttäuschung an Ihnen auslässt. Keinesfalls sollten Sie aggressiv reagieren oder versuchen, sich selbst oder die Firma zu rechtfertigen. Das verlangt unter Umständen gute Nerven, hat aber den Vorteil, dass Sie später mit dem guten Gefühl nach Hause gehen können, etwas Positives geschafft zu haben, anstatt zur Verschlimmerung der Situation beigetragen zu haben.

APO-Methode

Am besten wenden Sie in einer solchen Situation die APO-Methode an:

A = Akzeptanz äußern
P = Problembewusstsein zeigen
O = Offenheit praktizieren

A: Mit *Akzeptanz* erreichen Sie selbst wütende Kunden auf der Gefühlsebene und können so Reklamationen positiv beeinflussen.
„Ich kann verstehen, dass Sie enttäuscht sind, weil…" ist ein guter Einstieg

Das **A** kann aber auch für Authentizität (Echtheit) stehen. Das meint, dass Sie wirklich hinter dem stehen sollten, was Sie da zum Kunden sagen. Ist das nicht der Fall, kann dies zusätzliche Verstimmung beim Kunden hervorrufen. Typisch für eine nicht authentische Aussage ist „…ja, aber…".
Zudem sollten Sie „Man…"-, „Wir…"- oder „Es ist…"- Aussagen vermeiden. Am weitesten kommen Sie mit ehrlichen „Ich…"-Sätzen.

P: Zeigen Sie dem Kunden, dass Sie sein Problem verstehen, z. B. dass gerade heute eine wichtige Palette nicht geliefert wird.
„Ja, das ist jetzt natürlich eine sehr schwierige Situation für Sie…"

O: Seien Sie offen und suchen Sie eine Lösung für und mit dem Kunden. „Würde es Ihnen denn helfen, wenn ich nachfrage, wann die Palette eintrifft?"

Mit einem solchen Hilfsangebot vermitteln Sie, dass Sie dazu beitragen wollen, das Problem zu lösen.

Zwei Standardfälle, in denen es regelmäßig zu Beschwerden/Reklamationen von Kunden gegenüber Fahrern kommt, ist beschädigte oder stark verspätete Ware. In solchen Fällen sind Sie nicht nur als Kundenbetreuer gefragt, der freundlich und verständnisvoll reagiert. Sie müssen dann auf jeden Fall auch Ihr **Unternehmen,** am besten den **Disponenten,** informieren, damit durch interne Maßnahmen eine Wiederholung verhindert werden kann. Bitten Sie dabei um Anweisungen, wie Sie zu verfahren haben und informieren Sie sich, wenn möglich, über Hintergründe des Geschehens. Diese leiten Sie, wenn sinnvoll, ganz im Sinne der APO-Methode an den Kunden weiter.

Sollte ein Kunde Beschädigungen an der *Verpackung* reklamieren, können Sie ihn freundlich bitten, die Verpackung zu öffnen, um die Ware zusammen mit Ihnen in Augenschein zu nehmen. Denn unter Umständen ist die Ware selbst noch unversehrt. Sollte die Ware dennoch beschädigt sein, verfahren Sie wie im oberen Abschnitt beschrieben.

AUFGABE

Erläutern Sie Abkürzungen, die sich hinter dem Begriff APO verstecken!

A=

P=

O=

Was bedeutet der Begriff Authentizität?

Wann sollten Sie die APO-Methode praktizieren?

Sie wissen:

✔ Dass „Kommunikation" aus verbalen und nonverbalen Anteilen besteht.
✔ Dass positive Formulierungen zur Kundenzufriedenheit beitragen.
✔ Dass aktives Zuhören, besonders in schwierigen Gesprächssituationen, ein wichtiges Mittel guter Kommunikation ist.
✔ Dass Sie auf Kundenbeschwerden bewusst reagieren sollten.

3.5 Konflikte im Fahrerberuf

> **Sie sollen Ursachen, Arten und Auswirkungen von Konflikten erkennen. Desweiteren sollen Sie lernen, Konflikte einzuordnen, Eskalation zu vermeiden und sich in Bedrohungssituationen richtig zu verhalten.**
> **Sie sollen die finanziellen und kommerziellen Folgen kennenlernen, die durch einen Rechtsstreit auf ein Unternehmen zukommen können und wissen, wie Sie einem Rechtsstreit vorbeugen können.**

3.5.1 Ursachen, Arten und Auswirkungen von Konflikten

Was ist ein Konflikt?

Konflikte (lat. *conflictus* = Zusammenprall), also Auseinandersetzungen, sind ein fester Bestandteil unseres Lebens. Sie entstehen, wenn anscheinend unvereinbare Interessen von (zwei oder mehreren) Personen, Gruppen, Völkern aufeinandertreffen und mindestens eine der Konfliktparteien dabei versucht, ihr Ziel mit Nachdruck durchzusetzen.

Durch Konflikte entstehen:
- Negative Gefühle
- Abwertendes Denken und Vorurteile
- Feindseliges Verhalten

Konflikte werden meist als Kampfsituationen wahrgenommen und entfalten eine Dynamik, die friedliche Einigungen oft unmöglich macht. Konflikte können die Sicht auf die eigene Person, die Gegner, Probleme und Geschehnisse verzerren und völlig einseitig darstellen. Oft entsteht die Meinung, dass der eigene Gewinn nur durch einen Verlust des Gegners zu erzielen sei. Konflikte können dadurch ein sehr zerstörerisches Potential entfalten.

Konflikte müssen nicht zwingend etwas Negatives sein. Sie können dem Zusammenleben von Menschen sogar förderlich sein, denn sie bergen die Möglichkeit, zu erkennen, wie andere Menschen denken oder fühlen. Durch Konflikte können sich Menschen sogar näherkommen.

Beispiel:
Zwei Nachbarn streiten am Gartenzaun, weil Nachbar A Birnen von Zweigen des Nachbarbaumes pflückt, die auf sein Grundstück wachsen. Nachbar B beschuldigt A, die Birnen zu stehlen. A wirkt betroffen und erzählt, dass er seine Arbeit verloren hat, nun von Sozialhilfe leben muss und deswegen nach den Birnen gegriffen hat. B versteht nun, warum A so handelt und bietet ihm nun zu den Birnen auch noch Äpfel aus seinem Garten an.

Konflikte im Fahrerberuf

Auch im Fahrerberuf gibt es unzählige Möglichkeiten für die Entstehung von Konflikten: Wenn Sie beispielsweise in der Innenstadt beim Entladen eine schmale Einbahnstraße für mehrere Minuten blockieren, brauchen Sie nicht lange darauf zu warten, dass sich andere Verkehrsteilnehmer beschweren. Treffen dann Standpunkte unvereinbar aufeinander und beharren beide Seiten auf ihren Rechten, entstehen feindselige Gefühle und es liegt ein Konflikt vor.

Um in solchen Situationen einer Eskalation vorbeugen zu können, ist es wichtig, das Wesen von Konflikten zu kennen. So können frühzeitig Maßnahmen ergriffen werden, um eine Lösung zu finden, mit der beide Parteien zufrieden sind. Zum Beispiel könnten Sie nach dem Abladen der ersten Palette einmal um den Block fahren, so die Straße freimachen und erst dann die zweite Palette abladen.

 AUFGABE

Sammeln Sie mögliche Konfliktfälle und Lösungsmöglichkeiten, denen Sie als Lastwagenfahrer begegnen können.

Das Wesen von Konflikten

- Konflikte verlaufen anfangs meist schwelend, werden von den Beteiligten nicht wahrgenommen.
- Emotionen (Angst und Wut) stauen sich auf.
- Ein auslösendes Ereignis bringt den Konflikt (oft explosionsartig) an die Oberfläche.
- Der Konflikt wird offen ausgetragen.
- Der Konflikt eskaliert.

Konfliktarten

Um einen Konflikt richtig beurteilen zu können, muss man wissen, um welche Konfliktart es sich handelt.

Die drei in Ihrem Berufsumfeld wahrscheinlichsten Konfliktarten sind dabei:

1. Der Verteilungskonflikt

Hier geht es um einen konkreten Streitgegenstand. Zum Beispiel darum, wer den neuesten Lastwagen der Spedition fahren darf, wer die Tour bekommt, die ihn am Wochenende früher als andere nach Hause bringt oder wer in den Schulferien Urlaub nehmen darf.

Alle Beteiligten nehmen dabei für sich in Anspruch, ein „Anrecht" auf den Streitgegenstand zu haben und rechtfertigen den Anspruch mit Argumenten und Beweisen. In Wahrheit sind Verteilungskonflikte aber versteckte Machtkämpfe, die nach dem Prinzip des ABBA-Songtitels funktionieren: „The winner takes it all" (Der Gewinner bekommt alles).

Folgekonflikte sind bei Verteilungskonflikten vorprogrammiert. Denn Verlierer bleiben meist unzufrieden zurück und sinnen auf einen Ausgleich.

2. Der Zielkonflikt

Dieser Konflikt entsteht, wenn „Gegner" Ideen oder Ziele verfolgen, die nicht miteinander in Einklang zu bringen sind.

So könnte ein Kunde zum Beispiel verlangen, dass Sie noch auf eine Palette warten, die erst später geladen werden kann. Für Sie ist es aber viel wichtiger, schnell weiterzukommen, weil Sie noch vor Feierabend bei anderen Kunden laden müssen.

3. Der Beziehungskonflikt

Beziehungskonflikte, also zwischenmenschliche Probleme, entstehen, wenn eine Partei die andere verletzt, demütigt, missachtet. Missachtung kann zum Beispiel dadurch entstehen, dass Sie einen Kollegen einfach nicht leiden können. Dieser fühlt sich dann dadurch verletzt, dass Sie ihm nicht die gleiche Achtung entgegenbringen wie anderen Fahrerkollegen.

Entstehung von Konflikten

Konflikte sind oft nur schwer zu durchschauen. Mag es auf den ersten Blick richtig sein, einen Konflikt „nur" als Verteilungskonflikt zu sehen, können unter der Oberfläche versteckt unter Umständen ganz andere Kräfte oder Bedürfnisse wirken. Das erklärt Christoph Besemers Eisbergmodell. Es zeigt, dass neun Zehntel der wahren Konfliktgründe nicht erkannt werden und die Grundlage für weiteren Zündstoff bilden.

Versteckte Gründe für den Ausbruch von Konflikte können sein:

Abbildung 229: Anteile eines Konfliktes in Anlehnung an das Eisbergmodell nach Besemer

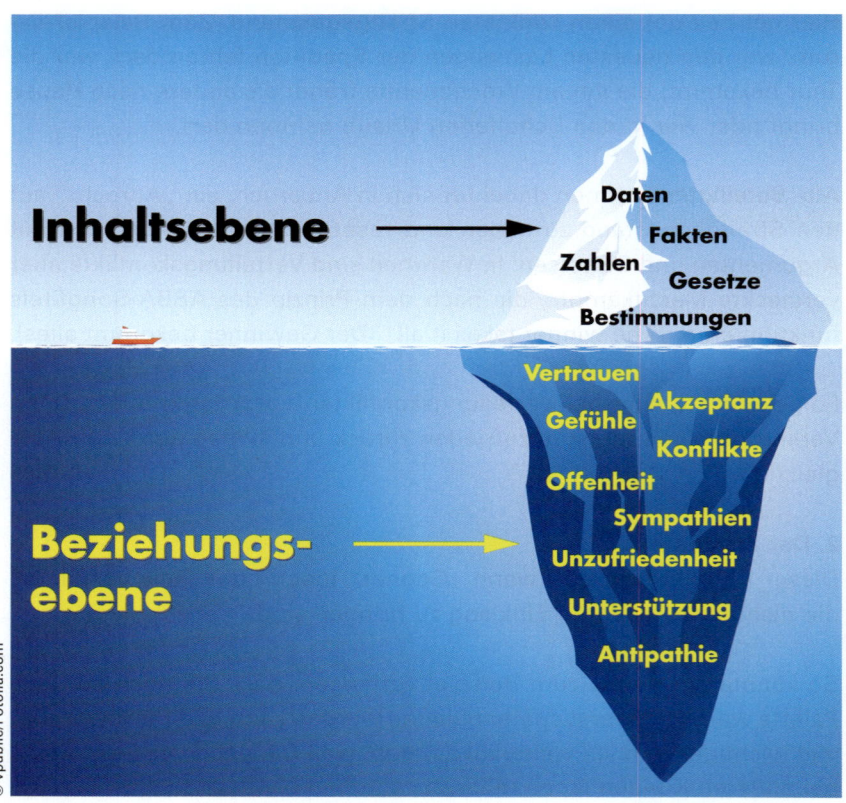

© vpublic/Fotolia.com

Wann ein Konflikt entstanden ist, lässt sich oft nur schwer feststellen. Die verborgenen Anteile können aber erklären, warum Konflikte auch ganz plötzlich zwischen Personen in Erscheinung treten, die sich vorher noch nie begegnet sind. So gibt es z.B. für Vorfälle, bei denen völlig unbeteiligte Personen von oft alkoholisierten Personen angegriffen werden, keine offensichtliche Erklärung – die Gründe sind bei den versteckten Anteilen zu suchen.

Gemeinsam ist aber allen Konflikten, dass sie entstehen, weil
- Unterschiede im Wollen, Fühlen und Denken vorliegen
- Mindestens eine Person diese Unterschiede wahrnimmt
- Mindestens eine Person so handelt, dass sich eine andere im Wollen, Denken und Fühlen beeinträchtigt oder bedroht *fühlt* (Es muss also keine reale Bedrohung oder Beeinträchtigung vorliegen).

Auslösende Ereignisse

Oft reichen kleine Ereignisse, um einen Konflikt ausbrechen zu lassen. Dabei muss das Ereignis nicht zwingend mit dem eigentlichen Geschehen zu tun haben. Besonders unbedachte Äußerungen, Schuldzuweisungen, Vorwürfe oder Missachtung wirken wie Zündstoff oder heizen Konflikte zusätzlich an. Eine der Konfliktparteien wirkt so als Konfliktförderer.

AUFGABE

Weisen Sie den Äußerungen einen passenden Begriff zu:
Ungeduld, nicht gehaltenes Versprechen, nichtverbales Zeichen, schlechte Laune, Wutausbruch

Äußerung	Begriff
„Wann komme ich denn endlich dran?"	
Faust mit erhobenem Mittelfinger	
„Das erledige ich nachher…!"	
„Das nervt mich heute total!"	
„Verdammt, dann hau doch endlich ab!"	

„Wer Streit sucht, kann in der Wahl seiner Worte
nicht unvorsichtig genug sein."
Werner Mitsch, deutscher Aphoristiker

Konflikte und ihre Auswirkungen

Konflikte sind belastend, rauben Energie und haben zahlreiche andere, schwerwiegende Auswirkungen auf das persönliche und berufliche Umfeld. Die Lösung eines Konfliktes hingegen birgt eine ganze Palette positiver Aspekte. Daher sollten Sie sich aktiv um die Lösung von Konflikten im privaten und beruflichen Umfeld bemühen.

Auswirkungen ungelöster Konflikte

Auf Personen:

- Konflikte sind psychisch belastend
- Sie rauben Energien und beeinträchtigen die Lebensqualität
- Lang anhaltende Konflikte können zu Krankheiten führen (z.B.: Magengeschwür, Schlaflosigkeit, Depressionen usw.)

Auf das Umfeld:

- Konflikte können sich auf das Umfeld ausbreiten (durch Einbeziehung Dritter)
- Konflikte können das Umfeld in „Lager" spalten
- Freunde und Verwandte ziehen sich möglicherweise zurück, weil sie nicht in den Konfliktstrudel geraten wollen oder das Thema „nicht mehr hören wollen"

Abbildung 230:
Lagerbildung

© iStockphoto/thinkstock

Auf das Unternehmen:

- Konflikte belasten Arbeitsabläufe und die Produktivität
- Konflikte an der Schnittstelle zum Kunden schädigen das Ansehen
- Auch firmeninterne Konflikte schädigen das Ansehen (weil sie nach außen getragen werden)

Gelöste Konflikte…

- schaffen Erleichterung und Entlastung
- schaffen Erkenntnisse, wie andere Menschen denken und fühlen
- bringen Bewegung in eine verfahrene Situation
- fördern innere Kräfte, die Neues erschaffen
- stärken das Selbstbewusstsein und die Selbstachtung
- schaffen Zuversicht auf weitere erfolgreiche Problemlösungen

PRAXIS-TIPP

Vermeiden Sie es, mit Kollegen über andere Personen (Kunden, Kollegen) „herzuziehen". Dies schürt Emotionen und heizt Konflikte unnötig an. Eine gute Möglichkeit, um bei derartigen „Gesprächen" neutral zu bleiben, ist der Satz: „Ich denke, darüber sollten wir reden, wenn Herr/Frau … auch anwesend ist!"

3.5.2 Umgang mit Konflikten

Konflikteskalation

Konflikte haben die Tendenz, zu eskalieren. Sie nehmen also an Schärfe zu. Die Eskalation folgt dabei einem bestimmten Muster – den sogenannten Eskalationsstufen. Dabei verlieren die Konfliktparteien zunehmend die Kontrolle über die Situation und legen ein immer zerstörerischer werdendes Verhalten an den Tag.

Dass Konflikte sich zuspitzen, können Sie auch an sich selbst oder Ihrem „Gegner" beobachten:

- Man zeigt feindseliges Verhalten
- Man zieht sich zurück
- Man intrigiert
- Man leistet Widerstand

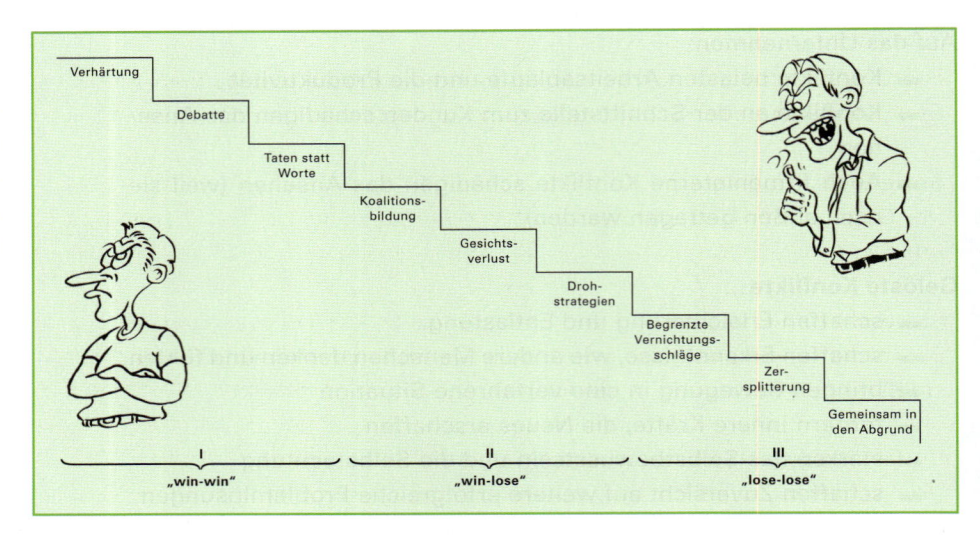

Die Eskalationsstufen können helfen, festzustellen, auf welcher Ebene oder Stufe sich ein Konflikt befindet und damit, wie dramatisch die Situation ist.

Auf Ebene 1 (win-win) ist es noch möglich, dass beide Seite gewinnen. Auf Ebene 2 (win-lose) kann nur noch eine Partei gewinnen. Befindet sich der Konflikt aber auf einer der Stufen von Ebene 3 (lose-lose), können beide Seiten nur noch verlieren.

Stufe 1: Verhärtung
Die Parteien sind der Meinung, dass die Spannungen noch mit Gesprächen zu lösen sind. Die Standpunkte und Meinungen verhärten sich bereits.

Stufe 2: Debatte
Das Denken, Fühlen und Handeln der Parteien wird immer gegensätzlicher. Es gibt langatmige Debatten. Es werden Strategien entwickelt, den anderen zu überzeugen. Die Standpunkte verhärten sich weiter.

Stufe 3: Taten statt Worte
Die Konfliktparteien erhöhen den Druck aufeinander, um die eigene Meinung durchzusetzen. Gespräche werden abgebrochen. Keine Partei will nachgeben. Es entsteht eine Diskrepanz zwischen verbalem und nonverbalem Verhalten. Es entsteht Misstrauen.

Stufe 4: Koalitionsbildung
Der Gegner wird zum „Feind". Es bilden sich „Lager" und es werden Sympathisanten gesucht. Der Gegner wird denunziert.

Stufe 5: Gesichtsverlust
Der Gegner wird bloßgestellt. Er soll so seine Glaubwürdigkeit verlieren. Der Vertrauensverlust ist nun vollständig.

Stufe 6: Drohstrategien
Es werden gegenseitig Drohungen ausgesprochen und Ultimaten gestellt.

Stufe 7: Begrenzte Vernichtung
Der Gegner wird nicht mehr als Mensch wahrgenommen, er wird zur „Sache" erklärt. Man will dem Gegner empfindlich schaden. Die Worte des Gegners werden immer ins Gegenteil verkehrt.

Stufe 8: Zersplitterung
Der Gegner soll mit Vernichtungsaktionen zerstört werden.

Stufe 9: Gemeinsam in den Abgrund
Die Stufe der totalen Konfrontation. Der Gegner soll um jeden Preis vernichtet werden, auch wenn es den eigenen Untergang bedeutet.

Die „Jeder-gewinnt-Methode"
Konflikte lassen sich nur dann lösen, wenn sich alle Seiten bewusst werden, dass ein Konflikt vorliegt und *gemeinsam* eine Lösung angestrebt wird. Steht genügend Zeit zur Verfügung, kann eine Lösung mit Hilfe der folgenden 6-Punkte-Strategie angesteuert werden.

1. Schritt: Bedürfnisse feststellen und Probleme definieren
- „Was brauche ich?" oder „Was will ich?"

Jede Person, die an einem Konflikt beteiligt ist, sollte diese Frage beantworten, ohne Schuld zuzuweisen oder anzuklagen (z. B. durch Ich-Botschaften, aktives Zuhören etc.). Dabei wird festgestellt, warum die Bedürfnisse nicht miteinander vereinbar erscheinen.

2. Schritt: Lösungsmöglichkeiten ermitteln

- „Haben Sie eine Idee, wie wir das Problem lösen könnten?"

Alle Beteiligten (u.U. auch neutrale Dritte) entwickeln Ideen zur Lösung des Problems. Erlaubt sind auch ungewöhnliche Lösungsvorschläge. Diese werden, ohne zu werten, gesammelt.

3. Schritt: Die Lösungsmöglichkeiten bewerten

- „Welche der Lösungsmöglichkeiten wäre für Sie akzeptabel?"

Jede Konfliktpartei geht die Liste der Alternativen durch und sagt, mit welcher Lösung sie zufrieden wäre.

4. Schritt: Sich für die beste Lösung entscheiden

- „Wäre diese Lösung auch in Ihrem Sinne?"

Man einigt sich auf eine gemeinsame Lösung, die allen Seiten akzeptabel erscheint. Die Entscheidungen müssen freiwillig getroffen werden. Sonst ist es keine „Jeder-gewinnt-Situation".

5. Schritt: Die Entscheidung umsetzen

- „Wie wollen wir es umsetzen?"

Treffen Sie gemeinsam Entscheidungen, wer, was, wann, wie, mit wem tut und verhalten Sie sich dementsprechend.

6. Schritt: Kontrolle

- „Aber funktioniert das wirklich?"

Stellen Sie Bewertungskriterien auf und vereinbaren Sie einen Folgetermin, um später feststellen zu können, ob der Plan wirklich allen gerecht wird.

Steht in Konfliktsituationen nur wenig Zeit zur Verfügung, um eine Lösung zu finden, bietet sich eine andere Vorgehensweise an:

Eine der Konfliktparteien sollte „aus dem Bauch heraus", ohne anzuklagen, die Kernpunkte eines Konfliktes und einen aus ihrer Sicht für alle verträglichen Lösungsvorschlag formuliert. Dieser bildet dann eine Gesprächsgrundlage, mit deren Hilfe sich schnell eine einvernehmliche Lösung ansteuern lässt. Diese Form der Konfliktlösung zielt allerdings mehr auf einen schnellen Kompromiss ab, als auf die wesentlich sinnvollere und dauerhafte „Jeder-gewinnt-Situation".

PRAXIS-TIPP

Immer wieder sind Fahrer der Willkür von Lageristen, Stapler-
fahrern oder Ladepersonal ausgesetzt. Dies kann soweit gehen,
dass „Schmiergelder" gezahlt werden müssen, damit selbstver-
ständliche Tätigkeiten wie Be- oder Entladen ausgeführt werden. In solchen Fällen sollten sich Fahrer direkt Vorgesetzten
dieses Personals wenden und/oder umgehend das eigene Unternehmen informieren. Dies gilt auch für Fälle, in denen bekannt
wird, dass sich andere Fahrer durch Geschenke oder „Schmiergelder" Vorteile verschaffen.

Das GRID-Modell

Das GRID-Modell hilft, das eigene Konfliktverhalten einzuschätzen. Dabei steht die senkrechte Achse für das Ausmaß, in dem eine Partei die
eigenen Interessen verfolgt, und die horizontale Achse für das Ausmaß, in dem die Interessen der gegnerischen Partei berücksichtigt
werden. Die Zuordnung, welchen Konfliktlösungsstil eine Person verfolgt, ergibt sich dann aus der Kombination beider Achsen.

Daraus ergeben sich fünf Konfliktlösungsstile:

1. Vermeidung: Ich will den Konflikt nicht sehen oder gehe einer Konfrontation aus dem Weg. Die Folge ist, dass beide Seiten verlieren.

2. Durchsetzen: Ich vertrete nur meine eigenen Interessen, die andere
Seite interessiert mich nicht.

3. Nachgeben: Für Frieden tue ich alles und verzichte darauf, meine
eigenen Interessen durchzusetzen.

4. Kompromiss: Ich strebe eine schnelle, aber unter Umständen nicht
besonders haltbare Lösung an.

5. Kooperation: Ich nehme mir Zeit, eine ausgewogene, haltbare Lösung zu finden, von der alle Seiten profitieren.

Abbildung 232:

Das GRID-Modell

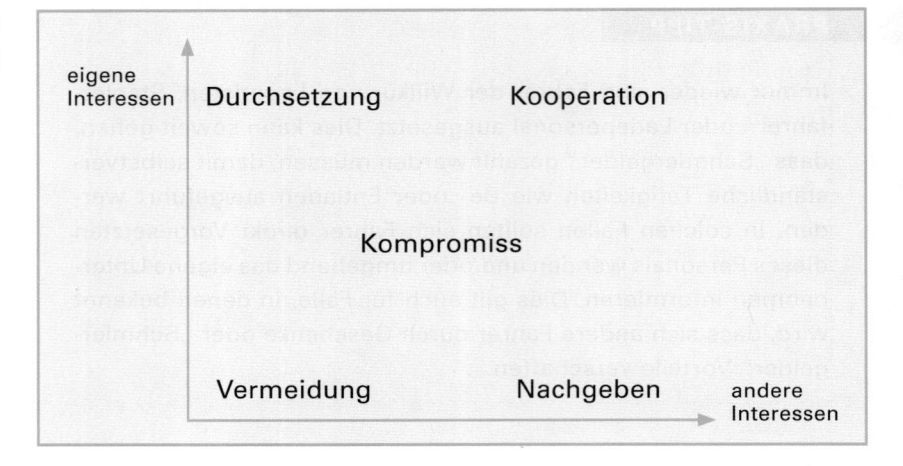

AUFGABE

Ordnen Sie die folgenden Begriffe den fünf Konfliktlösungsstilen *Durchsetzung, Vermeidung, Anpassung, Kompromiss, Kooperation* zu (Mehrfachzuordnungen möglich):

1. Ignorieren
2. Bürokratische Regeln
3. Unterwerfung
4. Akzeptable Lösung
5. Gewinner-Verlierer-Situation
6. Macht und Gewalt

7. Gewinner-Gewinner-Situation
8. Letzte Möglichkeit
9. Austausch von Ideen
10. Dominanz
11. Integrative Lösung

Konfliktlösungsstil	Passender Begriff
Durchsetzung	

Konfliktlösungsstil	Passender Begriff
Vermeidung	
Anpassung	
Kompromiss	
Kooperation	

Deeskalation – In der Ruhe liegt die Kraft

Kennen Sie das? Sie sind in einen Streit verwickelt und die Stimmen werden immer lauter. Bei beiden Kontrahenten steigt der Blutdruck, die Köpfe werden immer röter. Dann fängt einer das Schreien an. Jetzt ist der Konflikt voll entbrannt. Bald können Sie sich nur noch mühsam zurückhalten, um dem Gegenüber nicht an die Gurgel zu gehen.

Genau so darf ein Konflikt nicht ablaufen. Damit das nicht geschieht, müssen Sie vorbeugen: Das Wichtigste dabei ist:

- Atmen Sie ganz tief durch und bleiben Sie ganz ruhig. Beherrschen Sie die eigenen Emotionen. Nur so können Sie überlegt handeln und die Kommunikationsregeln anwenden, die Sie in diesem Buch gelernt haben.
- Sie können den Anderen kritisieren, aber Sie müssen ihn respektvoll behandeln.
- Bauen Sie eine Beziehung auf der Gefühlsebene auf.
- Klären Sie den Sachverhalt.
- Erarbeiten Sie gemeinsam Lösungen.

Nutzen Sie die Mittel der verbalen und nonverbalen Kommunikation zur Deeskalation:

Das entspannt einen Konflikt	Das heizt einen Konflikt an:
▬ Ein Eisbrecher: „Haben Sie hier immer so viel zu tun, das ist ja unglaublich?" ▬ Blickkontakt ▬ Begründungen ▬ Auf den anderen eingehen ▬ Nachfragen ▬ Ausreden lassen ▬ Zusammenfassen ▬ Humor ▬ Zeit haben ▬ Gegenargumente ernst nehmen ▬ Person und Sache trennen ▬ Eine gemeinsame Basis schaffen: „Kommen Sie, gehen wir einen Kaffee trinken!"	▬ Keine Begrüßung, keine Verabschiedung ▬ Kein Blickkontakt ▬ Rechtfertigungen ▬ Beschuldigungen ▬ Am anderen vorbeireden ▬ Ins Wort fallen ▬ Reizwörter gebrauchen ▬ Nur die eigene Seite sehen ▬ Persönliche Angriffe ▬ Falsche Behauptungen

Verhalten in Bedrohungssituationen

Immer wieder werden Lkw-Fahrer im In- und Ausland Opfer von Verbrechen. Sie werden überfallen, bestohlen, betäubt, ausgeraubt oder zusammengeschlagen. Dabei haben es Kriminelle auf teure Ladungen (Elektrogeräte, teure Konsumgüter, Kupferschrott o. ä.), den wertvollen, neuen Lastwagen oder auf persönliche Gegenstände abgesehen, mit denen Sie als Fahrer unterwegs sind (Scheckkarten, Bargeld, Handy, Fernseher o. ä.).

Auch wenn es nicht sehr wahrscheinlich ist, dass gerade Sie Opfer eines solchen Verbrechens werden, sollten Sie sich über Ihr mögliches Verhalten in solchen Situationen Gedanken machen. Natürlich sollten Sie auch wissen, wie Sie bedrohten Kollegen oder anderen Menschen wirksam helfen können.

Zum Verhalten in Bedrohungssituationen (gegen Sie selbst oder gegen andere Personen) gibt es die folgenden Empfehlungen:

Vorbereiten

Bereiten Sie sich seelisch vor. Spielen Sie mögliche Szenarien gedanklich oder mit anderen durch. Werden Sie sich grundsätzlich darüber klar, zu welchem persönlichen Risiko Sie bereit sind. Es ist besser, sofort die Polizei zu alarmieren und Hilfe herbeizuholen, als sich nicht für oder gegen das Eingreifen entscheiden zu können und gar nichts zu tun.

Bleiben Sie ruhig

Vermeiden Sie Panik und machen Sie möglichst keine hastigen Bewegungen, die reflexartige Reaktionen herausfordern können. Wenn Sie ruhig bleiben, sind Sie kreativer in Ihren Handlungen und wirken meist auch auf die anderen Beteiligten beruhigend.

Werden Sie aktiv

Lassen Sie sich von Ihrer Angst nicht lähmen. Täter suchen sich meist Opfer, nicht Gegner. Es ist besser, eine Kleinigkeit zu tun, als über große Heldentaten nachzudenken. Sollten Sie eine Bedrohungssituation beobachten, dann handeln Sie im Rahmen Ihrer Möglichkeiten. Ein einziger Schritt, ein kurzes Ansprechen, jede Aktion verändert die Situation und kann andere anregen, auch einzugreifen.

Verlassen Sie die Opferrolle

Flehen Sie nicht und verhalten Sie sich nicht unterwürfig, wenn Sie angegriffen werden. Seien Sie sich über Ihre Prioritäten im Klaren und zeigen Sie deutlich, was Sie wollen. Ergreifen Sie die Initiative, um die Situation in Ihrem Sinne zu prägen: „Schreiben Sie Ihr eigenes Drehbuch!"

Halten Sie den Kontakt zum Gegner/Angreifer!

Stellen Sie Blickkontakt her und versuchen Sie, Kommunikation herzustellen bzw. aufrechtzuerhalten.

Reden Sie und hören Sie zu!

Teilen Sie das Offensichtliche mit, sprechen Sie ruhig, laut und deutlich. Hören Sie zu, was Ihr Gegner sagt. Daraus können Sie Ihre nächsten Schritte ableiten.

Nicht drohen oder beleidigen!

Machen Sie keine geringschätzigen Äußerungen über den Angreifer. Versuchen Sie nicht, ihn einzuschüchtern, ihm zu drohen oder Angst zu machen. Kritisieren Sie sein Verhalten, aber werten Sie ihn nicht persönlich ab.

Holen Sie sich Hilfe!

Sprechen Sie dabei nicht eine anonyme Masse an, sondern einzelne Personen. Dies gilt sowohl für Opfer als auch für Zuschauer. Viele sind bereit zu helfen, wenn jemand anders den ersten Schritt macht oder sie persönlich angesprochen werden.

Tun Sie das Unerwartete!

Fallen Sie aus der Rolle, seien Sie kreativ und nutzen Sie den Überraschungseffekt zu Ihrem Vorteil aus.

Vermeiden Sie möglichst jeden Körperkontakt!

Wenn Sie jemandem zu Hilfe kommen, vermeiden Sie möglichst, den Angreifer anzufassen, es sei denn, Sie sind in der Überzahl, so dass Sie jemanden beruhigend festhalten können. Körperkontakt ist in der Regel eine Grenzüberschreitung, die zu weiterer Aggression führt. Wenn möglich, nehmen Sie lieber direkten Kontakt zum Opfer auf.

Natürlich sollten Sie sich auch Maßnahmen überlegen, wie Sie im Beruf die Wahrscheinlichkeit verringern können, in Bedrohungssituationen zu geraten. Grundsätzlich gilt:

- Vermeiden Sie es, über Ihre Ladungen zu sprechen
- Suchen Sie zum Übernachten, wenn möglich, bewachte Parkplätze auf
- Lassen Sie keine teuren Gegenstände sichtbar im Auto liegen
- Protzen Sie nicht mit dicken Goldkettchen, teuren Uhren oder einem dicken Geldbeutel
- Verschließen Sie nachts Fenster, Türen und wenn möglich auch die Dachluke (Betäubungsgas)
- Sichern Sie Fahrer- und Beifahrertüre von innen mit zusätzlichen Verschlüssen/Vorrichtungen, damit die Türen nicht aufgerissen werden können, während Sie in der Kabine ruhen.
- Verwenden Sie Alarmanlagen (gegen unbefugtes Öffnen oder Betäubungsgase). Auch preisgünstiges Zubehör zum Nachrüsten kann Hilfe leisten.

3.5.3 Kommerzielle und finanzielle Folgen eines Rechtsstreites

Zahlen, Daten, Fakten

Vier Millionen Rechtsstreitigkeiten werden in Deutschland jährlich ausgetragen, die meisten davon vor Gericht. Selbst bei geringen Streitwerten summieren sich Rechtsanwaltshonorare und Gerichtskosten zu beachtlichen Beträgen. Gelder für Zeugen oder Sachverständige können die Kosten zudem weiter in die Höhe treiben.

© Reiner Rosenfeld

Abbildung 233: Unzureichend gesicherte Ladung – möglicher Auslöser eines Rechtsstreites

Abbildung 234:
Beispiele für
Prozesskosten
(eigener und
gegnerischer
Anwalt + Gerichts-
kosten)
Quelle: R+V Rechts-
schutzversicherung
AG (www.ruv.de)

Streitwert	1. Instanz	1. + 2. Instanz	1., 2. + 3. Instanz
300,– €	253,50 €	253,50 €	253,50 €
2.000,– €	1.057,95 €	2.283,86 €	3.899,31 €
10.000 €	3.527,30 €	7.597,60 €	13.020,59 €
110.000 €	10.671,00 €	23.166,56 €	39.739,73 €

Zusätzlich zu den Prozesskosten können folgende Kosten entstehen:

- Schadenersatzforderungen
- Schmerzensgeld
- Geldstrafen
- Arbeitsaufwand in der Firma zur Bearbeitung des Vorgangs (Buchhaltung, Schadensabteilung, Kundenbetreuung usw.)
- Zinsen für die durch den Kunden u. U. noch nicht bezahlte Transportrechnung
- Kosten für durch Behörden beschlagnahmte Fahrzeuge oder Waren (Gelder für die Verwahrung und u. U. für Ersatzfahrzeuge)

Das größte Risiko bei einem Rechtsstreit besteht jedoch im Verlust des guten Rufes, den sich eine Firma über viele Jahre mühevoll aufgebaut hat. Denn ein Rechtsstreit verläuft meist nicht im Verborgenen, sondern wird von der Öffentlichkeit wahrgenommen. Unabhängig vom Prozessausgang bleibt oft an beiden Parteien ein Makel haften. Dann wenden sich u. U. auch bewährte Kunden einem anderen Spediteur zu, der die gleiche Transportleistung zu gleichen Bedingungen anbietet.

Möglichkeiten, einen Rechtsstreit zu verhindern

Oft sind es Kleinigkeiten, die zu Streitigkeiten mit anschließender Eskalation führen. Streitigkeiten müssen aber nicht zwingen beim Anwalt, Schlichter oder im Gerichtssaal enden. Um das zu verhindern, können Sie als verantwortungsbewusster Fahrer ein wichtige Rolle übernehmen.

Sie können helfen, Rechtsstreitigkeiten zu vermeiden:

- Sie sind das Ohr Ihres Unternehmens am Mund des Kunden. Sie sind es auch, der durch ein passendes Wort Verständnis bei einem verärgerten, geschädigten Kunden erreichen kann.

- Einen drohenden Rechtsstreit können Sie auch vermeiden, indem Sie Ihr Unternehmen möglichst zeitnah informieren, welche schwerwiegenden Folgen eine verspätet gelieferte Palette mit wichtigen Ersatzteilen bei einem Kunden hatte. Ein Anruf des Disponenten und eine ehrliche Entschuldigung können dann Wunder wirken.

- Durch korrektes Führen von Transport- oder Ladepapieren können Sie einen Rechtsstreit verhindern. Damit lässt sich leichter beweisen, wer einen Schaden an teurer Ware verursacht hat.

- Seien Sie aufmerksam und sammeln Sie Hinweise darauf, welche Hintergründe zu dem Schaden geführt haben, der Ihrem Unternehmen angelastet wird. Beweissicherung mit einem Fotoapparat oder Fotohandy kann dann angebracht sein.

- Auf keinen Fall sollten Sie in zweifelhaften Schadensfällen eine Schuld durch Unterschrift bestätigen. Dies würde die Chance auf eine Schadensregulierung, die im Interesse Ihres Unternehmens liegt, unnötig schmälern!

- Vermeiden Sie es, unklare Situationen zu schaffen: Wenn Sie beim Be- oder Entladen Ware oder im Straßenverkehr ein Fahrzeug beschädigt haben, sollte es kein Problem sein, diesen Fehler gegenüber Ihrem Chef zuzugeben. Der kann dann entscheiden, was weiter unternommen werden soll. Unwahre Behauptungen führen meist zu einem Rechtsstreit. Die Kosten bleiben dann an Ihnen hängen.

PRAXIS-TIPP

Immer wieder werden Lkw beim Be- oder Entladen durch Kundenpersonal (Staplerfahrer, Ladepersonal etc.) beschädigt. Sie sollten dann besonders sensibel vorgehen, den Schaden z. B. mit einem Fotohandy protokollieren und das „Bildmaterial" zeitnah an Ihre Firma schicken. Dort wird bestimmt, wie der Schaden reguliert wird. Eine Überreaktion könnte zum Verlust des Kunden führen.

Neben den finanziellen und kommerziellen Folgen darf auch die psychische Belastung durch einen Rechtsstreit nicht vergessen werden. Die manchmal existenzbedrohenden Folgen können zu Ängsten und Depressionen führen.

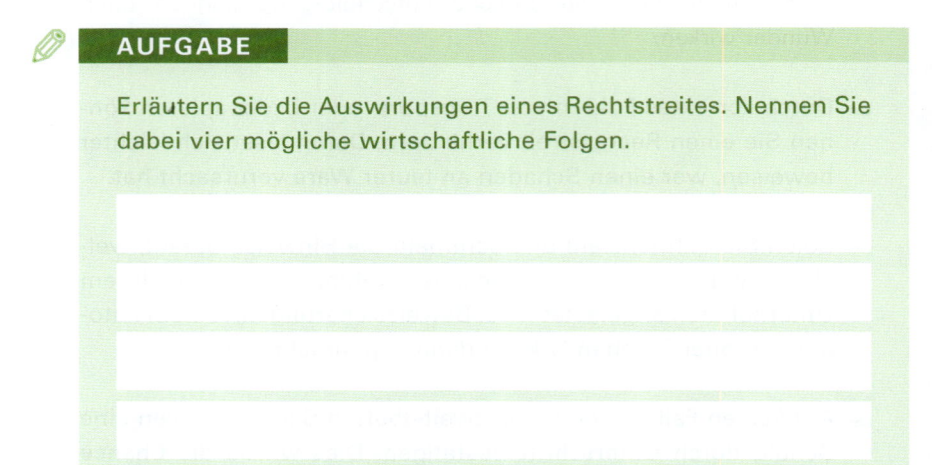

AUFGABE

Erläutern Sie die Auswirkungen eines Rechtstreites. Nennen Sie dabei vier mögliche wirtschaftliche Folgen.

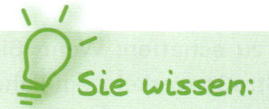

Sie wissen:

✔ Dass Konflikte für alle Beteiligten sehr belastend sind.
✔ Dass Sie aktiv dazu beitragen können, dass Konflikte nicht eskalieren.
✔ Dass sich Konflikte beilegen lassen, wenn „jeder gewinnt".
✔ Dass Rechtsstreitigkeiten verhindert werden sollten, da sie das Image von Firmen schädigen und unnötige Kosten verursachen.

3.6 Wissens-Check

1. Was ist Image?

2. Wodurch können Transportunternehmen ihr Erscheinungsbild im Straßenverkehr verbessern?

3. Wen sollten Sie vor Veränderungen an firmeneigenen Fahrzeugen fragen?

4. Wie lange brauchen andere Menschen, um sich bei einer ersten Begegnung einen Eindruck von Ihnen zu verschaffen?

5. Welche Bestandteile Ihrer Persönlichkeitswirkung spielen bei einer ersten Begegnung eine Rolle?

6. Nennen Sie die vier Servicestufen!

_____

_____

_____

_____

7. Nennen Sie die „vier Eckpfeiler der Qualität", die ein Fahrer erfüllen sollte!

_____

_____

_____

_____

8. Welche Interessen muss ein guter Fahrer miteinander in Einklang bringen?

_____

_____

_____

_____

9. Beschreiben Sie mit Hilfe einer Skizze das Modell der Kommunikation!

10. Was ist nonverbale Kommunikation?

_____

_____

11. Nennen Sie drei Konfliktarten!

_____

_____

_____

12. Was heizt einen Konflikt an?

❏ a) Ins Wort fallen
❏ b) Blickkontakt
❏ c) Ausreden lassen
❏ d) Gegenargumente ernst nehmen

13. Wofür steht die Abkürzung APO (APO-Methode)?

A = _____

P = _____

O = _____

Mehr Fragen zu diesem
Kenntnisbereich finden Sie
im VogelCheck Grundquali!

Infos auf www.eu-bkf.de/vogelcheck

> Nr. 3.7 Anlage 1
> BKrFQV

4 Kenntnis des wirtschaftlichen Umfelds des Güterkraftverkehrs und der Marktordnung

4.1 Einführung: „Netzwerk Warenfluss"

…oder: Warum jedes Rädchen im Getriebe wichtig ist.

▶ **Sie sollen dafür sensibilisiert werden, dass der Bereich Güterverkehr – und insbesondere der Straßengüterverkehr – als Motor der Konjunktur enorm wichtig ist.**

4.1.1 Einführung

Abbildungen 235–237:
Vom Ursprungsort bis zum Endkunden legt Erdöl einen weiten Weg zurück

Erdöl ist einer der wichtigsten Rohstoffe unserer Zeit. Die Transportwege beginnen meistens auf den Erdölfeldern mit der Durchleitung über Pipelines. Danach wird das „schwarze Gold" über weitere Pipelineverbindungen oder über den Seeweg zu den einzelnen Abnehmerländern transportiert. In den Überseehäfen erfolgt ein Wechsel der Transportmittel. Das Öl wird entweder über Binnengewässer mit Schiffen oder per Bahntransport zu den Raffinerien transportiert. Spätestens dort werden die raffinierten Öle auf Lkw umgeladen und gehen als Heizöl, Kraftstoff oder sonstige Endprodukte zu Zwischenhändlern und anschließend zu den Endkunden.

© huyangshu/shutterstock

© Jonathan Nafzger/shutterstock

© bright/shutterstock

Im Bereich der Versorgung mit Grundnahrungsmitteln ist der Lkw noch deutlich stärker beteiligt: Bereits bei der Ernte werden Lastkraftwagen eingesetzt, um Kartoffeln, Getreide und Gemüse vom Feld zu den Händlern zu transportieren.

Um die komplizierten Zusammenhänge der verschiedenen Verkehrsträger und den Stellenwert des Straßengütertransportes klarer darzustellen, finden Sie in diesem Lehrbuch verschiedene Betrachtungsweisen der einzelnen Tätigkeitsbereiche der Logistik. Man unterscheidet hier nach:

- Aufgabe des Tätigkeitsbereiches
- Art der Tätigkeit

In den folgenden Kapiteln werden diese Betrachtungsweisen näher erläutert. Das Kapitel „Logistik" behandelt hauptsächlich die Aufteilung nach Aufgaben und Zweck der Transporte, im Kapitel „Unterschiedliche Tätigkeiten im Kraftverkehr" stehen die einzelnen Tätigkeiten im Vordergrund.

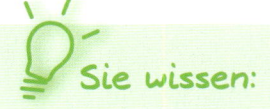
Sie wissen:

- ✔ Es gibt verschiedene Transportwege: Straße, Schiene, Luftfahrt, Seeschiffahrt, Binnenschiffahrt, Rohrleitungen (Pipeline).
- ✔ Die verschiedenen Tätigkeitsbereiche der Logistik unterscheidet man nach Aufgabe der Tätigkeit und Art der Tätigkeit.

4.2 Grundlagen des Verkehrs

▶ **Sie sollen die Grundlagen des Verkehrs kennenlernen. Ziel ist es, die Wichtigkeit des Straßengüterverkehrs zu erkennen, die einzelnen Verkehrsträger zu kennen und deren Zusammenspiel zu begreifen sowie den Begriff „Modal Split" erklären zu können.**

Gegenüberstellung der einzelnen Verkehrsarten		
Art	**Vorteile**	**Nachteile**
Straße		
Schiene		
Seeschiff		
Binnenschiff		
Luft		
Kombinierter Verkehr		

4.2.1 Bedeutung des Straßengüterverkehrs für Bevölkerung und Wirtschaft

Der Begriff „Kraftverkehr" beschreibt im Allgemeinen den kompletten Bereich des motorisierten Straßenverkehrs, unabhängig von der Beförderungsart oder der Art des Fahrzeugs. Man unterscheidet grundsätzlich zwischen:

- Individualverkehr (Privat- und Dienstfahrten mit Pkw und Krafträdern)
- Personenverkehr (Verkehr mit Omnibussen)
- Güterverkehr (Verkehr mit Lastkraftwagen)

In der statistischen Entwicklung ist interessant, dass die Anzahl der zugelassenen Lkw (einschließlich Transporter und kleiner Lkw) auf unseren Straßen seit 2002 stetig abnimmt obwohl die Transportleistung kontinuierlich steigt. Dies lässt auf eine steigende Effektivität beim Fahrzeugeinsatz schließen.

Spricht man von „Güterverkehr", ist damit der Bereich der Logistikdienstleistungen gemeint, in dem Güter von A nach B transportiert werden.

Güterverkehr findet täglich auf der ganzen Welt statt: Fast jedes Produkt wird in Teilen vor seiner Herstellung oder im Ganzen nach seiner Produktion über eine bestimmte Strecke transportiert.

In der Wirtschaft besteht somit eine gegenseitige Abhängigkeit: das Transportwesen hätte ohne Industrie und Produktionswirtschaft keine Daseinsberechtigung, andererseits wären Industrie und Produktionswirtschaft ohne Transportwesen nicht handlungsfähig. Ohne Straßengüterverkehr müssten Sie zukünftig alle Waren Ihres täglichen Bedarfs direkt beim Hersteller, Produzenten oder am Bahnhof, Hafen oder Flughafen selbst abholen.

In unserem Wirtschaftssystem ist der Güterverkehr nicht mehr wegzudenken. Ermöglicht er uns doch im Rahmen der Globalisierung, Waren aller Art an fast allen Orten der Welt verfügbar zu machen: regionale Produkte sind überregional verfügbar, die Produktion kann dorthin verlagert werden wo günstig produziert werden kann und muss nicht vor Ort stattfinden (ökonomische Arbeitsteilung).

Der Güterverkehr hat aber auch seine Schattenseiten: Um all diese Waren zu transportieren sind enorme Mengen an Ressourcen nötig. Transportmittel müssen gebaut, gepflegt und gewartet werden, ungeheure Mengen an Energie sind erforderlich und die Verkehrsbelastung nimmt ständig zu. Nach einer Studie, die vom Bundesministerium für

Abbildung 238:
Steigende Verkehrs-
belastung durch
Güterverkehr

Verkehr, Bau und Stadtentwicklung in Auftrag gegeben wurde[1], ist infolge dieses Handelns mit einem Anstieg der Güterverkehrsleistung zwischen 2004 und 2025 von 71 % zu rechnen. Am stärksten betroffen sind hier die Bereiche Straßengüterverkehr insgesamt (einschließlich Nah- und Regionalverkehr) mit 79 % und Straßengüterfernverkehr (nur Fernverkehr, national und international) mit 84 % Steigerung. Dies zu bewältigen ist für die Branche eine der Herausforderungen der nächsten Jahrzehnte.

Anteile/Bedeutung des Straßengüterverkehrs im Verhältnis zu anderen Verkehrsträgern

Welchen Stellenwert nimmt der Straßengüterverkehr eigentlich im Verhältnis zu anderen Verkehrsträgern ein? Um dies zu beantworten betrachtet man sich zunächst einmal, welche Verkehrsträger es insgesamt gibt:

- Straßengüterverkehr
- Schienenverkehr
- Schifffahrt (Binnen- und Seeschifffahrt)
- Luftfracht
- Rohrleitungsverkehr
- Sonderformen im Tagebau: Bandanlagen und Förderbrücken

Jede Verkehrsart hat ihre Daseinsberechtigung, ihre Vorteile und ihre Nachteile. Eine grundsätzliche Aussage über „gut" und „schlecht" zu treffen wäre kurzsichtig. Einzig und allein der einzelne Transportauftrag

---

[1] Intraplan Consult GmbH und BVU Beratergruppe Verkehr und Umwelt GmbH (2007): Prognose der deutschlandweiten Verkehrsverflechtungen 2025, FE-Nr. 96.0857/2005)

kann als Grundlage dazu dienen, um eine Entscheidung über den optimalen Verkehrsträger oder über die optimale Kombination zu treffen.

Einen Überblick über die Aufteilung auf die verschiedenen Verkehrsträger bietet die nachfolgende Grafik:

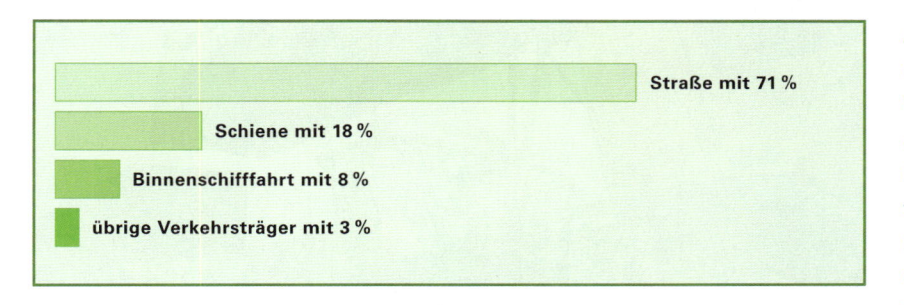

Straße mit 71 %

Schiene mit 18 %

Binnenschifffahrt mit 8 %

übrige Verkehrsträger mit 3 %

Abbildung 239:
Güterverkehr nach Verkehrszweigen auf Basis der Beförderungsleistung (Tonnen/km) im Jahr 2011
Quelle: Statistisches Bundesamt 2016

Betrachtet man nur die beförderte Gütermenge unabhängig von der Transportentfernung, so werden die Unterschiede noch deutlicher: 79 % aller transportierten Güter entfielen auf den Straßengüterverkehr, 8 % auf die Schiene, 5 % auf die Binnenschifffahrt und 6 % auf die Seeschifffahrt.

Welcher Verkehrsträger (oder welche Kombination) für einen Transportauftrag am besten geeignet ist, wird von den jeweiligen Anforderungen bestimmt und ist unter anderem von folgenden Faktoren abhängig:

- Verfügbarkeit der einzelnen Transportmittel
- Zeitaufwand
- Größe/Menge des transportierten Gutes
- Besondere Anforderungen an das Transportmittel
- Preis

Aufgrund der Verfügbarkeit haben hier Schiffs-, Schienen- und Luftfracht deutliche Nachteile. Güter müssen erst einmal zu vorgegebenen Umschlagstationen gebracht werden, was in den meisten Fällen mittels eines Straßentransportes geschieht. Dies muss bei der Errichtung einer Fabrik oder eines Speditionsgebäudes schon mit eingeplant werden. Nicht jeder Standort ist den logistischen Herausforderungen gewachsen. Bereits bei der Standortwahl müssen die Möglichkeiten eines Bahnanschlusses, eines Hafens oder Flugplatzes sowie eine verkehrsgünstige Fernstraßenanbindung in Betracht gezogen werden.

Die Binnenschifffahrtstraßen sind einer natürlichen Begrenzung unterworfen und die Länge des deutschen Schienennetzes wurde in den letzten Jahren drastisch reduziert. Luftfracht ist an Flughäfen gebunden und außerdem sehr kostenintensiv. (Auf eine genauere Beschreibung von Rohrleitungstransporten kann in diesem Rahmen verzichtet werden). Anhand dieser Beispiele erkennen Sie sicherlich, dass der Straßengüterverkehr nicht mehr wegzudenken ist.

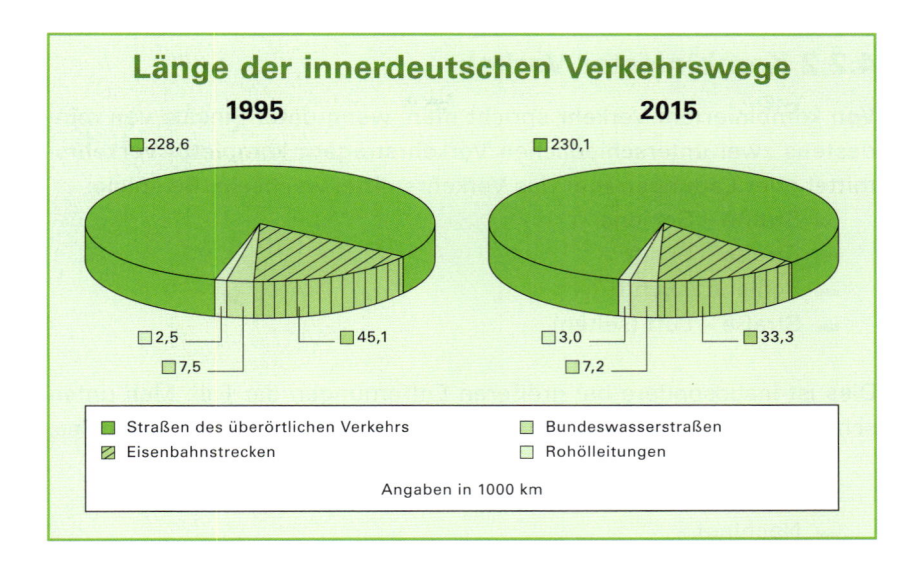

Länge der innerdeutschen Verkehrswege

1995	2015
228,6	230,1
2,5	3,0
45,1	33,3
7,5	7,2

- Straßen des überörtlichen Verkehrs
- Eisenbahnstrecken
- Bundeswasserstraßen
- Rohölleitungen

Angaben in 1000 km

Abbildung 241:
Länge der innerdeutschen Verkehrswege
Quelle: Datenreport 2016 des Deutschen Statistischen Bundesamtes, Kapitel 11-Verkehr

Modal Split

Der Begriff „Modal Split" kommt aus dem Englischen und bedeutet so viel wie „Verkehrsteilung". Im Zusammenhang mit dem Gütertransport ist hiermit die Aufteilung des Güterverkehrsaufkommens nach einzelnen Verkehrsträgern gemeint.

Die sogenannten Modal-Split-Modelle machen sich Spediteure und Logistiker bei der Planung ihrer eigenen Warenströme zunutze und verteilen einzelne Transporte auf mehrere Verkehrsträger. Je nach Voraussetzungen (räumliche Erreichbarkeit, Länge des Transportweges, mögliche Transportdauer, Umschlagfähigkeit des Transportgutes...) werden innerhalb eines Transportes oftmals mehrere Verkehrsträger gemeinsam genutzt. Die Ware wird somit im „gebrochenen Verkehr" (die Ware selbst wechselt das Verkehrsmittel) oder im „kombinierten Verkehr" (der komplette Ladungsträger oder das komplette Fahrzeug wechseln das Verkehrsmittel) transportiert.

4.2.2 Kombinierter Verkehr

Von kombiniertem Verkehr spricht man, wenn unter Einsatz von mindestens zwei unterschiedlichen Verkehrsträgern komplette Verkehrsmittel oder Ladungsträger das Verkehrsmittel wechseln. Beispiele:

- Straße – Schiene
- Straße – Schiff
- Schiene – Schiff
- Straße – Luft (selten)

Dies ist insbesondere bei größeren Entfernungen der Fall. Man unterscheidet hier zwischen verschiedenen Teilabschnitten des Transportes:

- Vorlauf
- Hauptlauf
- Nachlauf

Beim kombinierten Verkehr unterscheidet man zwischen folgenden Formen:

- Begleiteter Verkehr (komplettes Fahrzeug wird verladen, Fahrpersonal fährt ebenfalls mit). Bekannt als „RoLa" = „Rollende Landstraße", beziehungsweise „Rollende Autobahn" oder auch als „Huckepack Verkehr"
- Unbegleiteter Verkehr (nur die Lademittel werden verladen)

Abbildung 242:
Zusatzzeichen
„Info Rollende
Landstraße"

Diese Formen des Güterverkehrs existieren schon sehr lange in den Bereichen, in denen es keine Alternative gibt, wie bei Fährüberfahrten zu Inseln. Hier bleibt dem Transporteur nichts anderes übrig, als den kompletten Ladungsträger (Wechselbehälter, Container, Anhänger, Sattelauflieger oder sogar das komplette Fahrzeug) mit einer Fähre zur Zielinsel zu bringen.

Diese Verkehrsform gewinnt aber auch in anderen Bereichen immer

Abbildung 243:
Rollende
Landstraße

© Hupac

Abbildung 244:
Verladen eines Sattelaufliegers im unbegleiteten Kombiverkehr

mehr an Bedeutung: Unabhängig davon, ob ein Transport beispielsweise auch alleine auf der Straße möglich wäre, werden trotzdem auf verschiedenen Teilstücken andere Verkehrsträger genutzt. Dies kann zum Beispiel im begleiteten Verkehr sinnvoll sein, um die gesetzlich vorgeschriebenen Ruhezeiten einzuhalten, ohne den Transport zu unterbrechen. Das komplette Fahrzeug wird auf einen Zug verladen und der Fahrer fährt in einem Personenwagen mit Schlafmöglichkeit mit. Während der Zug nun eine bestimmte Strecke – etwa eine Alpenüberquerung – zurücklegt, genießt der Fahrer seine Ruhezeit und kann am Zwischenziel seine Fahrt erholt weiter fortsetzen. Weiterer Vorteil des kombinierten Verkehrs in Deutschland: Fahrzeuge, die ausschließlich im Vor- und Nachlauf des kombinierten Verkehrs innerhalb bestimmter Maximalentfernungen eingesetzt werden, genießen Steuerfreiheit (KraftStG, §3, Satz 9) und dürfen ohne Ausnahmegenehmigung eine zulässige Gesamtmasse von 44 Tonnen erreichen (53. Ausnahmeverordnung zur StVZO).

PRAXIS-TIPP

Fahrten im kombinierten Verkehr unterliegen bis zu bestimmten Entfernungen nicht dem Sonntagsfahrverbot (StVO § 30, (2), 1+1a)

■ Beim Verkehr Straße – Schiene: bis maximal 200 km ab/bis Verladebahnhof

- Beim Verkehr Straße – Hafen: bis maximal 150 km ab/bis Verladehafen

Fahrten im kombinierten Verkehr unterliegen ebenso bis zu bestimmten Entfernungen nicht der Ferienreiseverordnung
- Beim Verkehr Straße – Schiene: bis zum nächsten erreichbaren Verladebahnhof
- Beim Verkehr Straße – Hafen: bis maximal 150 km ab/bis Verladehafen

AUFGABE

Erklären Sie den Begriff „Modal Split"!

Sie wissen:

- ✔ Man erwartet einen Anstieg der Güterverkehrsleistung um mehr als 70% bis zum Jahr 2025.
- ✔ Der Anteil des Straßengüterverkehrs an der gesamten Transportleistung beträgt über 70%.
- ✔ Werden für einen einzelnen Transport mehrere Verkehrsträger (z.B. Straße und Schiene) genutzt, so spricht man von „Modal Split" oder „kombiniertem Verkehr".

4.3 Logistik

▶ **Sie sollen die verschiedenen Arten der Tätigkeitsbereiche der Logistik kennenlernen. Die Zusammenhänge zwischen Versorgung, Lagerung und Entsorgung anhand der verschiedenen logistischen Aufgabengebiete sollen erkannt werden und beschrieben werden können.**

4.3.1 Einführung

Der Begriff Logistik beschreibt im Güterverkehr unter anderem die Planung, Ausführung, Nachverfolgung und Kontrolle von Warenbewegungen. Aufgabe der Logistik ist es, eine bestimmte Menge an Gütern in einer bestimmten Zeit von einer Stelle zu einer anderen zu befördern. In weniger als 24 Stunden werden komplette Bestellungen aufgenommen, kommissioniert, verpackt und zum Kunden geliefert. Europaweit sind Lieferzeiten unter 48 Stunden ebenfalls möglich. Um dies bewerkstelligen zu können, erfordert es ein Höchstmaß an Planung, Zuverlässigkeit und Kenntnis des Transportmarktes.
Im Fachjargon spricht man von „Supply Chain Management – SCM" (Optimierung der Lieferkette durch ausgereifte Planung, Steuerung und Überwachung).

Millionen Tonnen von Waren sind täglich „auf Achse". Für die Herstellung dieses Buches, welches Sie gerade in Händen halten, musste aus einem Rohstoff (Holz) über das Zwischenprodukt (Zellulose) erst einmal Papier hergestellt und zur Druckerei geliefert werden. Drucktinte, Verpackungen und andere Nebenprodukte kamen hinzu. Erst dann konnte das Endprodukt (dieses Buch) hergestellt werden. Zum Glück mussten Sie es nicht in der Druckerei abholen, es wurde dort hin gebracht, wo man es Ihnen überreichte: im Idealfall zu Hause oder direkt im Unterrichtsraum.
Eine ausgereifte Logistik unter Einbeziehung von Einkaufs- und Verkaufsabteilung, sowie die Verteilung des Güterverkehrs (Modal Split, vgl. Abschnitt 4.2.2) auf die verschiedenen Verkehrsträger (Straßenverkehr, Schienenverkehr, Luftverkehr, Binnen- und Seeschifffahrt, Rohrleitungsverkehr) machte das erst möglich.

4.3.2 Beschaffungslogistik

Definition:
Alle logistischen Prozesse während des Warenflusses vom Lieferant zum Unternehmen.

Der erste Bereich, die Beschaffungslogistik, hängt bereits unmittelbar mit den Anforderungen von Ein- und Verkauf zusammen. Durch die Vorgaben der Verkaufsabteilung über den erwarteten Absatz eines Produktes erhält die Einkaufsabteilung ihre Angaben, welche Mengen an Material benötigt werden. Diese Angaben werden benötigt, um im Bereich der Beschaffungslogistik dafür zu sorgen, dass immer eine optimale Menge an Grundstoffen zur Verfügung steht. Optimal heißt hier: soviel, dass die Produktion nicht unterbrochen werden muss, weil Material fehlt, aber auch nur so wenig, dass keine unnötigen Lagerkosten entstehen.

Am Beispiel unseres Buches heißt das also für die Druckerei, immer die Menge an Papier und Drucktinte vorrätig zu haben, um für den Verlag und damit für Sie als Leser pünktlich zu Ihrer Ausbildung genügend Bücher drucken und liefern zu können.

Just-in-time (JIT)

Wie wichtig eine strikte Termineinhaltung im Bereich der Beschaffungslogistik ist, wird am Beispiel der Automobilindustrie noch deutlicher. Hier werden die Lieferungen häufig „Just-in-time" (Lieferung zum Zeitpunkt des Bedarfs) durchgeführt. Die Ware wird genau dann angeliefert, wenn sie im Produktionsablauf gerade benötigt wird. Die Warenbestände in den Produktionsbetrieben können auf ein Minimum reduziert werden und die Lagerkosten verringern sich. Voraussetzung ist höchste Zuverlässigkeit der Lieferanten, da bereits ein kurzer Lieferverzug ausreichen kann, um die gesamte Produktion zu stoppen. Oft reichen die vorhandenen Einzelteile nur für Überbrückungszeiten von einigen Minuten bis wenige Stunden.

Abbildung 245: Just-in-time-Anlieferung

© Marcin Balcerzak/Shutterstock

Just-in-sequence (JIS)

„Just-in-sequence" ist eine Weiterentwicklung von „Just-in-time". Es wird nicht nur die benötigte Menge an Teilen zum richtigen Zeitpunkt geliefert, sondern die verschiedenen Teile auch in der richtigen Reihenfolge. Diese Lieferreihenfolge kann bereits mehrere Tage vor der eigentlichen Auslieferung festgelegt werden und wird mit der Fertigungsreihenfolge am Fließband synchronisiert. Dies geschieht vorwiegend in den Bereichen, in denen es starke Abweichungen zwischen einzelnen Modellen gibt, beispielsweise bei Karosserieteilen oder der Innenausstattung.

4.3.3 Produktionslogistik

Definition:

„Produktionslogistik" beschreibt den kompletten Warenfluss innerhalb eines Produktionsprozesses.

Zur Produktionslogistik gehören alle Versorgungsprozesse, die innerhalb eines Produktionsablaufes anstehen.

Beispiel:

Ein Autohersteller fertigt vier verschiedene Baureihen von Fahrzeugen: Kleinwagen, Mittelklassewagen, Oberklassewagen und Lieferwagen an jeweils verschiedenen Standorten. In diesen Baureihen kommen auch insgesamt drei verschiedene Motoren zum Einsatz. Motor 1 wird in den Kleinwagen und in den Lieferwagen verbaut, Motor 2 in den Lieferwagen und in der Mittelklasse und Motor 3 in der Mittel- und Oberklasse. Um nun nicht an jedem Produktionsstandort ein eigenes Motorenwerk betreiben zu müssen, lässt der Hersteller alle Motoren an einem einzigen Standort fertigen und liefert diese an die einzelnen Montagewerke. Diese Lieferungen erfolgen oftmals auch im JIS- oder JIT-Verfahren.

Abbildung 246:
Mindmap
Produktionslogistik

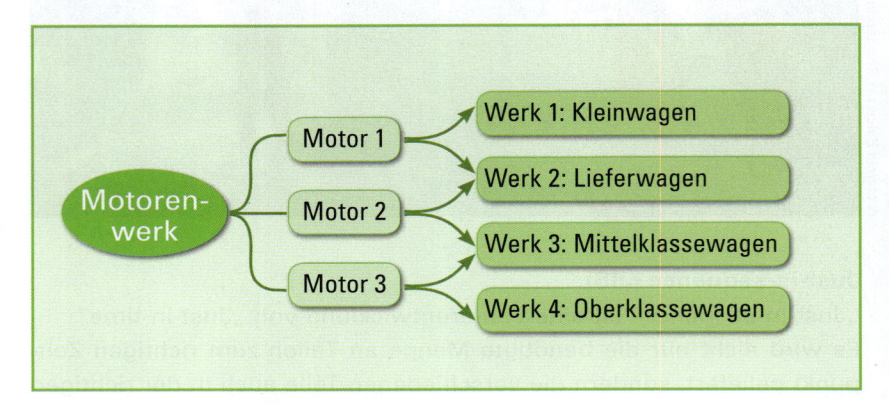

4.3.4 Lagerlogistik

Definition:
„Lagerlogistik" beschreibt alle logistischen Prozesse für den Betrieb von Lagern.

Um in den Bereichen der Beschaffungs-, Produktions- und Distributionslogistik immer genügend Waren zur Verfügung zu haben, müssen bestimmte Mengen stets abrufbar sein. Hier kommt die Lagerlogistik ins Spiel.
Entsprechend der regelmäßig benötigten Waren und dem möglichen Nachschub sind „Warenpuffer" unerlässlich. Durch Vorhalten bestimmter Mengen können so Schwierigkeiten im Nachschub ausgeglichen werden und kurzfristige Über- beziehungsweise Unterproduktionen aufgefangen werden. Ausgeklügelte Systeme der Lagerhaltung ermöglichen somit eine schnelle Reaktion auf den Bedarf von Produktion und Verkauf/Distribution. „Lagerlogistik" beschreibt alle logistischen Prozesse für den Betrieb von Lagern.

Abbildung 247:
Lagerhalle

4.3.5 Distributionslogistik

Definition:
Alle logistischen Prozesse des Warenflusses vom Produzenten zum Händler oder Endkunden.

Sind die Bücher gedruckt und die Autos gebaut, werden diese ausgeliefert. Die Ware wird zu den Händlern oder direkt zum Kunden gebracht. Für beides ist die Distributionslogistik verantwortlich.

Citylogistik
Als relativ neuer Begriff taucht in den letzten Jahren vermehrt die „Citylogistik" auf. Man kann sie als Teilbereich der Distributionslogistik betrachten.
Mit Citylogistik-Konzepten versucht man die innerstädtische Verkehrsbelastung zu reduzieren, die durch den stetig ansteigenden Lieferverkehr zwangsweise entsteht. Mit der Einrichtung von Warenverteilzentren wird die Anzahl der Lieferfahrzeuge im städtischen Bereich verringert. Waren werden nicht mehr von den einzelnen Speditionen und Zulieferbetrieben direkt zu den Kunden gebracht, sondern zunächst gebündelt und kundengerecht sortiert. So erhalten die inner-

städtischen Kunden nicht mehr täglich Kleinstlieferungen von den verschiedensten Spediteuren, sondern die Anlieferung erfolgt im optimalen Fall gebündelt mit einem einzigen Fahrzeug. Dies setzt aber eine gute Zusammenarbeit der einzelnen Zulieferfirmen, speziell im Bereich KEP voraus (siehe Abschnitt 4.4.5, Kurier,- Express- und Paketdienste).

4.3.6 Entsorgungslogistik

Definition:

Alle logistischen Prozesse während des Abtransportes und der Entsorgung von Wertstoffen, Abfällen, Verpackungen und verbrauchten Hilfsstoffen.

Wir müssen nicht nur mit Gütern versorgt werden, alte verbrauchte Waren müssen auch entsorgt werden.

Die „Entsorgungslogistik" übernimmt die Planung, Koordination und den Abtransport von Wertstoffen, Abfällen, Verpackungen und verbrauchten Hilfsstoffen, sowie deren komplette Überwachung.

Abbildung 248:
Entsorgungslogistik

© Harald Heinritz/abfallbild.de

Im Bereich der Entsorgung sind viele zusätzliche Gesetze und Vorschriften zu beachten um beispielsweise den Schutz von Mensch und Umwelt zu gewährleisten.

AUFGABE

Was gehört nicht zur Entsorgungslogistik?

- ❑ Abtransport von Restmüll
- ❑ Transport von Gebrauchtwagen zum Wiederverkauf
- ❑ Zwischenlagerung von Altpapier

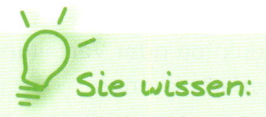

Sie wissen:

✔ Dass sich die Logistik in verschiedene Bereiche unterteilen lässt und kennen die Merkmale von
  – Beschaffungslogistik
  – Produktionslogistik
  – Lagerlogistik
  – Distributionslogistik
  – Entsorgungslogistik
✔ Was die Begriffe „Just-in-Time" und „Just-in-Sequence" bedeuten.

4.4 Unterschiedliche Tätigkeiten im Kraftverkehr

▶ **Sie sollen einen Überblick über die verschiedenen Geschäftsfelder bekommen, die mit dem Bereich Güterverkehr zu tun haben. Die Zusammenhänge zwischen dem Bereich der Logistik und den einzelnen Geschäftsfeldern werden erklärt.**

4.4.1 Werkverkehr

Die Abgrenzung des Werkverkehrs von den übrigen Verkehrsarten im Güterverkehr liegt darin, dass hier ausschließlich Güter durch ein Unternehmen für den eigenen Bedarf transportiert werden. Dies ist sowohl bei der Beschaffung, als auch bei der Produktion oder Verteilung von Waren möglich. Mit Fahrzeugen im Werkverkehr können

- Roh-, Hilfs- und Betriebsstoffe zur Produktion herangeschafft werden
- Halbfertigprodukte zwischen verschiedenen Betriebsstätten transportiert
- Endprodukte zu den Verbrauchern oder Händlern gebracht werden.

Abbildung 249:
Beispiel für
Werkverkehr

© UNILUX AG, Salmtal

Keinesfalls darf jedoch die Transportaufgabe der Kernbereich des Unternehmens sein. Die Vorteile, einen eigenen Werkverkehr zu betreiben, liegen darin, dass durch die eigene Fahrzeugflotte und das eigene Personal eine flexiblere Disposition möglich ist. Ein Unternehmen kann schneller auf Kundenwünsche eingehen und Auslieferungen terminlich genauer planen. Weiterhin wird ein eigener Werkverkehr oftmals als Imagegewinn angesehen.

Das eingesetzte Fahrpersonal identifiziert sich häufig mehr mit dem eigenen Unternehmen und den transportierten Produkten, was oftmals zu einer höheren Transportqualität führt.

AUFGABE

Was versteht man unter „Werkverkehr"?

4.4.2 Gewerblicher Güterkraftverkehr

Im Gegensatz zum Werkverkehr handelt es sich beim gewerblichen Güterkraftverkehr um eine Tätigkeit, die entgeltlich oder geschäftsmäßig mit Fahrzeugen mit einer zGm von mehr als 3,5 t durchgeführt wird. Hier ist die Transportaufgabe das eigentliche Kerngeschäft, mit dem die wirtschaftliche Grundlage des Unternehmens erhalten wird.

Im Jahr 2014 wurden etwa 85 % aller beförderten Waren (in Tonnen) im Straßengüterverkehr deutscher Unternehmen im Rahmen von gewerblichen Güterkraftverkehren befördert. Dies entspricht gegenüber 2010 einer Steigerung von 17 %. (Quelle: Jahresbericht 2011 – BAG Marktbeobachtung).

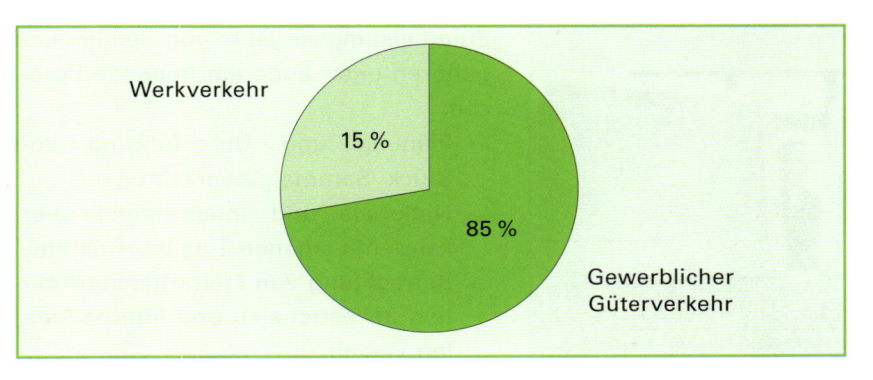

Abbildung 250: Anteile der beförderten Güter in Tonnen im Werkverkehr und gewerblichen Güterverkehr

AUFGABE

Was versteht man unter „gewerblichem Güterkraftverkehr"?

4.4.3 Spedition

Die Aufgabe eines Spediteurs besteht darin, „für die Versendung eines Gutes zu sorgen" (§ 453 HGB).

Dies beinhaltet alle für den Transport einer Ware notwendigen Schritte. Es steht hier also nicht die reine Transportleistung im Vordergrund, sondern es werden logistische Dienstleistungspakete geschnürt, die Leistungen aus den Bereichen Transport, Umschlag (Wechsel des transportierten Gutes auf einen anderen Verkehrsträger – beispielsweise Umladen von Schiff auf Lkw) und Lagerung enthalten können.

Abbildung 251:
EDV im Speditionsgeschäft

Weiterhin können den Spediteursleistungen die Bereiche Gefahrgutabfertigung sowie Zollabfertigung bei Im- und Export zugeordnet werden. Der Spediteur bedient sich hier der verschiedenen Verkehrsträger Straße, Schiene, Wasser und Luft. Transportleistungen werden grundsätzlich an Drittfirmen vergeben, können aber auch selbst ausgeführt werden (Selbsteintrittsrecht).

Zum Leistungsangebot von Speditionen gehören unter anderem folgende Bereiche:

- Planung und Durchführung von Stück-/Sammelgutverkehren
- Nationale und internationale Verkehre mit eigenen Transportmitteln
- Befrachtung von Fremdtransportmitteln im nationalen und internationalen Verkehr

© GRIESHABER Logistik AG

Abbildung 252:
Die Ware
wird gezählt

- Bahnbefrachtung, Luftfracht, Seefracht, Binnenschifffahrt
- Gefahrgutabfertigung und Lagerung
- Zollabwicklung
- Verpackungs- und Beschriftungsarbeiten
- Montagearbeiten – als Beispiel: Möbelspediteur

Im Gegensatz zum Transportunternehmen, das nur reine Transportaufgaben „von Rampe zu Rampe" durchführt (siehe folgend „Transportunternehmen"), kümmert sich ein Spediteur somit um die gesamte Abwicklung der Transportaufgaben vom Produktionsbetrieb bis zum Endkunden. Sämtliche Tätigkeiten im Ablauf der verschiedenen Logistikbereiche (Beschaffungslogistik, Produktionslogistik…) können somit von Spediteuren durchgeführt werden. Die Arbeit des Spediteurs wird durch modernste EDV, Tracking-Systeme und Telematikdienste unterstützt (s. a. Abschnitt 4.7.4).

Am Beispiel der Druckerei könnte das dann wie folgt aussehen:
- Regelmäßige Abholungen aller Sendungen bei der Druckerei und Transport zum Speditionsunternehmen
- Sortierung der einzelnen Sendungen nach Zielort und Verteilung auf verschiedene Transportmittel
- Transport in die verschiedenen Zielregionen – eventuell als Sammelgutladungen gemeinsam mit Waren von anderen Absendern
- Verteilung der eintreffenden Sammelgutladungen auf einzelne Zustellfahrzeuge, die die Waren direkt zu den Kunden ausliefern.

Um diese Aufgaben schnell und wirtschaftlich lösen zu können, schließen sich verschiedenen Spediteure oft zu Verbünden zusammen (siehe Abschnitt 4.5.5, Kooperationen/Zusammenschlüsse von Unternehmen).

Hausspediteur
Größere Unternehmen binden sich häufig mittels fester Verträge an bestimmte Speditionen und bieten diesen die Möglichkeit, einen Betriebssitz direkt im Haus einzurichten. Dies hat den Vorteil, dass Entscheidungen bezüglich der Logistik und des Transports direkt vor Ort getroffen werden können und die Kundennähe optimal genutzt werden kann. Man bezeichnet dies dann als „Hausspediteur".

AUFGABEN

Erklären Sie den Begriff „Spedition".

Nennen Sie 5 typische Aufgaben einer Spedition!

4.4.4 Transportunternehmen

Im Gegensatz zu den Spediteuren, die logistische Gesamtkonzepte anbieten, beschränken sich die Transportunternehmen normalerweise auf die reinen Transportaufgaben. Planung, Ablauf, Warenvorbereitung und Zwischenlagerung gehören nicht zum Kerngeschäft. Ein Transportunternehmen unterhält in der Regel auch keine eigenen Lager- oder sonstige Logistikflächen.

Oftmals werden von Transportunternehmen Frachten angenommen, ohne am Zielort eine weitere Ladung (Rückladung) in Aussicht zu haben. Dies führt dann häufig zu langen Standzeiten oder hohen Anteilen an Leerkilometern, um zum nächsten Auftraggeber zu gelangen.

Transportunternehmen versuchen daher, Festaufträge zu erhalten, die eine regelmäßige und dauerhafte Auslastung ihrer Fahrzeuge garantieren. Dadurch ist eine wirtschaftliche Unternehmensführung deutlich einfacher und unnötige Verkehrs- und Umweltbelastungen werden vermieden.

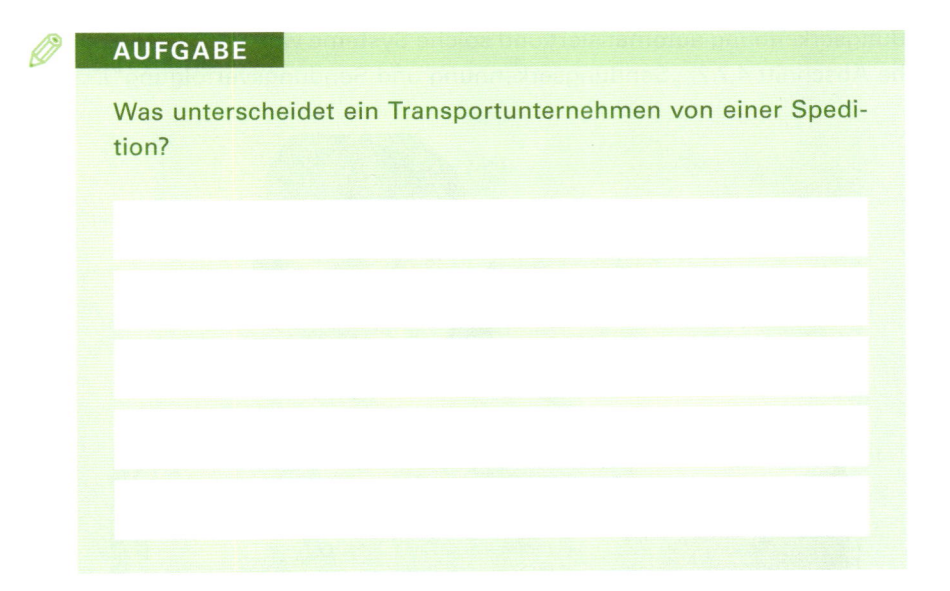

AUFGABE

Was unterscheidet ein Transportunternehmen von einer Spedition?

4.4.5 KEP – Kurier-, Express- und Paketdienste

Die KEP-Dienste sind eine eigene Form der Speditionen. Ihr Spezialgebiet liegt im Transport von Kleinsendungen. Häufig werden hierfür bei der Endzustellung zum Kunden Fahrzeuge mit einer zulässigen Gesamtmasse von bis zu 3,5 t eingesetzt, deren Fahrer dafür nur den Führerschein der Klasse B besitzen müssen und nicht den Bestimmungen des Berufskraftfahrer Qualifikationsgesetzes unterliegen.

Die Abkürzung „KEP" steht für „Kurier-, Express- und Paketdienste" oder (seltener) für „Kurier-, Express- und Postdienste".

Im Gegensatz zum Spediteur, der durchaus auch in der Lage ist, einen kompletten Schwertransport durch mehrere Länder zu planen und durchzuführen, grenzen sich KEP-Dienste in der Regel durch eine Einschränkung des Gewichts und/oder der Größe der transportierten Güter ab. Das Maximalgewicht eines Versandstückes liegt bei den meisten Paketdiensten bei ca. 30-40 kg. Die Maximalgröße wird oft durch eine Addition von Kantenlänge (längste Seite) und Umfang berechnet. Man nennt dies dann „Gurtmaß" oder „Gurtumfang". Beispiel:
[Höhe + Breite] x 2 + Länge = maximal 3 Meter.

Insbesondere im Bereich „KEP" sind Sendungsverfolgung und Sendungserkennung automatisiert und solche Systeme weit verbreitet (Siehe Abschnitt 4.7.2, „Sendungserkennung und Sendungsverfolgung").

Abbildung 253:
Paketdienst

© auremar/Shutterstock

Paketdienste

Waren werden zu Paketshops gebracht oder direkt beim Kunden abgeholt und von dort zu den Paketzentren gebracht, die es in allen größeren Städten gibt. Dort werden Sendungen für alle Welt automatisch sortiert und in Transportmittel verladen, die die Sendungen dann zu verschiedenen überregionalen Verteilzentren bringen. Nach einer weiteren automatischen Sortierung werden die Sendungen dann zu den Zustellpaketzentren geliefert, in denen wiederum ein Umladen in die Zustellfahrzeuge erfolgt.

Kurierdienste

Die Besonderheit der Kurierdienste liegt darin, dass einzelne Versandstücke direkt abgeholt und zugestellt werden. Ein Fahrer holt somit eine Sendung bei dem Kunden ab und bringt diese direkt zum Empfänger. Dies ist die schnellste, aber auch teuerste Methode des Versands.

Expressdienste

Expressdienste arbeiten ähnlich wie Paketdienste, bieten aber ihren Kunden die Möglichkeit (meist gegen Aufpreis zur Normalzustellung) einer schnelleren Zustellung an. Im internationalen Verkehr wird hier oftmals der Weg mittels Luftfracht gewählt.

AUFGABE

Was ist die grundsätzliche Besonderheit von „KEP-Diensten"?

4.4.6 Frachtvermittler

Frachtvermittler besitzen weder Fahrzeuge noch Logistikflächen. Um als Frachtvermittler tätig zu werden, genügt ein kleines Büro mit den üblichen Kommunikationsmitteln wie Telefon, Fax und Internet/Email. Viele Transportunternehmen nehmen die Dienstleistungen von Frachtvermittlern in Anspruch, in dem sie ihre Fahrzeuge von den Vermittlern dauerhaft oder im Einzelfall disponieren lassen. Die Frachtvermittler handeln hier zwischen Auftraggebern wie Speditionen, Handel und Industrie und den Transportunternehmen als Vermittler.

Abbildung 254:
Frachtvermittlung
am Telefon

© GRIESHABER Logistik AG

4.4.7 Berufe in Güterkraftverkehrsgewerbe und Logistik

Um der Entwicklung der Branche gerecht zu werden, sind in den letzten Jahren neben bereits existierenden Berufsbildern auch einige neue hinzugekommen. Im Folgenden werden einige praxisbezogene Berufsbilder vorgestellt:

Berufskraftfahrer/in

Berufskraftfahrer/innen arbeiten im Güterverkehr oder in der Personenbeförderung. Sie transportieren Güter mit Lkw aller Art. Im Personenverkehr führen sie Linien- bzw. Reisebusse.

Hauptsächlich arbeiten Berufskraftfahrer/innen in Transportunternehmen des Güter- und Personenverkehrs, z.B. Speditionen, kommunalen Verkehrsbetrieben oder Bus-Reiseunternehmen. Darüber hinaus sind sie unter anderem bei Post- und Kurier- oder Abschlepp- und Pannendiensten tätig. Der Baustofftransport und Betriebe der Getränkeherstellung oder der Abfallwirtschaft eröffnen weitere Arbeitsfelder.

Abbildung 255:
Berufskraftfahrer im
Einsatz

© GRIESHABER Logistik AG

Berufskraftfahrer/in ist ein anerkannter Ausbildungsberuf nach dem Berufsbildungsgesetz (BBiG). Diese bundesweit geregelte 3-jährige Ausbildung wird in Industrie und Handel angeboten.
(Quelle der Berufsbeschreibungen: Arbeitsagentur/Berufenet)

Ein Abschluss als „Berufskraftfahrer/in" beinhaltet gleichzeitig die Grundqualifikation nach BKrFQG (Berufskraftfahrer Qualifikationsgesetz). Weiterbildungsmöglichkeit z.B.: Industriemeister Kraftverkehr

Fachkraft für Kurier-, Express- und Postdienstleistungen

Fachkräfte für Kurier-, Express- und Postdienstleistungen sortieren Sendungen, planen die Zustellfolge, stellen Sendungen zu und beraten Kunden.

Hauptsächlich arbeiten diese Fachkräfte für Brief- und Paketdienste sowie Kurier- und Expressdienste. Darüber hinaus sind sie in Speditionen, die kleinteilige Güter transportieren, tätig.

Fachkraft für Kurier-, Express und Postdienstleistungen ist ein anerkannter Ausbildungsberuf nach dem Berufsbildungsgesetz (BBiG).

Diese bundesweit geregelte 2-jährige Ausbildung wird bei Post- und Kurierdiensten angeboten.

Fachkräfte für Kurier- Express- und Postdienstleistungen sind häufig mit Fahrzeugen unter 3,5 t oder unter 7,5 t zulässiger Gesamtmasse unterwegs. Die Fahrerlaubnis der Klasse B oder C1 genügt hier meistens.

Servicefahrer/in

Servicefahrer/innen liefern Waren aus. Sie planen ihre täglichen Routen, nehmen die auszuliefernden Waren in Empfang, beladen ihre Fahrzeuge und liefern die Waren beim Kunden ab. Teilweise stellen sie auch Geräte bei Kunden auf oder warten sie.

Servicefahrer/innen sind in Unternehmen beschäftigt, die Servicedienstleistungen beim Kunden erbringen. Dies sind z. B. Unternehmen, die mobile Sanitärsysteme oder Büromaschinen vermieten, private Post- und Kurierdienste, Speditionen, Großhandelsunternehmen, Brauereien, die Gastronomiebetriebe oder Privatkunden direkt beliefern, oder soziale Dienste, die „Essen auf Rädern" ausliefern. Darüber hinaus arbeiten Servicefahrer/innen z. B. auch im Pizzaservice.

Servicefahrer/in ist ein anerkannter Ausbildungsberuf nach dem Berufsbildungsgesetz (BBiG). Diese bundesweit geregelte 2-jährige Ausbildung wird in Industrie und Handel angeboten.

Fachkraft für Lagerlogistik

Fachkräfte für Lagerlogistik schlagen Güter um, lagern sie fachgerecht und wirken bei logistischen Planungs- und Organisationsprozessen mit. Fachkräfte für Lagerlogistik sind in allen Branchen beschäftigt. Infrage kommen dabei alle Betriebe, die über eine Lagerhaltung verfügen.

Fachkraft für Lagerlogistik ist ein anerkannter Ausbildungsberuf nach dem Berufsbildungsgesetz (BBiG). Diese bundesweit geregelte 3-jährige Ausbildung wird in Industrie und Handel angeboten. Auch eine schulische Ausbildung ist möglich.

Fachlagerist/in

Fachlageristen und -lageristinnen nehmen Waren an und lagern diese sachgerecht. Sie stellen Lieferungen für den Versand zusammen bzw. leiten Güter an die entsprechenden Stellen im Betrieb weiter.

Fachlageristen und Fachlageristinnen arbeiten hauptsächlich bei Speditionsbetrieben und anderen Logistikdienstleistern. Darüber hinaus können sie in Industrie- und Handelsunternehmen unterschiedlichster Wirtschaftsbereiche tätig sein: z.B. in der Lebensmittel- und Elektroindustrie, in der chemischen und pharmazeutischen Industrie, im Metall- und Fahrzeugbau, in Druckereien oder bei Herstellern von Baustoffen.

Fachlagerist/in ist ein anerkannter Ausbildungsberuf nach dem Berufsbildungsgesetz (BBiG). Diese bundesweit geregelte 2-jährige Ausbildung wird in Industrie und Handel sowie im Handwerk angeboten. Auch eine schulische Ausbildung ist möglich.

Abbildung 256:
Fachkraft im Lager

AUFGABE

Nennen Sie drei praxisbezogene Berufe aus der Logistik-/ Transportbranche!

Sie wissen:

✔ Werkverkehr ist genehmigungsfrei, muss jedoch angezeigt werden.

✔ Spediteure sorgen für die Versendung eines Gutes.

✔ Die Aufgabe von Transportunternehmen beschränkt sich i.d.R. auf den reinen Transportauftrag.

✔ „KEP" steht für Kurier-, Express und Paket-/Postdienste.

✔ Ausbildungsberufe im Transport- und Logistiksektor sind u.a. Berufskraftfahrer/in, Fachkraft für Kurier-, Express- und Postdienstleistungen, Fachkraft für Lagerlogistik.

Lebenslanges Lernen

Der Logistiksektor ist eine der wichtigsten Säulen der deutschen und europäischen Wirtschaft. Wer als Fahrer Chancen sucht, sich beruflich etwas aufzubauen, findet hier zahlreiche Möglichkeiten. Voraussetzung dazu ist aber, wie in allen anderen Berufen auch, die Bereitschaft zu lebenslangem Lernen. Nur so ist es in der sich schnell wandelnden Logistikbranche möglich, immer auf dem aktuellsten Stand zu sein und sich beruflich weiterzuentwickeln.

Immer auf dem Laufenden

Fahrer haben dabei zahlreiche Gelegenheiten, ihr Wissen zu aktualisieren. Fahrerzeitschriften bieten stets aktuellste Informationen zu den neuesten Fahrzeugtypen, Gerichtsurteilen und Jobporträts. Zum anderen können sich Fahrer über regelmäßige Besuche von Truckerevents „weiterbilden". Denn neben dem Unterhaltungswert bieten solche Veranstaltungen auch die Möglichkeit, sich über Neuerungen in der Branche zu informieren. Das gilt zumindest für namhafte Veranstaltungen wie z.B. das Trucker & Country Festival in Geiselwind (Foto) oder den Truck Grand Prix auf dem Nürburgring, auf denen Bildungsanbieter, Polizei, Fahrzeughersteller und Medien Novitäten und Leistungen präsentieren. Ein Muss ist dabei auch die im Zweijahresrhythmus stattfindende Internationale Automobil Ausstellung (IAA) für Nutzfahrzeuge in Hannover. Diese Mega-Veranstaltung bietet ein unglaubliches Spektrum an Innovationen und Anregungen zu allen nur denkbaren Themen aus dem Transportbereich.

EU-BKF-Weiterbildungen

Eine andere Möglichkeit, mit dem eigenen Wissen am Ball zu bleiben, sind besonders auch die gesetzlich vorgeschriebenen EU-BKF-Weiterbildungen (35 Stunden alle 5 Jahre). Hier sollten Fahrer Wert auf niveauvolle Schulungen legen. Der billigste Anbieter, der Chauffeure in Massenveranstaltungen im Schnelldurchlauf abfertigt, ist wahrscheinlich nicht die beste Wahl.

© Reiner Rosenfeld

Die Investition in individuelle wenn auch teurere Weiterbildungsmaßnahmen macht sich spätestens dann bezahlt, wenn hochwertige Transportunternehmen gut ausgebildete Fahrer suchen und dafür auch gute Löhne zahlen. Dabei heben sich gut ausgebildete Fahrer dadurch ab, dass sie ihr Handwerk entsprechend den gesetzlichen Vorgaben perfekt beherrschen und gleichzeitig Verständnis für die Herausforderungen des Transportmarktes haben.

© Reiner Rosenfeld

Neue Berufschancen

Natürlich sollten Sie als Fahrer auch Weiterbildungsangebote Ihres Arbeitgebers wie beispielsweise Stapler- oder Kranschulungen in Anspruch nehmen. Daraus können sich Schritt für Schritt interessante neue Berufschancen entwickeln. Attraktiv ist auch die Möglichkeit, sich zum Kraftverkehrsmeister oder Meister für Lagerwirtschaft ausbilden zu lassen. Speziell im anstrengenden Fahreralltag kann es Sinn machen, sich schon heute über solche beruflichen Alternativen Gedanken zu machen. Einen weiteren Berufsweg, den viele Fahrer nach Jahren in der Praxis beschreiten, ist der des Disponenten. Gefragt sind hier speziell Fahrer, die über Jahre bewiesen haben, dass sie qualitativ hochwertige Arbeit leisten und in ihrem Berufsumfeld weiter denken wollen als andere. Wer diesen Weg vom Mitarbeiter zum Vorgesetzten gehen will, kann sich durch weiterführende Seminare auf den Berufsumstieg vorbereiten.

Wenn Sie einen Firmenwechsel anstreben, sollten Sie sich vom Arbeitgeber ein sogenanntes „qualifiziertes Arbeitszeugnis" ausstellen lassen. Da die Zeugnissprache unter Umständen „Tücken" oder versteckte Formulierungen enthält, sollte das Zeugnis von einem Fachmann geprüft und ggf. beanstandet werden.

Vom Fahrer zum Unternehmer

Vielleicht spüren Sie aber auch irgendwann den Drang, sich im Transportgewerbe mit einem eigenen Kurierfahrzeug oder schweren Lkw (Foto) selbstständig zu machen. Auch diese Möglichkeit bietet sich gut ausgebildeten Fahrern. Denn in Deutschland sind die Hürden, mit einem eigenen kleinen Transportunternehmen auf den Markt zu gehen, vergleichsweise niedrig: Wer die Fach- und Sachkundeprüfung schafft und finanzielle Leistungsfähigkeit und Zuverlässigkeit nachweist, kann schon wenig später mit dem eigenen Fahrzeug Touren auf eigene Rechnung fahren. Wobei der Schritt in die Selbständigkeit keinesfalls unterschätzt werden darf: Fakt ist, dass der Transportmarkt zu den besonders heiß umkämpften Märkten in Europa gehört. Überleben können hier nur Fahrer, die den Start in die Selbstständigkeit langfristig planen und ihre Zeit als angestellter Fahrer dazu nutzen, Wissen rund um den Beruf anzuhäufen und durch ihre Leistungsfähigkeit und Zuverlässigkeit starke Logistik-Partner binden können. Wem das überzeugend gelingt, dem steht sogar der Weg zu einem eigenen Unternehmen mit eigener Fahrzeugflotte und zahlreichen Angestellten offen!

4.5 Organisation der wichtigsten Arten von Verkehrsunternehmen oder Transporthilfstätigkeiten

▶ Sie sollen einen Überblick über die Organisation des Transportgewerbes und dessen Hilfs- und Nebengewerbe erhalten. Sie sollen die grundsätzlichen Strukturen im Unternehmensaufbau begreifen, Hilfs- und Nebentätigkeiten kennen sowie Vor- und Nachteile von Kooperationen und Zusammenschlüssen erklären können.

4.5.1 Einführung

Meist handelt es sich bei Güterkraftverkehrsunternehmen um kleine bis mittelständische Firmen. So waren im Jahr 2010 insgesamt 57 % aller deutschen Unternehmen des Güterkraftverkehrs mit bis zu 5 Beschäftigten verzeichnet und nur 4 % hatten 50 oder mehr Beschäftigte (Quelle: www.bgl-ev.de).

Abbildung 257:
Übersicht über die Anzahl der durchschnittlich Beschäftigten in deutschen Unternehmen des Güterkraftverkehrs

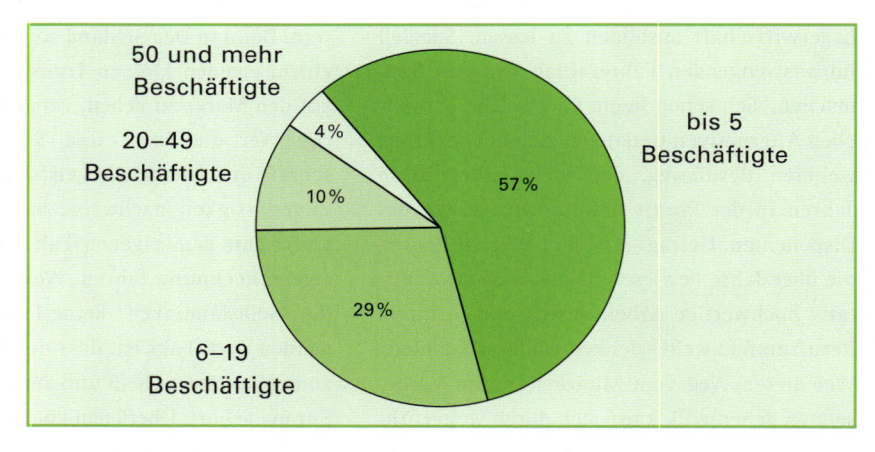

Welches Unternehmen → kann das ↓ ausführen?	Großunternehmen	Klein- und mittelständisches Unternehmen	Kooperation oder Zusammenschluss	Externer Dienstleister für Neben- und Hilfstätigkeiten
Transport der Güter				
Marktbeobachtung				
Eigene Dispositionsabteilung				
Eigene Personalabteilung				
Marketing und Werbung				
...				

4.5.2 Aufbau von Güterkraftverkehrsunternehmen

Wie in allen anderen Wirtschaftsbereichen auch, sind im Güterkraftverkehr bestimmte Anforderungen an eine ordnungsgemäße und wirtschaftliche Betriebsführung zu erfüllen. Unter anderem gehören hierzu:

- Umfangreiche Marktbeobachtung
- Anpassung der Leistungen an die Bedürfnisse des Marktes
- Kalkulation von Frachtpreisen unter Beachtung von Investitionen, Ausgaben und Marktanpassung durch Angebot und Nachfrage
- Beschaffung von materiellen und personellen Ressourcen
- Marketing und Werbung
- Personalbetreuung und Sachbearbeitung
- …und vieles mehr

Dies erfordert ein großes Maß an Flexibilität, Kundennähe und Anpassungsfähigkeit auf Marktveränderungen.

Mögliche Abteilungen eines Güterkraftverkehrsunternehmens

Je nach Größe können in einem Güterkraftverkehrsunternehmen unter anderem folgende Abteilungen vorhanden sein:

- Geschäftsführung: leitet das Unternehmen
- QM-Abteilung: erstellt, überprüft und ergänzt ein Qualitätsmanagementsystem
- Personalabteilung: kümmert sich um alle Personalfragen und Einstellungen
- Buchhaltung: wickelt steuerliche und finanzielle Angelegenheiten ab
- Marketingabteilung: betreibt die Werbearbeit
- Disposition: wickelt die kompletten Transportaufträge ab, sorgt für die Fahrtplanung und ist direkter Ansprechpartner für eigene Fahrer/innen und Subunternehmer
- Fuhrparkleitung: kümmert sich um Anschaffung und Instandhaltung der Fahrzeuge und arbeitet eng zusammen mit der Werkstatt
- Werkstatt: führt Wartungs- und Reparaturarbeiten an Fahrzeugen und Betriebsanlagen / Betriebseinrichtungen aus

4.5.3 Klein- und mittelständisches Verkehrsgewerbe

Als kleiner Fuhrunternehmer wird es zunehmend schwieriger, wirtschaftlich zu arbeiten. Konnten gestern noch die betriebseigenen Planenzüge mit genügend Frachten ausgelastet werden, so sind morgen vielleicht Spezialfahrzeuge für temperaturgeführte Transporte gefragt.

Die Anforderungen der verladenden Wirtschaft werden immer höher:

- Schnelligkeit
- Flexibilität
- Möglichst geringe Frachtpreise
- Spezialisierungen entsprechend den Anforderungen der Verlader

Diese zu erfüllen gestaltet sich zunehmend komplizierter. Mangels finanzieller Rücklagen ist es oftmals nicht möglich, auf diese Nachfrage schnell zu reagieren. Als Folge kommt es zu mehr und mehr Ausfallzeiten und Leerkilometern.

Dies schmälert den Gewinn des Unternehmens zusätzlich. Erschwerend kommt für die reinen Transportunternehmen hinzu, dass die Kosten für Mautgebühren und Kraftstoffe ständig steigen. Diese Ausgaben können oftmals nicht oder nur in geringem Umfang an die Auftraggeber weitergegeben werden. Ebenso führten die Änderungen des Arbeitszeitgesetzes und der Sozialvorschriften zu einer finanziellen Mehrbelastung durch zusätzliches Personal und Anpassung der Betriebsabläufe. Es ist derzeit ein Trend zu beobachten, dass sich die Güterkraftverkehrsbranche in Richtung Spezialisierung oder Komplettangebot auseinander entwickelt. Eine moderne Ausstattung durch Einsatz von neuen Technologien (GPS, Telematiksysteme ...) macht die Transportabläufe transparenter und eine wirtschaftliche Betriebsführung somit einfacher.

4.5.4 Großunternehmen

Großunternehmen hingegen entwickeln sich mehr und mehr zu „Full-Service-Dienstleistern", die Komplettangebote möglich machen, indem sie auf eine Vielzahl spezialisierter Partner zurückgreifen können. Die einzelnen Tätigkeitsfelder wurden bereits im Kapitel 4.3 „Logistik", detailliert beschrieben. So beschäftigt beispielsweise die DB Schenker AG deutschlandweit 12.900 Menschen an über 100 Standorten. Die Tätigkeitsbereiche umfassen sowohl alle Verkehrsarten (Luftfracht, Schienentransport, Straßentransport, Binnen- und Seefracht) als auch eine Menge logistischer Zusatzleistungen wie Beschaffungs-, Produktions- und Distributionslogistik (Quelle: www.schenker.de).

4.5.5 Kooperationen/Zusammenschlüsse von Unternehmen

Ein Weg, um wirtschaftlich erfolgreich zu agieren, sind – nicht nur für Klein- und mittelständische Unternehmen – Kooperationen und Zusammenschlüsse. So werden beispielsweise in Begegnungsverkehren (Dabei fahren zwei Lkw aufeinander zu und tauschen am Treffpunkt zu einem vereinbarten Termin die Transporteinheiten untereinander aus) und Transportverbünden neue Möglichkeiten geschaffen, Güter zu bündeln und einen effizienteren Fahrzeug- und Personaleinsatz zu gewährleisten. Schlecht ausgelastete Fahrzeuge und somit unwirtschaftlicher Betrieb können verringert werden. Ein wichtiger Bereich für solche Kooperationen ist unter anderem das Sammelgutgeschäft, in dem

Abbildung 258:
Spedition

© GRIESHABER Logistik AG

die Waren von verschiedenen Absendern zunächst gesammelt und anschließend gemeinsam weitertransportiert werden, um den verfügbaren Laderaum optimal auszunutzen.

Aber auch der Zusammenschluss zu Genossenschaften bringt den Unternehmen Vorteile: Gemeinsam mit ihren Partnern bieten beispielsweise die SVGen (Straßenverkehrsgenossenschaften) eine große Dienstleistungsbreite:

- Einkaufsgemeinschaften
- Versicherungen für das Verkehrsgewerbe
- Personenversicherungen
- Finanzdienstleistungen
- Mautabrechnung europaweit
- Tank- und Servicekarten
- Autohöfe mit einem Angebot für Lkw-Fahrer und Zubehör rund um den Lkw
- Angebote in den Bereichen Arbeitssicherheit mit technischen Prüfungsdiensten
- Qualitätsmanagement und betriebswirtschaftliche Beratungen
- Seminare und Schulungen, beispielsweise im Bereich Gefahrgut

(Mehr Informationen zu Hintergründen und sonstigen Fakten: www.svg.de).

4.5.6 Subunternehmen

Als Subunternehmen bezeichnet man üblicherweise ein Unternehmen, das von einem oder mehreren anderen Unternehmen beauftragt worden ist. Im Güterverkehrsgewerbe findet man solche Konstellationen sehr häufig.

Am Beispiel der Sammelgutverkehre lässt sich das deutlich erklären: Eine große Spedition organisiert Sammelgutverkehre in alle Welt. Um nun die einzelnen Sendungen vor Ort abzuholen beziehungsweise zuzustellen, bedient sich die Spedition kleinerer Transportunternehmen als Subunternehmer, die diese Tätigkeit im Auftrag durchführen. Oftmals geschieht dies im Rahmen fester Verträge. Die Disposition der einzelnen Fahrzeuge wird hier nicht vom ausführenden Transportunternehmen durchgeführt, sondern von der Sammelgutspedition.

Das Subunternehmen kann somit auf eine eigene Dispositionsabteilung verzichten und Personalkosten sparen, weil es sich auf die reinen Transportaufgaben beschränkt. In vielen Fällen verzichten große Speditionen heute komplett auf einen eigenen Fuhrpark und lassen alle Transportaufgaben von Subunternehmen durchführen. Jeder Beteiligte kann sich somit voll auf sein Kerngeschäft konzentrieren.

4.5.7 Rolle der Verlader

Die größte Bedeutung im „Netzwerk Warenfluss" kommt sicherlich den Verladern zu. Sie bestimmen die zu transportierende Gütermenge und die Anforderungen an die einzelnen Transporte.

Mit „Verlader" ist in diesem Zusammenhang nicht die Person gemeint, die eine Verladetätigkeit durchführt, sondern der komplette Wirtschaftszweig der verladenden Industrie. Hierzu zählen zum Beispiel

- Die Automobilindustrie mit ihren Zulieferbetrieben
- Die Nahrungsmittelindustrie
- Chemische Betriebe
- Mineralölfirmen
- …und alle anderen Auftraggeber von Transporten

Ziel der Verlader ist es, die benötigten Transporte schnell und günstig durchzuführen oder durchführen zu lassen. Oftmals führt dies zu zähen Preisverhandlungen mit Speditionen und Transportunternehmen, da die Verlader die Transporte natürlich als einen Teil ihrer Gesamtkalkulation betrachten müssen und hier möglichst feste und geringe Preise wünschen. Aufgrund der ständig schwankenden Kosten im Transportbereich (Kraftstoffpreise ändern sich, Mautkosten werden angepasst…), versuchen die Güterkraftverkehrsunternehmen natürlich diese Kostenschwankungen an die Verlader weiter zu geben. Im immer härter werdenden Wettbewerb führt dies häufig zum Verlust von Aufträgen, da seitens der Verlader wenig Bereitschaft besteht, Kostensteigerungen zu akzeptieren und man sich eher nach anderen Transporteuren umsieht. Eine Möglichkeit, eine Einigung in den Preisverhandlungen herbei zu führen, besteht darin, durch zusätzliche Dienstleistungen die Qualität der Kundenbetreuung zu erhöhen und somit die Kundenbindung zu sichern. Hebt sich ein Transporteur von der Masse ab, in dem er qualitativ höherwertig arbeitet oder ein optimales Angebot hinsichtlich der benötigten Dienstleistungen macht, so ist die Bereitschaft, höhere Preise zu zahlen, natürlich ebenfalls höher.

4.5.8 Transportneben- und Hilfstätigkeiten

Betrachten Sie einmal einen typischen Transportablauf:

Die Ware wird verpackt, gelagert, der Transportauftrag vermittelt, verladen, transportiert, entladen und die Verpackung entsorgt. Das Verpacken, Verladen und die eventuelle Vermittlung durch einen Frachtvermittler bezeichnet man als Transportnebentätigkeiten. Alle hier entstehenden Kosten können direkt dem einzelnen Transport zugeordnet werden und entstehen auch erst durch diesen.

Typische Transportnebentätigkeiten sind unter anderem:

- Einsatz eines Frachtvermittlers
- Einsatz von Verpackungsfirmen
- Gestellung von Kranfahrzeugen zur Verladung
- Begleitung von Schwertransporten
- Kommissionieren von Waren
- Bereitstellen von Abrechnungssystemen für Maut oder Kraftstoff (Toll Collect, DKV, UTA ...)
- Zolldeklarant/Zollagentur mit der Verzollung der Ware beauftragen

Abbildung 259: Lkw in der Waschstraße

Aber damit der Transportunternehmer die Fahrt auch wirklich durchführen kann, sind zudem verschiedene Hilfstätigkeiten erforderlich, die allgemein anfallen und nicht im direkten Zusammenhang mit einzelnen Transportaufträgen stehen, wie beispielsweise:

- Fahrzeugwartung und -pflege
- Überprüfung des Fahrtenschreibers
- Austausch von abgefahrenen Reifen

Zu den Hilfstätigkeiten gehören aber auch:

- An- und Verkauf
- Marketing
- Buchführung
- Datenverarbeitung
- Instandhaltung (auch Gebäude)
- Reinigung (auch Gebäude)
- Sicherheitsleistungen (Bewachung, Schließgesellschaften ...)
- Gestellung eines Gefahrgutbeauftragten

© GRIESHABER Logistik AG

- Aus-, Fort- und Weiterbildung des Personals
- EDV-Betreuung im Unternehmen

Unternehmen haben bei vielen Neben- und Hilfstätigkeiten die Wahl, diese entweder selbst auszuüben oder sie von spezialisierten Dienstleistern auf dem Markt durchführen zu lassen.

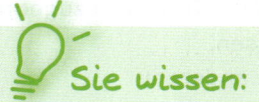

Sie wissen:

✔ Über 70% der Güterkraftverkehrsunternehmen haben weniger als 10 Beschäftigte und sind meistens auf einzelne Teilbereiche innerhalb der Transportkette spezialisiert.

✔ Großunternehmen sind häufig „Full-Service-Dienstleister".

✔ Kooperationen ermöglichen einen effektiven Personal- und Fahrzeugeinsatz.

✔ Viele Transportneben- und Hilfstätigkeiten werden an Dienstleister vergeben (Outsourcing).

4.6 Unterschiedliche Spezialisierungen

▶ **Sie sollen einen Überblick über die möglichen Spezialisierungen im Güterkraftverkehr erhalten und deren Gründe kennenlernen.**

4.6.1 Arten der Spezialisierungen

Spezialisierungen im Güterkraftverkehrsgewerbe sind auf verschiedenen Ebenen möglich. Auf der Ebene der Logistik sind dies unter anderem die

- Beschaffungslogistik
- Produktionslogistik
- Distributionslogistik
- Lagerwirtschaft
- Entsorgungslogistik

Aber auch im reinen Transportbereich gibt es viele Möglichkeiten, sich zu spezialisieren und Nischen zu finden, in denen man tätig werden kann. Unterscheiden kann man hier beispielsweise nach Fahrzeugarten folgende Formen:

- Stückgutverkehre (Standard-Lkw)
- Flüssigtransporte
- Silotransporte
- Schüttguttransporte
- Temperaturgeführte Transporte
- Fahrzeugtransporte
- Containertransporte
- Schwertransporte
- Kleintransporte

Spezialisierungen sind aber auch nach Besonderheiten der beförderten Güter möglich:

- Gefahrguttransporte
- Spezialtransporte bestimmter Güter
- Lebensmitteltransporte
- Getränketransporte
- Transporte mit Lade- und Entladehilfen (Mitnahmestapler, Hebebühne …)

Natürlich sind es meistens Kombinationen der drei vorgestellten Arten, die am Markt angeboten werden. So kommt der Fisch beispielsweise mittels temperaturgeführter Lebensmitteltransporte im Bereich der Distributionslogistik in die Kühltheke des Supermarktes.

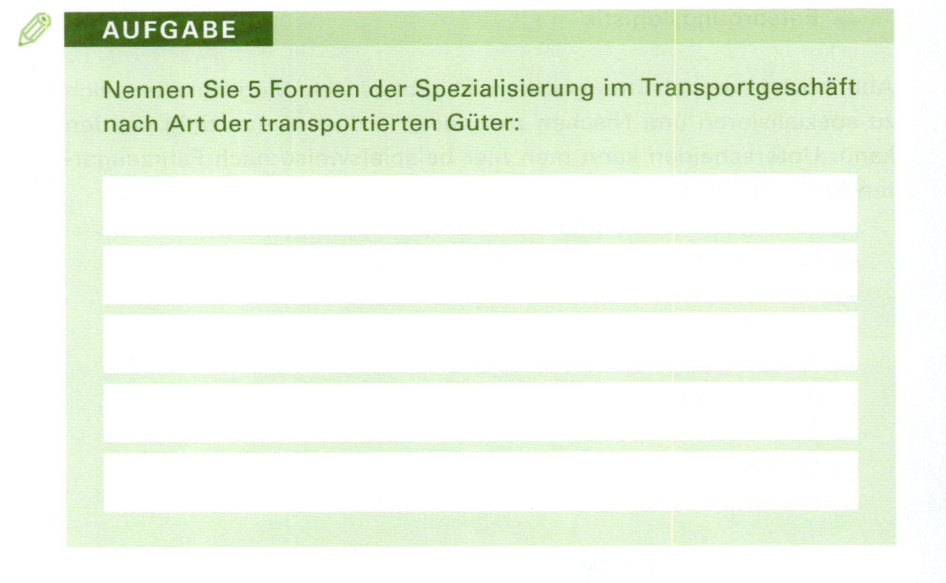

AUFGABE

Nennen Sie 5 Formen der Spezialisierung im Transportgeschäft nach Art der transportierten Güter:

4.6.2 Gründe für die Spezialisierungen

Nicht spezialisierte Klein- und Mittelständler werden es zunehmend schwerer haben, zu überleben (vgl. hierzu auch Kap. 4.7). Nur durch eine Anpassung an die jeweiligen Bedürfnisse der Verlader lassen sich langfristige Kundenbeziehungen aufbauen und aufrechterhalten.

Ständig steigende Qualitätsanforderungen und Überarbeitung von gesetzlichen Vorschriften erfordern immer höher qualifiziertes Personal. Wenn sich ein Unternehmen als „Spezialist" präsentieren kann, gestaltet sich die Fort- und Weiterbildung der Mitarbeiter/innen einfacher und diese identifizieren sich stärker mit ihrem Unternehmen und den zu bewältigenden Aufgaben.

Sicherheitstechnische Bestimmungen – vor allem im Bereich der Ladungssicherung – können oftmals nur noch mit speziell ausgerüsteten Fahrzeugen eingehalten werden, was mit erheblichen Mehrkosten verbunden ist. Und nur solche Transporte, die eine Mehrausstattung gegenüber dem Standard unbedingt benötigen, rechtfertigen höhere Frachtkosten, die zur Finanzierung dieser Mehrkosten nötig sind.

Dies alles sind Gründe, warum sich Unternehmen auf bestimmte Bereiche spezialisieren. Sie entwickeln sich zu „Vollprofis" in ihren Bereichen und haben dadurch einen Wettbewerbsvorteil gegenüber den „Allroundern", die oftmals mangels Kenntnis der speziellen Besonderheiten Probleme beim Transport bekommen.

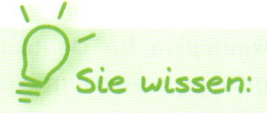

Sie wissen:

✔ Die unterschiedlichen Anforderungen der Verlader erfordern häufig Spezialisierungen hinsichtlich der Logistikbereiche oder Transportaufgaben.

✔ Spezialisierungen können beispielsweise nach Art der beförderten Güter erfolgen (Gefahrgut, Lebensmittel, Getränke, Spezialtransporte für bestimmte Güter, Transporte mit Lade- und Entladehilfen)

4.7 Weiterentwicklung der Branche

▶ **Sie sollen einen Ausblick auf Weiterentwicklung und Zukunfts-aussichten der Güterverkehrsbranche erhalten.**

4.7.1 Zukunftsaussichten

Wie bereits beschrieben, ist in den nächsten Jahren mit einem immensen Anstieg der Güterverkehrsleistungen (Menge der transportierten Güter im Verhältnis zur transportierten Strecke) zu rechnen. Dass dies keine nationale Entwicklung ist, zeigt sich schon in der Prognose der deutschlandweiten Verkehrsverflechtungen, die in Deutschland eine Umkehrung der Marktanteile von Binnenverkehr und grenzüberschreitendem Verkehr voraussagt (ITP – Intraplan Consult GmbH, München/ BVU – Beratergruppe Verkehr und Umwelt GmbH, Freiburg, aus 2007).

Man kann also von einer Steigerung des Güterverkehrsaufkommens ausgehen, gleichzeitig aber einen Trend zu einer Verlängerung der Transportwege und einer Internationalisierung des Transportwesens beobachten. Um nun ein drohendes Verkehrschaos zu vermeiden, sind Politik und Wirtschaft gefordert, Konzepte zu entwickeln, die eine optimale Ausnutzung der vorhandenen Kapazitäten ermöglichen und gleichzeitig eine Optimierung der Verkehrswege beinhalten.

Um dies zu schaffen, hat die Bundesregierung im Jahre 2010 den „Aktionsplan Güterverkehr und Logistik –Logistikinitiative für Deutschland" entwickelt, in dem verschiedene Lösungswege aufgezeigt werden um den Logistikstandort Deutschland zu stärken.

Folgende Schwerpunkte werden in diesem Aktionsplan gesetzt:
- Logistikstandort Deutschland stärken
- Effizienzsteigerung aller Verkehrsträger erreichen
- Stärken aller Verkehrsträger durch optimal vernetzte Verkehrswege nutzen
- Vereinbarkeit von Verkehrswachstum mit Umwelt- und Klimaschutz fördern
- Gute Arbeitsbedingungen und Ausbildung im Transportgewerbe unterstützen

Hinzu kommt die demografische Entwicklung, die eine Weiterentwicklung des Transport- und Logistiksektors erschwert. Bis zum Jahr 2060 wird von einem Bevölkerungsrückgang von derzeit 82 Mio. auf 70 Mio. Einwohner in Deutschland ausgegangen. Gleichzeitig erhöht sich der Anteil der älteren Menschen und die Anzahl der Personen „im arbeitsfähigen Alter" verringert sich (Quelle: Statistisches Bundesamt, 12. koordinierte Bevölkerungsvorausberechnung).

Die momentan bereits bestehenden Probleme, qualifiziertes Personal im Transport- und Logistikbereich zu finden, werden sich somit drastisch verschärfen. Steigende Qualitätsanforderungen, moderne Technik, „Einzug der EDV ins Fahrerhaus" und zunehmende Spezialisierungen erfordern hervorragend ausgebildetes Personal und höchste Zuverlässigkeit. Eine stetige Aus- und Weiterbildung des vorhandenen Personals ist eine weitere Herausforderung für die Arbeitgeber. Ebenso ist es eine Chance für Arbeitnehmer und Arbeitsuchende, durch zusätzliche und stetige Weiterqualifikation etwas für den Erhalt des Arbeitsplatzes oder die Stellensuche zu tun.
Der Wandel vom „Fuhrunternehmer" zum spezialisierten Dienstleister hat bereits begonnen und ist wohl auch nicht mehr aufzuhalten.

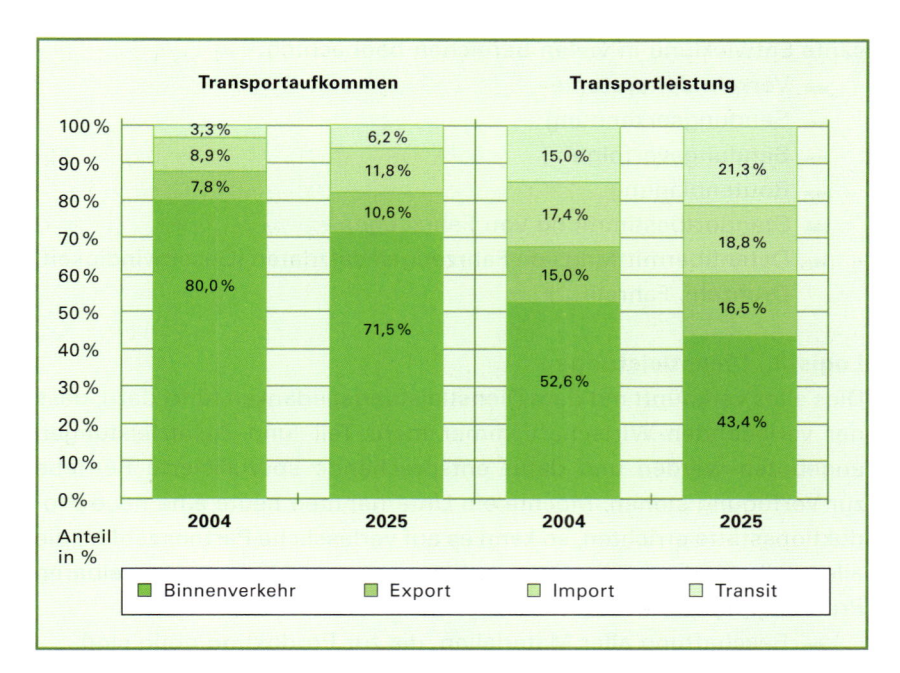

Abbildung 260: Entwicklung der Marktanteile der Hauptverkehrsbeziehungen an Transportaufkommen und -leistung Quelle: ITP BVU, Prognose der deutschlandweiten Verkehrsverflechtungen 2025, FE-Nr. 96.0857/2005, München/Freiburg, 14.11.2007

Leistungsangebot

Der Wandel in Europa von der Produktionsgesellschaft zur Dienstleistungsgesellschaft zeigt sich auch im Transport- und Logistiksektor.

Waren vor einigen Jahren noch Transport und Lagerung die wesentlichen Tätigkeitsfelder, so nehmen zusätzliche und neu hinzugekommene Dienstleistungen einen immer höheren Stellenwert ein. Gerade im Bereich der elektronischen Datenübermittlung lässt sich eine rasante Entwicklung in vielen Bereichen beobachten:

- Verkehrsleitsysteme
- Sendungserkennung
- Sendungsverfolgung
- Routenplanung
- Standortbestimmung von Fahrzeugen
- Datenübermittlung von Fahrzeugeinsatzdaten (Geschwindigkeit, Drehzahl, Fahrstil ...)

Logistik, Dienstleistungen

Dies alles verknüpft mit dem Dienstleistungsgedanken führt dazu, dass der verladenden Wirtschaft immer mehr Teil- und Zusatzleistungen angeboten werden und dafür entsprechende spezialisierte Betriebe zur Verfügung stehen. Möchte ein Unternehmen heute eine neue Produktionsstätte errichten, so kann es auf verlässliche Partner zählen, die alles selbständig in die Hand nehmen, was nicht den unmittelbaren Produktionsprozess betrifft:

- Beschaffung aller Materialien, die zur Produktion nötig sind
- Termingerechte Lieferung bis „auf's Fließband"

- Übernahme des Fertigproduktes „am Ende des Fließbandes"
- Weltweite Zustellung mit allen Verkehrsträgern und Abwicklung aller Formalitäten unter ständiger Sendungsüberwachung und Nachverfolgung

Die Entwicklung der Branche zeigt zwei deutliche Trends:
- „Full-Service-Dienstleister", die ihr Spektrum ständig erweitern und den Auftraggebern immer mehr Dienstleistungen bieten, um damit eine möglichst lange und beide Seiten zufriedenstellende Zusammenarbeit zu erreichen.
- Spezialisten, die ihre Nische zu 100 % kennen und hochqualitative Arbeit abliefern.

Der Spediteur entwickelt sich immer mehr vom „Handwerker" zum „Berater und Planer". Die Hauptaufgabe der Logistikunternehmen besteht in Zukunft im „Supply Chain Management" – der Optimierung der Lieferkette. Um dies zu erreichen, wird der „Modal Split" – also die Verteilung der Güter auf mehrere Verkehrsträger – immer größere Bedeutung bekommen.

Ausgliederung von Transportunternehmen

Aufgrund dieser Veränderungen im Speditionsgeschäft ist eine zunehmende Auslagerung des reinen Transportsektors zu beobachten. Aus „Spedition Müller" werden die Bereiche „Müller Logistik" und „Müller Transporte" als jeweils eigene Gesellschaften. Dies ermöglicht dem Logistikbereich, finanziell unabhängig vom realen Transportvolumen zu agieren und beispielsweise durch den Gang an die Börse zusätzliche finanzielle Ressourcen zu schaffen, um größere Projekte in Angriff zu nehmen.

Abbildung 262: Supply Chain Management

Vergabe von Transportleistungen

Oftmals werden die eigenen Transportbereiche auch völlig abgeschafft und die Transportleistungen zu hundert Prozent an Subunternehmer vergeben, von denen dann für das jeweilige Einsatzgebiet entsprechende Spezialisierungen erwartet werden.

4.7.2 Sendungserkennung und Sendungsverfolgung

Um all diese logistischen Herausforderungen meistern zu können, ist es unerlässlich, jederzeit den Transportweg einer Ware nachverfolgen zu können. Computergestützte Systeme können teilweise bis auf wenige Meter genau den Standort eines Fahrzeugs bestimmen und jeden Warenumschlag detailliert dokumentieren. Somit ist immer nachzuvollziehen, wo sich die zu transportierenden Güter befinden und man kann verlässliche Angaben über Lieferzeitpunkte machen.

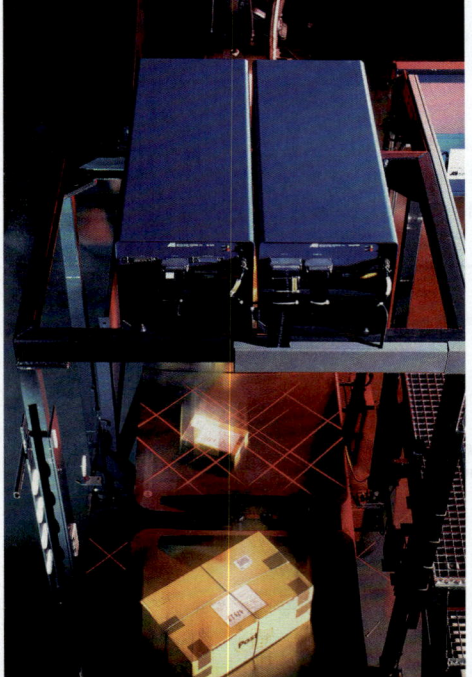

© Deutsche Post AG

Kombinationen aus Telematiksystemen, die eine elektronische Datenübermittlung zwischen Disposition und Fahrzeug ermöglichen, und Systeme zur Sendungserkennung machen dies möglich. Man spricht hier von „Tracking" und „Tracing" oder von „Track & Trace". Bereits beim Versender werden die einzelnen Packstücke mit einer Kennung versehen, die bei der Abholung, bei jedem Umladen und bei der Auslieferung eingelesen wird. Dies kann mittels Barcode oder RFID-Technologie (Radio Frequency Identification) geschehen.

Barcode

An der Ware werden Strichcodes angebracht, die genaue Informationen über die einzelnen Packstücke enthalten. Diese sind verwechslungssicher und einmalig. Somit kann ein Strichcode eindeutig einem einzelnen Packstück zugeordnet werden. Diese Barcodes werden von Scannern eingelesen und die Informationen können elektronisch weiterverwertet werden. Jedoch muss jedes

Abbildung 263:
Mehrseitenscanner

Packstück einzeln optisch erfasst werden. Dies geschieht mit Handscannern oder automatischen Mehrseitenscannern innerhalb automatisierter Sortieranlagen.

RFID

Die gleiche Aufgabe erfüllen auch RFID-Chips. RFID bedeutet „Radiofrequenztechnik zu Identifikationszwecken" (Radio Frequency Identification). Die Informationen werden nun nicht mehr auf ein Etikett gedruckt, sondern elektronisch auf einen Transponderchip („Smart Tag")

gespeichert, welcher direkt an der Ware angebracht wird. Im Unterschied zum Barcode geschieht hier das Einlesen der gespeicherten Informationen nicht optisch, sondern mittels Funktechnologie und funktioniert über größere Entfernungen. Dies ermöglicht das gleichzeitige Auslesen mehrerer Einheiten, ohne dass diese optisch erfasst werden müssen.

Ein weiterer Vorteil liegt darin, dass mit diesen Transponderchips auch die Diebstahlgefahr eingedämmt wird, da entsprechende Überwachungsanlagen überall montiert werden können. Im täglichen Alltag finden diese Systeme bereits in Warenhäusern Anwendung: Sie kennen sicherlich alle die „Schranken" am Ausgang von größeren Geschäften, die auf solche RFID-Chips reagieren und lautstark verkünden, wenn jemand das Geschäft verlassen möchte, der „vergessen" hat, die Ware zu bezahlen.

Im Güterverkehrsbereich findet diese Technologie mehr und mehr Anwendung, um den Warenfluss zu beschleunigen und Umschlagszeiten zu verringern sowie zur Sendungsverfolgung und Eindämmung von Diebstählen.

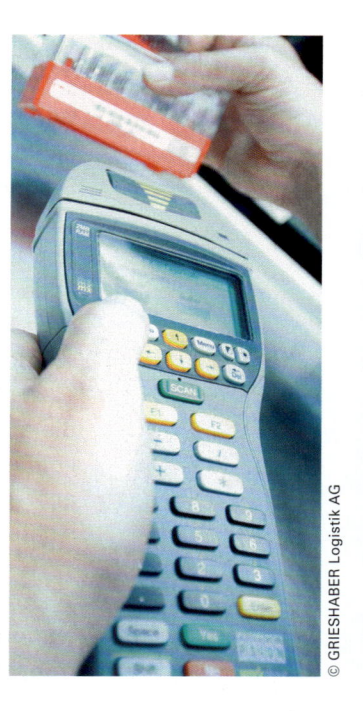

© GRIESHABER Logistik AG

Abbildung 264:
RFID-Handscanner

AUFGABE

Was unterscheidet eine Warenkennzeichnung mittels Barcode von einer Kennzeichnung mittels RFID?

4.7.3 Green Logistics – Grüne Logistik

Wie bereits in den vorangegangenen Kapiteln angesprochen, nehmen ökologische Themen bei Transport und Logistik einen immer höheren Stellenwert ein. Insbesondere die Reduzierung der Treibhausgas-Emissionen (THG-Emissionen) ist eine große Aufgabe für Politik, Industrie und Dienstleistungsgewerbe.

Jede Person und jedes am „Netzwerk Warenfluss" beteiligte Unternehmen kann und muss hier für sich und nach seinen Möglichkeiten aktiv werden. Um eine erfolgreiche und saubere Logistik zu gewährleisten ist es zusätzlich nötig, Standards zu entwickeln und Vorgaben zu machen, die auch in der Breite umgesetzt und kontinuierlich verbessert werden können. Die Entwicklung dieser Standards und die Gesamtbetrachtung aller Vorgänge innerhalb einer Transportkette unter ökologischen Gesichtspunkten bezeichnet man als „Green Logistics – Grüne Logistik".

Während die gesamten THG-Emissionen der UNFCCC-Länder (United Nations Framework Convention on Climate Change, derzeit 192 Vertragsstaaten) von 1990 bis 2005 um 2 % sanken, stiegen diese im Verkehrsbereich im selben Zeitraum um 43 %. Im Jahre 2008 wurden in Deutschland 22 % aller CO_2-Emissionen im Verkehrsbereich verursacht – 6 % alleine im Güterverkehr. (Quelle: Vortrag von Gabriele Kuczmierczyk, „Relevanz der Grünen Logistik aus Sicht der Bundesregierung", Potsdam, April 2010).

Betrachtet man dies im Zusammenhang mit dem erwarteten Wachstum, so wird schnell klar, dass hier gehandelt werden muss: Seitens der Politik wurde 2010 eine Verringerung der Treibhausgase in Deutschland um 40 % bis zum Jahr 2020 als Ziel festgelegt. Durch die Einführung der Emissionsklassen mit immer strengeren Grenzwerten ist hiervon der Straßenverkehr betroffen.

„Green Logistics" betrifft aber nicht nur den Straßenverkehr: Umweltfreundliches Handeln betrifft die gesamten Abläufe der Transportkette und der Lagerung.

- Rohstoffgewinnung
- Beschaffung
- Produktion und Lagerung
- Distribution
- Nutzung
- Entsorgung

© mediagramm/Fotolia.com

Abbildung 265:
Luftverschmutzung

Ob es nun der ökologisch produzierte Strom einer optimal gedämmten Fabrikhalle ist, der Gabelstapler mit emissionsfreiem Wasserstoffantrieb, die optimierten Abgasanlagen der Fabrik oder die verbesserte Transportplanung ohne Leerfahrten und mit optimaler Auslastung eines modernen Lkw: nur durch festgelegte Standards lassen sich die jeweiligen Emissionen einem einzelnen Abschnitt zuordnen und werden dadurch messbar. Und nur was messbar ist, kann dauerhaft optimiert werden (KVP – kontinuierlicher Verbesserungsprozess). Seit dem 28.03.2011 liegt z.B. der Entwurf der Norm DIN EN 16258 zur Energie- und Treibhausgasbilanz für Transportdienstleistungen vor. Neben der bereits existierenden Ökobilanznorm ISO 14040 und 14044 wird derzeit an weiteren Normen und Standards für Logistiksysteme gearbeitet, die einen unternehmensübergreifenden Vergleich der Treibhausemissionen ermöglichen sollen.

Neben gesetzlichen Vorgaben und ethischen Gründen prägt ökologisches Handeln das Image eines Unternehmens und wirkt sich langfristig auch wirtschaftlich positiv aus, vergleiche Kapitel 3.1.4 „Image im Straßenverkehr". Und zu guter Letzt ist „Öko" mittlerweile auch massentauglich und „in".

4.7.4 Telematik und Flottenmanagement

Telematik

Telematik verknüpft die Bereiche **Tele**kommunikation und Infor**matik**. Mit ihrer Hilfe ist es heute möglich, Daten an einer Stelle zu erheben und in Echtzeit an anderer Stelle zu verarbeiten.

Verkehrstelematik

In der Verkehrstelematik werden moderne Informations-, Kommunikations- und Leitsysteme miteinander verknüpft.

So wird beispielsweise mittels Kontaktschwellen und Videoüberwachung die Auslastung bestimmter Streckenabschnitte erfasst (Information) und an eine Schaltzentrale übermittelt (Kommunikation). Dort werden die Daten dann analysiert und verarbeitet und an entsprechende Leitsysteme übermittelt. Diese zeigen dann z.B. zulässige Höchstgeschwindigkeiten oder Umleitungsempfehlungen an intelligenten Verkehrszeichenanlagen an. So ist es möglich, Verkehrsströme entsprechend dem Verkehrsaufkommen intelligent und schnell zu steuern.

Abbildung 266:
Bei elektronischen
Anzeigetafeln kann
Telematik zum
Einsatz kommen

Flottenmanagement und Fahrzeugtelematik

Durch den Einsatz von Telematiksystemen im Fuhrpark ist es der Disposition heute möglich, jederzeit den Standort eines Fahrzeugs zu bestimmen. Ebenso können die aktuellen Lenk- und Ruhezeiten abgerufen werden, Fahrzeugdaten hinsichtlich des wirtschaftlichen Fahrstils, Fehlermeldungen oder Wartungsintervallen abgerufen und ausgewertet werden. Aber auch die Liste der zusätzlich übermittelbaren und auswertbaren Daten kann prinzipiell endlos erweitert werden:

- Einsatzanalyse mit Fahrweisenbewertung und Einsatzschwere mit Daten wie Geschwindigkeit, Bremsverhalten, Stand- und durchschnittlicher Gesamtverbrauch
- Fahrtenaufzeichnung (Fahrt- und Standzeiten, Position, Gewicht, Verbrauch, mittlere Geschwindigkeit)
- Zeiterfassung (Arbeitszeiten, Lenkzeiten)
- Tachomanagement (Fahrerkarten-Download, Massenspeicher-Download)
- Wartungsplanung und Zustandskontrolle
- Bereitstellung von Daten für das Wartungsmanagement
- Tourenplanung und -überwachung
- Auftragsmanagement
- Temperaturüberwachung bei temperaturgeführten Transporten
- Europaweite Navigation
- Einbindung von Barcodescannern
- Digitale Unterschriften
- Allgemeine Nachrichten

In der Disposition ist man somit jederzeit dazu in der Lage, den Standort eines Lkw und die verbleibenden Fahrzeiten zu erkennen und somit frühzeitig Planungssicherheit für weitere Folgeaufträge zu haben. Fahraufträge und andere Hinweise können jederzeit direkt per EDV ins Fahrzeug übermittelt werden und weitere Informationen können abgerufen und ausgewertet werden.

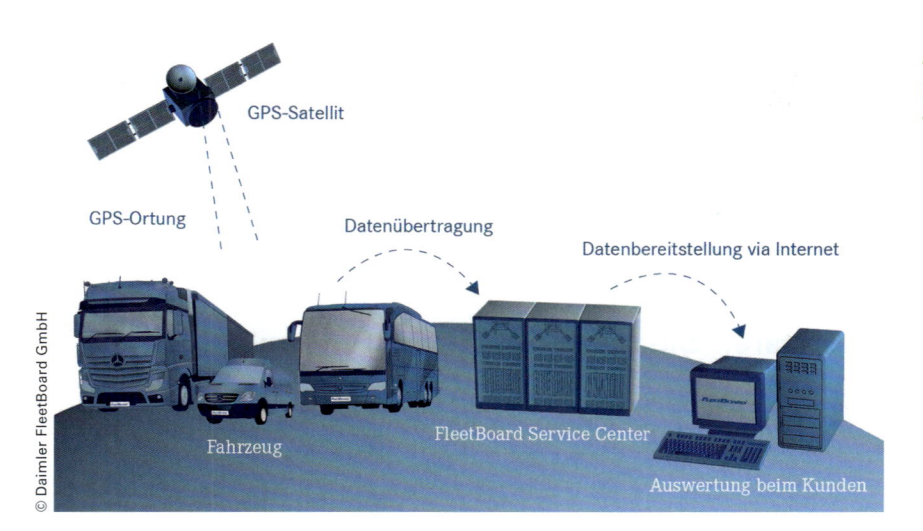

Abbildung 267:
Beispiel für ein Telematik-System

GPS-Satellit

GPS-Ortung

Datenübertragung

Datenbereitstellung via Internet

Fahrzeug

FleetBoard Service Center

Auswertung beim Kunden

© Daimler FleetBoard GmbH

 Sie wissen:

- ✔ Durch den erwarteten Anstieg der Güterverkehrsleistung und den Bevölkerungsrückgang in Deutschland ergeben sich sehr gute Berufschancen in Transport und Logistik.
- ✔ Die Trends in der Branche gehen zu „Full-Service-Dienstleistern" auf der einen und „Spezialisten in Nischenmärkten" auf der anderen Seite.
- ✔ Moderne EDV hat auch in den Fahrzeugen Einzug gehalten (Telematik und Flottenmanagement).
- ✔ Ökologische Vorgaben (Green Logistics) werden immer wichtiger.

4.8 Wissens-Check

1. Was versteht man unter „Citylogistik"?

2. Erklären Sie den Begriff „Just-in-time" (JIT)!

3. Erklären Sie den Begriff „Just-in-sequence" (JIS)!

4. Was versteht man unter einem Subunternehmer?

5. Nennen Sie fünf Formen der Spezialisierung im Transportgeschäft nach Art der transportierten Güter!

6. Nennen Sie zwei Gründe für mögliche Spezialisierungen!

7. Nennen Sie die drei grundlegenden Unterscheidungsformen des Kraftverkehrs!

8. Wie nennt man die drei Teilabschnitte eines Transportes im kombinierten Verkehr?

9. Nennen Sie zwei weitere Bezeichnungen für „kombinierten Verkehr"!

10. Was unterscheidet eine Warenkennzeichnung mittels Barcode von einer Kennzeichnung mittels RFID?

5 Checklisten

Checklisten sind perfekte Werkzeuge, um sicherzustellen, dass alle technischen und materiellen Voraussetzungen für den optimalen Einsatz eines Fahrzeuges gegeben sind. Checklisten sollten immer nach eigenen Bedürfnissen ergänzt werden, um ihren Nutzen zu optimieren.

1. Checkliste Abfahrtskontrolle am Lkw

Kontrollen am Fahrzeug:

	i. O.	Maßnahmen
Front und Motorraum	☐	
Blinker, Warnblinklicht	☐	
Fahrlicht, Fernlicht	☐	
Nebelscheinwerfer	☐	
Zusatzscheinwerfer	☐	
Begrenzungsleuchten	☐	
Spiegel	☐	
Scheibenwischer und Waschdüsen	☐	
Windschutzscheibe	☐	
Kennzeichen	☐	
Unterbau des Fahrzeuges	☐	
Motorhaube	☐	
Hydraulikflüssigkeit der Lenkung	☐	
Motoröl	☐	
Kühlmittel	☐	
Scheibenwaschflüssigkeit	☐	
Kühler	☐	
	☐	

Fahrzeug seitlich:

	i.O.	Maßnahmen
Einstiege	☐	
Seitenscheiben	☐	
Räder	☐	
Brems- und Elektroanschlüsse zum Anhänger	☐	
Batterie	☐	
Beleuchtung Zugfahrzeug	☐	
Seitliche Markierungsleuchten	☐	
Bordverschlüsse/Plane	☐	
Anhängerkupplung/Sattelkupplung	☐	
Kraftstofftank	☐	
Adbluetank	☐	
Luftfilter	☐	
	☐	

Fahrzeug hinten:

	i.O.	Maßnahmen
Blinker	☐	
Bremsleuchte	☐	
Schlussleuchte	☐	
Nebelschlussleuchte	☐	
Rückfahrscheinwerfer	☐	
Rückstrahler	☐	
Spurhalteleuchte	☐	
Kennzeichenbeleuchtung	☐	
Kennzeichen mit HU	☐	
SP-Plakette	☐	
	☐	

Kontrollen im Fahrzeug:

	i.O.	Maßnahmen
Kontrollleuchten	☐	
Lenkspiel	☐	
Druckmanometer	☐	
Warnleuchten	☐	
Heizung	☐	
Bedienungseinrichtungen	☐	
Kraftstoffanzeige	☐	
AdBlue-Anzeige	☐	
Analoger/digitaler Fahrtenschreiber	☐	
▪ Prüfdatum	☐	
▪ Funktion und Einstellung der Uhr	☐	
▪ Ersatzschaublätter	☐	
▪ Ersatzrollen	☐	
	☐	

Zusätzliche Kontrollen

	i.O.	Maßnahmen
Luftdruckbremse	☐	
▪ Aufbau Vorratsdruck	☐	
▪ Funktion Druckregler	☐	
▪ Druckabfall und Druckwarnung	☐	
▪ Anschlüsse auf Dichtheit	☐	
▪ Lufttrockner	☐	
▪ Zustand Druckluftbehälter	☐	
▪ Membranzylinder und Federspeicherbremszylinder	☐	
▪ Automatische Gestängesteller	☐	

Sitz und Pedalprüfung	☐	
Zubehör	☐	
▪ Warndreieck	☐	
▪ Warnleuchte	☐	
▪ Warnweste	☐	
▪ Verbandskasten nach DIN 13164	☐	
▪ Unterlegkeile	☐	
▪ Parkwarntafeln	☐	
Zubehör für Gefahrguttransporte	☐	
▪ Feuerlöscher	☐	
▪ Schriftliche Weisungen	☐	
▪ Persönliche Schutzausrüstung je nach Gefahrgut	☐	
▪ Fahrzeugausrüstung je nach Gefahrgut	☐	
	☐	
	☐	

Bremsentest

Bei geringer Geschwindigkeit einen Bremsentest durchführen

Detaillierte Informationen bietet die Fahreranweisung „Abfahrtskontrolle Lkw" Bestell-Nr. 13988

2. Checkliste Fahrzeugausrüstung

Allgemeines (siehe auch die 4. Checkliste für „Geschäftliche Papiere und Materialien"):

	i. O.	Maßnahmen
Kartenmaterial	☐	
Navigationsgerät	☐	
Taschenlampe	☐	
Stifte	☐	
Notizblätter oder Notizbuch	☐	
Spesenzettel	☐	
Taschenrechner	☐	
	☐	

Für's Elektrische:

	i. O.	Maßnahmen
Sicherungen	☐	
Glühlampen	☐	
Isolierband	☐	
Stromprüfer	☐	
Ersatzkabel	☐	
Kabelschuhe	☐	
Quetschverbinder	☐	
Lüsterklemmen	☐	
	☐	

Reparatur oder Wartung unterwegs:

	i. O.	Maßnahmen
Werkzeug	☐	
Metermaß	☐	

Starke Kabelbinder	☐	
Bindedraht	☐	
Ersatzspiegel rechts	☐	
Keilriemen	☐	
Schlauchschellen	☐	
Starterkabel	☐	
Kontaktspray	☐	
Starkes Klebeband	☐	
Scharfes Messer	☐	
Kleine Schraubenauswahl	☐	
Wagenheber	☐	
Verlängerung für Wagenheber	☐	
Radkreuz oder Radschlüssel	☐	
Ersatzventil	☐	
Ventilschlüssel	☐	
Motoröl	☐	
Putzlappen	☐	
	☐	

Für die Ladungssicherung:

	i.O.	Maßnahmen
Spanngurte mit Spannratschen	☐	
Kantenschoner/Gurtschoner	☐	
Geeignete Anti-Rutsch-Matten (diverse Größen und Dicken)	☐	
Spannlatten	☐	
Hammer	☐	
Ladungssicherungstabellen	☐	
Winkeltabellen	☐	
Ggf. Taschenrechner	☐	

	i. O.	Maßnahmen
Ggf. im Winter Salz zum Auftauen der vereisten Ladefläche	☐	
Besen	☐	
Leiter	☐	
Rungen, Ketten, Böcke o.ä. spezielles Material	☐	
Weiteres ladungsspezifisches LaSi-Material	☐	
	☐	

3. Checkliste Persönliche Dinge

Gesetzlich vorgeschrieben:

	i. O.	Maßnahmen
Pass/Personalausweis	☐	
Ggf. Sozialversicherungsausweis mit Lichtbild	☐	
Führerschein	☐	
Fahrerkarte	☐	
Tachoscheiben/Urlaubsbescheinigung (28 Tage)	☐	
Ggf. Schulungsbescheinigung gemäß ADR	☐	
Ggf. Befähigungsnachweis nach Sprengstoffgesetz	☐	
	☐	

Sonstiges:

	i. O.	Maßnahmen
Brieftasche	☐	
Geld	☐	
Scheckkarten	☐	

Waschzeug	☐	
Ersatzwäsche	☐	
Verpflegung	☐	
Schlafsack/Bettzeug	☐	
Medikamente	☐	
Sonnenbrille	☐	
Ersatzbrille	☐	
Kleines Nähzeug	☐	
Toilettenpapier	☐	
Für die Arbeit:		
▪ Arbeits-Overall oder Arbeitsmantel	☐	
▪ Regenjacke und Regenhose	☐	
▪ Sicherheitsschuhe	☐	
▪ Gummistiefel	☐	
▪ Arbeitshandschuhe	☐	
▪ Stirnlampe mit Ersatzbatterien und Ersatzbirnchen	☐	
▪ Handwaschpaste	☐	
	☐	

4. Checkliste Geschäftliche Papiere und Materialien

Gesetzlich vorgeschrieben:

Für nationale Transporte:

	i.O.	Maßnahmen
OBU oder Bescheinigung über entrichtete Autobahngebühr	☐	
Versicherungsnachweis gemäß GüKG	☐	

Beförderungs- und Begleitpapiere gemäß GüKG	☐	
Fahrzeugscheine für Anhänger und Zugfahrzeug/Zulassungsbescheinigung Teil 1	☐	
Erlaubnis gemäß GüKG	☐	
Gemeinschaftslizenz	☐	
Ausreichend leere Tachoscheiben/ Ersatzdruckerpapier für den digitalen Fahrtenschreiber	☐	
Besondere Papiere bei Abfalltransporten	☐	
Begleitpapiere gemäß GGVSEB/ADR	☐	
Kopie Anmeldung Werkverkehr (empfohlen)	☐	
	☐	

Für grenzüberschreitende Transporte:

	i. O.	Maßnahmen
Bescheinigung Autobahngebühr (oder Abbuchungsgerät)	☐	
CMR-Frachtbrief	☐	
Grüne Versicherungskarte (empfohlen)	☐	
Verfügungsberechtigung des Fahrzeughalters (speziell Frankreich)	☐	
Gemeinschaftslizenz oder	☐	
CEMT Genehmigung und/oder	☐	
Drittstaatengenehmigung	☐	
Zolldokumente	☐	
	☐	

Sonstiges:

	i. O.	Maßnahmen
Tankkarten	☐	
Mautkarten	☐	
Stau- oder Ladepläne	☐	
Leergutscheine	☐	
Blanco CMR-Frachtbriefe	☐	
Blanco Frachtbriefe nach HGB	☐	
Europäischer Unfallbericht	☐	
Liste mit wichtigen Telefonnummern	☐	
Firmenhandy	☐	
	☐	

5. Checkliste Winterbetrieb

	i. O.	Maßnahmen
Winterreifen montieren	☐	
Frostschutz kontrollieren (Kühler und Scheibenwasser)	☐	
Standheizung prüfen	☐	
Batterien prüfen	☐	
Treibstoff wintertauglich	☐	
Schaufel	☐	
Streusalz oder Split	☐	
Schneeketten	☐	
Ersatz-Schneekettenglieder	☐	
Ggf. Bremssystem entwässern, um das Einfrieren zu vermeiden	☐	
Schnee und Eis auf den Aufbauten?	☐	
	☐	

Abkürzungsverzeichnis

AA	Antriebsachse
ABA	Active Brake Assist
ABE	Allgemeine Betriebs-Erlaubnis
ABS	Anti-Blockier-System
Abs.	Absatz
ABV	Automatischer Blockierverhinderer
ACEA	Verband europäischer Kraftfahrzeug-Entwickler
ADR	Accord européen relatif au transport international des marchandises Dangereuses par Route (Europäisches Übereinkommen über die internationale Beförderung gefährlicher Güter auf der Straße)
AETR	Accord Européen sur les Transports Routiers (Europäisches Übereinkommen über die Arbeit des im internationalen Straßenverkehr beschäftigten Fahrpersonals)
AG	Aktiengesellschaft
AGR	Abgasrückführung
AGS	Automatische Getriebe-Steuerung
AIST e.V.	Arbeitsgemeinschaft zur Förderung und Entwicklung des internationalen Straßenverkehrs
AKS	Automatisches Kupplungs-System
ALB	Automatisch-lastabhängige Bremskraftregelung
API	American Petroleum Institute (Amerikanisches Erdölinstitut)
ArbZG	Arbeitszeitgesetz
ART	Abstandsregeltempomat
ASiG	Gesetz über Betriebsärzte, Sicherheitsingenieure und andere Fachkräfte für Arbeitssicherheit
ASOR	Übereinkommen über die Personenbeförderung im grenzüberschreitenden Gelegenheitsverkehr mit Kraftomnibussen
ASR	Antriebsschlupfregelung
ATF	Automatic Transmission Fluid (Automatikgetriebeöl)
ATL	Abgasturbolader
AU	Abgasuntersuchung
AufenthG	Aufenthaltsgesetz
BAG	Bundesamt für Güterverkehr
BAS	Bremsassistent

BASt	Bundesanstalt für Straßenwesen
BBA	Betriebsbremsanlage
BBiG	Berufsbildungsgesetz
BG	Berufsgenossenschaft
BGB	Bürgerliches Gesetzbuch
BGBl.	Bundesgesetzblatt
BGF	Berufsgenossenschaft für Fahrzeughaltungen
BGI	Berufsgenossenschaftliche Informationen
BGL	Bundesverband Güterkraftverkehr Logistik und Entsorgung
BGR	Berufsgenossenschaftliche Regeln für Sicherheit und Gesundheit bei der Arbeit
BGV	Berufsgenossenschaftliche Vorschriften
BKatV	Bußgeldkatalog-Verordnung
BKrFQG	Berufskraftfahrer-Qualifikations-Gesetz
BKrFQV	Berufskraftfahrer-Qualifikations-Verordnung
BMI	Body-Mass-Index
BMVBW	Bundesministerium für Verkehr, Bau- und Wohnungswesen
BOKraft	Verordnung über den Betrieb von Kraftfahrunternehmen im Personenverkehr
BOStrab	Verordnung über den Bau und Betrieb der Straßenbahnen
BTL	Biomasse-To-Liquid
bzw.	beziehungsweise
CAN	Controller Area Network
CDI	Common-Rail Diesel Injection
CEMT	Conférence Européenne des Ministres des Transports (Europäische Verkehrsministerkonferenz)
CI	Corporate Identity (Firmen-Image)
CMR	Convention Marchandise Routiere (Vereinbarungen im internationalen Straßen-Güterverkehr)
CNG	Compressed Natural Gas
CTU	Beförderungseinheit
CZ	Cetanzahl
d.h.	das heißt
daN	Dekanewton
db(A)	Dezibel (A-Bewertung)
DBA	Dauerbremsanlage
DBL	Dauerbremslimiter

ddp	Deutscher Depeschendienst GmbH
DGE	Deutsche Gesellschaft für Ernährung
DHS	Deutsche Hauptstelle für Suchtfragen
DI	Direct Injection (Direkteinspritzung)
DIN	Deutsche Industrie Norm
DOHC	Double Overhead Camshaft (zwei obenliegende Nockenwellen)
DOT	Department Of Transportation (US-Verkehrsministerium)
DSC	Digital Stability Control (Digitale Stabilitäts-Kontrolle)
DVR	Deutscher Verkehrssicherheitsrat
e.V.	eingetragener Verein
EAG	Elektronisches Automatik-Getriebe
EBS	Elektronisches Bremssystem
ECE	Economic commission for Europe (Europäische Wirtschaftskommission)
EDC	Electronic Diesel Control (Elektronisches Diesel-Motormanagement)
EDV	Elektronische Datenverarbeitung
EFTA	Europäische Freihandelszone
EG	Europäische Gemeinschaft
EGS	Elektronische Getriebesteuerung
EN	Europäische Norm
ESP	Elektronisches Stabilitätsprogramm
etc.	et cetera
ETS	Elektronisches Traktionssystem
EU	Europäische Union
EuGH	Europäischer Gerichtshof
EUR	Euro
EVB	Exhaust Valve Brake (Auslass-Ventil-Bremse)
EWG	Europäische Wirtschaftsgemeinschaft
FAS	Fahrerassistenzsysteme
FBA	Feststellbremsanlage
FDI	Fuel Direct Injection (Benzindirekteinspritzung)
FDR	Fahrdynamikregelung
FDS	Fahrzeug-Diagnose-System
FeV	Fahrerlaubnis-Verordnung
FIS	Fahrerinformationssystem
FPersG	Fahrpersonalgesetz
FPersV	Fahrpersonalverordnung

FRONTEX	Frontières extérieures (Europäische Agentur für die operative Zusammenarbeit an den Außengrenzen)
FSI	Fuel Stratified Injection (Benzindirekteinspritzung)
FU	Fahrtunterbrechung
FZV	Fahrzeug-Zulassungsverordnung
G 25	Berufsgenossenschaftliche Grundsatz-Untersuchung
GBP	Pfund Sterling (britische Währung)
GDI	Gasoline Direct Injection (Benzindirekteinspritzung)
GGAV	Gefahrgutausnahmeverordnung
GGBefG	Gefahrgutbeförderungsgesetz
GGVSEB	Gefahrgutverordnung Straße, Eisenbahn und Binnenschifffahrt
GmbH	Gesellschaft mit beschränkter Haftung
GMT	Greenwich Mean Time
GPS	Global Positioning System
GRA	Geschwindigkeitsregelanlage
GSM	Global System for Mobile Communications
GTL	Gas-To-Liquid
GüKG	Güterkraftverkehrsgesetz
h	Stunde(n)
HA	Hinterachse
HBA	Hilfsbremsanlage
HGB	Handelsgesetzbuch
HU	Hauptuntersuchung
IATA-DGR	International Air Transport Association Dangerous Goods Regulations (Regelwerk für Gefahrguttransport im Luftverkehr)
IBC	Intermediate Bulk Container (Großpackmittel)
IMDG-Code	International Maritime Code for Dangerous Goods (Kennzeichnung für Gefahrgut im Seeschiffsverkehr)
IMO	International Maritime Organization (Internationale Seeschifffahrts-Organisation)
IR	Infarot
IRU	International Road Transport Union
ISO	International Organization for Standardization (Internationale Organisation für Normung)
IVTM	Integrated Vehicle Tire Pressure Monitoring (Reifendrucküberwachung)
JIS	Just-in-sequence
JIT	Just-in-time

KAT	Katalysator
KBA	Kraftfahrt-Bundesamt
kcal	Kilokalorie
KEP	Kurier-, Express- und Paketdienste/Kurier-, Express- und Postdienste
Kfz	Kraftfahrzeug
KITAS	Kienzle Tachographensensor
kJ	Kilojoule
km	Kilometer
km/h	Kilometer pro Stunde
KOM	Kraftomnibus
KraftStG	Kraftfahrzeugsteuergesetz
KrW-/AbfG	Kreislaufwirtschafts- und Abfallgesetz
KV	Kombinierter Verkehr
l	Liter
LC	Lashing Capacity (Zurrkraft)
Lkw	Lastkraftwagen
LPG	Liquefied Petroleum Gas
LVP	Lastverteilungsplan
m	Meter
m/s	Meter pro Sekunde
M+S	Matsch und Schnee
MA	Mittelachse
min	Minute(n)
Mio.	Million(en)
MIV	Motorisierter Individualverkehr
MOZ	Motor-Oktanzahl
Mrd.	Milliarde(n)
MSR	Motor-Schleppmoment-Regler
N	Newton
NA	Nachlaufachse
OBD	On Board Diagnose
OBU	On Board Unit
OHC	Overhead Camshaft (obenliegende Nockenwelle)
ÖPNV	Öffentlicher Personennahverkehr
ÖV	Öffentlicher Verkehr
OWiG	Gesetz über Ordnungswidrigkeiten
PA	Polyamid
PBefG	Personenbeförderungsgesetz
PES	Polyester

Pkm	Personenkilometer
Pkw	Personenkraftwagen
PP	Polypropylen
PR	Ply Rating (Anzahl der Gewebelagen im Gürtelreifen)
PS	Pferdestärke
PSA	Persönliche Schutzausrüstung
RABT	Richtlinien für die Ausstattung und den Betrieb von Straßentunneln
RFID	Radio Frequency Identification (Radiofrequenztechnik zu Identifikationszwecken)
RFT	Run Flat Tyre
RHM	rutschhemmende Materialien
RIV	Regolamento Internazionale Veicoli (International einsetzbare Güterwagen)
ROZ	Researched (Erforschte) Oktanzahl
s.o.	siehe oben
s.u.	siehe unten
SAE	Society of Automotive Engineers (Verband der Automobilingenieure)
SCR	Selective Catalytic Reduction (Selektive Katalytische Reduktion)
sec	Sekunde(n)
SP	Sicherheitsprüfung
SPA	Spurassistent
StGB	Strafgesetzbuch
StPO	Strafprozeßordnung
StVG	Straßenverkehrsgesetz
StVO	Straßenverkehrs-Ordnung
StVZO	Straßenverkehrs-Zulassungs-Ordnung
SZR	Sonderziehungsrechte
t	Tonne
T.I.R.	Transports Internationaux Routiers (zollrechtliches Versandverfahren)
TCS	Traction Control System (Antriebsschlupfregelung)
THW	Technisches Hilfswerk
TMC	Traffic Message Channel (Verkehrsnachrichtenkanal)
TPM	Tire Pressure Monitoring (Reifendrucküberwachung)
TRZ	Tagesruhezeit
TWI	Tread Wear Indicator (Reifenverschleiß-Indikator)
u.a.	unter anderem

UN	United Nations (Vereinte Nationen)
usw.	und so weiter
UTC	Universal Time Coordinated
UVV	Unfallverhütungsvorschriften
VA	Vorderachse
VDI	Verein Deutscher Ingenieure
vgl.	vergleiche
VIS	Visa-Informationssystem
VO	Verordnung
WHO	Weltgesundheitsorganisation
WRZ	Wochenruhezeit
z.B.	zum Beispiel
zGG	zulässiges Gesamtgewicht
zGM	zulässige Gesamtmasse
ZOB	Zentraler Omnibus-Bahnhof

Formelzeichen (Auswahl)

a	Beschleunigung
B	Breite
F	Kraft
F_G	Gewichtskraft
F_N	Normalkraft
F_R	Reibungskraft
F_S	Sicherungskraft
g	Erdbeschleunigung
H	Höhe
L	Länge
m	Masse
S_l	erforderliche Sicherungskraft längs
S_q	erforderliche Sicherungskraft quer
t	Zeit
V	Volumen
v	Geschwindigkeit
μ	Haftreibungszahl

Stichwortverzeichnis